G. W. F. ヘーゲル

自然法と国家学講義

ハイデルベルク大学 1817・18年

高柳良治 監訳

神山伸弘／滝口清榮／徳増多加志
原崎道彦／平山茂樹　訳

法政大学出版局

G. W. F. Hegel, Otto Pöggeler (ed.)
VORLESUNGEN AUSGEWÄHLTE
NACHSCHRIFTEN UND MANUSKRIPTE, Bd. 1

This book is published in Japan by
arrangement with Felix Meiner Verlag GmbH
through The Sakai Agency, Tokyo.

凡　例

一、本書は、Georg Wilhelm Friedrich Hegel, *Vorlesungen, Ausgewählte Nachschriften und Manuskripte, Bd. 1, Vorlesungen über Naturrecht und Staatswissenschaft, Heidelberg 1817/18, mit Nachträgen aus der Vorlesung 1818/19*, Nachgeschrieben von P. Wannenmann, hrsg. v. C. Becker, W. Bonsiepen, A. Gethmann-Siefert, F. Hogemann, W. Jaeschke, Ch. Jamme, H.-Ch. Lucas, K. R. Meist, H. Schneider, mit einer Einleitung von O. Pöggeler, Felix Meiner Verlag, Hamburg 1983 の全訳である。ただし、この底本の附録中、Zur Konstitution des Textes については、翻訳の性質上抄訳とし、Personenverzeichnis については、一般的な索引として拡充した。なお、底本の校訂については、基本的にそれを支持して訳している。

二、本書で訳出されたP・ヴァネンマン筆記録は、イルティングによっても編集、出版されている。すなわち、G. W. F. Hegel, *Die Philosophie des Rechts, Die Mitschriften Wannenmann* (*Heidelberg 1817/18*) *und Homeyer* (*Berlin 1818/19*), hrsg. v. Karl-Heinz Ilting, Klett-Cotta, Stuttgart 1983. これには、イルティングによる有益で詳細な註があり、大いに参考になったが、とくに必要と思われる場合にのみこれに言及した。なお、同書は、とくに校訂の点で底本と著しく異なっている場合がある。

三、底本中のゲシュペルトの部分に対応する訳語には、傍点を附した。

四、（　）は、底本で表現されているもののほか、原語を示すために翻訳者が適宜用いた。なお、原語を示す場合は、同一節において一回に留めた。

五、底本編集者による補足は［　］で示し、翻訳者によるそれは〔　〕で示す。なお、底本編集者による補足が日本語の特性上訳文として表現できないときは、この点をとくに断らなかった。

六、「　」は、底本中に引用符で明示されたもののほか、読者の理解を助けるために、翻訳者が適宜用いた。

七、〈　〉は、一つの概念として言葉を括るときに、翻訳者が適宜用いた。

八、文意を見通しよくするため、底本にあるダッシュのほかに、適宜ダッシュを用いた。

九、各節は本文と註解からなり、註解は本文より二字下げて表記した。また、註解については、読者の理解を助けるため、適宜改行した。ただし、底本にある改行は、翻訳者の改行と区別するため、二字下げて示した。

十、註は、底本にある原註を（1）（2）……と洋数字で示し、翻訳者の訳註を（一）（二）……と漢数字で示す。なお、原註の翻訳および訳註の作成にあたっては、諸先学の訳業および研究に大いに助けられた。人名等の説明については、『岩波西洋人名辞典　増補版』（岩波書店、一九八一年）に依拠することが多かったが、煩瑣となるので参照箇所を一々記さなかったことをお赦しいただきたい。いずれに対しても、この場を借りて深く感謝申し上げる。

目　次

凡例

自然法と国家学
ハイデルベルク大学一八一七・一八年冬学期

緒論（1〜10）……5

第一章　抽象法（11〜49）……15

第一節　占有と所有（15〜32）　19

第二節　契約（33〜37）　39

第三節　不正（38〜49）　49

第二章　道徳（50〜68）……67

第一節　行為と心情（52〜56）　69

第二節　特殊な目的、幸せと意図（57〜64）　77

［第三節］　善と良心（65〜68）　87

第三章　人倫（69～170）……93
第一節　家族（73～88）103
A　概念上の相関関係としての家族（75～80）104
B　家族の所有と財産（81～84）115
C　子供の教育と家族の解体（85～88）120
第二節　市民社会（89～121）127
A　欲求のシステム、国家経済学（93～108）132
B　司法（109～116）156
C　ポリツァイ（117～121）174
第三節　国家（122～170）188
A　内部国家法（127～158）195
a　君主権（138～140）220
b　統治権（141～145）230
c　立法権（146～158）240
B　外部国家法（159～163）268
C　世界史（164～170）277

ベルリン大学一八一八・一九年冬学期講義による緒論　289
補足1　289　補足2　291　補足3　292　補足4　293
補足5　294　補足6　294　補足7　295

附録

G・W・F・ヘーゲル講義録の刊行にあたって――出版社の序言……305
序文〔オットー・ペゲラーによる解説〕……307
ヘーゲルへの主要な問い――法哲学・国家哲学構想　307
「原・法哲学」としてのハイデルベルク大学講義　311
I　ヘーゲルにおける実践哲学の発達史　314
歴史的変革に関わるヘーゲル法哲学　314
フランス革命への支持と団体的代表制――青年期　318
人倫の製作物としての国民と身分論――イェーナ期　320
善と生命の理念、政治的教育的関心――ニュルンベルクからハイデルベルクへ　324
エンチュクロペディ体系と法哲学の完成――ハイデルベルクからベルリンへ　326

ベルリンでの講義活動と政治状況への反応　328

Ⅱ　体系構成の見取り図　330

「哲学的法論」としてのヘーゲル法哲学　330
問題史のなかの「抽象法」論　332
「道徳」と近代市民社会　336
市民社会とコルポラツィオン　338
フランス革命への回答としての国制構想　340
新たな国家の課題——自律的文化の保証　343
汲み尽くせない経験との格闘——残された課題　346

テキストの構成について（抄）〔編集者〕……………………349

訳註　354
訳者あとがき　377
『法の哲学要綱』（一八二〇）との節対照表　巻末(57)
ヘーゲルの法の哲学に関する文献案内　巻末(52)
原註　巻末(45)
索引　巻末(1)

G・W・F・ヘーゲル講述

自然法と国家学

ハイデルベルク大学一八一七・一八年冬学期

法学部生　P・ヴァネンマン筆記

目次

緒論（1〜10／補足1〜7）……5／289
第一章　抽象法（11〜14）……15
第一節　占有と所有（15〜32）　19
第二節　契約（33〜37）　39
第三節　不正（38〜49）　49
第二章　道徳（50〜51）……67
第一節　行為と心情（52〜56）　69
第二節　特殊な目的、幸せと意図（57〜64）　77
第三節　善と良心（65〜68）　87
第三章　人倫（69〜72）……93
第一節　家族（73〜74）　103
A　概念上の相関関係としての家族（75〜80）　104
B　家族の所有と財産（81〜84）　115
C　子供の教育と家族の解体（85〜88）　120

第二節　市民社会（89〜92）　127
A　欲求のシステム、国家経済学（93〜108）　132
B　司法（109〜116）　156
C　ポリツァイ（117〜121）　174
第三節　国家（122〜126）　188
A　内部国家法（127〜137）　195
a　君主権（138〜140）　220
b　統治権（141〜145）　230
c　立法権（146〜158）　240
B　外部国家法（159〜163）　268
C　世界史（164〜170）　277

・ヴァネンマン作成のこの目次には、底本ではヴァネンマンの講義ノートそのものの頁数が記されているが、本翻訳では本書の頁数を記した。
・補足*1*〜*7*、すなわち、一八一八・一九年ベルリン大学冬学期講義による緒論は、本書の二八九頁以下に収録してある。
・（　）内の節番号の表記については、底本通りヴァネンマンの表記に従ったため、本書ⅴ頁からの目次とは節数の挙げ方の点で若干異なるものになっている。
（訳者注記）

緒　論

1

自然法は、法の理性規定と、法のこの理念を現実化することとを対象としている。法の源泉は、意志を自由な自己規定において捉える思想である。こうした源泉が、法の神的にして永遠の起源である。

（a）一般に、実定法は、ある国家で通用性があり、このため権威として尊重しなければならない法である。その場合、権威は、強制とか恐怖、あるいは信頼や信仰によっても確保されるが、理性的洞察によっても保持することができる。実定法は、その普遍的内容からすれば、理性的であることもあれば、あるいは普通にみられるように理性的な規約と偶然的で恣意的な規約との混合であることもある。こうした規約は――変更が個々ばらばらに、全体の〈つながり〉抜きにつかの間の欲求にしたがって指図されることにより――、ある場合には、立法者の暴力と抑圧あるいは拙劣さから生まれ、またある場合には、より不完全な社会状態からさらにより完全な社会状態、つまりより高い自由の意識を基礎とする社会状態になっても維持されてきたものである。

（b）しかし、理性的な法が通用する法となり、外面的な現実態を手に入れるかぎり、理性的な法にはおのずから実定的な領域が結びつく。すなわち、一方では、法規定に影響を及ぼす固有の条件が一国民の特殊な現実存在にあるためである。しかし、他方では、理性的な法が適用されなければならない経験的な事例とか区別立てとかが、――なるほどこの法に含まれてはいるものの――現実的に表現されていないためである。社会状態がより完成度を高めより錯綜すればするほど、特殊な法規定は、経験とは別にたんに悟性的にますます大きく拡張される。さらに、法がリアルな現実存在になると、まったく異質な対象が比較されるようになり、たとえば、刑罰や奉仕などの場合、絶対的に等しい価値についてなにも確定できないのに、ある一つの対象が他の対象の価値を代表しなくてはならなくなる。

（c） 最後に、現実的な法は、完全に個別態にまで規定された最終決定を要求する。なぜなら、法は、現実的な法としては、端的に規定された個別態で存在するからである。ただし、この決定は、理性という普遍態によって、このような狭い限界に閉じこめられてはいない。

2

法の領域は、自然を地盤としない。それは、人間の意志が——人間の自然によって規定されて——自然的な欲求や衝動の領域にあるという意味で、人間の外面的な自然を地盤とするのでも、まして人間の主観的な自然を地盤とするのでもない。そうではなく、法の領域は、精神の領域であって、しかも自由の領域である。ところで、自由の理念が外化表現され、それに現実存在が与えられるかぎりでは、自由の国にもなるほど自然が入り込んでくる。だが、自由が基礎であり続けるのであって、自然は非自立的なものとしてだけ入り込んでくる。

自然法という名称は、廃棄され、「哲学的法論」あるいは後で示されるように客観的精神論という呼び名にとって代わられるのが至当である。「自然」という表現は、次の両義性を含む。すなわち、その言葉で、［（一）］あるものの本質や概念が理解されたり、（二）没意識的で直接的な自然そのものが理解されたりする。

ところで、「自然法」という言葉では、直接的な自然の力で通用するとされる法を理解するのが当然だとされてきた。この理解に関連するのは、自然状態のフィクションであって、この状態では「真実の法が現実存在する」とされる。この自然状態は、社会状態に、とりわけ国家に対立させられる。さらにその場合、誤った表象が支配してきたのであって、あたかも社会は、精神の本質にとってそれ自体でもそれだけで独立してもふさわしいものでもないし必然的なものでもなく、ある種の人為的な害悪やら不幸やらであり、そこでは真実の自由が制限されるかのようにみなされてきた。

しかしながら、自然状態だとされる状態は、むしろ、そもそもまだ正しいことも正しくないことも存在しないような状態である。なぜなら、精神がまだみずからの自由という思想にまで到達していないし、この思想によってはじめて正しいことと正しくないことが始まるのだろうから。むしろ、こう言うべきであろう。人間は、本質的に自己意識として現実存在し、そして善と悪の概念をもって現実存在するのだから、自然状態は、不自由と不正の境遇であり、この境遇は、廃棄されなければならず、この境遇を超えたところにはじめて自由があり、自由の現実態があるのである。

3

法の学問は、自由意志を原理とし端緒としている。それゆえ、この概念は、その生成の面ではこの学問の外部に属し、したがって、この場では、哲学により与えられたものとして受け取らなければならない。意志は、（一）純粋な無規定態、あるいは自我の自分自身への純粋な反省であるという、絶対的否定態としてのエレメントを含んでいる。この絶対的否定態は、自分のうちにいかなる制限も持たない。すなわち、欲求や欲望、衝動という自然であれ、どんなあり方によってであれ、直接的に現存する規定された内容を自分のうちに持たない。言い換えれば、意志は、純粋な思考のなす絶対的な抽象体という、すなわち普遍態という無制限な無限態である。

4

（二）同時に、自我は、絶対的否定態として、規定態へと移行することであり、なんらかの規定態ないしは区別を内容として自分のなかに定立することである。この内容は、さらにいえば、自然によって与えられようと、自我そのものの純粋な概念であろうと構わない。自我がある規定態を自分の本質として定立し、反対に他のすべてを自分からさえぎることが、自我の決心である。あるいは、すべての規定態が自我のうちに普遍的なものとして含まれて［いて］、そして自我が自分自身を規定されたものとして定立することによってはじめて定在するに至るかぎりでは、それは、決断である。これが、絶対的な有限態、いいかえれば自我の個別態という無限態である。

5

(三) 意志は、これら二つの契機の統一である。自我が純粋な普遍態あるいは単純な同一態であるのは、もっぱら自我の無限な自己規定による。そして、自我が無限に自分に関係し、あるいは端的に自分と同一であり普遍態であるときには、自我は、絶対的に自分のうちに閉じこもった孤独にすぎない。決断によって、あるいは現実的意志によって、自我は、さらに他者を自分から締め出し、自分に反省することによって他者へと反省する。しかし、ここでの意志そのものの議論では、さしあたって次のことだけは銘記されなければならない。自我は、自分を規定しながらも、同時にそのことに対して無関心であり普遍的であり続けること、そして、自我が現実的となる規定態を、自分のものそして観念的なものとして、つまりたんなる可能性として知ることである。その場合、自我は、同時にこの可能性によって拘束されることがなく、それを直接に廃棄できるのである。

6

(四) この統一は、それ自体での意志、つまりわれわれにとっての意志である。しかし、意志が自由意志であるのは、意志が自分自身をみずからの対象および内容とするかぎりでのこと、したがって、自分自身を意志するかぎりでのことである。すなわち、意志が自由であろうと意志するかぎりでのことである。こうして、意志は、それだけで独立して「意志がそれ自体であるもの」となる。

7

それ自体でもそれだけで独立しても存在する意志は、真であり絶対的である。なぜなら、そのような意志は、みずからを規定して、自分の概念であるものが定在のかたちで存在するように、すなわち自分に対立するものとして存在するようにするからである。言い換えると、純粋な概念は自分自身の直観を自分の実在というものにするからである。意志が自由であるのは、意志がいかなる他者にも関係せず、無限な否定態として、自分自身にだけ関係するからである。意志は端的に普遍的である。なぜなら、意志においては、概念つまり主観的な側面とその対象つまり内容とがもっぱら対立する「個体性がもつすべての制限や特殊化」が廃棄されているからである。

最初にそれ自体でしか存在しない意志は、一般に自然的意志である。自分自身を規定する個別態として、意志は自分のうちに区別を定立する。こうして区別されたものは、(一)一般に内容であり、(二)「私のものだ」という形式を持つ。しかし、後者の形式と前者の内容は、自然的意志ではまだ異なっていて、自我以外のなにかが私のものである。こうした自然的意志は、恣意であり、つまり欲望や衝動、傾向の領域での意志であって、この恣意は、外面的であれ内面的であれなんらかの所与のもの、したがって有限なものを内容としている。この有限なものを、意志は放棄することができる。なぜなら、その有限なものが意志のものとなるのは、ただ意志の自己規定によるからである。ところで、廃棄されたものに代わって意志が定立する他の内容も、やはりそのような規定された内容である。したがって、恣意は、このような内容をさらに限りなく廃棄することができる。だが、そのことによって、有限態から再び出ていく[のではない]。

恣意として存在する意志は、所与の内容を持ち、それだけで独立して特殊なものとしてこの内容に対立するのだから、そうした意志は、一般に主観的である。これに対し、自分自身をみずからの規定とする意志は、自分と端的に同一の意志であり、客観的意志、客観態での精神である。

一般に意志は、本質的に知性、自分についての知であって、純粋な知としてのみ自由意志である。ところで、理論的なものとしての自由な知性はなるほど自立的で、その知性の思想は、知性独自の生産物だが、しかし、存在し必然的な諸規定の形態での産物である。ところが、意志は目的を持っている。つまり、(一)意志独自の諸規定がその内容であり、(二)その諸規定は、たんに可能的なものとして、自分のものあるいは主観的なものとして規定されている。したがって、その諸規定は、意志の絶対的客観態に対する矛盾、あるいは「それらの諸規定が存在すらしない」ことに対する矛盾をともなう。これが、意志と知性とが同一のものとして存在するために自分を実現しようとする意志の衝動である。

8

法が一般に表現するのは、意志の自由とその実現によって構成される相関関係である。義務がそうした相関関係の一つとなるのは、それが私にとって本質的なものとして通用すべきであり、私がその相関関係を承認したり、あるいは敬意を払ったり、生みだしたりしなければならない場合である。真実の法に対立する「法のたんなる形式主義」は、自由の実現が諸段階を持つということ、つまり「自由の精神がより抽象的かより具体的か」ということから生じてくる。

実定法では、法とは、法律のかたちで存在するもののことである。だが、哲学的な法では、「そもそも正しいこと」が法律なのであって、そこでは、どんな法律も正しいことにとっての尺度にならない。法律は、理性的な意志を表現しなくてはならず、理性的な意志が現実存在に入り込むあり方を表現しなくてはならない。厳格権(一)は、さしあたって否定的な振舞いだけを要求する。そこでは、たとえば契約によって、肯定的な行為が必要とされることもあるにはあるが。

法が神聖であるのは、それが意志の自由に基づいているからである。このことはまた、神の本質の根本規定のうちにもある。自由なもの、純粋な精神は、神の根本概念である。

法には、多面的な段階があり、より抽象的であったりより具体的であったりする。それゆえ、正しいことが正しくないことになることもある。たとえば、奴隷制は、絶対的に不正であるにもかかわらず、法律にかなっていることがある。そして、実定法はなにか神聖でないものを含むことがある。なにか実定的な古い法があるからといって、それは、それ自体でもそれだけで独立しても法なのではない。ある状態から出現してくる法というのは、状態の変化によっておのずから失効する。法の保証と追認、つまり形式主義は、真実の法に対立している。この矛盾は頻繁に起こることである。自由の実現には、必然的な諸段階がある。この実現を思い知ることがわれわれの学問の目的である。

道徳と法は、しばしばたがいに対立する。しかし、抽象法を制限する道徳的な観点もある。たとえば、債務者が支払いを行うと破産するとしたら、債権者がもつ厳格権は、こうした道徳的な観点によって制限される。手工業者には当人の道具を残しておかなければならない。こうして、厳格権は道徳を承認し、形式的な厳格権は神聖なものだとみなされなくなる。そのかぎり、道徳的に正しいことは、厳格な抽象法よりも具体的である。それ以上に具体的なのは、国家全体の教養形成である。そして、この具体的精神は、抽象法よりもはるかに高次の法である。だから、国家法によって私権は制限されるのである。

国家の精神とその実現は、個別の者の精神より高次のものである。そして、一国民の精神や法よりもさらに高次のものは、普遍的な国家がもつ法、すなわち世界の精神である。この精神は、従属する諸精神が自分に対立し邪魔をするかぎり、それらを打ち倒す。人倫的な大衝突とは、このようなことだ。たとえば、「ローマは共和制たるべし」ということ以上に重要な法などなかったが、カエサルは、世界の精神——彼はその道具であった——に味方して、この共和制を倒す権利を手にした。もっとも、ブルトゥスは、個人としてカエサルを正しく扱った。

個別の者が世界の意志の担い手となることによって、個別的な個人が没落するようなことが起こる。「法は形式主義であってはならない」ということから、より具体的な諸精神が生じ、これがより抽象的な諸精神を凌駕する。それゆえに、法においては、さまざまな立場を哲学的に洞察することが本質的なことになる。しかし、低い立場から生まれる一般的な法感情によって、「自分は不正を被っている」と人間が信じてしまうこともある。洞察というのは、この点で、一般的な思い込みと異なる。

9

意志、すなわち、それだけで独立して存在し、したがっていかなる特殊な内容も目的も持たない自由の概念としての意志は、一般にさしあたって形式的であるが、それは、意志が、自分を自分から区別するものなのにまだ区別されておらず、それゆえいまだいかなる定在も持たない場合である。しかし、自由は、本質的に、その絶対的否定態を介して絶対的に同一であることにすぎないから、自由が規定することは、一般に、他在と存在の契機を本質的に手に入れなくてはならない。だが、それは、自由において、この存在が、もっぱら仮象することとして、直接的に廃棄されたものとして、すなわち観念的なものとしてあり、自由が自分自身のうちにとどまっている、というようにしてである。

概念としての意志が形式的であるのは、自由意志がそれだけで独立して目的となっているからである。ここで現存しているのは主観的なものと客観的なものとの統一であって、それらの区別はまだまったく現存していない。自由意志は、まったく抽象的形式なのである。同様に、形式はまだ区別のうちに定立されていないから、「自由意志は形式をもたない」と言うこともできる。内容は、「それと区別されたものとしての形式に対して無関心である」という規定をもって自分と同一なものである。こうして、神は絶対的な内容であり、理念は、主観的なものと、それと区別されたものである客観的なものとの統一である。

自由は、生命をもつから、絶対的否定態であって、自由においては、存在という契機、すなわち抽象的に同一であるという契機が現存しなければならない。

仮象することは、肯定的な存在と非存在との一体化である。意志は、「なにか」を意志しなくてはならない。意志は、ある内容を持たなければならない。だが、こうした「なにか」は〔意志以外の〕他のことではない。

われわれがある対象を概念把握したときには、その対象は、われわれによって浸透されているため、われわれにとって疎遠なものであることをやめる。愛の場合、ある他の対象があり、各人は、一つの自我、それだけで独立した冷淡で壊れやすい原子だが、このように絶対的に自立しているときには、私の愛の対象は私の他の自己であり、ある自己は他の自己である。

概念、つまり自由がみずからを実現することは、必然性である。意志は絶対的な観念論であって、意志にとって存在するものは、意志する者から区別されているけれども、私の意志の対象であるかぎり、存在するものは、観念的であるにすぎず、決して自立していることがない。

10

自由意志は、第一に、抽象的で直接的だが、同時にその定在ないしは〔その〕実現でもある。これが抽象法の領域をなしている。第二〔の領域〕は次のようなものである。すなわち、これら二つの契機、つまり概念における意志と意志の定在とが自立的な両極に分裂し、そのことによって、概念における意志が主体の特殊な内面的意志になり、意志の定在が主体の幸せとなる。そして、これらの契機の統一、すなわち理念としての善は、一方では、これらの契機の絶対的な内容であり、〔これらの契機の絶対的な〕規定であるが、しかし他方では、これらの契機に対して同様に偶然的でもある。これが道徳の領域である。第三の〔領域〕は、これら二つの契機の統一である。この統一においては、善の理念が主観的自由と定在において実現されているので、自由が必然態としても現実態としても同様に現実存在している。普遍的意志が生ずる、すなわち人倫と国家が生ずるのである。

これら三つの段階があるということは、理念に由来する。最初のものは、つねに抽象的なものであって、つまり概念における自由意志、抽象法である。その実現は、抽象的な実現にすぎない。これには、〈人格そのもの〉、すなわち抽象的な自由が属する。

第二の領域は、一般に道徳の領域だが、しかし、われわれは、そこで徳論を排除する。そこでは、「犯意（dolus）」や「過失（culpa）」といった行為の概念が登場する、また、抽象法では問題にならない人間の心情と幸せが登場する。(三) これは、反省や差異、区別、分散の領域である。抽象法は、自分に対抗する外面へと入り込んでいくが、第二の領域では、最初の二つの契機が自立的となって分散して登場し、区別が極端なものとならざるをえない。われわれは客観に対する意志のかたちで主体を捉えるが、その主体は、端的にそれだけで独立するものとして恣意のなかに定立される。(四) これに対し、主体の外面は、人間の幸せとなり幸福となる。（主体とその外面の上位にあるのは、両者が同一であること、両者の絶対的統一、すなわち実在というものから区別された理念としての善である。）善は良心によって成就されるべきであり、幸せは善に従属すべきだが、他面では、善は現実化されているべきである。良心には、善いものもあれば悪いものもあり、諸個人の幸福は、存在することもあればしないこともある。

第三のものは、この矛盾の解消であり、人倫であり国家である。ここではたんに抽象法だけが実現されるのではない。国家では善の理念が実現されており、ここでは善の理念が現実態を持っている。この現実態の魂は、自由の概念である。ここではもはや、自由意志が必然態に対立することはない。ここでは絶対的なものと必然的なものが和解している。(五) 普遍的意志が善なのである。

第一章　抽象法

11

自由意志は、最初にその抽象的な概念で存在するとき、直接的な定在として存在する。というのも、概念は、端的には理念としてのみ存在するのだが、その直接的な実在というものは、抽象的な存在であり、絶対的否定態という実在として、個別の者の存在だからである。

純粋な自由意志は神性であり、個別的な自由意志は一個の人間の意志である。人間が自由な本質であるというのは、われわれにはまったく明らかなことである。自由意志には存在があり、その存在は個別の者の存在として規定されている。そこで、自由意志は、絶対的否定態であり、絶対的な独立存在だから、個別的な自由意志の存在から始めなければならない。

絶対精神は、自分自身に仮象を映し出す。絶対精神は、それ自体では区別ではないような区別である。絶対的本質とは、自分自身を直観することであり、自分自身を区別することである。〔それによって〕絶対的な自由意志の概念は、有限で自由な本質となる。われわれは個別的で自由な本質から始めるが、議論が進展すると、それはこうした有限態から解放されていくはずである。

12

自由な個別の者は、人格である。〈人格そのもの〉が意味するものは、すべての面で規定されている個別の者としての自我が、この絶対的な有限態にありながらも、端的に、自分自身への純粋な関係のうちにあり、自分のうちで無限で普遍的だということである。

個別的なものは、直接的に存在するものである。私はこの特殊な者であり、すべての面で規定された者であり、完全に有限なものである。私は、この境遇、この性格を持つ。こうした完全な有限態が、個別の者という直接的な存在を形作る。だが、こうした有限態にあって、私は、自我であり、端的に自分のうちに存在し、自分自身への純粋な関係であり、自分に働きかける他者をすべて押しのけることができる。私はすべての面で依存的だが、それに負けず劣らず、私が自分を自我として把握することによって、私は、自分独自のものであり、それゆえ無限で普遍的である。

〈人格そのもの〉の概念は、こうした矛盾するものを私が分離したまま保つ力のことであり、私がこの絶対的な絆だということである。人間の価値はすべて、人間が自分を人格として知っている点にある。私が自分のうちにあることによって、私は、絶対的否定態、すなわち私が自分自身に関係するという絶対的活動である。このことに対応するのが、存在という直接態、すなわち、私の存在が自由になること、私の実在というものが自由そのものだということである。

13

それゆえ、法的戒めは、一般に、「人間を――汝自身と他人を――人格として尊敬せよ」ということである。[六] だが、抽象法の原理は、純粋な〈人格そのもの〉、個別の者の独自な意志にすぎないから、法的戒めや義務、適法な行為は、その最終的な規定では本来、否定的でしかない。つまり、他者の自由を侵害することが禁じられるにすぎない。特殊な内容からなる行為は、抽象的な自由に含まれていないから、抽象法との関係では、それに違反しないという可能的行為でしかなく、必然的行為ではない。つまり、その行為は許可されるのである。

「人間を人格として尊敬せよ」というのは、抽象法の戒めである。だから、法的戒めはすべて、(「人格たれ」という戒めのほかは)禁止にすぎない。権利はまだいかなる義務も含まない。適法な行為はつねに否定的でしかない。たとえば、「契約を守れ」というのは肯定的行為を含んでいるが、その最終的な目的は否定的でしかない。つまり、私は、すでに他者の所有物となっているものを他者に占有させるが、その目標とするところは、他者の所有や自由、〈人格そのもの〉が侵害されないことである。行為は、他者に働きかけることだが、外面を持たない〈人格そのもの〉へは、私は働きかけることができない。

許可されていることの意味するところは、適法で可能なものだということである。法のうちに現存するのは禁止だけだから、肯定的なものは許可されるにすぎない。法は、道徳や心情とはちがい、特殊な目的をまだまったく含んでいない。ところで、道徳の場合のように、あることが必然的である場合は、戒めが登場する。何が許可されるのかは、法によっては規定されない。特殊な目的は、法の場合、可能的でしかなく、必然的ではない。許可は抽象法に関係し、直接的権利の場合に義務が登場する。

14

抽象法の領域で扱われるのは、直接的な〈人格そのもの〉と、同様に直接的なその実現だけであり、より具体的な相関関係はまだ扱われない。この領域は、次の三つの相関関係を含む。(一)所有として規定される直接的な占有、(二)他者の所有への適法な移行である所有の変化、つまり契約、(三)一般に私の所有の侵害。

ここで問題となるのは、抽象的な〈人格そのもの〉だけであり、人格権(七)は問題とならない。外面的なものへの私の関係が占有である。契約は、自由意志による変化であって、自然による変化ではない。この変化には、二重の形式がある。つまり、外面的でしかない変化があっても、私の意志がそれでも永続するという形式か、あるいは、侵害によって私の所有が変化し——このとき私の所有の側面が損傷をうける——それが私の自由を制限するという形式かである。

第一節　占有と所有

15

人格は、直接的に存在するものとして、自然的な現実存在を持つ。〔人格は、〕一つには、自分自身に外面的な定在〔身体〕を〔そなえ〕、一つには、自分にとって外面的な物に関係している。だが、人格は、

（一）こうした現実存在から絶対的に自由であり、

（二）こうした外面、すなわち物件は、人格自身にそなわった絶対的な目的ではない。だから、物件は、自由でないもの、非人格的なものであり、感覚や欲求、意識にとっていかに実在のものであっても、人格の自由にとっては観念的なもの、権利をもたないものである。

人格は、直接的に個別的なものである。人格にそなわる直接態の形式は、自然という外面である。一般に人格は、直接的に定在することによって、自然的である。そして、人格とともに意識の領域が登場し、この意識にとっては、外面的な物が肯定的な存在を持つ。だが、哲学的に見れば、肯定的な存在は、もはや重要ではなく、従属的である。自然的な人間は、肯定的な存在が廃棄されているのを認識せず、それをほったらかしにする。

自由な人格としての人格は、〔（一）〕外面から自分に復帰しているし、人間は、自由な本質として、自分自身についての知を持っている。つまり、「自分が、自我として、自分の身体とは別に自立している」ことを知っている。

自由な人格にとって、（二）外面は、廃棄されたもの、観念的なものである。自由なものは、自由を目的としており、それゆえ絶対的な目的を持つ。外面的なものは、生命あるものの場合、個別態のかたちで現実存在し、

有機的な全体であり、それ自身にそなわる目的であり、個別的なものとしての概念そのものである。自然においては、類そのものは現実存在せず、個別的なものだけが現実存在する。生命あるものは、みずからの身体で、自然的な欲求で生きている。生命あるもののすべての構成分肢は、部分ではなく有機的な全体である。感覚にとっては、外面が実在のものとなるし、われわれはそれを愛することができる。自然的な現実存在は、欲求を持ち、自分にとって他者が必然的であることによって、制限された相対的な現実存在である。意識の立場になってはじめて、知覚することが起こる。有限態の立場にとっては外面的な物が実在のものとなるが、自由にとってはそうならない。

自由なものは、自分を絶対的な目的として知る。われわれが物件と呼ぶ物は人格ではない。そして、物は、いかなる現実存在をもつにしても、それだけで独立して目的とはならない。物件は、権利をもたないものである。物件は、なるほど権利であるべきだが、しかし、本来の意味での権利とは、意志の自由が存在する相関関係なのである。物件という語で理解されるものは、非人格的なもの、従属的なものである。

16

だから、人格は、みずからの自由意志をこうした非人格的な外面のうちに置くことができるし、みずからの自由が定在する領域を自分に与えなければならない。これが、占有である。占有によって、一方で、自我は、外面的となり、他方で同じことだが、外面的物件は、私のものとなり、私の意志を物件の規定や実体的な目的として手に入れることになる。私は、他の物件と同様自分の身体でさえ、それが自分の意志である場合にのみ占有する。

人間は、非人格的なものすべてを占有取得でき、「それは私のものだ」という述語をそれに与えることができる。そして、物件は、それ以外のより高次の目的を含まないし、実体的な目的も含まない。物件が物件そのものに属することはないから、私は、自分の意志を〔物件の〕なかに入れ、そうやって外面的な領域、直接態の形式を私の自由に与える。私は外面的となり、外面的なものは、私のものとなり、私の意志という内面を手に入れる。これは、外面的なもの（八）がそれだけで独立して持つことのない絶対的規定である。

私の有機的な身体は、もっぱら私がそれを持とうと意志するかぎりで、占有となる。動物は、全体的にであれ部分的にであれ、自分の身体と自分を分離することができない。

物件は直接的な物であり、私は直接的に個別的なものである。より高次の一体化は、国家のうち、人倫のうちにある。占有は、物件に対する私の意志の直接的な関係である。私が必要とするのは、「私は物件を欲する」という媒介にほかならず、それによって物件は私のものとなり、物件が私に抵抗することなどありえない。二つのものがたがいに自立的である場合、媒介は以上のようなものであり、このように自立していることを廃棄するのは、第三者である。

17

人格は、自然によって身体を持つ。そのほかの外面的な物の総括、すなわち地球に対しては、人間は抽象的な意味でのみ平等な権利を持つ。占有にあたってなされる自由意志の本質的な外化表現は、ただちに偶然性の契機、すなわち経験的な個別化やたんなる欲求、恣意の契機を含むことになる。まさにそのために、こうした自然的意志は、他者にとって制限可能なものとなる。そして、物件は、時間的な偶然性にしたがって、それを占有取得する最初の者に帰属する。

どの個別の者も、外面的なものへの権利を一般的にしか持たない。だが、占有取得することによって、個別の者は、外面的なものの領域に入り込む。個別の者は、〈人格そのもの〉である点で、外面の普遍態に対して「権利を」持つが、占有することによって個別化の領域に入り込む。地球総体に対しては、誰もが権利を持つ。なぜなら、それは権利をもたないものだからである。だが、権利は、外化表現されなければならないし、外化表現によってもろもろの個別的な物と関わりをもつことになる。

占有取得するさいには、偶然や欲求が登場する。私は個別化の領域に入り込み、それによって私は自分の意志を制限する。「無主物は最初の占有者に委ねられる（res nullius cedit primo occupanti）」とは、誰かが最初の占取者になるということだが、［それが誰になるかは］なにか偶然的なことである。物件が占有取得されると同時に、占取者の意志が物件のうちに置かれ、その者は他者を排除する。占取者が最初の者であるのは、偶然的なことである。だが、占取者は、自分の意志をなんらかの外面的なもののうちに置く絶対的権利を持っている。

よくいわれるように、本来的には、誰もが地球全体に対し平等に権利を持っている。そのため、こうした分配は、途方もない困難をともない、誰かが新たに誕生するたびに、分割が再び実施されなければならないだろう。平等とは、外面的な関係を表現する性質である。全員が平等の権利を持つのは、誰もが世界のもとに平等で抽象的な権利を持つことによるが、抽象的な権利は実現されなければならず、その実現のさいに、権利は、たとえば好みや欲求といった偶然態の領域に入り込み、こうして不平等［の］領域に入り込むのである。

18

占有のためには、私の内面的な意志では十分ではなく、さらに占有獲得が必要となる。占有獲得によって、「物件は私のものだ」という規定が外面的な定在を手に入れて、他者にとって認識可能となる。この場合、「物件が無主である（無主物（res nullius））」という否定的条件があることは、当然のことである。というよりむしろ、この条件は、他者への先取りされた相関関係に関わる。

占有とは、本質的に、意志の外面、すなわち「私が定在の領域を介して自分の〈人格そのもの〉を外面にもたらす」ということである。内面的なものは、外面的になるべきなのである。意志が定在し外面的であることによって「他者に対する存在」が成立し、私の意志はそれにより他者にとって認識可能となる（定在は「他者に対する存在」である）。物件は、「無主物」であるか、あるいは「所有物であることをやめた」と考える主人によって「放棄された物（res abjecta）」であるかのどちらかである。だから、ここでは他者への関係が先取りされている。

19

占有獲得は、物件の質料を私のものとするのであって、それは、一部は物件の直接的な身体的獲得であり、一部は物件の加工形成（specificatio）であり、一部はたんなる標識づけである。

質料は、一般に権利をもたないし、自分に属することさえない。だから、私が質料を獲得することによって、それは私のものとなる（フィヒテは、「質料は神のものであり、人間は質料について専有権しか持たない」という見解をとっているが、[1] そこにはいかなる区別も認められない）。神において質料は観念的なものでしかなく、神が質料を現実存在させたのであれば、神は質料そのものを〔人間に〕引渡したのである。精神の哲学的考察にとっては、質料は決して自立していない。しかし、意識にとっては、質料が自立していても、それは従属的なものでしかない。標識づけは、占有取得のたんなる客観的な表象である。占有獲得は、外面と意志とにより専有することである。

20

身体的獲得は、たしかに、私の意志が定在し認識可能となる最も完全なあり方を含んでいる。しかし、それは、その範囲からみれば最高度に制限されていて一時的である。とはいえ、媒介されたしかたで、そしてすでに私の占有となっている物と他の物との〈つながり〉によって、身体的獲得はそれ以上の広がりを手に入れることができる。こうした自然的で偶然的な〈つながり〉によっても、占有物は私のものとなりうる。身体的獲得は、さらに、一般に諸対象の質的な本性によって制限されている。物件そのものにそなわる外面の質によって、つまり、物件にそなわるさまざまの側面［という点で］物件が自分のうちで分割されているという質によって、物件には、数人による占有獲得の余地がある。そこで、この点で紛争が生ずるので、悟性は、〔物件の〕ある部分やある側面がもつ本質的なあり方の軽重について［決定し］、それによって物件への権利について［決定する］。

ここに法律の不完全性がある。なぜなら、身体的獲得は、その範囲からみれば、つまり私が自分の身体でどれだけ多くをつかめるかを考えれば、非常にわずかなものだからである。それに、私は、いつまでも物を所持し、身体的に占有して持てるわけではない。私が棒を手に持つならば、外面的な〈つながり〉によって、つまり自分が占有取得した部分への外面的で身体的な関係によって、私の手がつかんでいる部分のみならず棒全体が私のものとなる。ここから「従物（accessio）」という考え方が［導かれる］。

野生動物は「無主物（res nullius）」であるから、狩猟はこの場合の好例である。私は野生動物を殺さなければならない。あるいは、野生動物を取り押さえなければならない。動物を占有取得する手段は、動物を殺すことだが、それは外面的な、それ自身に外面的な行為である。その行為は、外面的な物と同じくそれだけで独立して多くの部分を［持つ］。たとえば、動物が数人によって負傷させられ死んだ場合、権利上の争いが始まる。動物の生命がもつ感性的な多様体や、その生命がもつ諸部位によって、紛争が発生する。このように、私が他の一部分を占有している当の物件の一部を、他の人びとも、私と一緒にあるいは私の後で、占有することができる。この場合、哲学的な権利では十分ではない。なぜなら、物件は占有物という多面体へと移行し、それ自体で［一つの］多面的なものとなり、その結果、〔物件の〕諸部分が数人の人格のものとなりうるからである。だから、実定法は、こうした〔権利の〕衝突の調停を試み、さまざまな事例に適用されなければならない。そして、この適用は、もはや理性の問題ではなく悟性の問題だが、問題が未決着となるよりは、決定されているほうがずっとましである。こうした衝突では、誰もが権利を持つが、絶対的規定が存在しない場合、〔権利の〕多寡が浮上する。概念に含まれるのは、「ある者は他者と同様、物件について権利を持つ」という決定だけである。物の本性が、そしてその物を占有取得する行為の本性が、上述の衝突をひきおこす。

戦争による先占（occupatio bellica）は、ここで扱われるべき問題ではなくて、国際法の問題である。

私の放棄した物件が自分のものであることをやめるのは、私が「所有の意志（animus tenendi）」を失った場合である。漂着物権（九）については、「漂着物権は明らかに不正である」ということになる。

「従物」とは、ある物それ自身が私の物件と結びついているということであり、これによって、私の樹になった果実は、自分のものになる。だが、私は「意志（animus）」を実行に移さなければならない。「従物」は、私のものによって［定義されて］いる。「漸次の寄洲（alluvio）（一〇）」とは、私のものとの偶然的な結びつきである。もしもそれが徐々にではなく一挙に非常に強力に生じるならば、以前の所有者の標識づけや加工形成がそこになお認められるかぎり、事情は異なる。他者が、「自分の産物は自分のものだ」という意向をもって行為して、私の所有するものでなにかを生産した場合、「従物」というのは、いっそう縺れたものになる。この場合、たとえば、ある者が私の紙に文字を書いたり絵を描いたり、他者が私の畑を耕作したりするときに問題となるのは、「善意（bona fides）」と「悪意（mala fides）」である。「善意」の場合、どの当事者も多くの損害をこうむらないように、権利が規定されなければならない（サビヌス派とプロクルス派（一一））。

普遍的な物を私は決して占有取得できない。ただ、私がそれを持つかぎりでのみ、それは私のものとなる。空気を呼吸することがそうである。同様に、海は、普遍的な占有所有物であり、万人が使用するにふさわしい。なぜなら、私が利用することによって、他の誰もその使用から排除されないからである。だが、デンマーク人は海に関税をかけている。この租税が間接税として要求され、〔海の〕所有について要求されるのではないならば、事情は〔海の占有とは〕異なるといえる。この場合には、暴力の相関関係が根底にある。どの国も大砲で保護できる範囲で海の権利を要求する。このことは漁業にとって重要である。河川は普遍的なものであるにもかかわらず、岸辺を占有することによって、むしろ、河川や海港などを要求することができる。

21

加工形成は最も本質的な占有獲得である。加工形成によって、占有は長く続くものとなり、占有獲得は取得となる。加工形成に属するのは、畑を耕し植物の種を蒔いて栽培し、また動物を飼い慣らして餌をやることである。有機的なものに与えられる形式は、なるほど有機的なものにじかに外面的にくっついているわけではないが、それによって同化さ［れる］ものである。狩猟や放牧により地面を損耗し、漁労のために海岸を損耗することなどは、それだけでは本来の加工形成ではない。だが、こうした損耗はそれらのものを使用に供する意志を含んでいるし、現実的な使用はこの意志の宣言を含んでいる。

加工形成によって、私は物件に「私のもの」という述語を与える。他者はこの述語を取り押さえることができない。なぜなら、加工形成という述語が、私の意志だからである。他者がこの物件を私から奪いとるならば、他者は私の自由を取り上げることになろう。

非有機的な物体の加工形成をするさい、私がそのとき「所有の意志（animus tenendi）」を抱いているかどうか曖昧さが生ずる。だが、私は、たいてい自分が使用するために物を加工形成するのであり、自分が使用するという目的に合致することが、「物は自分のものとなるべきだ」という私の意志を表現している。

私が動物に餌をやるとき、動物は私によって命をつないでいるのであり、かくして動物は私の所有となる。ある人間を養ったり、あるいはその人間を精神的に教養形成したりしても、それによってその人間への所有は生じない。野生動物は、自立的なものだが、飼い慣らしによって自分が自立していることを喪失する。これに対し、人間における教養形成によって生み出されるものは、まさに自由に対する感性であり、食料によって人間が維持するたんなる生命は、人間の場合、核心ではない。

あるものを使用することが全体として意味するものは、それを手段とし損耗することによって、それをぼろぼろにすることである。

地面は具体的なものであり多面的なしかたで利用できるから、地面を利用するさいには、再び衝突が生ずる。狩猟で生活する国民は、狩猟を行う地面を利用し、遊牧民は放牧のために地面を利用し、農民はより完全に地面を利用する。さらに、ある農夫が権利を持つことができて地面を耕すことができるとすると、秋には他の農夫が同じ地面に家畜を放牧する権利を持つ。

文明化した諸国民は、放牧か狩猟しかなされていない地面を占有し、それを農業に利用する。「遊牧民や狩人は完全には地面を占有しておらず、加工形成が——それゆえ地面の耕作が——はじめて本来の占有をもたらす」というのが、文明化した諸国民の言い分である。しかし、遊牧民といえども、自分が所有する地面を欲するままに利用する抽象的な権利は持っている。〔地面の〕加工形成は、国際法によってはじめて、最も完全な利用となる。そして、地面をよりよく利用する一層文明化した先進的諸国民は、国際法によってこの地面に対する権利を持つのであって、〈人格そのもの〉から生ずる権利を持つのではない。

22

さらに加工形成には、独自の身体と精神を人間的に発展的に形成すること、つまり熟練と技能の習得が属する。私は、教養形成によってはじめて、自分のうちの普遍的なものに——すなわち可能性、つまり能力に（一二）——規定態を与え、それと自分とを区別するのであり、習熟によって、活動の特定のあり方を習慣とする。そうすることによって、私は、それを占有し、その主《あるじ》となって、自分の目的を妨げられることなく貫き通そうとする。

技能の習得も加工形成による占有獲得である。私の内なる能力は、可能性であり、普遍的なものである。だが、私は、それを発展的に形成することによって、それを特殊化する。私は、普遍的なものである自分から加工形成の活動を隔離しなくてはならない。私が習慣に対する主であるのは、もっぱら私が習慣を自分から区別するかぎりでのことである。というのも、習慣がたんに〔区別されないまま〕私のうちにだけ存在するなら、習慣が私の主となるからである。精神の本質は存在することではなく、活動を通して自分を定立することである。私は、自分を教養形成することによってはじめて、自分の諸活動の主となり、自分が加工しようとする対象に適したしかたで諸活動を貫き通すことができる。加工形成によって、私は、自分を規定し、特定の諸活動を自分から切り離す。そして、これらの特殊化や熟練は、私に属する。こうした特殊化や熟練が存在するのは、ひとえに、私がもはや同一であることにとどまっていないことによる。

23

「対象は私のものだ」という対象の外面的な標識づけは、一面では、現実的な占有獲得ではなく、その表象にすぎないが、他面では、対象の範囲［および］表象の意味に関して無規定的である。

　標識づけによっては、私の意志が示唆されるだけだが、加工形成によってはじめて、私は物件を自分独自のものにする。他者は、標識づけで気分を害するとはかぎらない。なぜなら、標識は、恣意的で、多かれ少なかれ自然的でありうるため、標識づけは、規定されていないからである。それゆえ、標識づけは、占有獲得の不完全なあり方である。

24

　純正な占有獲得には、獲得の外面的な側面と同様、獲得の意志も属している。

　占有は、物件に対する私の関係という外面的な側面を持つ。同時に物件が本質的に私の意志のうちに受け入れられているという他の側面からみれば、占有は、所有、つまり、時間を超えて実体的な「自由の関係」である。占有と所有が区別されるかぎり、一般的に、前者には、私が物件を外面的に取り押さえ関係するという規定だけが残る。

占有と所有は、本質的には一つである。所有は占有の適法な関係であり、両者が分離されると、占有には外面的な関係の側面しか残らない。所有は適法な面であり、そこには意志と外面的な所持とが存在しなければならないが、占有はたんなる所持である。

私が賃貸をする契約の場合、私は物件の所有者のままでいて、他者は占有を手にする。だが、契約は一時的でしかありえない。というのは、他者がいつまでも占有するならば、占有はもはや制限されなくなり、他者が所有者となるからである。「全時間」とは、普遍的なものであり、時間の概念、永遠である。意志の側面は、非感性的で時間を超えたものである。

人間は、諸々の労働のために——たとえ特定の労働のためでないとしても——時間ぎめで自分を賃貸することができる。だが、それは、一定時間でなければならない。というのも、もしもそれが全時間にわたるなら、人間は他者を〔自分の〕所有者にすることになろうから。

占有が所有から分離していることもありうるが、占有が一般にそうなのではなく、特定の占有だけがそうなりうる。というのも、適法な占有は一般に所有であって、所有は権利の側面だからである。

25

占有は、私の意志の抽象的な外面ではない。というのも、外面はそれだけで独立すると「抽象的ではないもの」だし、占有は具体的占有だからである。この具体的占有は、一つには、私が物件を現実的に意のままにすることであり、また一つは、それを使用し利用し享受することである。この具体的占有が私のものであり、そこに質料も含まれているならば、物件は私の所有物である。だが、あの具体的な占有だけが私のもので、観念的なもの、本質的なものとしての所有は他者に帰属するとされるなら、それは、空虚な区別立てであり、物件にではなく私に対する他者の抽象的な支配にすぎない。私の所有の条件として他者に弁済すべき負債がある場合にだけ、そうした支配も成り立ちうる。

そうした支配が現存するときは、それは「克服できないもの」であってはならないし、私の所有は完全な所有となりうるのでなければならない。

ここで講師〔ヘーゲル〕は、「管理的所有（dominium directum）」と「利用的所有（dominium utile）」[13]について語っている。

占有は、自分自身にとって外面的なものである。この外面的なものは、自分自身の内部で多面的なもの、具体的なもの、多様なものであり、それゆえ、そこでの占有の現象も多様なものとなる。この物件で示されるのは、静止したものではなく活動であって、意志は、自分が多様なものであることを実証する。具体的占有は、対象および私の欲求の質にしたがってさまざまな側面を含む。それゆえ、所有する複数の人格が、利用可能なさまざまの側面にしたがって一つの物件を占有することができる。ある者は耕地を穀物栽培のために使用できるし、他の者はこれを放牧地として使用することができる。そして、この場合、穀物栽培が主要な利用法である。そのとき問題になるのは、物件が普遍的なものか特殊なものかということである。というのも、特殊な物は、使用によって費消されるが、海や空気などの普遍的な物は、費消されないからである。畑は、有機的なものとして働くから、私が手入れをして施肥をすれば消耗することはない。絵画の利用つまり鑑賞は、理論的な利用にすぎず、対象は、私にとって有機的なもの、普遍的なものである。

ある利用法は他の利用法より重要であることがある。だから「従物は主物にしたがう（accessorium sequitur suum principale）」のであり、そのとき、まさに個々の場合に何が「主物」であるかが取り決められなくてはならない。だが、「従物」も補償を要求することができる。しかし、私が適法な具体的占有をしていれば、物件全体が私の所有である。

領主地代や「保有地移転料（laudemium）」[14]や封土は、「管理的所有」と「利用的所有」から生ずる。ここでは、「所有者（dominus）」が物件の利用をせず、物件を利用する人格が「管理的所有者（dominus directus）」に対して拘束される。だから、どの御料地の場合でも、御料地や地代の占有者は、それが君主であろうと国家であろうと、たんに私的所有者とみな［され］なければならない。そこではつねに契約が基礎となっている。永小作権もほぼこの種のものである。

このように「管理的所有」と「利用的所有」に区分するのが空虚であるのは、「管理的所有者」が持ち主に対する権利しか持たず、物件そのものを持たないからである。こうした負債は、償還できるものであるとされるが、存続しているなら尊重されなくてはならない。フランスのように負債がはっきりと廃棄されれば、負債の存続は、是認されえない。それゆえ、その全体は、所有についての契約だが、あるべきでない形式をとっているのである。というのも、「管理的所有者」は、空虚な権利を持つにすぎず、それゆえ、この空虚な権利をすすんで放棄するようにしなければならないからである。

地役権（二五）の場合、「主物」すなわちより完全な利用が「従物」に優先しなければならない。主物の占有者は、補償と引き換えに「従物」を放棄するよう、従物の占有者に促すことができなければならない。

26

適法な意志関係、つまり普遍的で観念的な意志関係という所有の側面は、絶対的な〈人格そのもの〉の側面である。だが同様に、この側面には、個別態の契機も含まれている。それゆえ、この個別態の契機は、実在的な所有において同様に本質的である。だから、個別態の契機は、いかなる他者も排除する完全で自由な所有であるべきであり、一般的にいえば、私的所有は、占有において〈人格そのもの〉を完全に貫き通すべきである。しかし、このことで、地役権が排除されることはない。それは、他者の私的所有を手に入れて利用するために本質的であり、一般に占有の経験的な性状に由来する。

私は、人格として自由な本質であり、普遍態の領域にありながら端的に個別態である。私は、物件のうちにありながら、みずからのまったくの個別態において自分だけで独立して存在しなければならない。それゆえ、私は、自分の所有物を完全に自由に持たなければならない。［ここから帰結するのは、］「私的所有が存在すべきである」ということである。

キリスト教によってはじめて人間は自由になった。だが、封建的国制によって所有が不自由となり、これがフランス革命の誘因となった。「封建制は廃棄されるべきだ」という原理はまったくよかったが、そのために補償をどうにかしなければならなかった。だから、いずれの地役権も償還可能であるべき必要があり、価格が法律にかなったかたちで定められなければならない。「一般に私的所有が存在すべきだ」ということは、ここから帰結する。

国家の成立にさいしては、個別の者に目が向かなかった。畑は家族の所有物であり、個別の者は、自分が耕そうとするものを家長から受け取り、それを封土としなければならなかった。キリスト教がはじめて〈人格そのもの〉、私的所有の原則をもたらした。自由な私的所有を占有する人間は、なおも自分を「所有（dominum）」する主人を持つ人間とはまったく別の感情を抱く。

地役権は、「物権（jura in re）」だが、理性的で外面的な規定を持たなければならない。ローマ法で所有に多くの制限が加えられることによって、ローマ法が欠陥だらけとなるのであり、所有の自由化の歴史は、きわめて重要な題材であろう。

27

さらに、所有の定在には時間がつきものである。普遍的なものとしての意志は、この現象では、時間のなかで持続する外化表現の規定を手に入れる。この規定を欠くと、物件は「無主物（res nullius）」となり、私は、時効によって所有を喪失し、取得時効によって［所有を］取得することができる。

私が所有物を持つということは、時間のなかでのことである。時間を超えたものである私の意志は、現象せざるをえない。だから、私の意志は、存在する以上、時間のなかで持続する外化表現として現象する。時間のなかでの普遍態の形式は、私の意志に由来する。「欲する」という私の意志が現象するには、私は自分の所有物を利用しなければならない。しかも、私の意志は普遍的なあり方で現象しなければならない。こうした持続する外化表現を欠き、それに対して私の意志が実在のものでないならば、物件は「無主物」となる。だが、私は、自分が使用する所有物の範囲内で物件を持つので、このことによって、物件を持つという自分の意志を表現する。こうしたことは時間に属することだから、時効は、その諸規定ともども実定法での扱いとなる。だが、時効と取得時効は、当然のことながら哲学的法論でも登場する。というのも、私の意志は、外面的なものとしてのみ定在するからである。

これは真実である。時効がなければ起こるかもしれない帰結に関して、時効は、政治的な側面、つまり所有の不確実性もそなえている。だが、そうした帰結は、必然的なものではなく、たんに偶然的な帰結である。というのも、こうした帰結は、それだけで独立して展開されることがなく、必然的な帰結をともなうような行為にさえ属するのでもないからである。だが、所有には外化表現の側面がつきものだから、私が外化表現の継続をやめれば、所有は失効する。

時効は「praescriptio」と呼ばれ、取得時効は「usucapio」である。この点でローマ人のあいだでは、「取得時効」がむしろ普遍的なことだった。

占有は、所有の本質的な契機である。サヴィニーの『占有論』[2]が一面的なのは、占有がたんに時効を停止するものだとみなされているからである。より重要な側面は、もちろん、所有に対する占有の相関関係である。

時効が成立するために必要な時間は、その規定に関しては実定法に属する。堅固な規範が定在しなければならないため、時効時間が、ある場合に対しては長すぎ、他の場合に対しては短かすぎるということが起きるが、それは、経験的なものの一般的な必要によるところである。

28

現実的ではない人格の所有として、あらゆる新規の使用をまったくやめてしまった物件は、「意志は所有において現実的であり、占有はなにか現実的なものである」という所有の契機に矛盾する。

これに属するのは、たとえば「神聖物（res sacrae）」である。その目的には、大いに敬意が払われてしかるべきかもしれない。だが、目的やその思い出がもはや不明になると、たとえば誰かがある墓を自分のものだと決め込むと、そこで時効が起こりうる。現実的ではない人格——それゆえ占有の意志すら持たないが占有の外面という必要条件はそなえる人格——がまったく永久に物件を取り上げて、物件に可能な利用ができないようにするなら、それは所有に矛盾する。

29

私が自分の所有物を譲渡できるのは、その物件が本性上外面的なものであるかぎりでのことである。だから、私の占有というよりは、むしろ、私の最も独自の人格をなしている財産、つまり私の〈人格そのもの〉一般、意志の自由、人倫、宗教は、譲渡もできず時効にもかからない。

このように、譲渡もできず時効にもかからない物が存在する。私は、それを占有しているかぎり譲渡することができないし、それが他者の占有となっているとしても、私が欲してただちにそれを再占有しようとすることの妨げにならない。そうしたものに数えられるのは、私の〈人格そのもの〉に属するすべての財産、つまり私の意志の普遍的な自由に属するすべての財産である。私は自由意志によって自分を奴隷にすることができないという場合がこれである。というのも、私が他者に明け渡したこうした占有は、私が欲するとただちに消滅するからである。たとえ私が奴隷に生まれて、主人に養育され教育されたとしても、そして私の両親や先祖がすべて奴隷であったとしても、私が欲し、「私は自由だ」という意識に到達すれば、その瞬間に私は自由になる。なぜなら、私の意志の〈人格そのもの〉と自由とは、私自身の、つまり私の〈人格そのもの〉の本質的な部分だからである。私がなんであるのかは、挙げて、私が〈人格そのもの〉となっていること以外にない。私の〈人格そのもの〉がもつこうした財産はすべて、同様に時効にもかかわらず制限もされないし、奴隷の占有者の「正当な原権（justus titulus）」や「善意（bona fides）」は、その占有者になんの役にもたたない。だが、私は恣意を譲渡することができるし、譲渡すべきであり、恣意は制限されるべきである。

自由の概念には、所有を持つことができるということが必要である。というのも、所有においてはじめて自由が定在するようになり、こうして所有能力が〈人格そのもの〉と直接的に関連するからである。レーベルクは自然法のこの根本概念を攻撃しようとしたが、フィヒテは彼に対する反論を『フランス革命の精神』で書いた。つまり、レーベルクは、「純粋な自由としての自由は外面的な行為によって攻撃されえないし、もし私がある者を殴るように命じても、そのことが彼の自由を損ないはしない」と主張した。(3) しかしながら、自由は、定在や現実態を手に入れ外化表現されるときにはじめて存在するのである。

同様に、人倫も譲渡できないものである。それは、なんといっても人倫の裁判官となる私の良心というものを、私は売り渡すことができないからである。同様に、宗教も譲渡できない。だから、平信徒は、宗教を断念することができないし、それを祭司に委ねることもできない。何が宗教の問題で、信心深くあるには何をしなければならないかを祭司が語るためには、宗教を譲渡することが信頼に関わる問題となるだろう。しかし、たとえ国民が宗教に対する自分の権利を祭司に委ねたとしても、国民はその権利をいますぐにでも取り戻すことができるだろう。

――〈人格そのもの〉に基づくすべての権利は譲渡できず時効にかからないものであるべきだとするのは、たしかに高い要求である。だが、自由が自由であるのは、［それが意識されるとき］だけである。言い換えれば、こうした権利のすべては、その権利の意識をともなうときにのみ生ずるのである。そして、国民が自分の権利についてこうした意識を手に入れるやいなや、その権利は国民のものとならざるをえない。

30

私の特殊な身体的および精神的な力と技能のうちで他者に譲渡できるのは、時間のなかで制限された使用である。なぜなら、こうした力と技能は、規定されたものとして、私の〈人格そのもの〉への外面的な相関関係という側面を一般に持つが、この相関関係が外面的なものとして規定され定在するのは、もっぱら個別的な産物あるいは特定の時間に譲渡が制限されることによるからである。これに対し、無制限の時間で譲渡がなされるなら、私の普遍的な存在の現象である総体として自分の力が譲渡されることになるだろう。同様に、私は、自分の所有物一般と自分の生産物も、個別的なものとしてのみ譲渡できる。

　私の技能と力は、自分の知性と理性に根拠をもち、私の独自なもの、内面的なものである。だが、それらは、固有の内容を持ち、普遍的側面ではなく特殊な側面に属するかぎり、外面的なものの相関関係を持つ。そこで、それらが、なんらかの外面的なものであるかぎりで、私は、それらを譲渡することができるし、他者に対してなにかすることを誓約することができるし、他者のもとで勤務することができる。しかし、そのとき、私がある人のためにどの種の勤務を果たそうとしても、そこには——前節で述べたことにしたがえば——私には自分の〈人格そのもの〉が残るという制限がすでに現存している。

　ところで、私は、自分の勤務を特定の時間だけ引き渡すことができるのであって、自分の労働のすべてにわたって他者に権利を認めることはできない。時間によるこうした制限、数量と程度の面での制限は、外面の側面である。というのも、もし私が自分の勤務の普遍的なもの、つまりなにかを生み出す自分の可能性を誰かに引き渡すならば、その可能性は普遍的なものなので、つまり特殊化のすべて、外面的なもののすべてを含むので、私はそれによって普遍的なもの、内面的なものを譲渡することになるだろうから。無制限の時間における生産の総体のうちに、普遍的なものが現存する。だから、私は自分の力の外化表現の全体を手放すことができない。私の内面的なものは誰にも引き渡すことができないし、私が誰かに引き渡すのは、時間と特殊態とで制限されたものとしての自分の勤務だけである。同様に私は、自分の所有物といっしょに自分の所有能力を誰かに引き渡すことはできない。

監獄に入る犯罪者は、特定の時間つまり制限された時間だけ、自分の自由を失う。

以上のようにして、私の内面的なものを他者へ譲渡することが可能となり、この譲渡が外面の形態を持つのである。

31

私が所有において持つ自分の自由の領域によって、私は他の諸人格との相関関係に入る。〈人格そのもの〉という直接的な〈一つのもの〉は、無限で多数の〈一つのもの〉への反発である。所有の本質的な定在は、所有の適法な絶対的側面の定在である。そして、この側面は、所有の点で人格がたがいを人格として承認することであり、つまり、自分自身と同一であることを意識しながら外面的な定在を媒介として、自分たちを他者と同一の人格として知り、自分たちをたがいに自由で自立したものにするということである。

私が所有によって自分の意志を実在のものにすることで、他者に対する自分の相関関係が、すなわち他者の所有に対し自分がもつ所有の相関関係が成立する。

〈一つのもの〉は、否定的なものの自己関係であり、自分からの反発である。だが、〈一つのもの〉の概念は、独立存在することであり、つまり他者によって定立されているという否定態である。このことが、一般に、多数の人格が存在している必然性である。だが、この多数性は、直接的なものではなく、必然的なものである。

所有における私の定在は、他の人格に対する相関関係であり、そこから相互承認が成立し、自由なものが自由なものに対して存在するようになる。私が自分を自由なものとして知ることによって、私は自分を普遍的なものとして知り、他者を自由なものとして知る。そして、私が他者を自由なものとして知ることによって、私は自分を自由なものとして知る。それゆえ、法の原理は［言う］。「汝および他者をその所有の点で人格として尊敬せよ」。

32

所有は一般に自由意志を含むが、自由意志はまだ普遍的意志と特殊な意志として区別されていない。だが、人格相互の相関関係において、人格の独自の意志は、他の意志に対する他の意志として登場するから、特殊な意志すなわち恣意として規定される。だが、自由意志はそれ自体でもそれだけで独立しても普遍的意志だから、恣意はその特殊態を廃棄しなければならず、自分を他の意志と同一の普遍的意志として定立しなければならない。こうしたことが、契約の内面的な必然性と本質を形作る。

他者と契約を結ぶことは恣意の事柄である。しかしながら、この契約を結ぶかあの契約を結ぶかは私に左右されるとしても、契約の側面はやはり必然性である。前節で述べたことにしたがえば、所有によって人格相互の相関関係が成立する。おのおのの人格は、たがいに他者として、特殊な意志すなわち恣意を持つ。だが、意志は、自由であり、普遍的なものであり、そして特殊化によって、意志の自由が廃棄されることはない。だが、個別の者は、自分の特殊な意志を廃棄し、他の意志とともに普遍的意志を想定し、それを実現しなければならない。このようにして契約が成立する。

第二節　契約

33

契約とは物件の取得である。この場合の物件は、もはや私に対して権利をもたないものでも非自立的なものでもない。そこには他者の意志があり、そのためこの物件は私が入り込めないものである。それだから、こうした取得は、媒介されているのだが、詳しく言えば、「物件が私のところに所有として移行する」という規定によって、物件のなかにある意志が物件から退場することにより媒介されているのである。このさい、［私の側では］、物件を受領するにはこの所有に同意することが必要である。この合意は普遍的意志の現象だが、そのとき普遍的意志は、契約の出発点となる肯定的な恣意と、私の占有の特殊態を廃棄しようとする否定的な恣意によって定立され、特殊な対象に関わっている。

契約で扱わなければならないのは、もはや占有の場合のような抽象的な物件ではなくて、他者の意志が質料のうちに込められた物件である。ここで、私が取得することができるのは、たんにつかむことによってではなく、媒介によって、他者の意志が物件から出てゆくことによってだけである。この媒介のうちには、私の外面的な行いだけがあるのではなく、「物件のなかにある意志が出ていかなければならない」という他の側面もともに作用している。だが同時に、物件の放棄には、物件が私の所有に移行するという私に対する相関関係の肯定的な規定があり、物件を受領するという私の意志がある。

一方が放棄し、他方が受領しなければならないのであれば、それは贈与である。だが、どちらの側も放棄して受領するのであれば、そこに交換が成立する。放棄し受領する二つの意志から普遍的意志が生成する。なぜなら、特殊な意志が放棄されたからである。しかし、その普遍的意志は普遍的意志の現象でしかない。なぜなら、こうした普遍的意志は定立されたものであり、契約の存在は契約当事者たちの恣意に左右されるからである。契約によってわれわれは個別態を離れて普遍態に到達する。もっとも、この普遍態もまだ仮象を映し出すものでしかない。というのも、契約が、私の好み、私の欲求に発するからである。私が契約を結ぶ対象も同様に特殊な「物件」である。

「国家は、万人が一人と、一人が万人と結んだ契約に基づいている」と普通言われる。そして、この場合個々の人格から出発しており、契約は政府や君主との契約となる。そして、一方の当事者がこの契約を守らないとき、他方の当事者もまたそのように信じるときには、もはや契約に拘束されないとされる。しかしながら、こうした見解が生ずるのは、国家法を私権から導き出すからであり、これはかつてわれわれのところでも生じたことだった。「国家関係は一般に契約だ」と考えるのは、この場合個々人から出発することになるから、誤りである。もしかしてそのようにあれこれの国家が形成されたとしても、そうである。しかし、国家は〔このようには〕始まらない。国家が基礎とするのは、諸人格という個別態ではなく、諸人格の普遍的意志であり、諸人格の本質という実体である。そして、国家は、恣意的な対象ではなくて、諸人格のうちにありながら諸人格を超えた威力を基礎とする（だが、契約は、もっぱら恣意から出発する）。それゆえ、個々人が政府を持とうとするか否かは、個々人の恣意で決まることではないし、政府が市民を持とうとするか否かは政府の恣意で決まることではない。それにしても、君主を任ずる王家に対抗して、国民とその政府が契約をとり結ぶことはありえないだろうか。しかし、元首という最高の頂点が国民の恣意に左右されないことが、どのような君主制でも必然態である。国家ではすべてが必然的でなければならない。だから、恣意を想定することはできないし、個々人が君主と結んだ契約を想定することなどできない。

以前のドイツの諸領邦は、その上に皇帝と帝国を戴いていた。それは封建的関係であり、そこでは普遍的な国家の内部で君侯たちが私人であった。この封建的関係は、国家の諸権利が契約によって規定されていたのだから、まったく反理性的であった。同様に、国家とは個々人がとり結ぶ社会契約であるという見解は、フランス革命に大きな影響を及ぼした。そこには、一国民を成すことは個々人の好みに左右されるという理念が立っていた。

34

契約において、知性的なものが知性的なものとの関係に入り、両当事者の意志が同一化されているかぎり、この知性的な同一化は、契約一般においてそれだけで独立して占有物やその移行とは区別されて現存するのであり、リアルなエレメントで定在しなければならない。その定在は、標識や身振りによるものであれ、とくに言葉によるものであれ、一つの宣言として契約の約定である。

　契約は、それだけで独立に、普遍的意志を定立することである。だが、この普遍的意志は、このものが私の所有だという特殊な恣意としては廃棄されている。占有は、一般に普遍的な定在である。契約は、それだけで独立に、知性的なものとしての定在であり、その定在は観念的な定在である。身体は精神を表し、精神の意志を表現する。そのようにして、普遍的意志は、契約の理論的な定在を自分に与え、その履行は、契約の実践的な定在を与える。精神は言葉——震えでしかない音——によって自分を表現し、そのようにして理論的意志が契約において表現される。握手によって生ずる表現は、合意の標識である。契約の約定は、言葉によって、より規定されたしかたで表現される。店先に並べられたパンの場合のように、多くの物の場合、契約の約定とその実現とが同時に生ずる。

35

さらに、契約の約定は、一方から他方への所有のリアルな移行、つまり履行から区別される。契約そのものによって直接的に、私はこの履行へと純粋に適法なかたちで義務づけられている。というのも、私のこれまでの所有が、契約によってすでに他者のものとなっているからである。普遍的意志としての合意においては、私は自分の恣意を廃棄した。この合意は、所有に関する規定の本質的なものを含み、同時に両当事者の承認のうちに本質的な真実の定在を含んでいる。これに対して、依然として存続している占有は、非本質的なものでしかない。だから、もし約定されたことを私が履行しなければ、私は他者の所有を侵害することになるだろう。

　私が自分の約束を守ることは道徳的なことだが、契約では誓約というものがある。契約に基づく物件は、物的に人格的な権利[一六]とも呼ばれる。なぜなら、私は他の人格によってのみその物件を手に入れるからである。「各人が履行するよう義務づけられるのは、他者が履行したとき、そしてその場合にかぎる」とフィヒテは言うが[4]、そうすると誰も始められなくなってしまう点からしても、それは無効な見解である。契約によって私は履行へと純粋に適法なかたちで義務づけられるのであり、契約はすでに約定によって締結されているのである。

　契約とその履行には、まだ道徳的な側面の登場する余地がない。約定によって物件が他者の完璧な所有となっている以上、他者の所有が侵害されているとされるから、ただこれだけで、履行が必要なのである。承認するときには、他者の意志が私に対して定在し、私の意志が他者に対して定在し、承認することによって共通の意志が定在を持つことになる。というのも、私は物件を占有するという自分の恣意を廃棄してしまって、履行は、普遍的意志の外面的な実在というものであり、それゆえ非本質的なものだからである。このため、履行は、道徳的な帰結でもなければ、外面的な現象に左右される帰結でもない。それは、「私は自分が承認した他者の所有を侵害しない」という純粋に適法な帰結なのである。

　契約の区分は悟性の事柄である。

36

契約の区分の根底には、契約対象たる所有に由来する主要な区別がある。所有は、完全な所有であるか、占有にすぎないかのどちらかである。しかし、後者が前者から区別されるのは、もっぱら、一般に占有が一時的なものであり、前者に対して制限されたものであるかぎりでしかない。だが、そのほかに契約は、次のいずれかを含む。一方の側が物件を他者に譲渡するよう承諾し、他方の側がその受領に同意するにすぎないか、双方の側から同意しあうかである。これによって、契約は、贈与契約か交換契約かのいずれかになる。

実体は、そのもろもろの偶有態の外部に存在しない。もろもろの偶有態は、総体であることによって、その内面的なものへと復帰している。だが、占有は偶有態の総体を含むことができない。なぜなら、もし含むなら、そうした占有とともに所有が移行するからである。それゆえ、私が所有そのものを失うべきでないならば、私の所有の個々の属性だけが移行できる。

37

それゆえ契約は、

(Ⅰ) 贈与契約である。詳しくは、

(一) 物件一般の贈与契約であり、

(二) たとえば寄託物 (depositum) の保管といった、勤務を履行する贈与契約であり、

(三) 物件の貸与、つまり、物件の一部分の贈与、あるいは一般に物件の制限された享受ないしは使用を贈与することである。

「寄託」は、本来的には贈与だが、私が貨幣を振替銀行に預ける場合、それは、形式的には委託物の仮象も映

し出す、私が銀行券を受け取りそれを自分の所有とするので、交換契約である。銀行は私の貨幣を利用し、私は銀行券を利用する。――私が誰かになにかを貸与するとき、私はその人に自分の物件の使用や利用を贈与することになる（使用貸借（commodatum））。

（四）遺言をなす能力は、私が一般に「他者のために自分の所有物を自由に処分し、同時に他者がそれを享受すべき時機を指定する」という権利を持つことに基づく。けれども、その場合、死がその時機なのだから、私がどの道もはや所有者でも占有者でもない場合に贈与するのは、矛盾である。だから、遺言をなす能力は、一般に社会的な権利によってのみ、つまり相互承認によってはじめて与えられるものである。

遺言において矛盾するものは、ある人がなにかを贈与する時が、もはやその主人でなくなった時だということにある。「遺言なき（ab intestato）」相続は、家族関係論に属している。このため、遺言による自由処分が有効で適法なものとなるのは、それが国家において適法に可能だとみなされ、そして他者が故人の意志を尊重し承認しようとするかぎりでしかない。なぜなら、そうでないと、所有は、占有者の死後に「無主物（res nullius）」となるからである。つまり、遺言する者が遺言で明文化された自分独自の意志に基づいて完全な所有者であるのは、死ぬときまでのことでしかない。それゆえ、ローマ人は遺言することを公法（juris publici）の一部分とみなし、遺言は民会（comitiis）において民衆の面前でされなければならなかったし、そのようにして遺言への民衆の同意が態度で示されたのだった。〔二七〕

（Ⅱ）交換契約である。交換契約は贈与契約でないから、これには、「交換される物件は、質的にどんなに違いがあっても、たがいに等しくあるべきだ」ということが含まれている。物件は、みずからのそうした抽象体、つまり普遍態にしたがって、たがいに測られ、たんなる量規定の点で同等に扱われたり不等に扱われたりするが、こうした抽象体、つまり普遍態が物件の価値である。

交換契約では、物件の違いの比較が問題になる。物件は異質的でありうるが、物件の同等性、つまりその価値は抽象体なのである。私は、物件の外面にしたがって、二つの物件のあいだに同一性を定立するだけである。この関係は、私に、つまり比較する者に属している。そうした同等性が物件の価値、物件の抽象的な考察であり、それにしたがって、物件は、質的には相違していても、たがいに同等とみなされうるのである。

ところで、価値は、物件の生産に必要とされる労働に左右される。芸術や苦労や希少性などは、価値を規定する。量的な規定となり尺度となるそうした価値にしたがって、比較がなされる。価格というのは、経験的な場合の価値である。価値は、主観的で特殊な思い込みのうちに存在することもできる。

（一）物件一般の交換。商品、すなわち特種な物件が、同じように特種な性状をもつ他の物件と交換される。商品とは、一般に、特定の質をもつ物件である。

（二）購買（emptio）と販売（venditio）。商品と貨幣との交換。このさい、貨幣は、特種的ではなく普遍的な物件であって、つまり他の特種な規定をもたない価値だけを利用する商品である。

貨幣については、「貨幣はたんなる価値である」としか定義されない。だが、銀行券と対比される相関関係では、貨幣も商品になる。貨幣とは、価値として使用される以外に使用されないという抽象によって現実存在する商品である。貨幣は貨幣品位にしたがってたがいに商品となるが、これは、現代では貨幣がいろいろな金属で作られていることによる。貨幣が貨幣として通用するかぎりでは、通用しているものは、価値の現存だけである。

ところで、貨幣は、商品を純粋な価値へと抽象したものだから、未開の国民は、まだ貨幣を持たず、不便な交換で満足している。不便だというのは、私と反対の欲求を持つ者にちょうど出会うまで、私は〔交換相手を〕捜し続けなければならないからである。

（三）家や庭などといった私の物件を他者に賃貸（locatio, conductio）するのは、賃貸料と引き換えに一時的な利用を譲り渡すことであり、そのさい私は引き続き所有者にとどまる。ところで、私の特種な所有物が他者に占有され利用されるが、同時に私が現実的な所有者としてそれを占有し続けるということは、抵当ないし保証によって生ずる価値を私が占有し続けることによって媒介することができる。それは、ある者による引渡しや履行が他の者によるそれから時間的に分離され、あるいは一般に履行が約定から時間的に分離されうるときに、贈与契約の（二）と（三）の場合にも、またこれ以外の交換契約の場合にも登場しうる相関関係である。

利用は一時的なものでなければならない。そうでなければ、私は自分の所有物を他者に譲り渡したことになり、その場合、所有者（他者）は、自分の所有物の利用に対して以前の所有者である私に賃貸料を支払わなくともよくなるからである。利用が終われば、私は再びそれを占有することになる。

抵当関係が成り立つのは、次の場合である。すなわち、私が自分の所有物を他者に手渡すとき、その信頼に対し私が保証を求めたい場合である。そのさい、私はこの他者を相手どって占有し続けることが即座にできなくなり、その代わりにその他者はみずからの所有の一部を私に対し抵当として質入れする。私は、そのようにして自分の所有物の価値を占有し続けるが、〔抵当という〕特殊な物件も手に入れている。抵当は、所有とは違うし購買とも違うので、誰もが自分の所有物を占有し続け、特種な物件が移転することはない。

抵当関係は、そのほかの交換契約の場合でも生ずることがある。それは、両当事者の履行する時間が別々になることがあり、私は、他者から履行をまだ受けていないかぎり、特種な所有をし続けることによる。同様に、私がより多くの信用を与えた第三者が相手方を支持することによって保証がなされるときも、そうである。

（四）借款（mutuum〔消費貸借〕）は賃貸と同じものだが、ただし貸主の方が、たんに価値の所有者たるにとどまり、そのため特種な物件を譲り渡したのである。

借款が賃貸と違うのは、貸主の方が、たんに価値の所有者たるにとどまる点であり、貸主は、特種な物件を他者に引き渡す。価値は貸主の所有にとどまり、それゆえ貸与は譲渡でない。貸主に抵当が与えられるなら、貸主は元本《カピタール》の価値を手にしている。

能でしかも時間が特定されているかぎりで、他者に譲渡する。これと同類なのが、信頼や善意、特殊な才能や技能に基づき、そのかぎり無限の価値を含んでいる勤務にかんし、それを委任（mandatum）そのほかの契約をすることである。

（五）雇用契約（locatio operarum）では、私は、自分の力を用いた産物、あるいはその生産活動を、それが譲渡可能であるかぎりでのみ、譲渡可能である。というのも、その現象全体は譲渡不可能だからである。

ここでは、労働が契約の対象とならなければならない。労働は、品位の高いもの（honesta）で、それゆえ私がもつ力の現象の一部分であるかぎりでのみ、譲渡可能である。というのも、その現象全体は譲渡不可能だからである。

委任や以下に掲げる契約には、計りしれない価値がある。なぜなら、この場合、善意や技能、天賦の才、信頼は、無限の〈人格そのもの〉に属していて、たとえ産物がどんなに制限されているとしても比較不可能だからである。

国家における公職がこれに属する。私は、自分の給料のために国家に仕えるがゆえに国家と契約を交わしているのだが、公職は、雇用契約にならないし、そもそも契約にならない。というのも、一般に、公民なら誰でも、国家に対して勤務する責務があるからである。兵士である市民が兵士となる責務を負っているのは、市民として国家を防衛する義務のためであって、自分が受け取る給料のためではない。公職には国家に対して勤務する義務の側面があり、この勤務の点からして、公職を契約に変えてしまうわけにはいかない。というのも、国家に対する義務が第一のものだからである。

だから、以前には、とくに共和制では、公務員は無給だったし、また［今日］でもそうであって、公務員が出費を賄うには役得しか手に入れられない。それゆえ、国家に勤務するよう誰もが平等に義務づけられているのであって、他者より多くということはない。しかし、私が任用されようと思うなら、他者より多く業績を挙げるよう願望する。私は自分の特殊な技能によってより多く業績を挙げようとする。

ここに特殊態の相関関係が生じていて、国家は意のままに私を使用することができる。というのも、国家は、私に拘束されていないし、多くの人のなかから選択するのだからである。だが、私は国家に拘束されている。それゆえまた、特殊な技能によって任用されることを望む国家公務員は、その特殊な技能に対する報酬を要求できるし、それによって契約の側面が生じてくる。けれども、私の勤務がますます委任に近づき、委任に似た契約に近づくことにより、私の勤務が身体的というよりも精神的なものになってゆくにしたがって、相関関係は、本来、雇用契約を形作るものとは違ってくる。

契約の主要な区別は、いずれにせよ、所有の全体が譲り渡されるか、それとも所有の利用だけが譲り渡されるのか、という点にある。

第三節　不　正

38

契約は一般に有限な合意であり、個人がもつそのほかのまったく普遍的な特殊態、またそれとともに個人の偶然態や恣意の全体は、それぞれ依然として存続するにまかされている。所有は、私の人格的意志のもとへ特殊な物件を包摂することである。人格的意志の側面からすると、物件はそれ自体で無限で普遍的である。けれども、その特殊態の側面からすると、物件は偶然態と恣意を含んでいる。このため、他者が物件のうちにたしかに普遍的なもの、つまり私の〈人格そのもの〉と権利能力を承認するが、特殊なものを承認しないことによって、その特殊態を不正とみなさないかどうかは、偶然的なことである。

権利とは、私の所有がもつ定立され区別された相関関係であり、この相関関係は、他者によって承認されるべきである。契約では、たしかに、個々人の恣意、特殊な意志が廃棄され、普遍的意志に至る。けれども、この普遍的意志は、定立された意志でしかない。なぜなら、契約はもっぱら個々人の自立的な恣意によって定立されているからである。一人では契約を廃棄することができないが、両者がたがいになら、もちろんできる。そのほかに残されている恣意は、そうした合意によって廃棄されていないし、契約とは、人格的で自然的な恣意の例外、一般に偶然態の例外にすぎない。

私の所有のうちには、それ自体でもそれだけで独立してもいる私の意志の——所有のうちに存在する——無限なものが尊重されるべきだということが含まれている。しかし、恣意がそれに逆らうこともありうる。けれども、所有が人格的意志として抽象的で普遍的であるかぎり、人格的意志は、自分を特殊化しなければならず、なんらかの外面的なもののうちに自分の普遍態を置き入れなければならない。占有獲得をするさい、私は、特殊な物件を自分の意志の普遍的なものの下に包摂する。同じようにして、他者は、この物件を自分の意志に包摂しながら、「この物件は自分がすでに手に入れたので、相手がその物件への権利を主張することは不正だ」と信じることができる。特殊態が特殊態と対立するとき、こうした衝突が生じないわけにいかないが、この衝突は特殊態にのみ関わり、普遍態には関わらない。誰もが、他者の〈人格そのもの〉や権利能力を承認しはするけれども、「この物件だけは他者の所有でない」と信じている。

そこで、以上のことが、市民的な権利上の争い〔民事訴訟〕の側面になる。

39

この場合には、市民的な権利上の争い〔民事訴訟〕の領域に属することが発生する。それはまったく否定的な判断である。つまり、私が物件に与える「私のもの」という述語について特殊なものだけを〔否定し〕、普遍的なものは〔否定し〕ない。その結果、物件は、その権利を持つ者に属すべきだという権利根拠からのみ、請求され引き渡される。

「これは君のものではない」と私が言うとき、そこでは特殊な側面だけが否定され、他者が持つ権利能力や〈人格そのもの〉は否定されない。この否定的な判断では、まだ普遍的なものへの関係が現存している。市民的な権利上の争いでは、どちらの側にもその権利が与えられるべきである。しかし、一方だけが権利を持つことができ、他方に対しては占有の側面、つまり包摂の側面だけが否定される。だが、他方の権利能力の側面は否認されず、もし他方が特定の物件に対して権利を持っているならば、それは当人のものであるべきだ、と言い渡されるのである。

40

〔訴訟の〕両当事者においては、普遍的意志が承認されていること、つまり権利が承認されていることが、物件の包摂をめぐる特殊な利害関心や特殊な見解と結びついている。そのため、権利という普遍的意志に対しては、当事者のものとは別の現実態が要求される。それが裁判官である。裁判官は、特殊な意志でありながらもっぱら普遍的〔意志〕だけをもち、自分の見解が当事者の見解と対立するときには、それを断念させ自分の見解を承認させる威力となるべきである。

どちらの当事者も、物件を占有しようとする自然的意志を持っているが、物件の占有を要求するのは、それが権利であればこそである。当事者は、普遍的意志を承認しているが、双方には一つの見解があって、その見解は、他方の見解と対立するとき、主観的となる。不正をはたらく者も同じように権利を欲する。その場合、特殊な意志が普遍的意志として登場せざるをえず、特殊な意志の主観性がかえって普遍的意志とならざるをえず、その意志が普遍的意志の見解を持たざるをえない。こうした裁判官は、普遍的意志の洞察と知識をそなえ、中立でなければならない。さらに裁判官は承認されていなければならないし、「裁判官は普遍的意志を欲し知らなくてはならない」と裁判官自身が認めなくてはならないし、裁判官は判決を下す威力を持っていなければならない。

ここに道徳の側面が生ずる。なぜなら、個々人の主観的な恣意が普遍的意志を想定しなければならないからである。そして、これはより高次の側面である。そこでは、普遍的意志が、それ自体でもそれだけで独立しても要求され、どんな恣意にも左右されず威力と結びつく。つまり、当然ながら、この威力には必然性がある。それゆえ、裁判官は、国家においてのみ存在できる。なぜなら、調停者の下す決定が両当事者の気に入らなければ、当事者はたがいにその判決を気にかけないでもよいが、威力を持った裁判官なら、確固として判決を下し、その判決が実現されなければならないからである。

41

恣意は、さらにまた同様に、一般に承認することに対してなお偶然的である。この承認することは、最初は定在だけを持つ。なぜなら、それ自体でもそれだけで独立しても存在する普遍的［意志］に対して、主観的意志がまだ廃棄されていないからである。それがなされると、それ自体でもそれだけで独立しても存在する普遍的意志が現実態を持つようになるだろう。だから、恣意は、いまはじめて現存するような意志の客観的なものに背くことがある。私の意志が物件への肯定的な関係を結んだのち、そうした物件が一般に他者の外面的な暴力によって襲われ、必然性のもとにおかれることがある。私は、自分の所有物の使用を、つまり自分の権利の行使を妨げられることがあり、なんらかの犠牲ないし行為が自分の権利を行使するための条件とされることがある。これが強制である。

われわれの立場からみれば、主観的意志だけでなく、普遍的意志も侵害されている。〈人格そのもの〉が承認されていることは、最初は直接的である。〈人格そのもの〉が現実的に存在するには、媒介を経ていなければならない。恣意がそれ自身廃棄されていなければならず、それぞれの個別の者の特殊な客観的意志が存在しなければならず、特殊態の姿をとった主観的意志が廃棄されていなければならない。この媒介は道徳的立場ではじめて生ずる。

私が所有物を持ち、外面的な物件を持ち、あるいはまた所有物ともなる私の身体をも持つことによって、つまり私の意志が外面を持つことによって、私の意志は外面的な取り扱いが可能になり、他者が外面的な暴力をふるえるようになる。そして、物件のうちに存在する私の意志を把握することができるのは、実体としての私の意志が偶有態のうちに自立的に現存することによってである。だから、意志という実体は、所有において保持されうるのであり、必然性のもとにおかれうるのである。

私の意志は、それだけで独立すると、自立して存在する。けれども、私の意志は、物件のうちに定在を持つことによって、物件のうちに存在する。だが同時に、物件が外面的なものであることによって、物件には他の意志の定在もある。それゆえ、私は自分の所有物の使用を、つまり私の権利の行使を妨げられることがある。私が再びそれを自分のものにしようとするなら、私はなにか他のことを行ったりさせたりすることを余儀なくされることがある。つまり、「君がこれを持ち続けようとするなら、君はなにか他のことをしなければならない」のである。このように、私の意志が定在をもち、外面的であることから、強制が生じて、私の意志に作用することがありうるのである。

42

けれども、意志は自由であり、いかなる外面からも引きこもることができるから、たしかに人間は強制されることがあるとしても、つまりその物理的な側面が他者の暴力にさらされることがあるにしても、意志は、それ自体でもそれだけで独立しても強制されることがない。そして、強制されている者は、そのかぎり自分の意志でそうしているのである。

それゆえ、意志は、そのさまざまの外面的な側面で強制されることがある。なぜなら、意志の物理的定在に対しては、より大きくより強い物理的定在が対置されうるからである。ここで言う「より大きいもの」「より強度のあるもの」とは、威力である。人間はそれ自体でもそれだけで独立しても強制されることがない。というのも、自由意志が屈しなければならないような優勢なものは存在しないからである。

同じように、ある国民が征服され抑圧されることはあるが、強制されることはない。なぜなら、国民は、強制されないように自分を犠牲にすることができるからである。意志は、みずからが抑圧されていると見ても、それでも人はなんらかの外面的なものを自分のために維持しようとする。そして、［国民が］自立していること、自主独立していることを手放すとき、国民はそれをなにか無限なもの、譲渡できないものとみなしていないのである。だから、征服された国民は、いつでも自分の意志でそうなったのだから、当然ながらそれを嘆くことができない。

43

とはいえ、意志が、それ自体でもそれだけで独立してもつまりその概念において自由であるのみならず、定在も持つべきであり、またその定在において自由であるべきであるかぎり、意志はそもそも強制されるべきでない。そして、強制は、一般に不正であり、その概念にしたがって自滅する。このことは、強制が強制によって廃棄される点で現れる。つまり、強制は、それが強制の廃棄であるという条件つきで適法なのである。

　強制を蒙る者は、ある定在を放棄し、それよりも自分にまだ認められている定在のほうを選ぶ。そのときに大切なことは、放棄された定在の代わりに選ばれた定在がいったい価値あるのかどうか、どの定在が放棄されるべきなのか、ということである。このため、カトーは、共和制に反する国家で奴隷生活を送るよりも自由を選んだ。カトーは、自分の偉大な個体性が征服されるのを見せたくなかったのである。(一八) ある個人が必然性に屈服せざるをえなくなるか否かは、その個人の特殊態にかなり左右される。ギリシア演劇では普通、必然性に屈服するのは合《コ》唱隊《ロス》の見解で、これに対し英雄たちがみずからの個体としての見解を貫徹する。

　強制を蒙る者は、強制されるがままになることで不正をはたらくとしても、強制する者のほうは、つねに不正をはたらいている。意志は、他の意志に対してあるかぎり、その定在において自由意志であると、他の意志によって尊敬されるべきである。

　国家では、強制に頼らざるをえない。そして、国家では、強制が強制によって廃棄されるので、この強制は適法である。これに対し、自然が課する強制は、強制とみなすことができない。私は、自然の強制から自由となりうるからである。私は、自由なものに対してだけ、自由であろうとすることができる。それだからまた、強制は、自由なものにしか由来しえない。意志は、その概念にしたがえば、強制されえない。自由なものだけが強制されうるが、自由なものは、強制することによって自由を廃棄する。これは矛盾である。それだから、社会では、強制が強制によって廃棄されうるし、そのかぎりでのみ強制は適法となる。

ここで、われわれは次の点に気づくであろう。すなわち、まだ国家のかたちをなしていない民衆、自然の境遇のうちにある民衆、つまり自然の強制の状態にある民衆は、後者の〔自由の〕強制により前者の自然の強制が廃棄されることによって、国家へと進展し、みずからに国制を与えるよう強いられることがあるが、それはどうしてか、という点である。

44

厳格権が強制権と呼ばれるのは、それが意志に関わるさいに、物件と直接的に同一であることに関わり、つまり抽象的な存在の面で関わるかぎりでのことである。だから、こうした権利は存在するし、存在しなければならない。つまり、この場合は、強制に対して強制が行われてしかるべきである。なぜなら、強制は概念にしたがって行われうるからである。こうなるのは、主観的意志として、自分の自由を内面的に確信する自分自身に対して無限に関係する意志が、ここではまだ対象になっていないからである。

普通、自然法では、厳格権が強制権といわれる。そして、強制権は、ここで概念として登場するから、それが行われてしかるべきなのは、強制に対してだけである。強制する可能性があるために、強制が行われてしかるべきなのである。

道徳的な意志は、自分自身に対して無限に関係する意志である。それは、たんに存在するだけでなく、自分のうちで自分について知っている。自由意志が自分のうちにそなえているものである定在は、いかなる外面も持たない。自分についての知が、自由意志の定在なのである。この定在は純粋に知性的な定在である。そして、ここでは、概念にしたがって、いかなる強制も行われえない。それゆえ、ここで恣意が生じて経験的に強制が行われることがあるにしても、いかなる強制も行われるべきではない。道徳的な意志は媒介された意志であり、媒介された意志はその恣意の否定によってそれだけで独立して存在するようになる。

権利は、存在するし、（抽象法として）存在せざるをえない。なぜなら、権利は意志の存在だからである。存在しその概念に適合するものは、存在せざるをえない。この領域では、強制は可能だが、強制は強制を破壊するときにだけ適法となる。というのも、強制は、道徳によってではなく、強制によって廃棄されなければならないからである。強制が道徳的なものであろうとするか否かは、強制をなす恣意できめられるかたちをとる。だが、権利は存在しなければならない。ここでは、権利の存在が現存しなければならない。

45

犯罪は、意志の原理を攻撃し、権利を権利として侵害するある種の強制である。「私のもの」という述語のうちにある特殊態のみならず同じ述語のうちにある普遍態をも否定する無限判断が、刑法の領域［である］。それは、個別的なものにおける、もしくは包括的な普遍態における人格的自由の侵害であり、奴隷制であり、肉体や生命、私の所有一般の侵害である。侵害されうるのが定在する意志でしかない以上、そこから、犯罪の客観的な側面にしたがって区別が成り立ってくる。この側面においては、無限なものの抽象的な侵害だけでなく、同様に無限なものの定在の質的および量的なあり方も本質的に考察される。

犯罪は無限判断であり、そこでは権利が権利として侵害される。「私のもの」が攻撃され否定され、その結果、私は、それが生ずるにまかせておけば、所有だけでなく、そもそも、自分の本質という普遍的なものである所有能力を失い、加えて自分の本質が承認されなくなる。この場合、権利が権利として侵害され、自由意志の普遍的なものが侵害される。私に対して犯罪をなす者は、私が権利を持つことをまったく認めないか否定するかするのである。

人間を奴隷にし奴隷にとどめることが絶対的な犯罪であるのは、奴隷の〈人格そのもの〉がそのすべての外化表現において否定されるからである。殺人は、本来、〈人格そのもの〉のすべての外化表現において自由に関わらない。しかし、〔殺人によって、〕〈人格そのもの〉という無限態が廃棄され、私の〈人格そのもの〉を外化表現する可能性がそもそも否定されるのであって、奴隷制によるのとは違い、すべての外化表現の現実態が否定されるのではない。

私が自分の身体を占有し、私の意志がそこに存在するのだから、私の身体を傷つける者は、私の権利を権利として侵害するのである。これに加えて、侵害された人の名誉も挙げることができるし、私自身について諸個人や私が抱く表象のなかにある外面的な定在も挙げることができる。私がこれらによって侵害されるのは、私というものがこうした表象の内容だからである。

犯罪では、権利が権利として侵害される。そして、そのかぎりでは、すべての犯罪がたがいに同等である。絶対的に質的なもの、すなわち意志の自由が侵害されるわけである。だから、ストア派は、この意味で、「犯罪によって侵害されるのは法律であり権利なのだから、一つの徳と一つの犯罪しか存在しない」と言ったのである。(5)(一九)名誉の場合も同じである。なぜなら、私はどんなものにでもこの名誉の感情を置くことができるからである。ところで、これと同じようなしかたで、純粋な民事訴訟によっても、ある者は無限に侵害されることがある。それは、一方が他方を不正のかどで訴えることによって、〔他方の〕内面的なもの、すなわち名誉が侵害されるからである。

——ところで、ただ定在する意志だけが侵害され、強制されうる。定在する意志は、他者に対してのみそうなり、質的にのみそうなるからである。これに対し、概念としての意志は、侵害されえない。それゆえ、意志が侵害されるとき、侵害されるのは、無限態である意志ではなく、規定されたものとしての意志である。そのため、質的および量的な相関関係がたてられる。こうして、殺人は窃盗と質的に異なり、窃盗は、その重大さによって、重大な窃盗か軽微な窃盗かで量的に異なる。ある者が奴隷にされる絶対的な犯罪の場合でも、時間の差が生ずる。つまり、奴隷は、今日か明日かあるいは一般にその生涯のいつの日か解放されうる。そこで、質的および量的な区別の規定——ここでは犯罪の概念が問題にならないからそれは悟性の事柄である——において、実定的な側面が生じてくる。そして、この場合、法律だけではなく裁判官の下す評価が多くのことを決定しなければならない。

46

そうした行為によって定立され［ている］強制が所産として廃棄されなければならないのは、その所産が一般に生ずる可能性があるからである。しかし、それだけでなく、そうした行為が内面的に空無であることが、それ自体でもそれだけで独立しても、つまりその総体において定在を手に入れなければならない。犯罪者は理性的なものであるから、犯罪者の行為に含まれるのは、行為がなにか普遍的なもので、行為によってある法律が提示されていて、犯罪者が行為のなかで自分だけで独立してその法律を承認したということである。このため、犯罪者は、自分が提示したそうした行為のしかたに包摂されてしかるべきである。しかし、犯罪者は、また、その行為のあり方に包摂されなければならない。そして、行為は、たんに所産のうちに含まれるだけでなくて、普遍的意志に対立する特殊な行為として本質的に主体のうちに含まれ、しかもその主体において肯定的な定在を持っているから、それは廃棄され［なければならない］。このことは、侵害を内容とする犯罪者の法律が犯罪者に対して執行されることによって生ずる。これにより、犯罪者の行為が肯定的に通用することも、それが否定的に通用すること——すなわち犯罪者が他者や万人を侵害することで同じく自分自身に加えた侵害——も、ともに無に帰せしめられ、不正は正へと転倒するのである。

　われわれの理論は事柄の概念を基礎に置くから、事柄の本質からみて空無の行為である犯罪が核心となる。この空無は、定在とならなければならない。そして、このことが刑罰の基礎とならなければならない。つまり、このことは、それ自体でもそれだけで独立しても空無である行為の実現である。犯罪は、それ自体でもそれだけで独立しても空無である行為であり、権利を権利として、自由意志を自由意志として侵害することである。だが、自由意志はその概念としては侵害されえない。だから、犯罪は自由意志の概念に矛盾する。犯罪が空無であるのは、このことである。意志はみずからの現実存在のうちに定在を持たなければならないが、こうした現実存在が侵害されるのである。

犯罪者のなす行為は普遍的なものである。なぜなら、犯罪者は理性的な本質だからである。だから、犯罪者は、「自由を侵害することは権利である」という普遍的なもの、法律を提示し、自分の行為によってこの法律を承認したのである。

ところで、ベッカーリアは死刑を非難したが、(6) それは、ベッカーリアがルソーにならって(7)(二〇)国家を個々人の結んだ契約とみなし、そのうえで「条件次第で自分を殺させるよう他の市民仲間に許可することは誰にもできない。そうしたことは人間の自然に反するがゆえ」と想定したためである。

だが、犯罪は（国家を考慮に入れなければ）それ自体でもそれだけで独立しても一つの法律であり、その法律は犯罪者が自分の行為によって提示している。犯罪者は、人を殺すことによって、「殺人は許される」ことが普遍的なことだと主張し、――このことを承認した。それが否定的な行為であることによって、犯罪者は個々人を侵害し、万人と自分自身とを侵害した。犯罪者は普遍的なものを侵害したが、これは否定的なしかたである。そして、肯定的には、犯罪者はその行為を承認した。というのも、それは理性的なものがなした行為だからである。だから、犯罪者は同じしかたに包摂されてしかるべきである。犯罪者は、自分の身に悪がふりかかる権利を自分に対して認めたのである。

犯罪は、一つの行為、つまり外面的な定在における変化である。犯罪はなにかを引き起こす。強奪や窃盗の場合のように補償することのできる行為や犯罪も存在するが、生命は原状回復することができない。しかし、殺された者はもはや存在しない。したがって、殺された者はなにも失わなかった。なぜなら、死んだ者はもはやなにも持たないからである。だが、その友人たちは、失ったわけであり、賠償を要求することができる。ところで、この賠償は、犯罪の所産だけを廃棄することである。所産をそのように廃棄することは民事罰だが、さらにそれに刑事罰が加わる。なぜなら、行為がまだ廃棄されていないからである。犯罪はなんの罰も受けておらず、犯罪はまだ廃棄されていない。そして、このことは、行為の知性的な側面である。というのも、犯罪は、主体のうちでいまだに肯定的に通用しているからである。

だが、犯罪は、特殊な意志であり、権利それ自体という普遍的なものの侵害である。ところで、これは特殊な意志の事柄であり、犯罪は主観的なものにとどまる。(善い行為や美しい芸術作品は客観的なものであり、そこには主観性が含まれていないが、それは善や美が普遍的な製作物だからである。悪しき行為の完成者に独自のもの、つまりその完成者のものとなっているのは、低次元の動機を持つ主観的なものである。) 犯罪が劣悪な行為であるのは、それが特殊なものであり、普遍的意志に対立するものだからである。犯罪者自身において否定態が依然として現実的なものにされていないかぎり、犯罪はまだなんの罰も受けておらず、それはまだ主観的なものである。だから、犯罪者が犯罪によって提示した法律が犯罪者自身において執行されなければならない。法律は、犯罪者を殴り返さなければならない。犯罪者の行為は、他者に向けられたものだが、同じように自分自身にも向けられている。犯罪者の法律は普遍的なものだが、犯罪者だけがそれを承認したのである。犯罪者の行為は、刑罰によって、肯定的に通用するものとしては打ち砕かれる。だが、否定的なもの、侵害、犯罪者がした強制も、強制によって廃棄される。犯罪は、肯定的でありながらそれ自身において空無である行為であり、定在すべきでないのに定在している行為だから、第二の否定が現れなければならない。普遍的な侵害は、犯罪者が受ける刑罰によって廃棄される。

原状回復は否定の否定である。犯罪者の良心のやましさ、犯罪者の自己意識のなかの動揺は、刑罰によって廃棄されなければならないが、これは、刑罰によって〔犯罪者〕のうちにある空無が無に帰せしめられて、不正が正へと転倒することによる。強制は、抽象的には（in abstracto）不正である。けれども、それは、強制に対する強制であるかぎりでは、正である。否定の否定は肯定である。犯罪の後で絶対的な法律として刑罰がやってくる。法律と、法律の侵害者に対する刑罰とは、絶対に必要な表裏一体のものである。

以上と異なる刑法理論はすべて、犯罪や刑罰の特殊な側面をなすものでしかなく、それらのより一層具体的な側面をなすものだが、概念ではなくて、抽象的なものである。

国家は、決して、それ自体でもそれだけで独立しても正しくないことをしてはならないから、ここで意志が必然的に脆弱なものだと想定するのでなければ、威嚇説は役に立たない。だが、そうした想定は偶然的なものでしかない。それゆえ、人間の自由意志が〔威嚇によって〕本質的に規定可能だと仮定することは誤っている。それはせいぜい〔人間の意志の〕第二の側面でしかない。威嚇するさいに、犯罪者は、他の者たちのための手段とみなされる[二]。威嚇することには、なにか偶然的なものがある。人がそれでひるむか否かは、偶然にかかっている。刑罰があまりに過酷なものとなれば、人心は荒廃し、威嚇説は、犯罪がますます頻発する方向に作用する。

フォイエルバッハによれば、脅迫が威嚇となるという。そして、刑罰が科される根拠は、〔犯罪者が〕脅迫にひるまなかったことによる[8]。威嚇論者たちは、精神の心理学を劣悪に規定するが、それは精神を従属的なものとみなしていることによる。フォイエルバッハの示す回り道は、つまらない穿鑿で、その穿鑿が多くの者に受け入れられたとしてもそうである。国家が存在しないところでは、復讐が存在するし、復讐は正義たりうる。刑罰と復讐は形式の面で違うにすぎない。さらにいえば、国家は、脅迫するにしても、「正しいことはこれだぞ」と脅迫することしかできない。脅迫には、威嚇と同様になにか女々しいものが含まれるが、それは、脅迫が自由の弾力性に向けられるからである。意志に対してはどんな原因も存在しない。意志は、自分のうちでの絶対的な自己規定である。脅迫とするなら、刑罰の表象が変質するはずである。国家は、「それ自体でもそれだけで独立しても正しくないことはこれだぞ」と決して脅迫するわけにいかない。それだから、脅迫することは一般に国家にふさわしくない。

犯罪者の矯正も刑罰の原理にされたが、しかし、これは、犯罪者の主体に関係する意図がある。矯正は、たしかに肯定的な現実存在であるが、しかし、もっぱら犯罪の内面的なものに対するもので、外面的なものに対するものではない。そして、犯罪者が矯正されうるか否か、矯正されたか否かは、まったく認識できない。だから、矯正は決して外面的なものではなく、外面的な刑罰が外面的な犯罪に作用しなければならない。

恩赦の法は、生じたことを生じなかったことにする。行いは、個別的な行いとされ、無に帰せしめられる。

たしかに矯正は本質的な契機である。だから、犯罪者は、みずからの犯罪を償うならば、犯罪の所産を廃棄し、他者の権利を承認したことになる。このため、たいていの場合、私人は原状回復で満足するだろう。しかし、犯罪者が純粋な衝動から矯正されるかどうかは、偶然的なことである。それは、刑罰への恐怖から生ずることもある。だから、矯正は曖昧なのである。だが、おそらく裁判官がつねに考慮することは、犯罪者が犯罪を償おうと努めたという点である。けれども、真なるものは、犯罪者自身にとっても、その他の者にとっても、犯罪が刑罰によってはじめて真実に無に帰せしめられることである。犯罪者にとって、この犯罪は、刑罰によって起きなかったものとされる。犯罪は、なにかそれ自体でもそれだけで独立しても空無であるもので、こうした空無が現実において廃棄されなければならない。そして、これが、処罰の根底にある理念なのである。

47

犯罪の廃棄は、総じて次の点で報復である。すなわち、報復が犯罪によって定立された空無を無に帰せしめるものであり、犯罪がその現実存在の面で質的および量的な特定範囲を持ち、それゆえ犯罪の否定が特定範囲そのものによって制約され規定されている点である。けれども、こうした外面的な側面のために、犯罪の廃棄は、特種な同等性にではなく価値の同等性に結びついている。この価値は、道徳的な側面つまり意志の主観性には左右されないが、多様な附帯状況[一二]によって左右されることがある。

道徳的な観点は、「正しいことが生じよ」ということよりも高いものではない。犯罪の廃棄は報復である。なぜなら、報復は犯罪という否定的なものの否定だからである。犯罪は、質的および量的な区別が生ずる領域に、現実的な犯罪として現れる。たとえば、殺人は窃盗よりも重く、こそ泥は重大な窃盗に比べれば軽微なことである。犯罪は規定されたものであり、犯罪の否定は、一般にまさにこの犯罪の否定であり、犯罪一般の否定ではない。だから、否定は、質と量によって規定されていて、過不足なく生ずるべきである。

とはいえ、報復はタリオ〔同害報復〕[9][一三]であるべきでなく、ここで現実には多くの質的および量的な諸規定がたがいに比較される。それらの諸規定は、ただ一般に、それらの抽象的で普遍的な存在の面でたがいに等しいにすぎない。こうした存在の面では、それらの諸規定が価値に応じて等しいのである。だから、報復ということでタリオのことを考えるのは誤った見解であって、報復は価値の同等性に基づかなければならない。たしかに、そうした価値を探りだすことは困難だし、そこでは、〔物件の〕交換の場合と同じように、経験的なものが登場する。そこで、価値の同等性に反対してこの困難を引きあいにだそうというなら、どんな交換もどんな損害補償もまったくありえなくなるとも言わなければならないだろう。たとえば、窃盗に対して懲役刑が規定されるとき、懲役刑を期間の面で規定することは困難である。だが、両者に共通なのは両者とも侵害を含むことであり、だから、両者は概念の面では同等である。どれだけの懲役で窃盗が罰せられるべきかという量的なことに関して「規定することは」きわめて難しいが、こうした困難は一般に定在の側面にある。なぜなら、定在は、外面的な側面であり、概念にとって他在だからである。また、こうしたことは、事柄の本性に含まれる。

ところで、以上のような量的な規定は、いろいろな附帯状況によって左右される。人は犯罪を比較し、それに応じて刑罰を増やしたり減らしたりしなければならない。だが、他方また、そうした比較は、個々の犯罪とは本来的に関係のない外面的な側面である。そうした場合に規定するものは、習俗概念、つまり同胞の状態である。しかし、こうしたことは、刑法の実定的な論議に属している。

48

犯罪を廃棄することは、最初は復讐であり、復讐が報復をするものであるかぎり正義の復讐である。けれども、犯罪の廃棄が復讐として果たされるのは、被害を受けた個々人もしくはその親族または他の個々人一般の手によってである。［復讐は］普遍的意志のなす行為ではなく、ある主観的意志のなす行為である。だから、それは新たな侵害である。復讐は、普遍的意志が直接的に特殊な［意志］によって現実態を持つべきだという矛盾であるがゆえに、ただちに無限進行に陥る。そこで、［当事者とは］独立して存在する意志、普遍的意志、つまり裁判官が要求される。

古代人の場合、復讐と刑罰にはまだ違いがなかった。ディケ（正義）は復讐と刑罰であり、エウメニデスは復讐と刑罰の女神である。

犯罪の廃棄が刑罰となるのは、刑罰が裁判によって生ずる場合であり、国家において、被害を受けた個人またはその家族、すなわち侵害された者そのものの主観的意志ではなく、もっぱら普遍態の意志という意志によって刑罰が行われる場合である。それゆえ、復讐と刑罰は形式の面で区別される。復讐では、正義が偶然的で主観的な感情と混合している。そこでは、洞察や意志や感情の偶然態が、普遍的意志と混合している。

犯罪の廃棄が権利であるかぎり、復讐はさしあたり権利を貫き通すことだが、それは権利を主観的に貫き通すことである。多くの国々では、いくつかの犯罪は、被害者によって訴えられ裁判官に告発されたときにだけ罰せられ、被害者以外の者は、裁判官でさえも、こうした告訴なしにはなにもすることができない。それゆえ、この点では復讐は多少とも適法的なこととみなされている。たとえば、イギリスでは、犯罪者に対する立証が十分でないとき、一方が犯罪者に決闘を申し込み、決闘を強いることができる。他の国々では、窃盗の場合がそうで、そこでは盗みに遭った者だけが告訴人となることができる。

復讐は、主観的意志に由来するかぎり、主観的なものにすぎず、侵害の純粋な廃棄ではない。だから、これは再び新たな侵害となる。それゆえ、復讐は、アラビアや北アメリカで代々受け継がれてゆくように、無限進行に陥るのである。というのも、そこには矛盾が現存したままで、復讐しあう者はたがいに否定しあうものとして対立している（当事者双方の復讐）。この矛盾とは、犯罪が廃棄されるべきなのに、他方では、意志が特殊な意志としてしか存在していないということである。

裁判官は、普遍的意志だけを持ち（なぜなら、裁判官は侵害を受けていないから）、みずからが独立存在として普遍的意志だけを欲する。ところが、教養形成されていない国民では、判決に満足できない者が裁判官に決闘を挑んだ。普遍的意志だけを欲する裁判官は、教養形成された国民でしか考えられないし、可能ではない。

49

人格と人格との最初の直接的な相関関係のうちには、個々人の特殊な意志が直接的に他者と同一であることを知り、たがいに認めあう点で、承認されていることがあり、自由意志の知性的な定在があり、すなわち権利がある。そのため、権利のこうした定在は偶然的だが、同時にこれはただ主観的意志によってのみみずからの現実態をもつ。同じように、外面的な定在も、つまり欲求などにしたがって物件を主観的意志のもとに包摂することも偶然的だが、同時にこれは権利が現実存在するための本質的な契機である。しかしながら、普遍的意志は、実体的なものであるから、ここでの相関関係では、本質的な契機からまだ区別されていて、当為である。この当為は、普遍的意志の本質的な契機が帯びる偶然性を廃棄し、それらの契機を自分と同一なものとして定立しなければならない。そうした媒介の領域が道徳である。

個々人が直接的に同一のものだということ、個々人が直接的にたがいに同一だと知ること、人格として承認しあうこと、これが権利としての権利に関係がある側面である。そのように通用することは、知性的な側面という適法な定在であり、〈人格そのもの〉がこうして承認されていることである。人格は、人格に対して存在し、そして直接的な現実態を持つ。それは、偶然的な現実態であり、必然的な現実態ではない。というのも、必然的なことは直接態を廃棄することだからである。結果は原因によって媒介されているとしても、原因は結果においてのみ原因なのだから、所産のほうが純粋な媒介である。この媒介が端的に必然的な契機なのである。

上述のように最初に承認されていることは、偶然的なものである。なぜなら、主観的意志は、まだ普遍的意志と同一なものとして定立されておらず、それと区別された意志として特殊な意志をまだ承認していないからである。主観的意志によってのみ、権利は現実態を持っている。だから、権利は偶然的なのである。本質的な契機は、矛盾である。主観的意志が普遍的意志において本質的であるにもかかわらず、この段階では、主観的意志が偶然的意志として存在しているのである。主観的意志は、偶然的なしかたで、欲求や恣意などに基づいて物件を包摂する。媒介の領域が、つまりこうした矛盾を廃棄するのが、道徳の立場であり、当為の立場である。だが、偶有態がまだ普遍的意志と同一にならないかぎり、矛盾の廃棄は、たんに当為でしかなく、まだ主観的なものである。普遍的意志は、当為としては無限な概念でしかない。だが、普遍的意志は、主観的意志のうちで実現されなければならない。普遍的意志は、主観的意志を質料とし、主観的意志において生み出されなければならない。

第二章　道　徳

50

道徳は、人格のそれ自身に、つまり直接的な個別態としての意志に関わるのではなく、個体的な主体としての意志に関わる。この意志はそれだけで独立して存在し、その個別態は特殊態になると規定されている。つまり、それは、それだけで独立して存在する意志がそれ自体でもそれだけで独立しても存在する意志に関係するものだと規定されている。

51

道徳は、もはや直接的な個別態に関わるのではなく、われわれが主体と名づけるものに関わる。普遍的意志は、規定態から自由なものとして、それ自体でもそれだけで独立してもいる意志である。普遍的意志が個別的意志に対してこのように関係することが、特殊な意志である。意志は、他者の意志においても通用するかぎりで、承認された意志として存在する。特殊なものは、個別的なものではなく、自分自身のなかに直接に普遍態を持つのである。たとえば、「赤」という特殊な色は、色であるという普遍態を自分自身のなかにつねに持っている。

一般的な道徳的立場では、次の三つの契機が考察されなければならない。

（一）形式的行為と心情。

（二）主観的目的、つまり幸せと意図。

（三）善と良心。

第一の契機は、行為であり、主体がみずからに定在を与えるという主体の特殊な実現であるが、心情は、普遍的なものである。第二の契機では、意図、つまりなにかに臨んで存在する特殊な目的が現れる。ここは、主観的な幸せが客観的な幸せの権利と矛盾する事態が起こる場である。第三の契機は、客観的目的が主観的目的と一体化している立場であって、人倫は、この立場である。

52

それだけで独立して存在する意志の場合、特殊な自己規定には、形式からして主観性という規定態がある。しかも、この主観性は、それ自体でもそれだけで独立しても存在する意志に対しては、欠陥や矛盾となっている。したがって、この特殊な自己規定は、こうした否定を廃棄することであり、この意志を定在に翻訳することである。しかも、それは、客観的に普遍的なものであり、つまり意志が、意志として、すなわち他の主体の意志への関係として自分に与えるものである。これが、行為である。

それだけで独立して存在する意志は、（一）それだけで独立して自分のうちにあるが、意志というものは、総体であり、主観的意志である。そして、意志は、主観的意志として、それ自体でもそれだけで独立しても存在する意志となっている。このことは行為の形式に関わる。

意志は、ここではまだ内容的に規定されないで、ただ形式面で規定されている。しかし、意志は、独立存在、すなわち個別態の点で無限である。自由なものは、限界を持つことで限界を超え出ているもののことである。「自己意識の制限が自己意識にとって否定的なものであり、にもかかわらず自己意識がこの否定のうちにある」ということが、自己意識のもつ無限態である。自由なものとしての自我は、矛盾に耐えることができ、それ自身、矛盾の肯定的な解消でもある。これに対し、有限な自然は、否定的でしかない。主体は、それだけで独立して主観的なものである。この主観性は、主体自身にとって欠陥である。しかし、主体自身は、この矛盾を廃棄することである。このように廃棄することが、一般に、行為である。こうした行為は、主体が自分の主観性を廃棄し、自分の内面的なものを外面的なものにすることである。行為は、意志を〔定在に〕翻訳することであり、意志が自分に定在として与える〔存在〕である。

占有取得が行為であるのは、それが他の主体の意志に、つまり承認されていることに関係しているときにかぎる。契約が行為であるのは、私がそのさい他者の意志に対してある定在を差し出すからである。行為は、主体から出発し、契約の場合そのまま直接的に実現するが、それにもまして不正や犯罪の場合にも実現する。しかし、こうした主観的側面は、まだ考察されてこなかった。

53

それだけで独立して存在する意志の内面的なものとしてあり、また実在のものを手に入れるべきものとしてある特殊な自己規定は、主体によって知られ、その目的となっている。つまり、規定態のなかで普遍的な思想を含む判断である。心情は、主体に属するものとしてこうした普遍態であり、それだけで独立して強調すれば、主観的意志の格率である。正しいことが生ずるなら、心情は正しいことにとって非本質的である。

行為は、内面を外面に翻訳することだが、外面とは、意志が定立される形式のことである。主体は、なにかを意志する。これが主体の目的だが、目的はまだ内面的なものだ。しかし、目的は意志の自己規定であり、この自己規定は、主観的なままにとどまるべきでないし、外面でないというそうした欠陥を保持すべきでない。主体が目的について知っているのは、目的がまだその内面にあるかぎりでのことである。

目的のなかには、普遍的な思想が現存する。これが、それ自体でもそれだけで独立しても普遍的で、またそれ自体でもそれだけで独立しても規定されている意志である。私が内面的に定立するものは、私のものである。私の目的は普遍的なものだが、その普遍的なものは規定されてもいる。意志において、私は普遍態にとどまるのではなく、私は、自分の意志を規定する。目的は、私の似姿だが、最初は主観的であり、客観的になるべきである。

目的は、概念である。生命あるものの場合、概念（目的）は、外面的な現実存在のなかに直接的に存在するが、精神の場合だけは、概念が内面的なものとして存在する。意志は、思考のエレメントにおいて存在するこうした概念を持ち、これについて知っている。

こうした普遍的なものは、それが主体に属するかぎり、心情である。そこで、われわれは、心情を抽象的に表現するさい、「それは意志の格率である」と言う。格率は、まったく［それだけで独立して］考察されるなら、原則である。原則は、主観的意志に属するなら、私の格率となる。

人は、原則を格率とすべきである。道徳教育は、この原則がいつも思い浮かべられるよう目指すが、しかし、この原則は、独自のものにされなければならず、主体のうちに呼び起こされなければならない。外面的なものにすぎないと生徒が思い浮かべるのでは、駄目である。なぜなら、それでは、つねに外面的なものの形式で生徒に現れるからである。生徒は、善を自分独自の意志とみなさなければならない。原則は、主体にとって独自のものとならなければならない。

正しいことが生ずるなら、心情は問題にならない。というのも、正しいことは、真実の行為であり、それ自身で生み出された実体的な定在だからである。この場合、意志の主観性は、考察されず、道徳的原則から正しいことを行うのは、たんに主体にとってだけ重要なことにならざるをえない。

54

さらに詳しくいえば、主観的意志は、意識の立場に立つかぎり、有限な意志である。主観的意志は、自分の行為にとって前提となる対象を持ち、自分の目的のなかに対象の表象を持ち、そして条件となる附帯状況に自分の格率を適用する。行いは、目の前にある定在のうちに生み出される変化であり、意志は、一般に、この変化とその帰結について原因者である。(二四)

ここでは、行為にかんしてより広い側面が考察されている。意志は、主観的であって客観的ではない。意志は、意識の立場にあり、意識というこうした有限態の立場にある［ので］、精神は、それ自体でもそれだけで独立してそれ自身でも存在するのではなく、精神にとっては、みずからの実在というものが、みずからの行為の対象としてある。外面的な附帯状況は、意志が行為する条件であり、意志の目的のなかには、一般にこうした外面的な附帯状況の表象があり、規定するほうの附帯状況を目的のもとに包摂することがある。

行為は、目の前にある定在に向かって進む。活動としての意志は、変化を起こさせる。そして、意志は、この変化とその帰結について「原因者である」（「責任がある」のではない）。これが、一般に「原因者である」という概念である。「責任がある」こと、つまり帰責は、それとは別のことである。行いは、一般に、対象側の定在へと変化していくことである。人間がなにかについて「原因者である」ということは、直接態を表現している。つまり、それは、主観的なものから客観態へと超え出ることを表現している。そして、行いは、まったく直接的な媒介である。帰結は、少なくとも行いに左右される。

民事的意味での負債〔責任〕とは、次のことである。私が誰かになんらかの負債があるとき、私は民事占有者であり、相手は所有者である。

55

しかし、この意志は、意識として有限なので、対象側の現象は、意志にとって偶然的であり、それだけで独立させてみると意志が表象しているのとはまったく異なるものともなりうる。さらにまた、行いが、外面へと定立された目的として、外面的な威力に委ねられ、まったく別のしかたでその力に結びつき、無縁でかけ離れた帰結へと転じていくこともある。だが、意志は、自分の行いのうち、自分の目的のなかでみずからの行いについて知っていることだけを自分の行為として承認し、またそれについてだけ責任があり、それについてだけ帰責される。

動物は、本来なにごとも行わないし、ましてや行為することなどできない。

現実化に先立ち、意志は、自分のなかで自分なりの目的を持つ。そして、対象の現象が意識としての意志に対しどのように定在するのかは、偶然的である。しかし、意識の表象が現実態と非常に異なっていることもありうる。行為する人間は、附帯状況に働きかけ、それが自分の概念のなかにあるようにして、そうする。ある人が狩猟のさいに猟獣を殺すと信じていながら、人を撃ってしまうならば、彼はそれについて責任がない。その人は、そのことで帰責されない。その附帯状況が私の目的のなかにあるかぎりでのみ、行為は私のものなのである。

まったく異なったものですら、外面に結びつくことがある。つまり、ある人が行ったことのうちになかった帰結が、生ずることもある。その人間は、こうした帰結で帰責されない。なぜなら、一般に、行為の目的のうちにあるものだけが帰責されうるからである。

英雄的意識は、自分を無限な知性とみなし、どのような附帯状況でも自分の行いを自分のものとみなした。オイディプスは、道で出会った男を打ち殺した。ところが、この行為には、その男が自分の父親だということが含まれていた。オイディプスは、まるでその附帯状況が意識にのぼっていたかのように、そのことに苦痛を感じたのだった。すべてのことを知っているということは、人間が身につけている名誉であり、［人間は］、すべてのことを知っているべきだと自分に要求し、行為した者として苦痛を感じるのである。

56

犯罪は、それ自体でもそれだけで独立しても空無である行為だから、その行為を主観的に知って意志するのは、行為のなかにある普遍的なものを考えに入れた心情ということになる。対象側の附帯状況を考えに入れた知識のほかに、行為としての心情が目的のなかにあったということ、つまり心情が故意であったということが、犯罪に対する帰責と処罰にあたっての本質的契機［となる］。

犯罪が犯罪と評価されるかどうかは、心情次第である。犯罪は、本来的に空虚な現象である。なぜなら、犯罪はそれ自体でもそれだけで独立しても空無である行為なのに、その行為の肯定的なものが主体に属し続けるからだ。そこで、そうである以上、復讐ないし処罰のことは、主体に聞いてみなければならない。行為が犯罪であるかどうかは、（一）附帯状況が意識にのぼっていたかどうか、また、（二）行為の普遍的なもの、つまり格率が、主体の目的のうちにあったかどうか、あるいはこの双方による。つまり、行為が故意であった必要がある。

人間は、犯罪や行為が違法なものであると知っている必要がある。このため、実定的なもの、経験的なものの側面が登場する（ドイツでは、子供が裁判に召喚されて処罰されることなどありえないが、イギリスにおいてロンドンでは、この点でしばしば衝突が起こっているようだ。もちろん程度は軽いが、子供がしばしば懲らしめを受けている）。行為の個別態は、子供の場合でもすでに現存している。しかし、子供はまだ、普遍態、理性的なものの側面を持つことができない。この点で、あまりに多くのことを裁判官の恣意に委ねないよう、法律が堅固な規定を持ちあわせていなければならない。ある日を境に、人格にさまざまの権利が与えられるのである。

怒り、酩酊、狂気のような常ならぬ状態は、人間の意識を低下させる状態である。(10)「すべての犯罪は狂気である」と言われてきたが、狂気にとらわれた人びともまた、悪質な行為をしたときには、厳しくなくとも懲らしめを受けなければならない。純粋に激怒だけをきっかけとして犯罪を犯す愚か者は、動物とみなしうる。そして、こうした愚か者は、動物同様威嚇してもよいし、人は、彼らから身を守ることに努め、彼らを保安処分に附してもよいのである。しかし、「人間は普遍態の側面から犯罪を知っていた」と、つねに想定しなければならないし、そのように想定する名誉を人間に与えなければならない。

犯罪者が行為の真の価値を知らなかったという観点から、刑罰を軽減することができる。しかし、酌量減軽の事由は、必ずしもその全範囲において法廷の権限にする必要はない。酌量減軽の事由に関して核心となるものは、より高次の威力、すなわち元首に属さなければならない。より穏やかな習俗も、刑罰を軽減するものである。

行為には二つの側面がある。すなわち、［行いと］普遍的側面、本質的には心情に関わる格率とである。犯罪者においては、そもそも法律を知っているということが前提とされる。しかし、精神が未開であることは、より軽い段階の刑罰を科す根拠となりうるが、それは、犯罪者が子供か狂気にとらわれた人の場合に限られる。それ以外の場合は、人間のなかにそうした［格率という］普遍的な〈理性あるもの〉を想定することによって、人間にはつねに敬意が払われる。そこで、人間の行為がその普遍的な〈理性あるもの〉と矛盾するかぎり、人間には刑罰を加えることができる。

ところで、国家では、まったく肯定的な軽犯罪に対して非常に厳しく重い刑罰を科すことがある。その刑罰は、国家が定めたという点でのみ普遍的側面を持っているが、それ以外の点では理性的なものと一致しない。しかし、臣民は、これらの法律を思い知るよう気にかけなければならない。ということは、盗みは一般に禁じられているが、個々の窃盗がとても重大だとみなされるという知識は、なにか偶然的なことだということである。犯罪者は、こうした特殊なことをほとんどあるいはまったく知らなかったり、あるいはかなり知っていたりすることがある。

さて、これらの刑罰に関して酌量減軽、恩赦が存在する。

犯罪の普遍的な側面が現存するとき、犯意（dolus）が生じているが、それは、この普遍的なものが個別の者の意識にのぼっていたかぎりでのことである。習俗がより穏やかであれば、引き起こされる犯罪もより軽微なものとなる。ここでは、意識の諸規定がより厳密に区別されるので、もろもろの抽象体がそれだけで独立して意識のうちにより多く現存し、犯罪という意識の行為がより大掛かりなものになっても、他面では、善もまた、より確実なものとなっているのである。未開の国民は、あらゆる点で無傷であり、どんな外面的侵害があっても無限に侵害されたと感じる。しかし、より教養形成された人間は、自分の意志を込めた外面が侵害されても――自由という内面態の感情で［侵害されたときと比べれば］――それほど侵害されたとは感じない。つまり怒りと復讐心がさほど強くないのである。

発展的に形成された国家では、誰もが犯罪に対してよりよく保護されている。そして、法廷がより穏便な実務をする根拠は、非常に厳しい威嚇的な刑罰がもはやさほど必要でないとみられていることにある。自分のうちに名誉をおく教養形成された人間は、外面的なものではさほど深く侵害されない。というのも、内面的に自立していることがその外面的な現れを一層度外視するからである。

行為の形式を考えた場合、行為にみいだされる主要契機は、以上である。

第二節　特殊な目的、幸せと意図

57

主観的意志は、たんに形式からみて、一般に実在のものに対立して規定され、有限であるばかりではない。この規定態は、同時に主観的な個人が自分のなかですすめる無限な自己規定なので、形式は、こうした〔主観的意志と実在の〕区別には無関心であり、内容［へと］転化もする。その内容は、さしあたり特殊な主体の自己内反省としては特殊な内容だが、それを全体的に広げると一般に主体の幸せとなる。

内容は、自己内反省し自分のなかで規定された形式である。自分へのこうした関係は、規定された関係であり、単純になった区別である。内容は、形式に対立して規定されているが、形式には無関心である。ここで考察されなければならないのは、内容へと転化するものが形式そのものだということである。「私」という主体は、主体として存在し、自己内反省した絶対的な無限態であり、いま述べたような区別をもつ自分のうちへとこうして反省することが、主体の内容をなしている。この内容は、無限の自己内反省であり、形式に対立して規定されている。しかし、内容が形式に対立することによって、内容は、一つの規定された内容であり、有限な内容であり、特殊な内容である。この特殊な内容が個人の固有な目的、つまり個人の幸せとなっている。

58

幸せは個人の自然的な欲求を概念的に含む。この欲求は、さしあたり占有取得や所有の取得のかたちで特殊態の契機をなしている。だが、幸せは、同様に、精神的な欲求も概念的に含む。この精神的な欲求は、自分を教養形成し、一般に、個人の特殊な現実態がもつ自己感情を、個人の生命やそのさまざまな側面がもつ普遍的概念に一致させ、また個人の知性的で意志する本質の理念に一致させることである。

ここで、主体は、みずからの定在の特殊な領域を自分に与える。この点で、正しいことと個人の幸せや目的とが衝突し、特殊態が普遍的なものと衝突するに至る。

恣意に従わずには、つまりこの特殊なものを欲する原因となる特殊な欲求に従わずには、本来なにものも取得されない。人間の生命は有機的な生命であり、この有機的な生命は非有機的な生命を征服しようとする。直接的な一致は、幸せであることや、享受したといった自分自身の感情であり、個人の自己内還帰である。

精神の展開に属するものはみな、精神的な欲求に属する。精神のさまざまな欲求は、精神が自分自身となることである。人間は、それ自体概念において精神であるが、それにふさわしく定在するものでないかぎり、精神がもつ諸力は、衝動や欲求となる。そして、この矛盾が、衝動を発動させる。それは、精神にとってはその諸力が定在のうちにあるが、精神が妨げられずにその定在のうちにあり、その諸力を完全に解発してしまうためである。

一般に幸せに含まれるのは、以上のことである。

59

幸せは、たしかに主体の特殊態を原理としているが、しかし、行為のための本質的契機であり、また普遍的意志を実現するための本質的契機である。なぜなら、行為の活動は、一般に、自分自身に対する意志の否定的関係であり、したがって個体性の領域にあるからである。だから、幸せは、意志の本質的な目的、つまり権利なのであり、肯定的な行為によって生み出されなければならない以上、義務である。一般に、この義務には、「すべての行為のなかに利害関心が存在しなければならない」ということが含まれる。なぜなら、主体は、利害関心のうちに自分自身の意識を持ち、自分の行いのうちに――行いのその他の内容がどうであれ――こうした個別的なものとして自分自身を認識しなければならないからである。

幸せは、意志の本質的契機であり、肯定的な行為によって生み出されなければならない以上、権利であり義務である。

意志にとって制限あるものは、〈自然のあり方〉である。

普遍的意志と特殊な意志に分かたれるこうした判断は、必然的な契機である。たしかに幸せは主体の特殊態を原理としているが、行為は主観性と客観態の媒介を含んでいる。一般に、世界の絶対的な究極目的が実を結ぶことは、ただ行為によってのみ起こることである。ところで、もっぱら主体だけが活動的であり、行為する。というのも、活動は、自分に対する意志の否定的関係だからである。だが、自分を自分に媒介する意志は、個体性である。――以上は、意志がそれだけで独立して存在する契機である。

オリエント的なものでは、特殊態の契機が存在せず、この契機が本質的契機としてそれだけで独立して定立されることはない。キリスト教によってはじめて、個別的で特殊な個体性として定在を持つ個体性が成立する。

幸せは権利であり、義務である。というのも、幸せは生み出されなければならないからである。行為する主体は、自分の行為のなかで自分を認識する。これが主体の利害関心である。利害関心は、その普遍態全体でみたとき、まだ行為の目的そのものと異なっているものではない。利害関心というものは、行為のなかで自分自身を享受する個人によって主体が成立するという面にすぎない。人間が行うことのうちに、人間は自分の行いの意識を持つ。これは少しも悪ではない。

60

自然的意志そのものにとって、幸せは、この個別の主体がもつ［幸せ］という目的にすぎない。しかし、すでに人格というものは、たしかに個別の者であるが、しかし、意志のたんなる〈自然のあり方〉から自由となったものである。そして、主体の特殊態が、抽象的にそれだけで独立して存在するのではなく、それ自体でもそれだけで独立しても存在する意志によって規定され、その下に包摂されるかぎりでは、幸福が義務として道徳的な領域に登場する。したがってさらに、幸福は普遍的なものとして規定されるので、目的は他者の幸せへと広がり、そしてこの点で同様に道徳的な目的や義務が存在することになる。

幸福は、享受、つまり衝動を満足させることであり、普遍態の反省において表現されるが、しかし、まだそれ自体で独立した普遍態ではない。だが、いまや幸福は、特殊な目的としてではなく普遍的意志の下に包摂されるものとして、道徳的な領域に登場する。個人の幸せは、本質的な契機だが、それはただ、その幸せが普遍的意志の下に包摂されているかぎりでのことでしかない。道徳の諸目的は、本質的な目的だが、しかし、その特殊態の面でそうなのではない。個人の幸せは、形式ないし普遍態と、内容ないし特殊態との対立であることを常とする。

義務は、それだけで独立して普遍的なもの、絶対的なものだが、しかし、内容を持つべきだから、かくして特殊態の領域に踏み込んでいく。意志の特殊態は、普遍的意志の下に包摂されなければならない。そしてそのかぎりで、他者の幸せを目的とすることも義務となるが、万人の幸せではなく最も身近な人の幸せを目的とする。なぜなら、個人は、特殊なものとしては、万人に関係することができず、個人が働きかける範囲は、個人が出会う人に制限されるからである。

61

こうした道徳的な諸目的は、特殊な内容をもつために、一般に権利にとって偶然的であり、したがって権利と一致することもしないこともある。だから、行為においても、道徳的な諸目的の特殊態の側面が主体にとって本質的な目的で「あり」うるし、客観的行為が本質的目的のための手段に貶められることもある。そして、こうした特殊なものが意図となり「うる」。

本節では、道徳的義務と、権利との衝突について言及している。

道徳的な諸目的は主体の特殊態にかかわるが、それに対し、権利は一般に自由意志の定在である。普遍的なものと特殊なものは相互に適合しうるが、一致しないこともある。このため、行為としては普遍的側面と特殊な側面とを持つ行為の場合、特殊態は、目的、つまり他者の幸せという道徳的な目的となることがある。一般に、幸せというこうした特殊な側面は、行為において主体の意図となりうるが、そのとき、客観的行為、この行為の適法性、普遍的なものは、特殊な意図のたんなる手段にすぎない。行為の帰結である特殊なものは行為の意図となりうるが、こうした意図はまた別の意図などにとって意図となることがある。特殊なものとしての意図は、さらに広範に媒介されることがある。

心情は、道徳的なものに、つまり幸せに関係するが、内容はつねに特殊な内容である。意図は、しばしば故意と同じ意味にとらえられることがある。犯罪の場合、意図と、故意または心情との区別は、〔ラテン語でいう〕dolus（犯意）に関係する。それだけで独立して犯罪となる行為が別の意図の手段となり、その別の意図が道徳的な意図であることもありうる。dolus と推定することで区別されるのは、次のことである。犯人が犯罪の原因者であるというだけでは、それは犯人にとって犯罪とはならない。しかし、たとえば、他者の死が犯人に意図されていて、それゆえ犯人に責任があるかぎり、それは犯罪である。dolus が悪い故意によって生じたかどうかは、ここでは問題とならない。

間接的犯意（dolus indirectus）の場合、たとえばある者が放火する場合、その者に燃やす意志はあるが、人間がその火事で命を落とすのは、犯罪である行為の間接的な帰結である。しかし、その帰結は、直接的には放火犯の意図になかったことである。負傷を負わせた場合、その負傷が死につながるかどうかは、負傷した人の体質、あるいは医者の技能などにかかっている。隣人の家畜が死ぬようにと井戸に毒を投げ込んだ場合、その井戸で水を飲む人間が死ぬというのは、間接的な帰結である。しかし、行為には、事後にはもはや自分が主とならないエレメントとともに「事を起こすもとになること」が含まれる。それゆえ、間接的犯意については語るべきでないのであり、行為が不測の帰結にまで広がりうることは、行為自身に含まれているのである。ところで、［ある者が］放火で偶然にもわずかな損害しか引き起こさない場合、そのことが犯人にも利益となる。犯人はそうした行為によって外面的な附帯状況に身を委ね、そこから帰結する惨憺たることはその人にも惨憺たることをもたらすのである。

ある行為が犯罪であるなら、dolus はおのずと証明されており、裁判官は dolus をもはや証明する必要がない。

62

道徳的な諸目的は、それ自身さまざまなあり方で上下関係を織りなしている。そして、他の目的と比較してどの目的がより高次のものか、ということは、道徳哲学（二五）の議論に属する。ところで、権利との関係では、私はたしかに道徳的意図のために自分の権利を断念できるが、しかし、道徳的意図が不正行為を正当化することはない。ましてや、道徳的意図が不正行為を義務とすることなどありえない。道徳的意図だけで考えれば、主観的な特殊態だけが承認されるべきかもしれない。しかし、不正行為があると、それによって普遍的な原理、つまり意志の自由が侵害されるだろう。むしろ、真実の道徳的な心情は、まずは正しいことをすることである。心情が道徳的であるのは、正しいことが主体の独自な自己規定として存在するかぎりでのことである。もっぱら道徳的に悪いのは、一般に他者の幸せに反する心情である。

私が一つの義務を履行するとき、それが他の義務を排除することがある。どの義務がより高次のものかを決定するのは、道徳哲学である。義務は、普遍的なものであるのに、反対に特殊なものにも属するという不釣合いが、道徳的な義務にはある。良心は、義務の衝突について最終的に決定しなければならないが、しかし、その決定は根拠のないものである。より普遍性のある義務が、より高次のものである。

もちろん、私は、道徳的意図のために自分の特殊な権利を断念できるが、だからといって他者の権利を傷つけることはできない。また、私は、道徳的意図から自分の権利能力を断念してはならない。なぜなら、私は自分の自由を断念することができないからである。

人間は、適法的であるよりも、道徳的であるほうを好む。しかし、適法なものは普遍態を持ち、道徳的意図は特殊態を内容としている。それゆえ、いかなる道徳的な目的であっても、そのために決して権利が傷つけられてはならない。なぜなら、不正行為は自由を傷つけるからである。むしろ、第一の道徳的な義務はまずは適法であることであり、そのうえで人が適法であるかぎりで道徳的目的が登場しうるのである。

適法な行為そのもの、つまり適法な行為にある真なるものは、「正しいことのために正しいことが行われよ」ということである。道徳的な心情にある危険なことは、正しい行いをすることが私の格率だとすることにより、とはいえ、私がこうした格率を持ち自分がこうした心情を持っていると知っていることにより、道徳的な傲慢が成り立つことである。主体は、正しいことに従う気持ちをもつことによって、いっそう反省して、正しいことに従う気持ちをもつように目ざす。真なるものは、「正しいがゆえに正しいことをする」ということであって、「格率というものが自分の格率となっている」という反省ではない。人間が道徳的になろうとするなら、もちろん道徳的格率を独自のものとしなければならないが、しかし、人間にとって問題としなければならないことは、道徳的格率が成立していることであって、人間が道徳的格率を行ったということではない。

道徳的に悪いのは、他者の幸せに反する心情である。したがって、とても適法的な人間でも、それにもかかわらず悪となりうる。しかし、国家において、人間は、適法な義務や、国家の幸せよりも、自分の幸せや他者の幸せを軽視しなければならない。そこでこの点で、「他者の幸せよりも普遍的な法を軽んずるのは善人である」という表現の意味がはっきりしてくる。ある人が他者の幸せを損なって自分の利己的な計画を実施するなら、この心情には悪がある。国家公務員そのものは、法よりも個々人の幸せを軽んじなければならない。

63

まず最初に道徳的な諸目的の内容となるもろもろの特定の特殊態は、その単純な総体へとまとめあげられると、それ自身で普遍的なものであり、そのかぎりで無限なものである。生命のなかには一般に自由の定在という可能性、つまり権利という可能性も同時に存在するが、この生命が極度の危機にある場合、生命は危急権を要求する。これは、自由の定在という可能性を無限に侵害する無法状態に対しては、他者の権利あるいは他者の所有が、自由のたんなる特殊な定在の地位を維持するにすぎなくなるからであり、あるいは、他のものと対立した生命の極度の危急が、他者の権利と所有の両者をその極度の抽象体へと還元することになるからである。

すべての特殊態は、それがまとまると、一つの全体であり、無限なものであり、特殊なものは、その特殊態から還帰している。この特殊態全体が生命である。それは、たんに特殊な目的という可能性であるだけでなく、権利という可能性でもあり、権利に関して生命は、本質的な領域である。

ところで、生命が危機に陥るかぎりで、生命は危急権を要求する。無限な侵害という危機にあるときには、完全な無法状態という危機におかれている。この無法状態は、その前では一般に権利が消え失せる状態のことであり、他者の幸せや他者の特殊で道徳的な目的、他者の権利も消え失せる状態のことである。なぜなら、私の自由である私の定在が危機にあるからである。「他者は「私の定在」よりも多くを持つべきではない」という平等がここにあり、他者の権利は私の定在を前にすると消え失せるのである。

「不平等という特殊なものの領域で誰もが他者より多くなにかを持つべきではない」という願望は、妬みというものである。外面的な財産の平等は誤りである。というのも、これは特殊なもの、偶然的なもの、不平等なものの領域に属しているからである。しかし、一人の人間の、つまりその生命の自由に寄せる絶対的な要求に対しては、他者の諸権利という特殊態は消え失せる。

二人が生命の危機にあり、一人だけしか板の上に乗っていられない場合、ここには状態として無法状態があり、決定は主観的な感覚に委ねておくしかない。ここではもはや正しいか、正しくないかは問題にならず、高潔さだけが問題になるのである（二六）。

人間の外面的な定在全体は偶然性の事柄だから、こういう事態が登場することもある。夫や子供たちと旅行していた妻が、多くの狼にとり囲まれて、なにもかもが失われそうな危機に陥ったため、一人の子供を狼のなかに投げ出し、自分や夫、他の子供たちを救った。この場合、妻が不正を行ったと言うことはできないが、彼女の心が再び平穏になることはなかった。

ところで、国家には危急権のための法律がある。ある手工業者が相当な負債を負っている場合、債権者は、自分のために不断に働くよう手工業者に義務づけることができないだけではなく、手工業者がこうした極度の危急を回避できるように、手工業者から必要な手工具を取り上げることさえ許されない。

64

危急は、特殊な主観性の実現として一般に幸せが空無であることを示すだけではなく、自由の定在つまり権利が空無であることも示している。また、目的の特殊態は、それだけで独立して考察すると、内容の面からいって思想という普遍態において解消する。こうした特殊な内容と外面的な定在とが観念となるときには、意志の普遍態、すなわち純粋な権利と抽象的な義務が自己内還帰している。こうして、道徳的立場で普遍的意志によって規定されるべき特殊態は、観念的なものとして、普遍的意志と同等かつ同一となり、主観性は、特殊なものがもつこうした普遍的な観念のかたちで観念的な定在を持ち、また同様にそこで自己内還帰している。これが善と良心である。

ここでは善と良心への移行がある。善は端的に普遍的なものであり、世界の普遍的な究極目的である。それに対して、良心は個別態そのものである。

主体の特殊態は、危急の場合、直接的なしかたで空無であることが示される。主体の特殊態のなかには、自由の定在と権利も存在する。危急が示しているのは、一般にこの側面が制限あるものだということである。しかし、この直接的な危急だけがこうした空無を示すのではない。普遍的な思想にとって、絶対的な義務など存在しないのである。これに対し、人倫的な国家においてはじめて、絶対的な義務が存在するようになる。いかなる絶対的な義務も一つの制限である。

自分自身を意識しているものとしての自由意志、すなわち純粋な意志は、自分を実現すべき側面をもはや持っていない。意志の自由は、それだけで独立すると、みずからの定在をかろうじて自己意識のうちに持つだけである。この場合、普遍的意志は、自分だけを対象とし目的としている。そして、主体は、自分の純粋な観念でだけ自分の定在を持っている。それゆえ、こうした自由は、特殊なものという否定的なものであり、こうした否定態を危急が示してくれるのである。心は外の世界から完全に切り離されて自分のうちに閉じこもっており、すべての特殊態はここで雲散霧消している。ここでは実在のものがすべて消え失せてしまい、自己意識は自分自身の純粋な確信のうちに存在する。これが国家への移行である。

良心と善への移行は、一つの弁証法である。危急が弁証法的な契機を発動させる。それ自体でもそれだけで独立しても存在する普遍的意志が、幸せを囲繞する領域として規定され、それ自体でもそれだけで独立しても存在する意志が、主観性との媒介をくぐり抜けて無制限の定在を持つことで、それ自体でもそれだけで独立しても普遍的な定在となるとき、この意志は、現実存在においてそれ自体でもそれだけで独立しても存在する意志である。

65

善は、絶対的な究極目的および絶対的な対象としての普遍的意志であり、理念である。この理念においては、幸せという特殊な目的は精神にとって廃棄されて［いる］し、また同時に、それだけで独立して自立しているものである適法な定在も廃棄されて［いて］、まさにそのようにして世界の絶対的な究極目的が成し遂げられたものとしてある。

普遍的意志は、絶対的な究極目的および絶対的な対象であり、存在しかつ存在すべきものである。自然は自由に対して対立する非自立的なものである。道徳的立場では、弁証法によって、普遍的意志に対立する自立的なものがもはやなにも現存しない。概念は、みずからが抱える対立による媒介をくぐり抜けており、自分のなかに対立を抱えている。善は、自由で普遍的なものであるだけでなく、その定在においては、その定在が普遍的なものと同等となるものである。これが善の理念、つまり世界の究極目的の理念である。

カント哲学はこの理念にまで到達し、そこで立ち止まった。しかし、善というものは、永遠の静止であり、いかなる活動もすることなく、まだ実体として規定されていない。善は、現実的でなければならず、実現されなければならない。つまり、善は、善の理念として、まだ運動していないものである。それゆえ、この善は、カント哲学において当為として提示されているが、まさにこの当為が、不完全なものを含んでいる。――すなわち、善がまだ理念として表現されていないのである。

幸福は現存すべきである。主体は、この善に内面的に適合すべきである。しかし、主体は、善が存在することを偶然にしてしまう。カントは、善が普遍的な善にますます似ていくべきだという主張の上に魂の不死を基礎づけたが、この要請は無限進行である。[11][一一七] だが、特殊態での主体と普遍的な実体という二つの契機が定立されているからには、この両者は自立的なものであってはならず、主体の特殊態はそれ自身を廃棄しなければならない。善は、その概念のなかに特殊なもの、否定的なものを含む。これは、活動の側面、すなわち自分自身に対して主体が無限に関係する側面である。

66

こうした抽象的理念における自己規定と、この自己規定の現実化というものが、純粋な主観性であり、自分自身の単純な確信である。この確信では、権利、義務、定在というあらゆる規定態が雲散霧消する。これが良心である。［良心は、］自由意志がもつこうした絶対的な威力である。自由意志は、絶対的に自己規定することとして、また端的に自由な独立存在として自分を把握する。そして、この自由意志のうちにのみ、何が善であるかの規定が存在する。

本節では、主観性の契機がもはや主観性の側面から考察されない。

普遍的なもののなかに特殊なものがすべて含まれるが、しかし、特殊なものは否定されている。それゆえ、善のうちには、純粋な自己意識の契機が――自分自身のなかでのこの純粋な自己確信、自分のなかでのこの完全な明晰さが――含まれている。（現実化は特殊な目的を規定することである。）良心を前にしては、なにごとも権利や義務として通用しないし、どんな定在も通用しない。何が善であるかは良心が規定する。しかし、まさにこの良心が自分自身を法律として知るのであり、良心は、実体すなわち善がもつこうした絶対的な威力である。

こうした内面的な確信があるとき、主体は純粋な状態で完全に自分のもとにある。真実の理念は、善と良心の統一にほかならない。具体的な良心は、客観的な義務を承認する。また、具体的な良心がこうした具体的なものであり、衝突する諸義務について決定するかぎり、［良心は選択しなければならない］。そして、良心が決定したより高次の義務は、客観的な義務であり、いずれの良心においてもより高次の義務として承認されている。私が真実に自分の良心にしたがって本当に行為した場合には、それは、主観的なものではなく、普遍的で客観的な義務である。良心はこうした純粋な主観性であり、私の真実の良心は普遍的な良心である。

67

このようにすべての規定を空疎なものにして意志の純粋な内面のうちにある自己意識が、依然として自分独自の特殊態にしがみつき、善と絶対的な自己規定の理念をこの特殊態に委ねるかぎり、それは、偽善であり、絶対的な悪である。

主体は、それがこうした高みに到達しているにもかかわらず特殊なものにしがみつくとすれば、特定のいかなる義務にも拘束されていない。しかし、主体は、すべてを見限った後にもまだ特殊態の自分を目的とするかぎり、絶対的な悪であり、偽善である。良心は、純粋な自己確信であり、絶対的な自由の純粋な自己関係である。つまり、良心は、すべてのものから解放され善そのものを規定する絶対的な威厳である。しかし、良心は、自分の規定する原理が自分の特殊態だとするとき、偽善という最高の立場となるのであり、これはただちに悪となる。主体は、このように自分を把握すると、何が善であり何が悪であるかを自分から規定する。しかし、これらは主体の特殊な目的である。したがって、主体の行為［は］、良心的ではなく、偽善である。そして、主体は、自分の行為に義務や適法性の地位を与え、自分の特殊な見解にあわせてそれを正当化する。これは精神の絶対的なヒポコンデリーと呼びうる。この病は、ただ自分自身だけしか目に入らず、あらゆる絆や、友情のこもった相関関係を廃棄し、この病に陥ると、主体は客観的な相関関係や義務に対し憎しみを抱くようになる。というのも、主体は客観的な相関関係や義務のなかで自分を見失うのを恐れるからである。

何が善であるかは主体の規定に左右される。つまり、自分の行うあらゆることが良心にふさわしいとみなすとき、それが実際にそうであってもなくても、主体は自分の良心そのものを欺くのである。人間の自然を賞賛するために、「人間は悪のために悪を欲することはない」と言われる。悪は空無であるものであり、侵害であり、否定的なものを定立することである。しかし、行為としての悪は、つねに肯定的なものでもあって、命懸けになることもある復讐ですらそうであろう。たとえば、行為から誰も利得しようとしない場合、この行為は、利得を考えればたしかになにか否定的なものだが、しかし、主体は復讐を果たすのだから肯定的な行為である。主体は、自分の通用することが傷付けられたという意識を修復する。このように通用することを原状回復するのは、肯定的なことである。行為者は悪から肯定的な利得を引き出さないので、悪はなにか否定的なものであるから、悪は悪のために生ずる、とはみなされない。しかし、それは、肯定的な悪である。なぜなら、人間は妬みや復讐を目的としているからである。

戦闘から逃げる人間は、善い良心に従うのか分からないが、自分の生命は維持した。この生命は、本質的な契機だが、しかし、義務に従属すべきだったかもしれない。悪とは、義務を侵害することである。義務を超えて悪を高め、そして義務から本質的な側面を手に入れるのは、偽善である。

良心にふさわしいことは、良心にふさわしいと万人によって認識できることである。

68

しかし、このような内面的な自己確信は、特殊態が抽象的な主観性へと純化される場であるが、行いと行為を欠いた抽象的な活動にすぎない。なぜなら、この自己確信は、自分のなかですべての規定を直接に取り消すもので、自己確信がもつ規定は、普遍的な善だけだからである。このように無区別となって自分自身のうちへ次第に消えて行くことは、単純な直接態へと縮み込むことだが、しかし、この単純な直接態は、自由が自分と絶対的に統一することを本質としている。というのも、善と絶対的主観性とは、それ自体同一であり、たがいに一方が他方の定在にすぎないからである。それゆえ、主観性がそれ自体でもそれだけで独立しても存在するエレメントをそなえるのは、善においてであり、このエレメントでは、主観性の区別が存続を勝ち取り、客観的になり、同様に、こうした主観性の特殊化も観念的でもっぱら先の統一のうちにある。主観性は、この統一に対立すると、固有のものを自分だけで独立してなにも持ち続けない。これが自由な〈実体のあり方〉、つまり人倫である。

われわれは、いまや自分自身のうちで純粋な確信のところにいる。これは、否定的な自己関係における自由の概念であり、どんな行為にも達しない抽象的な活動である。主観性のなかの普遍的なものが善である。

自我を絶対的な原理とするフィヒテ哲学は、主観的な形式をとって一面的なものにとどまった[12]。客観的な側面はつねに否定態の側面を維持していたが、同一態は不完全なままであった。客観態は、自分自身の純粋な確信にふさわしいものであるべきだが、しかし、びくともしないままである。このようなフィヒテ哲学の最高の立場は、努力、憧憬である。内面的な善はたんに当為のままであり、フィヒテ哲学の結論は、善であるべきものへの憧憬にすぎない。

こうした無限の自己意識、こうした明晰さを自分のなかにそなえる美しい魂たちは、上述の立場に固執した。そうはいっても、この美しい魂たちも、行為に移ると、制限あるものの領域に入っていく。美しい魂たちは、このことを予見しているので、いかなる接触をも恐れ、自己内還帰したままになり、みずからの内面的な無限態を崇拝するが、このことは、自分自身を、つまりみずからの自我を神に仕立てるところに行き着くだろう。美しい魂たちは、自分のうちで主観的なだけであり、自分のうちで直観的なだけである。美しい魂たちは善をもっぱら当為だとみなし、現実的なものとはみなさない。これによって美しい魂たちは偽善と紙一重となるが、その本質は内面的な空疎さである。美しい魂たちは、他の魂たちと関係するかぎり、自分の主観的な概念だけは承認するが、他の魂たちに対する義務は承認しない。――たとえば、肺結核で死んだノヴァーリスやスピノザがそうであった。というのも、彼らは、純粋な客観態をたんに消え失せるもの、当為とみなしただけで[一八]、現実的なものとはみなさなかったからである。彼らに欠けているのは、自分を客観的にし、自分を解放する期待、すなわち自分を完全に確信し続けながら自分を解放する期待である。彼らにかかると概念上いかなる区別にも至らず、概念は純粋な直観のままとなる。——概念は自分を分裂させ、自分を普遍態として定立しなければならないが、この普遍態では、あらゆる区別が終息する。というのも、その区別のエレメントが不可分の総体となっているからである。——

主観性はそれ自体でもそれだけで独立しても普遍的な意志に移行したが、そのような意志としてある善は、自分のうちで自分を規定する実体的な統一である。このため、国民の職業身分は個々の構成分肢であって、この構成分肢は、自分独自の生命を持ち、それだけで独立して存続するが、しかし、普遍態に対立してではなくただ有機的な契機としてのみ自分の生命を持つ。自由なものと関係している存在とは、自由なものがもつ区別が存在を獲得することである。

第三章　人倫

69

人倫は、自由の直接的な定在としての権利〔抽象法〕と、自由な主体の自己内反省としての道徳とを、観念的な契機としている。人倫そのものが、それらの真理であり、普遍態へと純化された自由意志としての理念である。この自由意志は、主観的意志の心情のなかに現実態を持ち、主観的意志のほうは、その自由意志において基礎と実体を持つ。つまり、人倫は、自然となった自由である。いまや二つの権利が現存する。一つは実体がもつ絶対的権利であり、もう一つは個々人がもつ権利である。詳しくいえば、一方は、個別態ないし主観性そのものに対立する実体的権利としての権利であり、他方は、個々人がそれだけで独立してもつ権利である。しかし、後者は、本質的に、実体的権利に従属している。

ここでは道徳と人倫の区別がつけられる。道徳は反省されたものであるのに対し、人倫は主観的なものと客観的なものとが浸透するものである。（われわれが万事を日常の言葉で言い表すことができるなら、そのほうがたしかに望ましいが、より遠ざけられたものや反省されたものに対しては、「存在」とか「現実存在」といった見慣れない名前をつけることが哲学で行われてきた。）権利と道徳は観念的な契機にすぎず、それらの現実存在はまずもって人倫である。現実的な道徳は、もっぱら全体がもつ道徳であり、人倫のなかにある。

それゆえここでまず指摘しなければならないのは、権利と道徳という二つの先行する契機が観念的でしかないことである。人倫的実体、すなわち国民や家族といった実体的な生命が最初のものである。そしてその後、習俗がもはや善いものでなくなるときにはじめて、主体は自分に復帰し、道徳のうちに自分の後ろ盾を求めることになる。主体は、善であるものを、自分自身のなかに求め、もはや習俗や現実に求めない。われわれの場合でも、精神が自分の古い生命のなかにもはや自分を認識しなくなった後で、権利と道徳の発達する時期がやってきた。主体はもはや自分が無限なものだとか完全なものだとか思わない。主体は、何が善であるかを知り、善が自分の自己意識のなかにあるにもかかわらずそれを超えたところにあると思い、このため偽善が生ずることを知っている。しかしながら、歴史においては、実体的なものが最初のものなのである。

人倫は、絶対的に善であるのと同様に、絶対的に真なるものでもある。人倫が真理であるのは、ここでは現実態が概念と同一だからである。真なるものは、主体が客観的なものを純粋に受け入れて、その特殊な自己内反省を許さないことである。善とは、主体の自己意識の使命〔規定〕であり、活動とは、主体が客観的なものをみずから生み出し、それを実現することである。主体が客観的なものを自分において実現することは、真理の立場にかなっている。直接的に実現され自分を実現する概念は、真理である。

生命あるものは自分を再生産する。つまり、それは、自分自身との戯れでしかなく、すでに存在するものだけを生み出す。概念は、理性的なものそのもの、法律と名づけることができるが、それが定在を持つのは、個別の主体において、つまり個々人の知性においてである。主体は、自由な概念であり、それも概念として現実存在する概念である。自我とは、主観的な概念である。私がある目的を持つ場合、私はこの目的を直接的には私のものであると知る。しかし、国民や家族という実在のものや人倫的な生命は、もはやこのような主観的な概念ではなく、主体は、客観的なものとしての国民や家族に関係する。人倫は、真理の立場であるから、現実存在を持たなければならないし、現実化されなければならない。善は人倫的な主体によって現実化されなければならない。それゆえ、善は、精神が実在するさいの精神の運動である。これは善が現存しないという立場ではない。むしろ、実体は永遠に現存する。つまり、すでに現存するものが生み出されるだけのことである。

この立場に到達しなければならないのは、主観性がもつ一面性なのではない。普遍態へと純化されているのは、自由意志である。生ずるものが普遍的意志である［ように］、権利と心情が完全に相互に浸透しあったのである。つまり、普遍的意志のこうした存在が、主体の本質的な心情なのである。実体は、普遍的な現実態として存在し、多くの個人へと解消するが、これらの多くの個人は、心情において普遍的なものへと還帰している。

ここで二つの権利が現存する。実体とその定在、万人が普遍的に意志すること、すなわち実体的権利と、個々人の権利とである。実体は存在しなければならないし、個々人も存在しなければならない。個々人は、自分に根をおろしながら、実体のうちに存在しなければならない。個々人の権利は、自分が関与する実体的権利そのものである。個々人［の権利］である親族法――個々人が自然な生命を持つこと――は、実体のうちに存在するかぎりでのみ必然的な契機となる。〈実体のあり方〉が、すなわち純粋に人倫的なものが基礎である。われわれは諸国民を個々人の集合体だとみなしてはならず、ひとえに全体だとみなさなければならない。この全体こそが承認されるべき定在であり、個々人は、普遍的な実体の現実態そのものであるかぎりで、そうした定在のうちにみずからの定在を持つのである。

70

主体の人倫的な心情は、普遍的な実体から離れて特殊なものへと移行しようとしょっちゅう駆けずり回っている反省を遠ざけることであり、実体や法律という普遍的なものを、それ自体でもそれだけで独立しても存在する永遠な存在として、また自己意識の独自の本質として知りかつ承認することであり、そして自己意識がもつ実体的な規定に向いながらそのなかにいる活動であり単純な方向性である。この実体的な使命〔規定〕は、個人にとって、なんらかの特殊な領域であるが、普遍的な実体の領域である。同様に、人倫的な心情は、自然的で偶然的な附帯状況と関わるとき、この事態を一つの存在として受け止め、まっすぐ向きあう方向性でもある。そうした存在が主体の侵害を含む場合でも、主体は、この存在から自分の意志の無限態を引き出し、必然的なものに対して肯定的に関係するこうした直観のなかで、必然的なものと自分とに対する自由な関係を救い出し、そしてなるほど自然的な苦痛は感じても、自分が不正を蒙っているとはみなさないのである。

〈実体のあり方〉は本質的に心情である。この心情は、本質的に主体に帰属する場合、法律を承認することである。法律のこうした認識が主観的に知ることである場合、すでに普遍的なものが主体に対して定立されている。主体のこうした教養形成は、人倫的な心情にとって本質的である。行われなければならないことは、余計な躊躇をせずに率直に行われなければならない。存在するもの、存在すべきものは、直接的に把握され、率直に行われなければならない。ここには、道徳的な傲慢が介在する。忘我の境地とは、愛の契機であるのと同様に、人倫においても本質的な契機である。

自分にとって義務であることは、道徳的に躊躇せず、また知ったかぶりの自惚れもすることなく誰でも率直に行うこと——つまり法律が存在するという単純な意識は、ローマ人やギリシア人の徳の性格をなしていた。このように単純で揺るぎない堅固な方向性は、人倫的な心情の一部である。

いまや個人は、実体全体において一つの特殊なグループに割り当てられており、特殊な領域を持っていて、自分の人倫的な心情のうちにある普遍的なものを意志する。しかし、普遍的なものを目的とする個人の活動は、その特殊態においては、各人がそれぞれの立場で自分の立場が要求するものだけを行わなければならないという結果をもたらす。全体は有機的な生命であり、そこでは、各構成分肢が特殊な機能の点で活動的であることによってはじめて、普遍的なものが維持される。つまり、特殊な領域に対して自分を有能にし、こうした有能さで普遍的なものを促進することによって、普遍的なものが維持されるのである。

主体は、外面的なものであるかぎり、偶然的な附帯状況にもおかれている。全体における主体の生命と特殊な圏域における主体の生命には、精神的な同一性がある。しかし、運命は、人間に逆らって必然態と縺れあうものである。この場合、人倫的な性格は、附帯状況にまっすぐ単純に向きあう方向性であり、主体の自由が侵害されるかもしれない事態に不屈に向きあう方向性である。主体は、「これこれが附帯状況であり、この附帯状況に対して私はしかじかをしなければならない」と見てとり判断しなければならないが、主体は、人倫的な心情をもつとすれば、自分に加えられている侵害から自分の意志を取り除き、その侵害を自分に対して外面的なものにするのである。

人間の不幸に属するもののすべての根拠は、偶然的な附帯状況に依存することにある。こうした侵害が人間にとってより高い利害関心に関われば、それに応じて人間はそうした不幸について深く苦痛を感じることになろう。しかし、人間は、そうしたより高い利害関心が自分のなかで偶然態という自然をそなえているとみる。人間は、自分の自我をこうした偶然的な侵害にさらすべきではないのである。その損失は苦痛を引き起こす。というのも、それは自分の欲求と不釣合いだからである。真なるものは、精神の自由がこれらの物のうちにないことであり、人間がこれらの物から自分の意志を取り除くことによって、運命による不正を蒙っていると信じなくなることである。つまり、人間は侵害された側面そのものを断念しなければならないのである。

しかし、個人は、不正をたんなる存在へと引き下げることによって、不正にも耐えることができる。「不正は一度かぎりの存在だ」というのである。不正の感情にとどまることは、あの不活動である。なぜなら、この感情は否定的な心情のなかにだけ存在するからである。私が自分の自由な本質にかんして侵害を受けていない場合、侵害も特殊な事柄にすぎなくなるし、また、普遍的なものが救われる。

同情は、ここでは非本質的なものでもある。「そういうことか」というこの直観は、否定的な附帯状況に対する直観であり肯定的な関係である。

たんに苦しんでいる者は、否定的なものの感情しか持たないが、このように不屈に向きあう方向性によって、主体はさらにこうした否定態のうちにみずからの肯定態を持つことになる。アンティゴネーは、自分の運命を嘆き、深く侵害を感じるが、外面的な状態のあの不実さのなかに自分がいることも知っている。[13][二九]「これは存在する」という直観のなかには肯定的なものがある。「これは存在すべきでない」というところにとどまるとき、個人は、そうした否定態にとどまり続ける。「それは存在せざるをえないのだから、私はそれを意志する」。〔すると〕暴力の裏をかいてそれが課そうとする強制を取り上げてしまう。

主観的に意志すること、すなわち主観的な心情は、意志や心情が普遍的なものであるかぎり、正しい心情である。そこで、この〈実体のあり方〉は宗教的な側面を持つことになる。

71

人倫的実体は絶対的な基礎である。つまり、主観性がもつ特殊態からは自由だが、心情と活動としての主観性によって現実的である精神は、それだけで独立して取り出され、主体によってみずからの実体として知られると、宗教的な感情の対象、つまり宗教的な直観と考察の対象となる。しかし、宗教的なものは、一部は、感情にとどまり、実体の有機的な特殊化と現実態を考えると無規定態にとどまるのであり、偶然的な思想しか含まない。しかし、一部は、実体そのものがさまざまの段階に制限されていて、そしてそのかぎりで宗教は、そうした実体の諸側面に対し否定的となるか、あるいはその諸側面のまったく普遍的なものを把握するだけである。それゆえ、宗教は、たしかに人倫的な生命の根拠の形式と呼びうるが、しかし、このような根拠についての感情や直観以上のものではない。

最近ではさまざまのものがたんに市民的な事項〔民事〕とされるようになった。それゆえ、結婚は契約というたんなる恣意に左右されるとされ、家族の結びつきの根拠がなにか恣意的なものに移された。同様に、国家も主体の個別態に由来するものとみなされた。いまや、国家において個々人の自由だけが根拠とされるようになったため、国家は個々人相互の制限を目的とするようになった。そこで、人格の個別態が土台とされたことで必然国家(三〇)、強制国家が生じ、国家は、個々人にとって第三のものになった。

家族におけるたんに市民的な契約というこうした相関関係に対し、また必然国家に対して、対立するものが配置される。普遍的な精神、つまり精神という統一が実体を形作らなければならないのであって、個々に意志することとしての精神がそうしてはならない。人倫的実体はこうした特殊態から自由であり、個別態は廃棄されている。心情でもまさしく普遍的な心情にこそ本質を持つ現実的な精神も、それだけで独立して取り出されると実体的な精神となる。公共生活との関係では、実体的な精神は国民に独自の精神であって、こうした精神は、万人のうちに存在するが、しかし、曇りない和合にとどまっている。家族生活では、ラレスという家神たち(三一)が実体的な精神からきている。

ところで、宗教は、普遍的で絶対的な精神である精神が意識されること以外のなにものでもない。キリスト教でない宗教は、その諸精神が制限された諸精神である点で、つまり普遍的な精神へと神々が移行すること［によって］、キリスト教から区別される。国民が本質として崇拝する精神は、ギリシア人やローマ人の場合のように特殊な国民の精神であるだけではなく、普遍的な精神に合流すべきでもある。神は、到りつこうと努めるべき彼岸、理想として表象されてはならないのであり、人倫的実体においては、神は遍在するものであり、生命あるものである。

宗教的であることということこの相関関係は、感情のうちにあり、またそこにとどまる。この相関関係は、実体を知ることであり、直接知、信仰である。すなわち、主体がこの実体のうちに自分の本質を持つという直接知であり、主体がもつ外面的なものが空無であるという感情である。宗教は恐怖の相関関係ともなりうる。この関係では個人が否定的な側面にとどまるが、しかし、その側面では特殊な主観性が実体にとって否定態となることによって、こうして空無の意識に震えあがる。恐怖がなければ真実の愛はない。というのも、愛とは特殊なものを空無であると感ずることであり、それを普遍的な意識のなかに沈めることだからである。

現実的な精神としての人倫的実体は、自分を特殊化し、そうすることで現実的である。しかし、宗教が神それ自身のもとにとどまると、その特殊化は神の外にあることになる。そして、宗教的な側面は思想、信心を含むが、しかし、神に想いをはせることだけを含むにすぎない。宗教は本質的に思考であり、宗教のエレメントはたしかに思想であるが、しかし、これはもっぱら直接的な思考、直観にすぎない。概念が具体的なものとして区別されるという思想の拡張は、もはや宗教的な側面には属さない。

実体は、特殊なものであり、さまざまな段階、たとえば家族や国家という段階を持ち、これらの段階が再び自分自身のうちで自分を特殊化する。宗教はこうした特殊化に対して否定的に振舞う。宗教的なものは、まさに特殊化を超えて高めることを含んでいる。宗教的なものがひとえに宗教的なものとしてとどまるなら、その前では特殊化が消え失せる。そして、もし宗教的なものが生活に移され、現実存在させられるならば、宗教的な狂信が生ずる。このような形式によって、特殊化という区別はすべて消え失せる。つまり、自由と平等は現実的であるべきであったし、あらゆる分肢組織化は否定的なものという形式を持った。かくして宗教上フリアという復讐の女神(三二)が存在したのである。

狂信はないとしても、宗教的なものが唯一の形式であろうとすれば、行いをともなわない敬虔が現れ、「人間はキリスト者として愛しあうべきだ」ということに踏みとどまる。この敬虔さによって公共生活は消え失せる。クエーカー派(三三)の人々の場合がそうである。しかし、それにもかかわらず、クエーカー派の人々は、私的人格として存在するという自分の原理に不誠実にならざるをえないし、国家のなかで生きなければならないし、営業にいそしまなければならない。

宗教は人倫的な生命の根拠の形式と呼びうるが、この根拠は現実存在へと移行しなければならない。もしも神が自分を有限化せず、この有限化そのもののなかで自分を知ることがなければ、神は神でないことになろう。真実の現実態とは、神がみずから実在するなかでみずからを知ることである。宗教で意識にのぼらなければならないのは、真なるものが根拠だということである。宗教は、たしかに普遍的なものに対する特殊なものの関係を含んでいる。たとえば、この関係には、役所は神のものであり、個々の法律は神に由来する、といったことがある。このことは、「この」諸物が自分のなかに神的なものをそなえる側面のことである。しかし、このことは、実定的な宗教で現れるとき、誤りとなる。

72

人倫的実体は、

（一）直接的ないし自然的な実体、すなわち家族である。家族は、

（二）市民社会へと移行する。市民社会は、さしあたり特殊な利害関心のなかにある個々人の相関関係とその保護を目的とする。しかし、市民社会は、本質的に、

（三）普遍的なもののうちで普遍的なもののために営まれる公共生活と公共活動である国家体制に総括される。

人倫的実体は、直接態、つまり〈自然のあり方〉では、家族である。家族は、感覚する統一、つまり愛を基礎としている。

この直接的な状態に家族はとどまることができない。家族は、その活動によって、同様に家族構成員となっている他者と接触する。このようにして市民社会が成立する。市民社会では、それぞれの家族が個体として存在する。この一体化の目的は、個々人の相関関係、個々人の特殊な利害関心の点で、個々人を保護することである。ここでは外面的な市民関係が基礎となっており、家族は、相互に営業関係や経営関係のうちにある。個々人の行う気遣いは有用でもあり、したがって万人に対する気遣いでもある。ここで、市民はブルジョワである。ここには、市民的営業の相関関係がある。この相関関係は、国家の経済に関わり、そして裁判権とポリツァイ権のつかさどる権利に関わる。

三番目のものは公共生活である。普遍的なもののなかで普遍的なもののための生活が、ここでは目的であり、これは、実体的な生命が定在を持ち、普遍的な生活を目指す個々人が公的人格として存在することである。この場合、市民はシトワイアンである。このとき国家は、個体的なものとしてそれだけで独立して受けとられ、他の諸国家に対立する国家として受けとられる。

第一節　家　族

73

家族は、精神の直接的な〈実体のあり方〉を基礎としており、それゆえみずからを感覚する統一、つまり一般に愛を基礎としている。この愛は、こうした統一のうちに自分の本質的な自己意識を持つ個々の人格の心情である。「人格の自由意志が個別的な意志として存在する」ということは、これより下位にある立場である。家族が基礎としている上述の権利は、われわれが所有のところで論議した権利とはまったく異なる。家族の基礎は、非常に異なるもので、別の類である。ここでは、それは実体的自由であり、普遍的意志が基礎である。しかし、所有が立脚する意志は、実体的自由とならぶ種のものではない。所有の基礎となる〈人格そのもの〉は、ここでは逆に解消している。

ここでは、意志が同一であることが家族の基礎となっている。意志がその概念にしたがって普遍的意志であるということは意志の真理であるが、しかし、ここで心情は、本質的な契機であって、善がすでに現実的な同一態であるような道徳的な契機なのである。この意識が人倫であって、これは、愛という形態、自分ではなく他者のうちに持つ自己意識という形態をとる。そして、他者のうちに自分独自の自己意識を持つので、このように同一であることを知ることが本質として存在することになる。自己意識は、他者のうちで自分自身を意識していることを知っており、この統一を直観することであり、感ずることである。

この家族関係の帰結は、家族生活そのもののより詳しい側面を考察することで明らかになるであろう。

74

家族は三つの側面から考察しなければならない。

（一）その直接態からみた家族関係そのもの。

（二）家族関係が生み出す外面的な定在からみたもの。つまり家族の所有と財産。

（三）子供の教育と家族の解体。

第二の段階では、家族の意志は外面的な定在を生み出す。ここでは法的関係そのものが登場するが、それは普遍的な〈実体のあり方〉の下位におかれている。

第三の段階で、家族がひきおこす移行とは、子供が出て行き、新しい家族を形成することである。

A　概念上の相関関係としての家族

75

この〈実体のあり方〉は、直接的なものだから、〈自然のあり方〉の側面、有機的な生命体の側面をそなえている。そのかぎりで、理念は、類という普遍的なものである。この類は、差異化されて自然的な両性に分かれるが、性の特殊態は、類がもつ両性の内在的普遍態とは矛盾し、そのため自分を廃棄する衝動である。自然的なものにおいて、両性が同一であることは、自然的なものである両性自身と区別され、とくにそれだけで独立して現実存在するものと区別される。したがって、［その同一態は、］産まれた第三のものであり、両性はこの第三のもののなかに自分たちの同一態を自然的な現実態として直観する。そして、この第三のものは、それ自身こうした統一の感情を持つが、まだそれだけで独立して存在していないので、自然の助けを必要としている。

自然のなかで普遍的なものが現実存在すると、現実存在はつねに個別態となるあり方をするのであって、類すなわち内面的なものはもっぱら普遍的なものである。特殊化は男性と女性になることであり、〔第二のものは〕性の結びつきであり、第三のものは産まれた者、所産である。

実体は、その直接態において生命あるものであり、一般に〈自然のあり方〉の総体である。直接態の契機に含まれているのは、対立するということである。人倫的なものがもつ普遍的な概念から生命あるものへの移行が果たされているので、第一のもの、つまり〈自然のあり方〉が定在している。ここではまだ直接的な実体以外のなにものも現存しないが、この直接態は、引き続いて移行し廃棄される。より高次の立場では、それはここでのようにもはやたんに定立されたものでない。絶対的な総体とは、一般にこうした自己分裂のことである。そしてそのかぎりで、生命あるもの、〈自然のあり方〉は、定立されたものとなる。自然が到達することができる最高のものは生命である。それ自体でもそれだけで独立しても存在するものは、みずからが対立することを通じてはじめて、それだけで独立するようになるが、そのためにはまず存在が定立されなければならない。しかし、自然においては、普遍的なものが普遍的なものとしてまだ現実存在していない。類は、思想、精神においてのみ、それだけで独立して存在する。

普遍的なものの現実存在がもつ直接的なあり方は、両性の差異である。これは、特殊化、規定の側面、定在の側面をなす。このため、こうした特殊態が類と矛盾するという矛盾が現存することになる。そして、この矛盾は普遍的なものにとって欠陥である。自分のうちにある否定的なもののこうした感情が衝動である。非有機的なものは、普遍的なものの独自なものにも、その他者にもなりえない。なぜなら、非有機的なものは、さもないと中性化されるからである。しかし、生命あるものはこうした欠陥を感ずるし、また欠陥というこの感情は自分を類にしようとする衝動である。実体的意志は、その定在では総体である。普遍的な概念は、内面的なものであり、類である。特殊化は性差である。

有機的なものは、まず第一に、自分のなかでの過程である。これは、当面の問題とならない。ここでは、類に関することだけが取り扱われる。一方の特殊なものは、自分の同一性の感情を他方の特殊なもののうちに持つ。特殊なもののうちには、類を定立する衝動がある。特殊なものは、定在においてたんに特殊なものにすぎないのに、自分のなかに類を持つのは矛盾である。特殊なものは、制限されており、自分のうちのその制限を自分の意のままにしている。これは、概念を補足するに欠かせない必然的な矛盾である。対立するものとの結びつきを通じて欠陥が廃棄されることによって、衝動すなわち独自の感情が満たされる。人間は自分を他在のうちに感じ、他在においてのみ自分の維持があることを知っている。

自然的なものの場合、統一は、自分自身によって定立され現実存在する統一だが、精神の場合は事情が異なる。意識の立場では、概念は私の概念であって、それは私と異ならない。つまり、両者は同一である。現実的に同一であることは、産むこと、成果、所産である。産む者は産まれた者のうちに自分たちの同一態を直観し、この産まれた者は統一の感情を持つ。［子供は］自分の生まれた家族に自分の根［を持つ］。類は、産まれた者、子供のなかで定在に到達する。植物の胚は、植物の規定全体、植物の自然全体を含むのであり、葉や花や果実をそれらの特殊な性質に応じて含んでいる。このことは、胚のなかに観念的に、思想として現存している。類はこの産まれた者から始まるが、この産まれた者には助けが必要である。なぜなら、産まれた者は、まだ外界との対立のうちに定立されていないし、まだ両性の対立のうちに定立されていないからである。人間があるべきものになるためには、大きな展開が必要である。

76

このように自然的でしかない前節の相関関係は、次のようにして人倫的なものへと高められ変容させられる。類、すなわち自然的でしかない両性の内面的な統一と内面的な普遍態とが、自己意識において〈理性あるもの〉となり、ここに実体的な統一の心情として存在すること、そして、こうした愛と知と現実のありようが、その統一の心情において本質的なものとなり目的となることによってである。衝動と情熱は、満足によって消えて、この相関関係そのものとなり、理性的なものは、自然的で主観的な側面がこうして廃棄されることによって純化されて、夫婦愛となる。
自然的でしかない相関関係は、直接的に、人倫的なものになる。これは一般に、動物から人倫的なものへの移行である。

動物は類ではあるが、この類はそれだけで独立していない。その現実存在は自然のうちで類として存在する。類は、個別的なものの死によって類として生ずる。しかし、類がみずから再び個別的なものとして登場することが類の威力であり、類は両性を用いてこれを証明する。

類、つまり内面的な普遍態は、知性や意志、みずからを知る普遍的なものになるが、これがまさしく独立存在である。類は、自己意識の場合、自分を普遍的なものとして知る〈理性あるもの〉である。両性は普遍態を知っており、そして、この直接知、この感情が愛である。このことが家族生活を理性的なもの、人倫的なものにする。そこで、性の結びつきの目的は、この愛、この〈理性あるもの〉が両性の生命のうちに定在を持つことである。

「衝動と情熱は消える」云々。愛はありきたりな単語である。愛は両性相互の満たされていない感情だといわれる。つまり、この統一がまだ現実化されていないというわけである。これが、満たされていない愛、衝動としての愛、情熱としての愛である。情熱とは、自分の特殊な主観性が消え失せるのを主体が感ずること、普遍的な自己意識の感情が主体のうちで威力をもつようになることである。それゆえ、愛とは、否定的な統一の威力ある姿を感ずることである。そして、存在すべきものがまだ現存せず、隔離された主体の感情としての没落の感情がまだ現存せず、他者における甦りがまだ現存していないという感情で、愛は苦しむことになる。

ところで、情熱の対象は一つの対象にすぎず、その対象には普遍的な自己意識が結びついている。惚れ込みとは、まさにこの対象を通じてのみ普遍態に入れ込むことができるという思い込みが定在することである。特殊態のこの契機は、特殊な性質から出発しなければならないという表象を根拠にしている。

以前は違っていて、両親は、みずからの洞察や義務にしたがって、わが子に対し結婚相手を選んでやった。根拠は、両親が義務の思想を持っていることであり、洞察は、子供が結婚しなければならないということである。そこで、女子が自分に決められた夫を愛したのは、その者が自分の夫となるべきだったからであり、夫の場合も同様である。この場合、偶然的な傾向〔愛着〕つまり主体の恣意にではなく、使命〔規定〕という思想に、愛の端緒がある。このような進め方は、より人倫的な進め方だといえよう。しかし、現代では、特殊な傾倒のなかには、「結婚するのであれば、この人しかいない」という思想がある。ところで、この感情は、無限であればあるほど、また高まれば高まるほど、この惚れ込んだ者たちの特殊な利害関心でしかないのであり、他者に対する共感からはずれたものでしかない。アンティゴネーはクレオンの息子のものと決められていたが、アンティゴネーに対する父親クレオンのあり方を決めたのは、愛の利害関心ではなく、国家の利害関心である。(14)(三四)

そして、こうした愛やこうした惚れ込みは、たいていの場合、現代の喜劇や悲劇の対象となる。だが、満足によってこうした惚れ込みは消えてしまい、また、結婚が始まるとすぐに先ほどの主観性は消えてしまい、小説の主人公は他のすべての人びとと同じような人になってしまう。

動物やそれより弱い自然は、交尾時点より長く生き延びることがなく、かくして植物やその花は受粉とともに滅び、またより弱い動物は情熱を満足させると死ぬ。こうした否定態から人倫が生まれ、情熱の放棄を通じてプラトン的な愛が生まれる。この相関関係のなかで放棄されるのは特殊な〈人格そのもの〉だから、この相関関係に絡め取られることに難癖をつけるのも特殊な〈人格そのもの〉である。主体は、みずからの特殊な傾向つまりみずからの特殊な恣意が満たされることを要求し、普遍的な相関関係のなかにみずからを定立する勇気がない。現実でのさまざまな相関関係や直接的な〈人格そのもの〉に応じて、愛には多くの特殊な変様がある。プラトン的な愛は魂の美しさの直観であり、これは、感性的な相関関係へと移行する契機がこの高いものを辱めるものだとみなす。

否定的なものはすべて、その本性上肯定的な側面も持つし、否定的な側面は、人倫的な相関関係を生み出す。衝動と情熱は、満足するうちに消える。そして、まさに自然的衝動こそが、精神的な相関関係、実体的な相関関係の生ずるゆえんである。プラトン的な愛は、まさに衝動の満足を通じて愛の真理に到達する。だから、ヴィーラントのすべての小説に、まずはプラトン的な愛が出てくるが、それは、後でその愛が実現することによってまずは茶化される[15]。聖書には、アダムがその女エヴァを知ったとある。情熱の相関関係が過ぎ去り、そしてこうした情熱をもたない夫婦愛の相関関係が登場したのである[16][三五]。

77

二つの自然的な性は、その〈理性あるもの〉によって、同時に知的で人倫的な意味を手に入れることになる。両性の区別は概念の契機である。そして、それぞれが他方のうちに自分の実在というものの直観を持つ。それゆえ、一方〔夫〕は、自分が自由な普遍態であると知ることであり、思想の自己意識であり、普遍的で客観的な究極目的を意志することであるのに対し、他方〔妻〕は、主観的な個別態を知って意志することである。それゆえ、自然的な相関関係では、一方は他方に対して威力あるもの、活動するものであり、他方は、主観性に制限されたものとして、質料がそうであるように、受胎するもの、身も心も捧げるもの、抽象的に普遍的なものである。それゆえ、夫の実体的な生命は、国家のなかに存在し、自然的な欲求の側面つまり生命がもつ感覚と特殊態の側面を家族のうちに持つ。妻はその実体的な生命を家族において持ち、そして家族のなかに妻の使命〔規定〕がある。

両性には自然的な違いがあるが、この違いは、両性のなかで、その〈理性あるもの〉によって再構成されている。そのいずれもが、二つの契機を含んではいるが、しかし違った側面に向かう。両性が対立しあう相互関係では、二つが一緒になって全体を形作っている。それぞれは他方のうちに自分の実在というものの直観を持つ。一般に、男は、自由な普遍態を知ることである。理性的なものを生み出すことがエレメントであり使命であるという性格は、男のものである。直接的な生命という個別態の契機は、女のものである。

ある時には、「女性が人類に属するかどうか」疑われたことがある。女はそれだけで独立した自由なものであるが、経験は女と男の区別を見せてくれる。男は普遍的な利害関心のために主観性を無視するように作られている。国家における生命と働き、学問と芸術の国は、男に属する。自然においては、偶然的なもの、本質的な規定からのある種の逸脱が生じうる。学問に精を出す女たちは存在したが、その女たちが学問を深く究めることは決してなかったし、発明もしなかった。女たちは芸術の心地よさを生み出すことはできるが、芸術がもつ理想的なもの、可塑的なものは、女の働きの範囲外である。もし国家で女たちが幅を利かすならば、それは、その国家の没落が間近いことの兆しである。なぜなら、女たちには利害関心の主観性が生ずるからである。

女は、主観的な個別態に頼らざるをえない。女が働きかける範囲の最大は家族であり、ラレスとヘスティア(三六)は家族に属している。夫は、自分のうちに絶対的に実体的なもの、力、威力、活動の形式を持つ。それに対して、特殊態の利害関心を根拠としている妻は、抽象的に普遍的なものとしてあるから、実体的な普遍態ではなく、たんに抽象的な普遍態しか持たない。妻は、質料であり、受胎するものである。夫は、国家において生き、普遍的な目的のために働かなければならない。妻には、実体的な生命の側面、つまり家族が属する。夫は、実体的な欲求にしたがってしか家族を振り返らない。妻は夫に対し夫の欲求に応えなければならない。そして、夫の心は、再び力強く、普遍的なもののために再び歩み出すために、家族にいる妻のもとで元気づけられなければならない。両性をその使命から引き離すことができるのはもっぱら想像だけだが、こうした想像は直接的に両性のあり方を歪めてしまう。

78

結婚とは、性の異なる二人の人格の間の結びつきが、公的な承認を受け、それによって他者に対する法的関係となり、正式のものとなったもののことである。それは、愛と信頼において一つの人格を作り出し、この実体的な統一を二人の本質的な規定と義務として承認することである。結婚は、たしかに本質的に心情に依拠する統一だが、しかし同時に理性的で普遍的な統一としては、情熱や特殊な好みといった偶然性を超えた絆であり、特殊な定在のさまざまな側面を包括している。

　結婚によって性の結びつきは法的関係となるが、しかし、これを結ぶことの公表は、国家においては、教会の官庁や世俗の官庁でとり行われるのでよい。法的関係は、この相関関係に関し他者に対して保護されることを要求する。しかし、この相関関係が内面的な心情に依拠するかぎり、この相関関係が外面的契機を持つ点でのみ、役所はこの関係を適法に保護することができる。

　信頼は、「私の利害関心が他者にとってその人独自の利害関心であり義務である」という意識である。結婚する二人の人格は、一つの人格をなそうと意志する。妻は自分の姓名を失い、もはやもとの自分の家族には属さない。ここでは、心情が、特殊な好みである情熱という意味では登場しない。なぜなら、〔結婚という〕結びつきは、普遍的なものであり、生きているあいだ長く続く結びつきだからである。

　不和がたんに部分的なものにすぎず、たんに一時的なものであるかぎりでは、これは、相関関係全体を侵すことがなく、相関関係がもつ普遍態を廃棄することはない。不和が普遍的な心情に関わるものとなってはじめて、相関関係全体が廃棄され、あるいは役所によって廃棄されうる。基礎にある実体的な統一は、神的で本質的に実体的な相関関係であり、定在のさまざまな側面を持つ。動物の場合はみずからの類の繁殖が最高の目的であるのに対し、子供を産むことのような特殊な側面すら目的となっていない。内縁関係の場合は、性関係の促しが突出している。これに対し、結婚では、統一が主要契機である。同様に、相互扶助（mutuum adjutorium）も特殊な目的にすぎない。それゆえ、片方がもはや子供をもうけることができなくても、この人びともやはり結婚することができる。この結びつきは、特殊な定在のさまざまな側面を一体化するのであって、個々の側面は、それだけで独立すると絶対的な目的にならない。

79

結婚は、たしかに二つの人格の特殊な同意から出発するが、しかしだからといって、その本質からすると、本来的な契約つまり民事上の契約ではない。なぜなら、人格がなにに関して自分の特殊な権利を断念するかといえば、それが〔契約におけるように〕個々の対象に関してではないからであり、直接的な〈人格そのもの〉の全体が、たがいに廃棄しあい、まさにそれゆえに心情という本質的な契機を含む結びつきに絡め取られるからである。

結婚は、本来的な契約ではないし、民事上の契約でもない。結婚を民事上の契約とみなし、教会から結婚を取り戻し［た］ことが、現代の改善された見解だと考えられた。結婚は教会法上の契約であってもよいが、それは、結婚が人倫的な相関関係であるかぎりでのことで、この関係においては、個人は、自分の恣意を放棄し、人倫的でそれゆえ宗教的なものである和合を目的としている。配偶者が本来もつ所有に関する契約は、結婚そのものに関わりがない。結婚を保証すべき権威は、もちろん教会という権威であってもよいが、それが必然的というわけでもない。それは、人倫的な国家という国家の権威であってもよい。このためフランスでは、家庭裁判所が人倫的な権威となり、結婚裁判所として配置された。

カントは、恥ずべきで身の毛のよだつやり方で結婚を描き出している。カントは、「結婚は、おのおのの配偶者が相手方に対して自分の性器を使用に供する契約である」と言っている。[17][三七] この契約では人間はみずからを物件とするのだが、しかし、カントは、おたがいがみずからを物件とすることによって、双方の〈人格そのもの〉が取り戻せると信じている。さらにカントは、「人間の四肢の取得は、同時にその全人格の取得である」と言う(18)。配偶者の一方が他方を遺棄する場合、結婚は公的な承認を受けたものだから、外部の官庁がこの外面的な行為に関して決定を下すことができる。というのも、こうしたことは、心情の問題以前だからである。――また、その相関関係は、好みの側面を超えているし、配偶者を遺棄することは、〔遺棄された〕その配偶者の心情が全面的に疎遠になることをまだまったく含んでいない。しかし、カントが言うような、他方の配偶者が、自分を遺棄した結婚相手を物件として返還請求する権利を持つことはない(19)(三八)。

他方の配偶者のために精神的ないし肉体的な労働を譲り渡す場合も、事情は同じである。〔この場合は〕つねに労働の特殊態と時間の制限を含んでいる。つまり、私は、一つの特殊な権利を断念するだけだし、ある特殊な物件を私の意志のもとに包摂することだけを断念する。これに対して、結婚関係には〈人格そのもの〉の全体が絡め取られ、全人格がたがいに身を捧げあうのである。

夫は、普遍的な側面、つまり理性的で普遍的なもののために活動する側面を、自分の手もとに残している。〔抽象〕法では、心情はなにか余計なものであり、私が行為するさいに心情がどうであるかは重要でない。しかし、結婚の場合には、まさに心情が絶対的な契機となる。

どの官庁が結婚の保証者となるのかについてはすでに言及したが、この保証が人倫的な国家の官庁に属するのか教会に属するのかは、国家体制次第である。

80

結婚は本質的に一夫一婦制である。なぜなら、性の異なる二人の人格のもとでのみ、親密さというこうした特種の相関関係が生じうるからであり、それ以外のどんな数をとってもこの相関関係を乱すからである。なぜなら、人格が、排他的な個別態となっている直接的なものとして、この相関関係に入るということは、一般にこうした結びつきの概念のうちに含まれているからである。さらに、心情が結婚の本質的な契機であり基礎であるから、結婚するよう強制することも起こりえない。そうでない場合は、全面的に不快で敵意を含んだ心情があってもこの結婚をつなぎとめておくことのできる肯定的な絆が存在するのだろう。ところで、離婚させるためには、一方で結婚のそうした心情や細部についてのたんなる思い込みと闘い、他方でこの細部を全面的な疎遠と区別して全面的な疎遠を確認する、第三の人倫的な権威が必要である。

近親相姦を理由とする結婚禁止という第三の点は、結婚の解消という第三の契機に含まれる。自然的立場において生ずる自然法からすると、一夫一婦制は、結婚そのものと同様に根拠づけられないものとみなされた。[20][三九] もっぱら自由の側面だけが、結婚の根拠となるのである。「多数」には限界がないのだから、重婚や複婚制は、もはや一般に区別されない。男子と女子のどちらがより多く生まれたかという自然的な割合を根拠としたこともあった。しかし、こうした自然なりゆきは、〈理性あるもの〉に影響を及ぼすものではなく、こうしたことは、国家のうちに現れる偶然性の一つである。（つまり、年ごろの女がより多くいるだろうと思われたのである。）結婚では直接的な〈人格そのもの〉が放棄され、統一が登場するのであるから、複婚制になるとこの統一が不可能となる。とくに、二人ないし数人の女あるいは男が配偶者として相互に統一に入ることはできないし、たがいに結婚することはできない。夫が幾人かの妻を持つとすれば、妻には権利が認められないし、結婚は、真実に人倫的な相関関係でなくなり、自然的立場にとどまり続けることになる。

インドにおいて女たちが子供を産む適齢は、もっぱら十二歳から二十歳までの間である。

しかし、まさに子供をもうけ産む点での両性のこうした不平等は、子供を産むことが結婚の本質的で唯一の目的となりえないことの証明である。心情が結婚の本質的な契機であって、結婚は両者の自由意志による同意に基づく。したがって、たとえ両親が結婚に反対しているとしても、法律は両者の意志を十分なものとして承認する。両親との対立は絶対的な障碍ではありえない。国民のなかで教養形成の度合いが高まっていればいるほど、それだけ心情の部分性なども拡大する。

結婚では疎遠になることが起こりうる。配偶者は十分におたがいのことを知りあうことができなかったのかもしれない。もちろん、「結婚は解消しえない」というのが主要原理なのだろう。というのも、疎遠になることはつかの間の情熱によって生ずるかもしれないが、つかの間の情熱を問題としてはならないからである。いずれの場合にせよ、第三の権威が必要である。それは、配偶者同士が不仲になっている場合に活動するようになる人倫的な権威である。このような不仲を親戚自身が調停しようとする場合もしばしばある。こうした権威は、教会の裁判でもいいし世俗の裁判でもいい。しかし、習俗が結婚の本質的な契機をなすのだから、この裁判では主として習俗に注目しなければならない。結婚は侵すことができないものだと説明され、夫婦がおたがいの相関関係でおたがいのために生きていくということ以上に望ましいことはないだろう。フランスでは、夫が自分の妻の不実を嘆くのは笑うべきことだと議論されたが、それはとくに、妻の不実を妨げるすべを弁えていなかったことが夫の恥辱になると思われたからである。習俗は法律を作り、法律は習俗を作るのである。

B　家族の所有と財産

81

所有は、家族の所有としては、偶然に左右されない安定した長く続く占有、すなわち財産という性格を手に入れる。家族においてはじめて、永続的な取得の欲求が生ずる。そして、欲望の利己心は、共同的なもののための公益をめざす気遣いとなり、義務となる。

家族の占有は普遍的なものであり、それにより全体のことが気遣われることになる。この占有は偶然や時間に左右されない。家族は長く続くもの、永続的なものだから、家族の占有も個々の附帯状況に左右されない。所有は占有の適法な側面に関わり、家族の欲求は、財産を持つこと、永続的な占有、取得である。個々人が行うことは、自分一人のために行うのではないから、個々人の満足をめざす利己心ではない。むしろ、各人は、普遍的なもののために気遣うのである。

82

夫は家族の長であって、家族が他の家族に対して適法な人格としてあるかぎり、夫は外部にむかって家族を代表しなければならない。さらに、夫は家族財産の自由処分と管理を行う。しかし、家族財産は共同の所有であって、直系家族のどの当事者も特殊な所有を持つことがない。

家族は、所有を持つかぎり、他の諸人格との相関関係、適法な相関関係に入る。この相関関係では、夫が家族を代表しなければならない。これに対して、妻は、本質的な活動として家の内部にいる。

83

家族所有に対する夫の支配は、家族所有の維持という人倫的な義務と、家族の生計のための気遣いしか含んでいない。所有の共有と、全構成員が所有に対して持つ権利とは、そうした夫の支配と衝突する。この点を根拠にして、夫婦は、普通許されない夫婦財産契約をしたり、家族所有を他のやり方で保障したり、あるいは、本性上物件ではあっても財産でない所有物を自由とするのに反していることを、一般に外面的な定在の可変性に反していることを試みたりする。したがって、衝突を適法的な面でも経済的な面でも解決する普遍的なものが要請される。また、世襲財産を家族が維持するより詳細なやり方や同じくその権能は、普遍的なもののなかで政治的な利害関心に関係し、国家による承認に左右される。

ここで登場する衝突とは次のようなものである。すなわち、家族財産は、堅固なもの、長く続くもの、普遍的なものであるべきである。というのも、家族財産は、人倫的な契機であるからだし、家族の所有、すなわち人倫的で本質的で内面的な全体の所有であることにより、好みの側面が脱落しているからである。家族の長としての夫は、必然的に、資産を自分の管理下におき自由処分することができる。——夫は、家族所有を維持し増加させる人倫的な義務を持つが、それを自由処分する権利も持つ。このことは、他のメンバー全員が、長である夫に対してなんの権利も持たないとされているため、衝突になる。

諸国民には、家族財産の堅固さに関する多くの制度がある。しかし、真の相関関係は夫婦共同財産制であり、夫婦はそれぞれ特殊な人格として特殊な所有を持ってはならない。

夫婦財産契約では、夫は妻に一定の所有を保証し、夫が死んだ後もそれは妻のものであり続ける。そのようにして、家族の妻の所有は維持され、あらゆる偶然性や危険——夫は家族に取得物をもたらす欲求とみずからの恣意とによって偶然態や危険にさらされているが——から保護されている。しかし、この契約ではなお特殊なことがしばしばある。つまり、妻がまだ元の家族にとどまっているとみなされていて、子供もうけずに死んだ場合、妻の資産はその元の家族に戻されたのである。しかし、これは誤りである。これでは、結婚という新しい絆が唯一の本質的なものだとみなされないからである。

ユダヤ人がカナンを征服したとき、どの家族も自分独自の領地を手にいれた。どの家族も、その領地を売ったり担保に入れたりなどしても、それでも、四十九年後のいわゆるヨベルの年に、それをただで取り返したのであった。(21)(四〇) 家族の所有のこうした強固化は、一般に所有の自由と対立する。ここにいう所有の自由は、「完全な所有」という概念に本質的に欠かせないものである。

ところで、国家経済の見地では、普遍態のためにだけ耕作され、自由な所有地ほどに利害関心が寄せられない所有地よりも、私的所有者の掌中にある所有地のほうがよりよく耕作されることが明らかになった。

なお、家族構成員が農奴（glebae adscripti）となることも起こる。そして、共同体の所有によって普通、家族構成員がかえってまとまっていくのは、共同体の所有がこの相関関係の本性のうちに存在しているからである。一般に、このような家族財産は手をつけてはならない元手であるが、なんらかの外面的なものによってこのように堅固な相関関係を作り出すことは、事柄の本性に反する。

これに対して、市民社会そのものは、人倫的であり続ける本質的な地盤であり、各人はそこで分け前を取得することができる。ここでは、万人の万人に対する労働のシステムが生じ、これに関与できるようになるには、独自の能力と技能が必要となる。

それゆえ、国家によって上述の衝突が除去される。つまりこれが人倫的な部分である。そこで、上述の家族の権利が保護され、夫が自分の技能を家族の利得のために使うよう、国家が気遣わなければならない。このため、夫が浪費家である場合、国家は、まったく当然にも、家族資産の面倒をみることができる。家族所有が偶然に、あるいは不幸によって破産した場合にも、国家は家族の特殊な個々の構成員を扶養する普遍態として義務を持つのである。多くの国民が家族所有のために政治的に気遣いをして、子供を持つ夫婦が家族所有の破産につながる遺言による自由処分を行えないようにした。同様に、国制が貴族階級をそなえておこうとする場合には、国制の利害関心のために長子相続権が導入されることもある。

ところで、衝突とは、家族の個々のメンバーが誰も家族所有について特殊な専管的権利を持たないのに、家族の長である夫が自由処分権を持たなければならない衝突のことである。

84

相続の権利は家族所有の共有に基礎をもつ。この相続の権利は、他人の所有、あるいはまったく無主となった所有の取得ではなく、本質からすると共同的である財産を自由処分する権利の開始、あるいはその固有な占有の開始である。――こうした開始は、親等がより遠ざかるにつれてますますより不確定になっていく。

このため、相続論は、所有の取得のところでは講義できない。家族メンバーは故人の周りで最も近い人であったと仮定されるので、死によって無主物（res nullius）となった資産を獲得するさいに不適切な事態が起こらないようにするには、通常は家族メンバーが［この資産を］獲得するだろうと想定できる、と言えそうだし、それゆえ家族メンバーに資産が委ねられた。このようにフィヒテは判断した。(22)(四一)しかし、われわれが立てた原則によれば、そうはならない。

ところで、相続の分割のさいに親等が考慮されなければならない。このとき、遠い親戚のもとに遺言する権利も生じうるが、子供にも遺留分が残されなければならない。近い親戚が存在しない場合、多くの国家では国家が相続した。遺贈される相続財産にかけることのできる税金は、国家に帰属する。親等が離れれば離れるほど、遠い親戚は、共有の家族資産に対してこうした特定の権利をもつことが一層少なくなる、という側面も、これに関わる。しかし、子供が相続する場合は、こうした税金が生じてはならない。同一親等の親戚の受け取る相続分が平等であるということは、相続財産の分配にあたって拠り所にしなければならない直接的な相関関係である。

しかし、これ以外の目的で、諸国家が所有の移転を考えてもくろんだものもある。たとえば、より未開の国民の場合、家族の維持は所有の占有にかかっていたが、古代ローマ法では、家族の財産を他の家族に移転してはならないと定められていた。そして、家内相続人（sui heredes）と男系親族は女系親族に優先して相続し、妻の資産はその実家に再び戻されてその子供には渡らなかったし、また母親も子供の資産を相続しなかった。子供は所有を持たなかった。父系親族がいない場合は、氏族構成員が登場したが、(四二)後代になって、法務官は女系親族を男系親族の名で呼ぶことにした。

ところで、ローマ人の場合、遺言する権利があまりに拡大し、わが子に相続させないことも許されていた。それゆえ、ユウェナリスその他が風刺詩の素材として取り上げた遺産横領も起こったのである。(23)(四三)遺言する権利は、まさに、遺言する者と、相続を望み卑屈なやり方でそれを手に入れようとする者との間の吐き気を催させる相関関係の土台ともなる。したがって、ウォーコニウス法（Lex Voconia）が女を相続人として指名することを禁止したのは、あまりに巨額の資産が女の手元に残らないようにするためだった（四四）。ローマの相続法の基礎である家族の絆は、緩くなる一方であった。資産の平等の考えは、娘は相続できないという方策につながったが、それは、娘が巨額の資産を夫の資産に加えないようにするためだった。

ここに［由来する］ギリシア人の法律も、多くあって、これは、共和制が没落する根拠となる資産の不平等に陥らないようにした。アテナイでは、女の持参金が厳格に決められていた。一方、ラケダイモンでは、女がほとんどの所領を占有することよって、国家が引き裂かれ破滅した。

しかし、資産の大きさは偶然性の事柄なので、資産の平等はたんなる願望にとどまるかもしれない。このため、近代国家は、富がそれだけで独立して妨げられることなく増大していくままにし、下層階級に対しては施設を通じて気遣うことにしている。

C　子供の教育と家族の解体

85

子供は、共同的な家族所有で養われ教育される権利を持つ。両親が子供に奉仕を求める権利は、一般に家族の気遣いと教育という共同的なものに基礎があり、またそれに制限されている。同様に、子供の自由と生命に関して両親が子供に対してもつ権利は、規律を守らせ教育する目的に制限されている。この場合、本質的にもっぱら道徳的な自然という根本的関係によるので、処罰の目的は、正義にはない、つまり、なお自然にとらわれたままの自由に対して威嚇してこれを矯正することである。

子供は、家族のなかの契機であるが、家族から出て行くという目的を持つ。子供は、家族という全体に属している。それゆえ、子供は、自分の欲求や教育のために家族資産から［なにかを］求める権利を持っている。ところで、両親が子供にこうすることを拒むようなことがあれば、そのかぎりは、国家が登場して、この権利を主張し通用させなければならない。両親は、子供の労働から利得だけを引き出す目的を持つべきでない。それゆえ、国家は、子供を保護する義務を持つ。イギリスでは、細い煙突を掃除するため六歳の子供が雇われているし、イギリスにあるのと似たような工場都市でも、ごく幼い子供たちが働かなければならず、子供の教育といえるものは、日曜日にしか気遣われない。このようなところでは、国家は、子供が教育されるよう留意する絶対的な義務を持つ。子供が家族で行う奉仕も、その教育を邪魔することがあってはならない。

子供たちは服従することに慣れなければならず、自分の行いのなかにある恣意や好みという主観的側面を小さいうちからこそぎ落とすよう強制されなければならない。子供たちは教養形成され、教育されるべきである。このことは、相関関係の基礎にある理性的な根拠である。

カントは、「子供たちは家の一部分をなし、それゆえ両親は、家出した子供を物件として取り押さえる権利を持つ」と言っている。(24)(四五)ローマ人のあいだでは、子供に対する父親の権力が子供の生命と自由にまさり、父親は裁判官として子供を罰することができた。だが、裁判官は、裁判官として一つの普遍的な人格であり、個人の幸せを度外視して法を守らなければならない。しかし、父親が子供に対して持たなければならない幸せの契機は、道徳的な契機である。反対に、両親は、ひどく怒ってしまって、わが子に対して裁判官よりも厳しくなる傾向があるかもしれない。両親が怒るのは、両親がわが子のなかに自分自身を見、そのさいに侮辱されたという感覚がしばしば生ずるからである。これに対し、裁判官の場合には侮辱されたという感覚がまったくはたらかない。このため、わが子を教えることに関しては、両親はほとんどの場合他人の家庭教師よりも役に立たない。子供たちは、まだ現実的な自由意志を持たないし、まだ人格ではないので、両親に監督されて人格にされ、教育されるのである。

両親と子供の相関関係は愛のつながりなので、父親は、わが子を奴隷にしたり、古代ローマ人の場合のようにわが子を殺したりできない。もしそうでないなら、この相関関係は、心のない外面的な絆でしかなく、宗教的なものの形式をそなえた人倫的な絆にならないからである。こうした相関関係はたんなる迷信であり、精神はこのなかにもはや内在しない。

両親の支配は、家の規律を維持し、子供を教育する目的に制限されている。処罰には矯正という道徳的な目的だけがある。威嚇は自然的な側面に働きかけることができる。なぜなら、子供は自然のなかの自由にとらわれているからである。それゆえ、家族の場合、威嚇は、本質的な契機となる。子供は教育にあたって具体的な対象として存在するのであり、子供の心情に働きかけるべきなのである。

86

教育には、一般に家族関係に関わって、子供がもともという自然的な直接態を超えて、子供を自立しているものへと、自由な〈人格そのもの〉へと高める目的がある。つまり、子供が家族の外に出て、家族の実体的で自然的な統一が解体するという目的がある。

教育には、自然的で直接的な側面を押さえつける目的があり、自由を引きだすという自己規定がある。精神は、自分の直接的な活動を通じて精神のそもそものあり方へとみずからを作りあげることに尽きる。人間は、〈自然のあり方〉を廃棄するという否定態を通じてのみ自由となりうる。規律は服従することから始まる。仕えることを習わなかった者は、支配することができない。子供の恣意は、すべて廃棄されなければならない。精神は、自分の否定態を意識するようにならなければならない。子供は、年長の家族構成員がもつ自由な〈人格そのもの〉

を自分のものだとみてとらなければならないし、その意志に従わなければならない。子供は、自分が依存しているという正確な感情を持ち、両親の理性的な〈人格そのもの〉に従い、愛によって両親と結びついている。大きくなろうという子供の衝動は、自分自身に満足しないことであり、子供を向上させるものである。

モンテスキューは次のように言っている。「ところで人間には不幸なことに三種類の教育がある。両親の教育、家庭教師や学校教師の教育、世間の教育である。そして、公民となるための世間による教育は、他の二つの教育と対照的である」。(25)(四六) 両親によってなされる第一の教育は、愛の教育であり、信頼と服従の教育である。善い子であろうと悪い子であろうと、両親はわが子の面倒をみなければならない。この教育では、子供の道徳的な価値は重要ではない。子供はつねに子供として通用する。学校では、子供のあり方にしたがって、つまり子供の成績にしたがって、子供が評価される。これは、部分的に功績の側面が登場する相関関係である。これに対し、世間では正義が登場する。人間は、たんに存在するからというだけでなく、功績によっても通用する。ところで、共同体もまた、子供の教育に注意を向ける権利がある。両親の性格と世間の性格が主要契機である。

しばしば心胸の教養形成と知性の教養形成が区別されるが、双方は、形式的でない真の教養形成であるかぎり、たがいに関連しあっている。子供は、本質的必然的に最初は愛の領域、家族の領域にいる。子供に惨憺たる働きかけをする両親でも、子供を取り上げてしまうのは危険である。というのも、惨憺たる両親でもわが子を愛しているのであり、子供はその愛の感情に包まれて本質的に強くならなければならないからである。子供は、本質的に、まず両親の性格に沿って教育されるのであり、両親の性格を介して現実の世間に引き込まれる。しかしそれだからといって、子供は両親の性格をそのまま引き継ぐのではない。たとえば、とても勤勉な母親が娘を怠惰に育てることがありうるし、怒りっぽい父親が、自分の怒りっぽさによって息子を臆病に育てることもありうる。子供には、道徳的に信心深い両親は、道徳的な戒めをうんざりするぐらい子供に聞かせることがある。それなのに、子供には、自分から行為しない感情が生じてしまう。

世間の性格は、物の価値や無価値に関する子供の表象のすべてに混じり込んでいく。人はすべて時代の息子であり、その時代で偉大なのは、時代精神に完全に従う者だけである。たしかに、優れた家庭教師であれば、子供に接して多くのことができるが、しかし、たとえばペスタロッチのように、子供を世間から引き離し、教育を通じて子供独自の関心を子供にもたせるのは、誤りである。[26] こうした教育は、善良な私的人格を作るとはいえ、善良な公民は生みださない。子供は、両親のもとでより高い目的を予感し、そのことによって子供には不満足が維持される。たとえば、子供に厚紙の箱を作るのを教えるとして、家庭教師は子供が善良に労働することを大いに重視するので、子供はそれによってより高い関心を達成したと信ずる。なぜなら、子供は、教師がそれにとても関心を抱いていることに気づいているからである。子供が親の家を離れて学校に入ると、もはや直接的に通用するという原理ではなく、功績の原理がすでに登場している。

ところで、教育の目的は、子供が自立的な人格となり、愛と服従の感情の領域から自由な〈人格そのもの〉の領域に移行することにある。実際、家族構成員はただ一つの全体をなしている。このことが家族から市民社会への移行を基礎づけるのである。

さて、われわれがさらに考察しておかなければならない面は、自由な〈人格そのもの〉によって登場する新しい家族の創設が血縁関係の内部で生じないことだけである。

教育の目的は、自由が自然に没入していることに対し否定的である。家族の解体には二つの側面がある。それは、(一) 家族から出て行く者自身が再び家族に入ること、そして、(二) 他の家族が形成されることである。

87

家族の解体の規定には、次のことが属する。すなわち、自然な和合、血縁関係は、人倫的な愛としてのみ維持されるということ、そして、まさにそれゆえに、自然によって親類である者は、おたがいのあいだに分離をもたらし、おたがいに夫婦の相関関係に入り込むのを避けること、またこの相関関係を結ぶときには、自然的に疎遠な存在から出発することである。

「血縁者同志の結婚を自然は禁じていない」と主張されてきた。しかし、たいていの国民でこれは忌み嫌われている。この感覚のなかにある理性的なものが、本節で示されている。もともと自然はこうした理性的なものを欲している。さもなければ種族が退化してしまうからである。

ところで、家族のうちに当初からある和合がもろともに廃棄されること、また同名の極が反発しあい――すでに同一であるものが反発しあい――同名でないものだけが引きあうことは、〈理性あるもの〉そのものにもとから含まれている。すべての力強さ、すべてのエネルギーは対立に依拠し、この対立から和合が生ずる。

モンテスキューは、「当初から同居していることが根拠となって、家族構成員のあいだで恥じらいが維持されるようになった」と主張している[27][四七]。しかし、結婚はもちろん人倫的な契機であるが、恥じらいのほうがそれ自身まさに根拠となって、血縁者自身が前述のことを避けずにはいられなくなるのである。

兄弟姉妹の間の愛は、人倫的な感情として残り続けるに違いない。妹は、世間に出て努力している兄に対しより深い愛を保ち続ける。アンティゴネーは、自分の兄に最後の名誉を与えるために、兄に対する愛からみずからの生命を懸けた理由を次のように示す。「わが子や夫のためであれば、自分を死にさらしはしなかっただろう。なぜなら、夫や子供ならまたもつこともできようが、兄はもはやもつことができないから」[28][四八]。現代の悲劇における冷酷さは、愛される対象の偶然性にある。しかし、アンティゴネーの場合、それは必然的なものである。アンティゴネーは、自分の家族のこうした起源にあくまでも固執している。

88

家族は、自然なあり方で離れ離れになって、家族が多数ある状態に入り込む。これらの家族は、みずからの自由にしたがってたがいに自立した人格として関係しあう。家族の個別態は、その実体的な統一に由来するので、同時に普遍態の原理のうちに保たれ続けている。しかし、この普遍態の原理は、当の原理からの分離があるため、さしあたり形式的な普遍態である。諸家族のこうした反省的な相関関係が市民社会をなしている。

　家族では、普遍態が構成員のことに夢中になっている。(四九)普遍態の原理と普遍態の原理が［自立的なものとして］対立して登場する。普遍態が自立しているため、この原理は本質的な普遍態ではない。

　一つの家族は多くの家族へと成長する。そして、多くの家族が一つの国民になるにつれて、一つの家族に由来する諸家族の家父長制的なあり方は終焉する。ユダヤ民族は一つの家族に起源がある。これに対し、多くのばらばらの家族もまた、たとえば一人の征服者によって、一つの国民にまとめあげられることがある。

89

市民社会における普遍態は、より具体的に規定するならば、個々人の生計と幸せが、他の万人の生計と幸せによって制約され、それに組み入れられていることである。この共同的なシステムにおいて、個々人は存続し、自分の現実存在の外面的な安全と適法な安全が得られる。市民社会は、このようにさしあたり、外面的国家つまり悟性国家である。なぜなら、普遍態が、普遍態としてそれ自体でもそれだけで独立しても目的となっておらず、個々人の現実存在と維持のための手段になっているからである。さらに言い換えれば、それは必然国家である。なぜなら、諸欲求の保障が主要目的だからである。

　市民社会では、市民はブルジョワであって、シトワイアンではない。個々人は自分の幸せを目的にしている。個々人は適法な人格であり、権利の契機が普遍態として出現する。しかしながら、個々人の幸せと生計は、万人の幸せと維持によって制約されている。個々人は自分にだけ気遣いし、ただ自分だけを目的とする。しかし、個々人が万人に気遣いし、万人が個々人に気遣いするのでなければ、個々人は、自分に気遣いすることもできない。個々人は、自己利益欲という目的をもちながら、同時に他者のためにも労働するのである。

　市民社会では、一切が、所有の一切の取得が、契約に基づく。個々の産物は、多くの他者の産物であり、私の欲求を満たす個々のどの産物も、この連鎖を前提としている。各人は、自分の労働が必要とされるだろうと信頼して労働する。

　市民社会には、個々人の目的が一面で普遍態をもつという媒介の領域がある。しかし、ここではまだ、普遍的なものにおける生活も普遍的なもののためにあるのではない。ここでは、個々人の生計と権利が目的となっている。ここで通用する普遍態は、抽象的な普遍態にすぎず、手段にすぎない普遍態であり、それゆえこの普遍態は、悟性国家である。権利を達成するという目的は、欲求を満足させることにほかならない。特殊なものとしての所有を保護し安全にすることが必然国家の目的である。

家族の統一は離れ離れになってしまい、家族という人倫的な相関関係は解体している。そして、必然国家は人倫的な国家ではない。家族は実体的なものである。しかし、家族は、対立を克服することによって、それ自体でもそれだけで独立しても存在する人倫へと高まらなければならない。家族の対立の段階が、必然国家であり、抽象的な普遍態である。ここでは、自立的なものである一面的な人が自分の欲求に気遣わなければならず、これらの欲求が必要というものを構成する。そして、この必要は、普遍的な〈つながり〉のうちにしか満足を見出せない。

90

人間がその特殊態と［その］欲求との具体的な全体として登場し、また特殊態や欲求を目的としているこの領域は、差異という必然的な契機であって、ここでは、特殊な主観性、恣意やその活動、自然と幸運による一切の偶然性が完全な権利を獲得する。欲求は、たんに動物的生命の直接的な自然欲求としてあるのでもないし、人倫と学問との、それ自体でもそれだけで独立しても存在する――差異と媒介の領域から戻って来ている――知性の欲求としてあるのでもない。前者の自然欲求は、普遍態へと高まり、後者の知性は、特殊なものに仮象を映し出す。それゆえ、この領域では、精神が、形式的な普遍態と誠実さのかたちをとり、必然態に巻き込まれ、また自分と同等でない状態に巻き込まれているのである。

人は、「人間」というとき、この言葉で、多くの力をそなえた人間のまさしく具体的な全体を理解している。

このような人間は、実体的な普遍態に由来するのでそうした普遍態であるが、市民社会のなかで特殊態を目的としている。これは分散の契機であって、人倫はそこから自分自身にたち返る。これは、自分のなかで自分を区別し、それにより自分をそれだけで独立して完全にし全体とする理念の強化というものである。ところで、理念の絶対的な力は、差異の領域のなかで維持され、理念の本質の絶対的な喪失から理念に還帰することである。自然的な物は、みずからが抱える対立のなかで没落する。

われわれの論ずる契機では、自然と幸運とによる一切の偶然性に活動の余地がある。現実存在からみると、必然国家の領域は、人倫の領域より後にくる。人倫の形式的契機は、後に人倫的な全体そのものとして出現する。真なるものが、すなわち人倫的理念が概念把握されるべきである以上、概念は具体的なものである。最初のもの、直接的なものは、必ずしもまだその真理のかたちではない。特殊な主観性はわれわれの論ずる契機の目的である。キリスト教の原理は、「おのおの個々人が個々人として無限な目的である」ということである。オリエントの原理では、個人が消え失せてしまい、君主や祭司という偶有態しかない。普遍態の目的を欠いては、国家は存続しえない。だが、最近の現代国家では、まさしく主観性の観点が優越しており、個々人の幸せが非常に気遣われている。

この原理が出現する時代にはいつでも、正反対の契機も現れる。だから、アテナイにはディオゲネスやキニク学派が登場して、欲求や享受の複雑化[五〇]とそれによって生じた腐敗を非難し、〈自然のあり方〉に（自然状態に）還れと呼びかけた。[29][五一] ローマのペルシウスやユウェナリスも同様である。[30][五二] キリストは、富を断念するよう要求した。シノペのディオゲネスも同様である。[31] タキトゥス[32][五三]とルソー[33][五四]は、外面的な単純さと内面的な単純さとを要求する。だが、キニク学派の国民などというものは、クエーカー派の人々からなる国民と同じくありえない。彼らが捉えたそうした単純さは、この程度の教養形成でしか取り戻せないものであり、貧しい人に資産能力を与えることが条件となっている。たしかに、そのようなことが生じるなら、貧しい人はもはや存在しない。

この〔必然国家の〕領域にとどまらないことが必要だが、この領域へ移行することに耐え忍ぶことも必要である。諸国民が単純な自然状態を去って欲求の複雑化へと移行することは、必然的である。しかし、まさにこの自然を超え、この自然状態を超えて、人間は向上すべきである。アグリコラがドイツ人を教養形成によって荒廃させようとしたことを、タキトゥスは手段とみなしたが、それはこのようなことではない(34)(五五)。

人間は、直接的な自然欲求の衝動を動物と共有する。それゆえ、人間は、ここにとどまろうとするなら、動物の立場に立ったままである。必要というわれわれの論ずる契機にも、学問と人倫の領域はもはや存在しない。それだけで独立して自分を把握し、自分を知り、そして自分を楽しむ知性の目標は、われわれの論ずる契機ではまだ閉め出されている。人倫と学問は、欲求を超越しているものである。人倫的なものを考えるなら、この領域に入ってくるのは、誠実さである。ここで考察される欲求は、普遍態へと超え出ていこうとする欲求である。人倫、学問、宗教は、市民社会の領域では本質的なものとして現存せず、この領域のなかに仮象を映し出すにすぎない。精神は自分と同等でない状態であり、この精神は欲求を超えて出ていこうとする。

91

この国家の市民は、私的人格であり、欲求によって普遍的なものに結びつけられている。市民の本質的活動は、端的に特殊な目的を持つので、欲求やその満足という恣意に普遍態の形式を与えることであり、またこのことによって普遍態の形式を通用させることである。一般に、こうした加工形成が教養形成である。

われわれの領域は、さしあたり一般に、教養形成の領域である。教養形成は、いくぶん形式的なものであり、その内容は、非常に異なった自然からなることがある。ここで特殊なものに与えられている普遍態というそうした形式が教養である。

特殊態と普遍態という両極がここに［現存する］。欲求は普遍的なもの［に］結びつき、その教養の立場は、欲求の形式を普遍態にまで高めることである。しかし、こうした普遍態の形式は、それ自身がまた特殊なものであり、つまり個別者が自分の欲求を維持するための手段である。普遍態によって欲求を満足させることがあり、人間はそれによって存続することができる。特殊なものは、普遍的なものを高めるとともに、他方でその普遍的なものを再び特殊なものにまで引き下げる。欲求は普遍態の形式を維持しなければならず、自然状態のうちにある個別態を失わなければならない。

協業によって、また他者の欲求によって、手段が登場する。労働は、抽象的な労働であり、特殊な労働ではない。これは、欲求と関係する教養形成である。同様に、精神的な教養は、「私の思想は、自分の思想のことではなく、普遍的な思想であり、客観的なものである」ということである。それぞれの人が、自己関係して自惚れながら、他者の目的や欲求、自惚れをも通用させることは、教養形成の一部である。最高の教養は、単純さでもある。

教養形成の欠陥には二種ある。一つは未開である。もう一つは、教養ではあるのだが、自分で行為するさいにいつも多くの根拠、多くの論点を思い浮かべ、これによって自分を制限してしまうものである。真の教養とは、まさしくその場に適合する個別の論点、個別の手段を承知しているもので、このようにして教養は自然の単純さに還帰している。

92

市民社会は次の三つの契機を含む。すなわち、

（一）欲求とその満足を万人の欲求のシステムにおいて媒介すること（国家経済学）。

（二）法体制による所有の保護。

（三）個々人の個別の幸せに対する、また権利の定在に対する普遍的なあらかじめの気遣い。すなわちポリツァイ。

最初の領域は、万人の欲求のシステムである。普遍態は、ここでは欲求の内部にあり、必要の内部にある——つまり、市民相互の欲求の媒介である。しかし、われわれがここで語るのは、普遍的なものが普遍的なもののために存在する国家経済ではない。われわれの学問は、端的にいって、個々人の欲求という偶然態についてのものである。したがって、その基礎は完全な偶然態である。だが、この絡みあい自身が普遍態を生み出すのであり、反対に、欲求を実現し促進し、特殊な欲求を満足させるのが、まさしくこの普遍態なのである。しかし、この偶然態はいつも必然態に高められる。われわれは、このシステムの基本的要素だけを考察する。ここでは、普遍態が必要の内部にある。

第二の領域は、法体制である。ここでは、形式的自由が、所有に関して個々人を保護する目的を持つ。これは、欲求としての占有のためばかりでなく、権利そのもののためでもある。適法な国制は、その本質的な立場を市民社会に持つが、市民社会は、人倫的なものにおいて従属的な目的でしかない。

第三の領域は、普遍的なものがそのものとして出現してくる。だが、その目的はあいかわらず個々人の幸せにすぎない。外面的で普遍的な指図によって、個々人の権利と幸せが気遣われる。法体制は権利侵害を廃棄しなくてはならないが、ポリツァイはそれを防がなくてはならない。『国家』編[35]は、国民の国制を教えている。近代の場合、ポリツァイは、たしかに特殊な市民に対立して現れる普遍的なものでもあるが、個々人としての個々人の幸せを目的としていて、普遍態としての『国家』編の場合とは異なる。ここで、欲求を顧慮しその満足を顧慮して、職業身分のシステムが登場する。

A　欲求のシステム、国家経済学

93

動物には欲求の範囲が決められている。人間は、こうした依存の領域にあっても、この範囲を超え出ることを実証し、みずからの普遍態を実証する。具体的な欲求という個別態のところにある直接的な普遍態は、一般に欲求の複雑化であって、より詳しくいうと個々の部分や側面への分解と区別である。そして、それらの部分や側面は、こうした分解や区別によって、より部分化されると同時により具体性の乏しいより抽象的なさまざまな欲求となる。

欲求のシステムでは、欲求［と］、欲求を満足させる手段とが考察される。人間の欲求は、他の人間によって媒介されている。満足の手段、すなわち労働は、他者のための労働であり、自分自身のために行われる。人間は、自分の欲求を他者を通じて調達するのである。

普遍態としての人間は、自分の直接的で個別的な欲求を超え出てゆくが、このように超え出ることは、さしあたりはたんに複雑化であり、部分化である。総体性《アルハイト》（五六）というのは完全な普遍態である。欲求の複雑化は、〈理性あるもの〉という性格を形式的に含んでいる。

自然的な欲求、たとえば衣類を身にまとうというのは、具体的な欲求である。動物なら自然が気遣ってくれる。人間は、地面の上に立ちあがり、どんな土地にも住むことができる。ヘラクレスはライオンの毛皮を身にまとった。これは単純な満足のしかたである。反省は、この単純な欲求を打ち砕き、それを多くの部分に分解する。身体の個々それぞれの部分――頭や首や足――は、その特殊態に応じて特殊な衣類を求めることになる。こうして、具体的な欲求は多くの諸欲求に分解され、この多くの諸欲求も再び他の多くの諸欲求に分解される。

ところで、快適さとは、まさしく満足のために適切な手段に出会うことである。欲求の分解は、欲求をより普遍的より抽象的にする。欲求のための手段を発明する病癖は、どの新しい手段によっても新たに刺激される。このような手段の複雑化によって、快適さが促進されるが、このように非常に多くの手段を必要とすることによって不快さも登場する。

94

欲求の範囲が決められているのは、直接的な欲求、つまり自然欲求だから、以上のような複雑化は、媒介されている。媒介というのは、他の自己意識と同一であることを通じた自己意識の自己関係である。このような普遍態は、（一）制限された有限な内容を持つ。なぜなら、諸個人は、自立的なもの、特殊なものとして相対しているからである。だから、諸個人が同一であることは、諸個人の実体のうちにはなくて、なるほど諸個人に属してはいるが総体として諸個人と区別されている内容のうちにしかない。それゆえ、（二）この統一は、表象された統一にすぎず、思い込みのうちにだけある。表象とはすなわち主観的に知ることであり、その内容はある他者の形態、すなわち疎遠なものの形態をとる。そして、この表象された統一は、同等性にすぎない。

人間は、みずからの欲求の観点でも、普遍態という性格を表現する。人間は、自立した意識として、本質的に関係であり、同一であることの意識は、個別化された意識、制限された意識にすぎない。なぜなら、人間は、相互に分離し、本質的に区別されているからである。

各人は、自分に属する独自の側面を持つ。したがって、意識が表象のなかに、また思い込みの領域に入り込む。表象は、制限された内容の知である。表象のなかの知の同一態は、私が定立したのではない。それはたんなる表象の統一であり、知の統一ではない。同一であることの意識は、個々の表象に関係し、個々の欲求に関係するのであり、それゆえ思い込みにすぎない。ここでは、統一は同等性にすぎず、ある物と他の物との同等性は外面的な関係である。

95

さまざまな個人のあいだには、変様や欲求に関して、とくに個人の満足や享受のあり方に関して偶然性や不平等が起こるが、前述の媒介の端緒は、一般にこうした偶然性や不平等のうちにある。こうした知覚は、同等性の意識のなかに他人と同等でない状態があるという矛盾を含んでいて、自分と他人との同等性を生み出し表象しようとする衝動を基礎づける。これが模倣の衝動であって、ここには、他人が持つのと同じ未知の享受を調達し、一般に他人が持つものを持ちたいという刺激がある。享受の繰り返しは、それをなにか主観的に普遍的なものにし、習慣や欲求にする。そこで、この同等性を生み出して他人のための定在にすること、他人から自分と同等だとみなされ承認される意識をもたらすことが、同じくらい必然的になる。

これが、同等だと他人に承認されたいという周知の衝動である。この衝動と力は、〈理性あるもの〉に根ざしているとみなされなければならない。

市民社会の領域では、他人のもとで「その他人がこの特殊な享受を持つ」と知覚するあり方で普遍態が現れ、その知覚は特殊な欲求として現れる。欲求は〈自然のあり方〉という偶然性の領野にあるのだから、これによって欲求の違いが生ずる。矛盾は衝動の基礎をなす。他人と同一であるという意識と同時に、同等でないという意識が現存する。模倣の衝動が登場するとともに、他人が持っているものはわれわれにも快適であるに違いないという信頼が生ずる。

子供の教育はこのような衝動に基づく。「大人はそうしている、だから僕たちもそうしたい」というわけである。これは、模倣の衝動であり、「他人がより勝っているわけではない」という表象をもたらすことである。

流行もここに属する。流行を追うことは、最も理性的なことだが、新しい流行への気遣いは、他人に委ねることもできる。人は先走るべきではないが、特殊態も避けるべきである。享受の繰り返しは、習慣を生み出し、自発的な欲求を生み出す。喫煙がその例である。
人びとは、このようにして他人と同等であると主張する。

96

この点に同様に結びつく他の側面は、反対の側面、すなわち先の同等性を廃棄すること、自分に特殊なものとして価値を与えること、自分を目立たせる競争心である。しかし、同時にこの側面は、快適程度のことでしかないとしても、普遍的に通用するあり方をしている。

同様に、他人と同等であるときには、自分に特殊なものとして価値を与えたいという衝動が起こる。だが、特殊なものでありたいという病癖は、最大の悪趣味に走ることになる。というのも、くだらないものは、いつも特殊なものだからである。しかし、特殊なものは、すべて、心地よさを持っているはずである。

自分を特殊なものとして表したいという衝動は過剰なものでも［あり］、特殊態が特殊態において廃棄されることが教養形成の一契機である。自惚れを犠牲にすることは、同時に自惚れを満足させることである。お世辞がそうであるし、社交辞令の教養もそうである。こうした雅びは、表象によって関心を引き、他人の思想が通用するのを尊重することにある。慇懃な態度をとるときには、自惚れを犠牲にしながら満足させているのである。

特殊化のなかにもどのみち普遍態が仮象を映し出さざるをえない。

97

満足の手段は、特種で外面的な物、すなわち自然の有用なものである。欲求がすでに現存しているかぎり、手段のあいだには選択の余地が大いにある。逆に、享受や欲求の特種化も手段の特殊態に由来するが、同時に、模倣したり目立ちたがる衝動は、再び手段から欲求の複雑化にまで及ぶ。

手段は自然的な物であり、どんな物の場合でも、自然での特殊な質が本質的である。人間が自分を目的として定立し、自然的な物が人間にとって手段として役立つかぎり、自然的な物は有用である。非有機的な自然が生命をもたないのは、その概念が内面的なものにすぎないからである。

およそ生命あるものでは、どの構成分肢も自立しているために必要である。自然的な物の本質は没落することであり、人間は物のこうした有限態を顕現させるべきである。だから、人間は、自然物を利用することに気をもむ必要がない。人間は、自分の欲求に最適の手段を見つけるためにでも、いや最もささいな目的に最適な手段を見つけるためにでも、地球全体を探しまわる。自然的な物の特種化が最初のものでもあり、享受は享受でこの特種化に応じて規定される。他人がもつ自然物を特殊なかたちで適用することをある人が知るようになるのは、偶然的である（コーヒーの性質に関する哲学）。[五七]

ここでは、模倣と衝動が特殊に使用される。この場合、満足を現すのは、目的ではなく、使用できる手段である。

98

この複雑化には限界がない。それは、自然的な欲求であるものと、表象に基づく想像上の欲求であるものに限界がないのと同様である。欲求や享受ならびに手段がそのように際限なく複雑化し特種化する方向に社会状態が向かうこと、すなわち奢侈は、必要をも同様に無限に複雑化するようにしむける。このさい同時に、必要は、貫通できない無限の抵抗を試みる質料に関わり、つまり自由意志が占有する手段としての自然に関わらなければならない。しかし、こうした必要とその満足が以上のように媒介されることによって、必要は一般に、直接的な自然必然態から取り出されて表象の国に高められ、外面的な必然態や偶然態の事柄ではなくて内面的な恣意の事柄となっている。こうした必要は、普遍的で永続的な資産能力のシステムである。各人は、——主観的な技能や教養形成によって、つまり自分自身をどういう者にするかによって——このシステムに関与する資産能力としての権利と可能性を持つ。

本節では、この領域における、必要の固有の形態が問題になる。

欲求と手段とは、外面的なもの、自然的なものである。それゆえ、分割されたものは、再び外面である自然を受け入れ、こうして再び分割可能になる。ワインを飲むことは単純な欲求だが、ワイン産地ではワインに関する知識が格別に広がりをみせている。想像上の欲求は自然的な欲求に起源があるが、精神には自然を超え出てゆく欲求がある。このように欲求がそうした無限態の方向に進むことが奢侈である。

ローマ人の諷刺詩人は、欲求がこのように複雑化することの悪口をいう。[36] ローマでは、ときどき、瞬間的な欲求を満たすために数百人が活動的にならなければならず、また、まさにそのことによって、この数百人もみずからの欲求を満足させるのである。

全体の生計というシステム全体は、手段と享受のこうした過剰に基づいている。奢侈がより少ない場合には、普遍態と教養形成の諸形式が、そして多数者にとっての生計の可能性が、いっそう不足する。欲求という必要を取り除くことは、個々人の恣意に左右されるだけでなく、他者の所有のうちにある質料と関わらなければならない。だが、こうして必要は、直接的な必然態の必要であることもやめ、恣意に基づいて表象のうちにある必要となる。

このため、表象の国［と］言葉においては、名前が事柄とみなされる。人は物の名前をわずかしか使用しないし、手段のシステムでは恣意の国に属している欲求のための諸手段についても同様である。したがって、人間は、ここでは他者の恣意に関わりあわなければならない。これによって、手段にある〈自然のあり方〉は廃棄されるが、自然は永続的になる。ここには普遍的な資産能力が現存する。それは、転変する自然ではなく、自然に左右されなくされた、つねに持続する「社会の富」である。だが、この富への関与は、自然の場合のようにたんに取り押さえることに左右されるものではなく、技能によってみずからの欲求を満足させる人間の教養形成に、つまりその資産能力に左右される。このことによって、人間はそれ自体、自分自身を加工形成し、技能を身につけるよう命じられている。しかし、こうした教養を身につける可能性は、また資本を必要とし、そして資本を持つことは、また偶然的なことである。しかしながら、こうした偶然性は、国家によって廃棄されなければならない。

99

必要の複雑化は、直接的には、無限に多様でありながらさらに集中した活動という同様に複雑化した興奮である。この活動は、一部では理論的に、表象の速さ、錯綜した普遍的関係の把握、悟性や言葉の教養形成を含んでいる。だが、この活動は、一部では、仕事の欲求を、しかも労働することの欲求を含んでいる。労働することは、他者の欲求にふさわしく、教養形成された普遍的形式をそなえていなければならない。

すべての活動は、なんらかの必要のうちに根拠を持つ。活動は、精神の定在に対する要求の矛盾であって、この矛盾は、欲求の感情である。

教養形成された人というものは、次のようにして認識される。教養形成された人は、短時間のうちに無限の表象系列を持ち、ある表象から他の表象へと素早く移行できる。それゆえ、より教養形成された人の場合、表象はより普遍的になるが、教養形成されていない人は、表象の個別態にとどまる。国務専門官（五八）や大臣は、最も重要な対象から最もつまらない対象に瞬時に移行することができなければならない。他の思想に移行することを大臣と牛飼いとの間で比べてみれば、そのコントラストたるや途方もなく大きい。

ある思想から他の思想への移行は個別的なものを契機とし、事柄の普遍的なものが現れる。すでに諸対象に精通している高齢者は、普遍的なものを見、そこに留まり、感性的な現象の個別態を忘れてしまう。それらは、もはや高齢者の特殊な利害関心を引かない。だが、幼年者は、個別的なものにより注意を払い、それをよりうまく記憶にとどめる。

「実例」という単語の含意は、普遍的なものが本質的なものであり、個々の行為などは枝葉末節にすぎないということである。人間は、表象の国に生きていて、言葉における音は、事柄として通用し、音として通用するのではない。単語は、定在を持つが、表象することによって、また表象するために定在を持つにすぎない。一般に、言葉は、表象の国で物が存在するシステムである。また、言葉の表現は感性的な対象にとって影の薄いものなので、言葉は、普遍態を勝ち取ることになる。言葉の真の富とは、特殊態のかたちをとる感性的な現象にとってのものではなく、普遍的な相関関係と、この相関関係の諸規定にとってのものである。

必要によって仕事の必然態が生じ、活動は多様化され、いつもなにかをしなければならない動揺がそれ自身欲求となる。これに反して、野生の人はいつものらくらしたままであり、ただ強制だけが野生の人を活動させる。動揺とは、絶えざる移行である。

ところで、国家におけるこうした活動は、他者の欲求に関係する労働であるし、独自の無規定態や想像、思い込みは、廃棄されなければならないし、特定の目的や欲求を目指して労苦を払わなければならない。だからそういうわけで、特定の目的のために労働することは、人間の教育のために善いことなのである。そこでは、人間がみずからの主観性を廃棄しなければならないからである。

100

ある手段について一方の当事者で過剰となっている偶然性は、それだけで独立して、他方の当事者が過剰に持っている手段との交換を引き起こす。だが、欲求の複雑化は、欲求の満足のための特種な手段を調製することを要求し、この場合、〈理性あるもの〉は次のことで表現される。すなわち、自然的な物の利用は、もはやそれらを直接的に取り押さえたり享受したりすることではない。それは、一部には、すでに労働によってあらかじめ調製されるのであり、一部には、労働が道具によって媒介され、これによって個人が自分の活動を特種化し、同時に損耗という機械的な相関関係に対し身を護るのである。

必要は、一般に、活動を生み出す。もちろん、交換は、一方の当事者がある対象を過剰に持っているという偶然性に基づいているが、このさい、そのような過剰をもたらすことが目的であって、この目的のために特種な手段の調製が必要とされる。

われわれの生活のしかたでは、自然からじかに受け取られ使用される手段は、きわめてわずかしかない。たいていの［手段］は、それ自身、動物がわれわれと［共有する］自然欲求のための［手段］であるが、たとえば料理のように、人間が手を加えることなしにそれを使用することは滅多にない。人間は、それらの手段にさっそくみずからの形式を与え、それらの手段に対立している他の自然産物を混合することによって、それらから疎遠さをすでに取り去っているのである。

このように、享受のために食物を調製するさい、動物性のものから脂肪が取り去られると同時に、組み合わされた食物が同質にならなければならない。このようにして、人間は、自然を自分自身と同質なものとし、自然に同化するのであり、人間がたとえば消化といった動物的機能を軽減することを柔弱化と呼ぶことはできない。

人間における〈理性あるもの〉の性格は、人間が使用する手段、道具で示される。こうした道具によって、活動がさらに特種化される。人間は、道具によって、自分と自然とのあいだに手段を押し込んで、その手段を損耗させて自分自身を維持することにより、自分の力が消耗するのを阻止しようとする。理性的なものは、一般に、自分を維持するものであり、自分を変化から免れさせるものである。理性は道具によってこうした媒介を発明したのであり、自己保存はこのことを人間の義務とするのである。

101

特種な手段の調製には、さらに特殊な技能と習慣が要求されるのであって、個人は、そのうちの一つに自分を制限せざるをえない。これによって、労働の分割が登場し、［複雑な労働］はこのことによって具体性を喪失し、抽象的で単純でより容易になり、この結果、同じ時間にはるかに多量の産物をもたらすことができるようになる。労働は、その極度の抽象体に達すると、単純化によって機械的になり、人間は、自分の代わりに機械を登場させることができる。そこでは、人間は、自然的運動の原理を自分の代わりに活動させ、この原理を統制して一様さをもたらしたり、自分の目的に供したりする。

すべての工場労働とマニュファクチュア労働は、上述のことに基づいており、個々の操作は、いずれも個々人に分割される。十人が働く小さな工場でさえ、一日に四千八百本のピンが生産される。個々人であれば、すべてを一人で行うとすると、せいぜい二十本のピンしか生産できない[37]。表象の主観的な入れ代わりや労働での［入れ代わり］といった移行は、一定時間を必要とするし、個別の主体がいつも同じ操作を繰り返す場合よりも多くの時間を必要とする。そして、そのようにして、労働は抽象的で単調になる。唯一のことを習熟し、その習熟が個別の主体の用いる唯一の知識となることにより、労働は一層容易になる。こうして、個別の主体は、こうした個々の操作に一層熟練することができる。

ところで、手工業者はいずれも、一層具体的な製作物を生み出すが、しばしば移動しなければならない。手工業者の知識は、多面的でなければならず、多種の対象に及ばなければならない。この点をふまえると、工場労働者は、摩滅し、工場に縛り付けられ、それに依存している。工場労働者は、他のどこでも、そうした個々の技能によって切り抜けることができないからである。これが工場での人間の摩滅という痛ましい光景である。このため、工場労働者は、日曜日を迎えるといつも、自分の週給全部をさっさと浪費してしまうのである。

とはいえ、工場労働が一層完成され一層単純化されると、人間の機械的な労働に代わって機械が労働できるようになるのであり、工場への通常の移行は、こうしたものである。このようにして、人間は、機械によるこうした進展が完成することによって、再び自由になる。工場がとくに繁栄するのは、人間が非常に悲惨な状態におかれ、わずかなもので満足しなければならない国においてである。ところが、イギリスでは労働者が恐ろしく高価で、それにもかかわらず工場は繁栄している。というのも、機械装置が人間による労働を不要にするからである。こうして、イギリス人は、労働者がはるかに安価な他の諸国民よりも安価な商品を供給できるのである。

人間が使用する機械仕掛けの道具もまた機械であるが、それは、この道具が人間の全活動を要求することなく、メカニズムが多くの力を補うかたちをとる。しかし、すべての機械的な運動で、一様さが持続するわけではない。時計のゼンマイは、初めはいつも、後よりも強く張られている。そこで、人間は、運動が一様になるようだましすかしていかなければならない。このため、人間は、まっさきに犠牲にされてしまうが、次にはより高度の機械装置によって再び自由になるのである。

102

偶然態は、外面的な自然の偶然態から恣意の形式へ変えられると、自然的、身体的および精神的な素質の不平等によって、また附帯状況が無限に多面的な縺れあいを示すことによって、無限に拡大された広がりを手に入れるようになり、このことが一般に資産能力の際限のない不平等を基礎づける。しかし、欲求と手段のこのシステムに基づく本質的な不平等は、職業身分の区別、すなわち、欲求の普遍的システムに含まれた――欲求ならびにそのための手段および労働のあり方の――特殊なシステムの区別を形作る。

人間が外面的な自然に依存する代わりに、主観的な偶然態が登場する。全体は、直接的な自然依存を超えたところに高められている。しかし、人間の精神的および身体的素質に関しては、主観的な偶然態や人間の恣意が登場する。しかも、この偶然態は、自然のそれよりも無限に大きい。

資産能力の総体に個々人が関与したり協力したりすることは、個々人の素質に左右される。各々の個人は、どの職業身分に属するかという点で特殊な運命を持っており、これは、一部は個人の素質に、一部は傾向や偶然態に左右される。人間には、自分の身をどう規定したいかということに関して、選択の余地が少ない。技能を身につける機会も多くないし、特定の分野に対する特殊な刺激も大きくないが、だからますます偶然性が大きくなる。ところで、こうしたことが資産能力の主観的な不平等の基礎となるのであり、この不平等の反対のものは、面白みのない妄想の産物（五九）である。というのも、システム全体は、素質という主観性に基づくし、また、この主観的な素質がさらに持ちあわせてもいる偶然態に基づいているからである。より規定のはっきりした区別は、職業身分の区別である。

国家は不平等の契機を尊重しなければならない。なぜなら、この契機は、個人が偶然態のうちにあり自由であるさいの恣意の契機だからである。もちろん、不平等から生じかねない帰結がもし有害であるなら、普遍的なものは、それを回避するよう努めなければならない。全体は分肢組織化されなければならない。そして、この分肢組織化は、多数の欲求や労働のあり方に関するもので、職業身分という必然態である。職業身分という、理性におけるより高度な必然態は、生命あるものはどれもそれ自身で不平等にならざるをえないという点に基礎をもつ。ある人間が自分の欲求のせいで他者よりも多く苦しまなければならないことへの同情は、つまらない感覚である。

103

これらの職業身分は、概念にしたがって、実体的身分、形式的身分および普遍的身分として規定される。

（一）直接的身分は、みずからの欲求を土地財産という資産能力によって満足させる。つまり、農業身分である。農業は、流浪するなかでみずからの生計を求めるという野生の人の流浪生活を制限して地面に静止し、同様に外面的な入れ代わりという偶然態をエレメント的自然の合法則的な進め方に制限するとともに、手段の調達を個別的な特定の時期に制限する。まさしくこれらのことが、こうした一時的なものを長く続くものにするあらかじめの気遣いを呼び覚まし、承認を通して所有を占有する欲求を呼び覚ますのである。労働が生み出す形式は、一面では、自然による生命ある生産活動を規定するが、他面では、それだけで独立して価値を持つことなく、手段であるにすぎない。そして、自然産物全体には、これ以上媒介されない生計という主要目的がある。

われわれが家族のところで考察した領域は、農業身分に編入される。

農業が成立する画期は、すべての国民において、その歴史と宗教上の主要な画期となっている。このようにして、ケレス（六〇）の秘密が生まれた。

野生の人は、広大な偶然態から身を引いてその反省をやめ、自分の前に横たわるもの、つまり地面に反省を向ける。狩猟に含まれるあちこちの流浪は、なにかを手に入れたり見つけたりする偶然性に欲求を満足させる手段が左右される場でもある。漁業にしても同じである。流浪生活では、極度な危急と、〔人間が〕未来のために保存できない一時的な過剰とが、交代して現れる。農業では、こうした流浪生活が終わる。

農業では、もちろん、自然のエレメント的なものもあるが、それは、もはや偶然態としての自然のエレメントではなく、つねに反復されざるをえない、必然的に変化する自然のエレメントである。時節的にいっても、農業は、ただ一つの季節にしか生計の手段を調達しないので、その年の他の時節のためにあらかじめの気遣いが出現するし、農民には現在と未来〔の意識〕が登場する。

所有の欲求が登場する。というのも、所有は、自由の契機と普遍的なものの契機、つまり万人によって尊重されるべき一契機を含んでいるし、観念的な占有取得、耕地の加工形成は、私の占有を意味しているし、こうした形式は、尊重されなければならないからである。ケレスとトリプトレモス（六一）は、農業を創始したばかりでなく、法律にしたがった所有をも基礎づけた。とくに内面的な普遍態が定在を持たなければならない点で、耕地は、長く続く永続的な占有である。権利は意識され、尊重されなければならない。

農夫にとっては、形式として、耕地を耕し動物に餌を与えなければならないことが核心なのではなく、自然がもつ独自の生命を増加させ、そこから巻き上げる（六二）ためだけにそうするのである。百姓に現実存在〔生計〕を保証してくれるのは、自然の賜物である。ここで生命あるものが関わるのは、生命あるものであって、人間の独自の発明ではない。人間は、すべてを自分自身に負うのではなく、一般に生命体を直観するのである。だから、それは、むしろ罪責のない身分、信仰の身分である。心は、まだ、「持ちものが自分のものである」という罪責の意識を持っていない。それにまた、欲求の満足のシステムに入り込むものは、わずかな媒介にすぎない。家族そのものが、手工具や衣類などを調製する。生計は、他のすべての人の労働や欲求に左右されるわけではない。

104

［(二)］営業、つまり反省の身分では、形式と抽象的な利益――つまり満足には直接に役立たない利益――が主要契機である。営業者(六三)は原料を加工するが、営業者が原料に与える形式によって、物件は価値を手に入れる。それゆえ、営業者は、みずからの反省にさいして、またみずからの労働や道具を交換する欲求を考慮すると、まったくもって他者との媒介を頼りにせざるをえない。工場主というより抽象的な階級は、死んだ素材や機械的な形式にも関わりあわなければならないし、技能が完全になればなるほど、すなわち制限されればされるほど、それだけ工場主による生産物の価値は、他者の技能がより一層完成しているという偶然性やその他の外面的な附帯状況に左右されることになる。貨幣、つまり商品の抽象的価値は、普遍的な交換にとって欲求となり、流通することによって際限なく資産能力を複雑化する。商業身分――その業務は調製済みの手段を相互に交換するという普遍的媒介だが――は、富を蓄積する。富は、自分のうちに量的限界を持たない。それゆえ、富への病癖は、際限のないものとなり、それはそれで再び欲求や手段の複雑化を引き起こす。

　工場主身分は、労働という抽象作用を含み、第三の〔商業〕身分は、再び普遍態を含む。そして、ここに富が成立する。

　営業では、形式や独自の技能が核心となるが、この形式を生み出すのは、自然ではなく〔人間〕自身である。

営業身分では、調製する側の欲求に役立つ手段は、調製されない。この身分の目的は普遍的利益であって、この身分は、これを用いてみずからの欲求物を調達することができる。

　ところで、今日では、農業身分も営業身分に移行している。ここでの核心は、耕作者の満足を維持することではない。この身分は、他者の産物と交換するために主として利益をもたらすものに注目し、それゆえ一番人手の要らない栽培品目に注目する。もちろん、この身分は、自分のところで勤務する人間をもはや自分の家族に属するとみなさない。

　営業身分の場合の核心は、製作者の活動が生み出す形式であって、原料ではない。それゆえ、この身分は、一切を自分自身、つまり自分の独自の活動に負わなければならない。これが反省の身分であり、自分自身と自分の活動とを認識する身分である。この身分は、みずからの欲求を満足させる手段を手に入れるために、手段しか作成できない。この身分、個人は、「自分の独自の活動こそがみずからの生計の資である」という自己感情を持つ。このことは、外面的な自然に左右されないという契機だが、この身分が原料を他者から手に入れなければならず、他者がこの身分のために製造する道具についてもそうであるということは、この身分の依存態である。また、他者の欲求は、この身分の製作物の売れ行きを可能にするのであり、そのかぎりでこの身分は依存している。

　それはそうと、一人がある物を過剰に持ち、他者が別の物を過剰に持つということがはじめて交換を生み、この交換は、人間の集住を必要とする。それゆえ、営業のふるさとは、本質的に都市にある。大都市では、一面で欲求がより高くつくが、道具のような、直接的でなく媒介された多くの欲求は、ここではより安く手に入る。

　営業者は、たしかに個々の欲求を気遣うが、その製作所では、工場主の場合ほど抽象作用が現存しない。工場主のところでは、機械的なものがより多く登場する。すなわち、その本質的な目的は、労働を単純化することである。さて、工場労働が機械的になればなるほど、それだけ人びとは工場に依存してしまう。そこで、この人びとの生計を保障するために、ポリツァイが登場し、特権を与え、労働者の数を制限する。激しすぎる競争を妨げるために、ツンフトが成立する。しかし、一都市において手工業者が定員オーバーとなると、個々人はおのずと苦しくなり、個々人が押し寄せる波は、おのずと解消する。工場の場合には、事情が異なる。すなわち、工場の労働は抽象的であり、その大量の産物のためにより大きな市場を必要とするから、［工場主］は自分の産物を売りさばくためにより広い範囲を探さなければならない。しかし、営業者は、特定の範囲のためにしか労働しないのである。

この場合、工場主に現存するのは、別の工場が設立され、そこでよりよい機械が発明され、より安価な労働者を雇い、材料をより容易に入手するといった、より多くの偶然性である。このため、工場は、みずからが売れ行きを上げている地方で同様に工場が設立されると、零落する。このようにして、イギリス人は、オランダ人の工場をたいていの場合倒産させたのである。ところで、いつも同じ抽象的な労働をする工場労働者は、別の労働に移るのが非常に困難だし、流行や上に挙げたあらゆる偶然性によって、工場は簡単に倒産するから、悲惨な状態に容易に見舞われるのである。

さて、商業は手段として登場する。貨幣は、欲求を交換する普遍的手段として必要である（農夫身分のもとでは、欲求に対してより多くの欲求を交換することができるが、交換はわずかにとどまっている）。一国にある多くの貨幣は、それだけではその国の富の尺度にならない。というのも、この国では、貨幣が安価であり、すなわち商品が高価だからである。だが、貨幣が希少なところでは貨幣は高価であり、商品は安価である。流通は、貨幣にとって本質的な事柄である。国内の貨幣が少ないところでは、交換が妨げられる。貨幣の流通が最大のところでは、富が最大となる。貨幣がより多く流通すればするほど、それだけ早く同額の貨幣がそれを手にする各人にとって手段となり、こうした同じ貨幣によって利益を上げる可能性がその各人に現存する。鋳貨が足りないときには、量の少なすぎる交換手段を紙幣が補う。商品は、紙幣と関わりあうが、流通は容易になる。貨幣の増加によっては、国富は高められず、流通だけが高められる。このような具合で、フランスは、かつて、紙幣によって大いに富を高めた。鋳貨がそこにあればもちろんベターだが、紙幣にしても、そのかぎりで国の不幸とみなされるべきではなく、流通の増加に寄与するのである。

商業身分は、営業身分のなかで普遍的身分をなしている。その業務は、調製済みの手段を別の手段と媒介し、ある人にある過剰を——それが人工産物であれ自然産物であれ——別の人にある過剰とを交換することである。利益が核心である。商業身分は、普遍的な手段としての手段に関わらなければならない。商業身分は、普遍的な手段、すなわち貨幣に関わらなければならないし、その点でこの身分の行動は、普遍的なものにまで広げられる。そして、諸国の欲求という普遍的なものに関わりをもち、特許状を手にする大商人は、大きな発言権をもつ。富や利益は、際限のない病癖となり、大商人の欲求を満足させるためだけのものでなくなる。そして、個々の欲求への関係は、多かれ少なかれ普遍的である。

共和制においては、富が計り知れないほど増大することは危険であり、それゆえに、立法者たちは富に対抗しようとした。このため、一市区《デーモス》で最も富裕な者は演劇を維持しなければならなかったし、それは富にとって名誉となったが、しかし、富は減少するか、あるいは蓄積が制限されなければならなかった。これに対立するものとして、相続の法律もあった。

ところで、商業は、諸国民に新しい欲求を目覚めさせようとする。このため、たとえば、イギリス人は、中国で毛織物を大量に贈呈したが、それは、中国人の欲求を引き起こし、商品の売れ行きのために新しい市場を獲得するためであった。

105

(三) 普遍的身分は、一般に、社会状態の普遍的なものそれ自身を自分の労働の目的とする。まさにそれゆえに、普遍的なものそれ自身が、欲求のことを考えて、この身分のために気遣わなければならず、また、この身分が、一般に、必要を超えていなければならないし、必要のための直接的な労働を超えていなければならない。

普遍的身分は、国家という有機組織の本質に属していて、その本来の定在を国民の国制のうちに持つ。この身分は、普遍的なものそのものを目的とする。すなわち、正しいことが行われ、安全があることを目的とする。他のすべての身分では、各人の目的は自分のために気遣うことである。だが、この普遍的身分は、必要から免れていなければならず、普遍的なものが、この身分のために気遣わなければならない。この身分の欲求への気遣いは、国家が引き受けなければならない。

個々人それぞれはサラリーなどの特殊な目的を持つこともできるが、それは、本質的な目的ではなくて、ただ普遍的な目的を達成するための手段とみなされなければならない。この普遍的な目的が個々人それぞれの労働の純粋な目的であるために、個々人それぞれは、必要のために労働する必要がないようにしなければならないし、公職を通じて欲求の側面に左右されないものでなければならない。この相関関係は、次のように規定されていなければならない。すなわち、個々人それぞれは、公職上の義務を果たすにあたって、自分の欲求に束縛されてはならないのである。このような相関関係は、租税によるか、あるいは自主独立の土地所有によって生じなければならない。後者は、昔の諸国家でとられたやり方だった。そこでは、かなりの数の役人に資産能力を与えたが、それというのも、普遍的なものに対して行動することに専念する自主独立のあり方を役人に許すためだった。

普遍的な最善のために学問に精を出す教師たちも、普遍的身分に属する。国家が、普遍的身分を支えるため、とくに学問を発展的に形成するために、生涯にわたりもっぱら学問に献身する個人になんらかの特権や資産能力の自主独立を許すならば、国家にとって名誉なことである。ところが、ドイツではそのようなことをせずに、貴族に特権を与えることを常とした。数人の家臣に重荷をかけて、最も恥ずべき情熱にふけった貴族に、である。

職業身分のこのような区別も、事柄の概念のうちにあるのだから、もっぱらそうした概念規定によって定立された区別でなければならない。ところで、一個人がまずどの職業身分に属するかは、生まれや自然というまったくの偶然態に左右されるのだが、個人が自分でこれらの職業身分のうちのどれに属したいと意志するかは、個人独自の活動に決定を委ねたままにしなければならない。それは、自然的偶然態に対してよりも、主観的偶然態や恣意、自分自身を規定する意識に対してより高い名誉や威力が認められるためである。

個人がどの職業身分に属し、生まれるかは、個人にとって偶然的であるにちがいない。しかし、生まれたときに［人間］を取りまくすべてのものが相関関係であって、これによって人間は直接的に自分の職業身分に属することにならざるをえない。

ところが、先に述べた職業身分の概念的に必然的な区別を、たとえばエジプト人やインド人は、自然必然的なものとみなし、そのように固定し、このためカーストが生じた。それゆえ、こうした自然的な附帯状況を克服するという自由が人間から失われた。どんな人格的長所もカーストの隔壁を除去することができないし、主観的偶然態と自由の意識は貫き通されることができないのである。

ローマ国家においてわれわれが見るものも、都市貴族と平民とのあいだの険しい区別、これによる国内における絶えざる闘争である。このようになるのも、普遍的な労働に関する特典が、一身分にかたより、非常に抑圧的だからである。かつてプロイセン国家の貴族は、将校の地位に就く権利をこのようにして独占した。

一身分が普遍的な労働により多く関与するこのように特権化したカーストの区別は、最も不都合な区別の一つである。大土地所有者は、イギリスやフランスでは、国家がもつ真の神経だと考えられている。なぜなら、この大土地所有者は、君主の愛顧や一切の利益に左右されないからである。そして、これが本質的な相関関係というものである。

職業身分では、一般に、人間の特殊態が権利を手に入れる。このシステムにおける人倫的な心情は、誠実さと身分相応の名誉である。すなわち、この誠実さと身分相応の名誉とは、人間の活動や勤勉、技能、適法性によって、市民社会のそうした必然的な諸契機のうちのどれか一つの構成員になりおおせたということであり、また、普遍的なものとこのように媒介することによってひとかどの人物となり、みずからの表象や他者の表象のなかで承認されていることである。なお、道徳は、みずからの行いを独自に反省するというこの領域に属するものであって、この領域では、個々人の必要が偶然態であるため、個々の偶然的な援助が義務とされる。

各人は、具体的個人として、特殊で外面的な附帯状況のもとにおかれている。だが、人間は、みずからの特殊態のほかに普遍態をも目的としなければならない。

しかし、これとは別の側面は、人倫的な心情であって、これは、各人がある職業身分を持たなければならない点にある。すなわち、人間は、みずからをある職業身分へ教養形成しなければならないのである。だが、みずからをどの職業身分へ教養形成するかということには、もろもろの偶然性が影響を及ぼす。つまり、それは、個人が職業身分について抱く思い込みに左右されるし、ある職業身分に適格となるための資産能力の状況などや性質に左右される。

プラトンの国家では、統轄者が、みずからの判断にしたがって、子供たちを適していそうに見える身分に入れ、それにふさわしく教養形成する。(38)(六四)だが、この場合には、主観的な恣意、自己規定が抑圧されている。特殊態での自由とは、すなわち恣意である。

ところで、選択した職業身分にふさわしく身を保ち、この身分のためにみずからの義務を果たすことが、誠実さである。もっとも、それぞれの職業身分は、普遍的なものであり、誠実さは、この領域での人倫である。誠実さは、まだ人倫〔そのもの〕ではない。なぜなら、人間は、さらにより高い目的をもたなければならないからである。だから、誠実さを目標とみなすことはできない。というのも、目的は、やはりこの領域を超えたところになければならないからである。

さて、身分相応の名誉は、誠実さの意識だが、これは、自分の職業身分からそれにふさわしいとみなされることであり、そのなかで通用することである。人間は、職業身分の相関関係で特殊なものとなる決断をしなければならず、自分自身に一つの職業身分を与えなければならない。人間は、制限のなかでみずからを堅持することによって、現実態の本質的契機、自由に到達するための必然的契機をみずからに与える。誠実さというのは、このようにみずからに一つの職業身分を与えること、そしてこの身分に就いているときのあり方に正しくなりきることである。このように正しくなりきることは、この領域のなかにありながらこの領域を超えて高まるものである。個人が普遍的なものにとって有用な契機となっていることが、身分相応の名誉である。

「使える」とか「有用だ」といった言葉は、他者にとって手段となる人について言われる。人間は、みずからが目的だということからすれば、手段ではありえないし、使えもしなければ有用でもありえない。しかし、人間は、みずからの活動においてたしかに自己目的となるが、人間の活動は、ここでは他のすべての人びとの目的と絡みあっている。人間は、みずからの特殊態によって制限されて、他のすべての人びとの定在に甘んずることになるが、この特殊態において自分自身を際立たせなければならない。こうした意味で、「この人は何をしている人ですか」、つまり「どの職業身分に属する人ですか」と問い、職業身分に属さない人は取り立てるところのない人物ということになるのだが、人間は、そうした定在によってみずからを現実的にし、そうした特殊態のうちで自分自身を維持しなければならない。このことが、この職業身分がもつ人倫的なものである。

道徳が定在するのは、本来この領域である。ここで、人間は、道徳的な人間として、自分の義務を義務のために果たさなければならないが、しかし、道徳は何が義務であるかを告げてくれない。義務の規定態は、道徳のうちにはまだないのである。人間がまったく自己内還帰しようとするときに、道徳の段階が登場する。職業身分は、義務にとってリアルな内容であり、誰もが知ることのできる特定の義務を与えてくれる。

徳に含まれることとして、個体性がその独自の規定によってみずからにある性格を与えることがある。人間が自分自身に有徳な目的を与えたことは、本質的に徳に含まれる。ところで、徳を働かせるのが職業身分である以上、徳は、もはや偶然的なものでも、個体性によって与えられるものでもない。というのも、人間がみずからに職業身分を与えたことには、もっぱら人間の自由があるが、この身分というものがこの身分にあるすべての人格のために義務を指示するのであって、個体性そのものがそうするのではないからである。

慈善家は他の人びとを助ける意図を持っているし、それは慈善家の恣意に左右される。だが、市民社会での媒介のシステムでは、自分を気遣う者が、他者をも気遣うのであり、自分のために行為し他者のために気遣うのである。ほかでは恣意の事柄になってしまうことが、媒介の領域では必然的となり、こうした功績のうち個人に帰すべきものは、ほとんどない。自分の金をみずからの欲求のために遣う人は、他者に自分の金を与えるが、そのさい他者には、勤勉であるという義務を果たすことを条件とする。こうして、金を遣う人は、自分の金を貧しい人に恵む人よりも、自分自身についてのより正確な感情を貧しい人に与えることになる。というのも、施しを受け取る貧しい人は、みずからが自立している感情を持たないからである。自分を気遣う者が他者をも気遣うということが、この媒介がもつ必然的な〈つながり〉である。

しかし、それにもかかわらず、他者が気遣われないというなにか偶然的なことがここに登場してくることがある。これが、危急である。一般的に、国家は、施設を通じて、危急が普遍化しないようにしなければならないが、主観的な危急もまた生じうるのであり、この場合には、助言や行いによって心情に援助を施すべきである。もっとも、個々の危急についても国家が気遣うのがベターである。他者が危急のうちにあるとき、人間は、たしかに、普遍的な指令によって国家に援助させるよりも、みずからの恣意で援助にあたりたいと思うのが常である。しかしながら、個々人が国家のこうした気遣いを理性的なものとみなすならば、ここにも自由意志が登場する。そして、個々人は、こうした指令に役立ちうるし、慈善的でありうる。主観的な援助は、できるかぎり減らされなければならない。なぜなら、主観的に援助すると、役立つどころか人を傷つけかねないからである。

108

個々人が労働して直接的な主観性をなきものとする教養形成の普遍態において、また労働や手段を普遍的に交換するという媒介を経て、個々人は、自分のうちでは普遍的である自由な恣意として、つまり意志の主観性として、それだけで独立して生成し出来する。形式的権利が表象される事態になる。形式的権利は、きわめて本質的に、欲求の目的に絡みあっていて、この目的のうちに本質的な内容を持つのだから、同様に、形式的権利は、内容の実体として、内容から自由な現実存在を維持しなければならない。これが司法である。

個別態というこの否定態は、普遍態の出来を含んでいるし、この普遍態は、一般に、自由意志という私の本質的契機である。

各人が存在し、持ち、労働し、享受するなどなどは、各人が行い、持ち、享受することすべてが他者によって媒介されているかぎりでのことである。しかし、各人は、このような媒介のなかで、自己内還帰し、独立して存在する。こうした独立存在が、権利の契機である。

この領域全体は、権利が存在することによってのみ存続する。各人はみずからを適法な人格として表象する。そして、各人の承認されていることが主観的な契機となる。

B　司　法

109

現実的な法的関係にとっても、また司法にとっても、権利の法律は、それ自体でもそれだけで独立しても通用するものとして前提とされており、そういうものとして本質的に考察されなければならない。立法そのものは、この司法とは別の領域に属する。さらに、裁判の実務と、際限なくさまざまに発生する事件から生まれてくる区別立てとがあるが、これは、権利の法律に同時に要求される単純さを向うにまわして、より進んだ諸規定を求める欲求と、権利の悟性の際限ない継続的な教養形成とが展開する源泉になる。

われわれは、ここで、司法の普遍的諸規定だけを考察する。

権利の法律は、普遍的なものである。司法は立法と関わりをもたず、［法律は］より高次のものによって与えられる。法律は、現存するものとしてすでに前提とされている。立法することと裁くこととが一人格で結びつけられてはならないということは、もし両者が結びつけられていると、裁判権が裁かれるべき事実そのもののために法律を作り、そうなると包摂が起こらなくなってしまうだろうということから明らかである。

権利の法律の展開と、諸事件の区別立てとは、悟性の事柄である。プラトンは、『国家』篇で、個々の法律やその包摂、展開、発展的な形成――これは際限なく進み、そのさい進行が無限になる――に関して指示を与えることは、自分や立派な人びとにはふさわしくないとみている。(39)(六五) 権利の法律の概念がこのように無限なものであるということ、だがそれは有限なものに適用されるべきであるということが、権利の法律の形式主義をなしている。完璧で完結した法典は、達成されることのない理想であって、法典は、つねに改善されなければならない。

ところで、権利の法典は現存すべきだが、こうした法典は不断に続いていき、不断に形成される。無限態というこうした領野では、素材は経験的なものである。悟性によって制定された諸規定は、不断に新たに分裂する。それは、決してやむことのない根拠と反対根拠の領野である。このように現実的に裁くこと、あるいはこうした裁判の実務こそ、すべての法律が根源的に生ずる場所である。現実的な判決は、個々の事件に適合するとはいっても普遍的な法律となる決定を下すし、こうして同一判決（similiter judicata）からも法律が形成される。

裁判は、法律の死せる機関ではありえず、いつも裁判官の独自の悟性、独自の洞察が登場する。ローマ人の場合、毎年別の法務官が法廷に臨み、就任に先立ちみずから定めた独自の規則によって自分の恣意に制限を加えたのだが、これは非常に誤ったことで、裁判官があまりにたびたび入れ代わるからこうなるのである。[六六] ローマ人は、とりわけ権利の悟性を十分に発展的に形成した。公共生活が専制政治のもとで圧倒されていたので、きわめて活発にその方向に悟性が向かったのである。

ところで、一面では、法の原理が単純なものであるように、またこうした単純さが個々人による法律の洞察と知識に必要なのだから、法律はそれ自身で単純な原理であるべきだ、と要求されるが、他面では、法律の諸規定は、つねに自由に発展的に形成されうるものでなければならないのである。

110

権利は、裁判にもちこまれることによって、認識されるべきだという本質的な相関関係に入る。ここから出てくるのは、法的効力をもつべき行為は、それだけで独立してすでに、こうした形式をもってなされ、こうした形式が附与されなければならない、という要求である。契約や、その他、物的に存在すべき行為の法的効力は、その区別にしたがって、たんに契約や行為そのものだけに基づくのではなく、同様に本質的には、それらが法律にかなった正式なものであることにも基づく。これ以外の諸行為では、認識できることが、一部は、外面的な附帯状況、注意、評価、およびこれらの組合わせのうちにあり、一部は、他者の証言のうちにあって、これが主観的な確証であるため、最高の客観性を宣誓によって与えるよう試みられる。

ここでは、権利の定在の側面、それが認識できることを話題としている。さて、権利の定在をなしているものはなんだろうか。権利が認識できるとはなんだろうか。この場合、ある人が権利を持つことができるということは、対立が起こっているということだが、この当人の権利が認識されなければならない。ここから、「認識できるはずの行為が裁判にもちこまれ、そこで承認されること」という要求が生じ、このようにして承認された行為が、正式なものになるのである。

権利とその承認がなんらかの外面的なものに左右されるとされることは、教養形成されてない人間にとってこの上もなく嫌なことに思えるだろうが、こうした形式儀礼が権利の定在をなしている。

そこで、行為が十分に認識できるためには、法律は、何が必然的であるか、規定しなければならない。これは悟性の事柄であり、そこには偶然性と恣意性が入り込む。また、附帯状況がどの程度で十分か——一つの行為そのものが多くの手続きに分散し、どの手続きも分離されうる、［すなわち］主たる法律行為から分離されうる、たとえば契約での履行がそれにあたる——熟慮されなければならないし、契約の存続のために、法律行為（actus）がどの程度重要で必然的か熟慮されなければならない。

さて、附帯状況は、すべてにわたって注意しなければならない。すべての附帯状況が必須であるのは、言い逃れが起こらないようにするためにである。形式儀礼とそれが通用することは、やはり附帯状況の外面に基づいている。その他の諸行為、とくに、裁判にかける規定を直接に持たない行為の場合には、外面的な附帯状況を組合わせることが起こらざるをえない。客観的なもの、つまり、結果や条件として現れる——そこから原因が推論されうる——附帯状況を考察せざるをえない。この場合しばしば、偶然的な附帯状況に注意しなければならないし、非常に多くの附帯状況を組合わせることが裁判官の主観的な教養形成、すなわち鋭い感性に関係するし、主観性、偶然性の契機が登場してくる。苦労をいとわぬ裁判官の熱意が必然的な契機となる。

証言は、それだけで独立させると、なにか主観的なものであり、過ぎ去ったものについて個別的な意識のうちに保存されているかぎりでの附帯状況である。主体にとっての偶然的な現在が、主体を左右するものである。ここに主体の確証が登場するが、主体というのは確証としてはまったく主観的なものであって、この主観性に対していまや客観性を与えることが試みられ、その手段が宣誓ということになる。（ここで問題になっているのは、「権利は、認識されなければならず、裁判で認識できなければならない」という司法における契機であり、このことが正式な手続きをもたらすのである。）証人は知っている通りに語るべきである。宣誓において、私は、自分を客観的なものとして表現し、みずからの本質を述べ、私が行う特定の確証をこの本質のあり方に結びつける。それゆえ、宣誓はなにか宗教的なものとなる。

最高の本質に訴えるさいには、一切の特殊態を超越し、一切の主観的目的を見捨てることがある。私の本質は、自分に対して確信を持っているが、私の供述も、これと同じ確信を持つべきである。私が一切の主観性を見捨てるだろうと、人は私に信頼を寄せる。裁判でこのように認識できるためには、人間のうちにある最も客観的なもの、つまり宗教、道徳に復帰することが必要である。偽りの宣誓もありうるのだから、宣誓は、ある種の厳粛さをもって執行される宗教的な法律行為として用いられなければならない。

以上のことは、イギリス人の場合、危険な事項にもなる。イギリス人の場合、宣誓は、冷厳な形式儀礼として、二人が宣誓すると事柄をまったく確定してしまい、商人的精神では容易に偽りの宣誓が行われ、このため別の市民が原因者でもないのに最大の不幸に突き落とされることがある。まったく軽微な事項については、宣誓もしないといわれる。

ドイツの法によれば、有罪の判決を下すためには、他のすべての立証以外に、犯罪者の自白が必須となる。これはとても人間的な指示である。というのも、附帯状況が驚くほど絡みあっていることが、裁判官の認識を誤らせることもあるからである。このように犯罪者を承認することは、犯罪者自身が裁判官としてみずからに対し判決を下さなければならないということだから、この点でもとても立派なことである。それゆえ、このことは〈理性あるもの〉にとって名誉でもある。

自白だけでは十分ではない。なぜなら、人生に嫌気がさすと、人間は自分自身に対する偽りの告訴に突き動かされることがあるからである。イギリス人の場合、裁判官自身が犯罪者に、自分に不利なことをいわないよう、なにも告白しないよう、警告する。しかし、そこには、裁判は敵と同然だと犯罪者が認めなければならないという姿勢がある。しかし、真の姿勢は、裁判が犯罪を明らかにすべきだということである。そして同時に、一般に、犯罪者は、附帯状況について自分の知っていることを申し立てるべき一人の人間とみなされる。真なるものは、裁判が人間性に反しないことである。むしろ、被疑者が、真実を見つけ出し犯罪の発見に寄与して、普遍的な人格として、知性として、理性として、適法な本質として登場することは、真なるものである。

拷問は、幽霊の存在が信じられていた時代に、迷信に基づいて非常によく使われた。エジプト人の間では、偶然にせよ意志をもってにせよ、朱鷺鸖《イービス》や猫を殺した者は殺された。これはたしかに非常に屈辱的なことだが、それがどんなに劣悪なことであっても、拷問の適用よりは悪くない。というのも、拷問にかけられた人が自白しないと、悪魔がその人に加勢をしているとみなされ、顔の歪み、筋肉の痙攣が、不幸な人に加勢をしている悪魔のせいにされ、そしてまさに同情を引き起こすこの兆候こそが不幸な人を告訴するものとなったからである。われわれは、このように扱われた時期に最も恐るべき悪事が大流行したのを見る。

犯罪が認識できることとならんで、この領域にも属している犯罪の第二の側面を、われわれはさらに考察しなければならない。

111

犯罪は、行いや行為として認識されることのほかに、さらに否定的な側面を含み、犯罪が空無であるという定在を生み出すことを含んでいる。一般に、権利の概念は、市民社会を通じて、それ自体でもそれだけで独立しても存在するものという形式を手に入れる。この存在は、欲求や利害関心の特殊態にそれだけで独立して対立し、法律として自己内反省した最終根拠である。報復として犯罪を直接的に廃棄することが自分のうちにそなえている主観的なものは、そのような普遍的なものにおいて、脱落する。犯罪では、権利が権利として侵害されているのだから、権利上侵害されたものである当事者が背後に退き、いまやそれだけで独立して現実存在を持つ普遍的な権利が、犯罪の訴追と処罰を引き受けるのである。

　行為は、裁判にとっては肯定的な行為として定在を獲得せざるをえないが、このほかに、犯罪は、さらに否定的な側面を含み、この側面も定在にもたらされるべきであって、これによって、自分のうちで空無である犯罪にある空無というものは、廃棄され無に帰せしめられる。

　ところで、このことは、〔以前は〕復讐の形式をとった報復によってかなえられたが、ここでは、権利の概念が、法律つまり普遍的なものとなって、根拠としてあり、実体的なものとなって、本質的なものとしてある。なにかが処罰される根拠としては、法律が挙げられる。法律の概念は、普遍態の形式を獲得したことにより、根拠となるが、法律は、こうした〈つながり〉の単純な形式しか言い表していない。

　さて、権利が根拠となるのだから、被害者を満足させるべきだというよりは、むしろ法律を満足させるべきなのである。侵害された人は、具体的な人格であり、この人格が権利を行使することによって、〈人格そのもの〉のもつ特殊な利害関心、〈人格そのもの〉という無限態が登場する。そして、こうした主観的側面は、国家において脱落する。こうして、犯罪者に対して報復がなされるだけでなく、犯罪者の行為を代償として権利が報われる。この場合、「返報」は抽象的な同等性の意味を持たず、一般的に価値が報われる。

　権利は、法律のかたちで普遍的なものとして現実存在するし、裁判は、特殊な利害関心を抱かない活動である。犯罪では、権利が権利として、普遍的なものが普遍的なものとして侵害されている。この場合には、包摂が問題なのではない。普遍的なものが否定されている。したがって、告訴をしなければならないのは、普遍的なもの、公的人格、［たとえば］訴追官（fiscal accusateur public）である。ここでは、侵害された人の方からは、寛容や同情も起こりえない。むしろ、普遍的なものが、侵害されたものとして登場するのである。

112

普遍的なものによる権利の行使は、犯罪者に逆らって偶然的なものとして、また外面的な暴力としてあることをやめる。権利は、同様に犯罪者のものでもある。権利は、犯罪者を保護し、犯罪者のなかで自分に独自の威力、自分の本質として成し遂げられる。このため、こうした行使は、正義の和解であり、心情の面からみて客観的でもあれば主観的でもある。こうして、復讐は、刑罰に変えられる。

ここに、復讐から刑罰への移行がある。侵害された人が犯罪者に関係するのではなく、侵害された権利それ自体、つまり司法がそうするのである。それは、こういうことである。復讐の場合は、犯罪者に対する［報い］が、犯罪者の権利として生ずるのではなく、それとは別の人、つまり侵害された人の権利として生ずる。権利、法律は、主観性から解放された普遍的なものとして、威厳ある形式で犯罪者のもとに現れる。こうした正義、刑罰によって、人間は尊敬されている。なぜなら、本質の形式で人間に関係しているのは、人間の独自の意志だからである。主観的意志が登場する復讐としての報復の場合、復讐の連鎖は無限に進むが、しかし、報いというものは、矛盾が解消された形式をとる。犯罪者は、刑罰のなかに自分自身を見出し、自分のもとにいる。こうして、刑罰は自己完結し、これにて事件に片がつく。

113

それだけで独立して存在する普遍態の形式で現実存在する権利の場合、刑罰は、その内容の面からみても普遍的な意味を手に入れる。犯罪の廃棄としての侵害は、もちろん必然的に、犯罪にふさわしいものである。しかし、犯罪は、普遍的な権利を前にすると、現実存在という個別態のかたちで現存するのではなく、その本質にしたがって現存する。このことによって、犯罪を改悛するしかたは、かなり自由がきくものになっている。ただし、質的な本性が無限に異なっている生命は例外である。さらに、市民社会では、個々人の定在が承認されているということがあるから、恥辱が刑罰の契機、あるいは刑罰そのものとして登場する。恥辱は、たんに恥じ入ることでなく名誉剝奪である場合には、不滅なものとなり、これによって犯罪者はみずからの職業身分を失うのである。

ここで述べられているのは、（一）報復という刑罰の原理において、同等性は、経験的で質的な同等性であるべきでなく、ここに価値が登場するということである。犯罪の質的性状は普遍態に高められ、犯罪の普遍的で本質的な側面にしたがって価値としての刑罰が登場する。一般に、われわれの領域、思想や反省の領域では、つねに、すべてが普遍態に移行していく。このことは、現実存在を超えている思考する者たちの相関関係である。刑罰を別のものに代えることは、市民社会に左右されることではなく、恣意や好みによる。もちろん、刑罰は犯罪者に対して直接的なものとして対立し、そういった恣意は不正なものである。この領域では、犯罪を処罰する質的なあり方は、自由がきくものになっているし、普遍的な本質――それは直接的な現実存在や現象のもとに立ち止まらない――にふさわしくない意地の悪い同等性は消失する。正義が同等性の契機を要求するにもかかわらず、そうした普遍態によって、犯罪の報いのうちに、ある種の寛大さが入り込む。

査定しえない価値をもつ生命は、質的なものである。この場合には取り替えることができない。そこで、殺人の処罰は死刑でなければならない。なぜなら、生命は、査定することができないからである。

（二）承認されている定在の侵害、つまり名誉の侵害も、ここでは同様に契機となっている。他の人間の前で一時的に恥じ入らせることだけしか含まない刑罰はいまではたいてい廃止されているが、かつてはその案出や発明に並々ならぬ鋭い感性が示されたのであった。この場合、刑罰全体が恥じ入らせることにあった。こうした刑罰は、いまではわれわれの習俗に照らすともはや適切でないが、こうした法律行為（actus）で十分だとされたのである。しかし、やはり思想がこのことを覚えていてこれに固執することがよく起きるのであり、もはや先祖ほどに無邪気でないわれわれの場合、たんに一時的に恥じ入ることだとされる刑罰も、長く続く名誉剝奪に変えられてしまうだろう。なぜなら、われわれの場合、反省が優位に立っているし、改悛した後にすぐに赦しが起こるわけではないからである。

ところで、告解の秘跡でも同様だが、改悛によって軽犯罪が廃棄されることは、もはや起こらない。それにまた、こうした処罰は、国民のうち低い階級のためだけにあったものである。

恥辱を維持し、したがってそれを持続させることに関連するのが、烙印の刑と鞭打ちの刑である。そして、これに国外追放が続いた。そのようにするのは、名誉を剝奪された主体は、近隣ではこれ以上生計を立てることができないけれど、素性が知られていない外国では再び生活費を稼げるということがあったからである。こうしたこともあるので、人は、普通、犯罪者に烙印が押されていないかどうか、すぐにその背中をみたのである。

社会は、名誉を剝奪された者を再び吸収することができる。実体的身分では、無邪気さがまさり、反省がそれほど教養形成されてもいないし固執されてもいないので、恥辱は、より高い職業身分の場合よりもさほど厳しくはない。それゆえ、恥辱は、職業身分が違えば、含意される重要性も価値も違ってくるのである。

そのほか、賤民や獄卒たちも、自分独自の活動を通じて、自分たちが犯罪に対して嫌悪の念を抱いていることを認識させせようとしたが、しかし、こうした活動は不正である。

附言しておくと、絞首刑が低級だとみなされていることがある。なぜなら、経費の安い、機械仕掛けの道具が、高価な財産である生命を奪うからである。今日では、斬首の方が多く採用され、ギロチンが重要な発明だとみなされるようになった。ギロチンの場合、死刑執行人がそなえる技能の偶然性が入り込まないからである。しかし、この刑罰は、人間の自由な行為によって殺される刑罰よりも、侮辱的である。生命のないメカニズムによってこういう行為が生み出されるのを見るのは、不愉快である。

——犯罪が普遍化したあり方で登場するときには、道徳的な矯正——これは刑罰の正義に影響を及ぼさない——に考慮を払うこともできるし、こうした道徳的なものに考慮を払うこともできる。

114

不正の行為によって侵害される普遍的なものは、権利の概念だけではなく、市民社会として現存している。市民社会は、個々人の生命と所有の安全をみずからの土台とし、そこで存続している。このことにより、市民社会は、個々人の侵害があったさいに、市民社会に対する独自の普遍的な侵害をも罰することになるのであり、これに応じて刑罰規定に変様をもたらすことにもなる。

市民社会、この普遍的なものが、犯罪で侵害される。個々人にとってはその〈人格そのもの〉が侵害され、個々人はこの人格そのものを無限なものとみなすことができる。しかし、質的なものと量的なものとは、それらの外面的なものにしたがって規定されなければならない、と言われてきた[40]。生命と、所有物の占有とに本質的なものを持つ市民社会が普遍的なものとして侵害されるのだから、軽犯罪も、それが市民社会の土台や実体を攻撃するとなると、たんに個々人を侵害するものであったときに持ちえた以上に大きな重要性を獲得することがある。

——窃盗や強奪でこのようなことになる。

権利は、市民社会のなかでは、普遍的意志と特殊な意志との統一であるべきである。市民社会の外部では、われわれはおたがいの権利をまだ承認していないのだから、私が他者に、他者が私に手を出さないかどうかは、偶然的である。私は、他者に対して偶然的な相関関係におかれていることを知っており、他者による侵害に対して自分を擁護しなければならないし、他者に対する防衛のために武装しなければならない。

市民社会では、権利は法律として通用している、つまり、権利が承認されている。市民社会で生ずる侵害は、まだ国家が存在しない［ところで］とは違った意味で、不正である。犯罪者は、（一）そもそも不正に行為し、（二）自分が独自に法律を承認することに反して行為する。したがって、市民社会における侵害は、抽象的に（in abstracto）それ自体でもそれだけで独立しても罰せられる以上に、厳しく罰せられることがある。そして、市民社会が犯罪をどのくらい重要とみなすつもりか、したがってどの程度の処罰をするのかは、市民社会の見解に左右される。

ある犯罪の危険性そのものは、別の犯罪の可能性でもある。しかし、犯罪は、その内面的な価値、その普遍態にしたがって扱われるべきである。総体性《アルハイト》というのは、個別的なものへの反省が仮象することである。ある犯罪は、こうした内面的な普遍態［によって］自分のうちでより意味あるものとなる。内面的な普遍態が総体性《アルハイト》として考察されるなら、犯罪は他の個々の行為との関係で罰せられるだろう。しかし、一つの犯罪は、独自の内面的な重要性にしたがって罰せられなければならない。

ところで、生命の安全と所有の安全とが市民社会の土台であるから、この土台に対する犯罪は普遍態に対する犯罪であって、普遍態を侵害するものとしてより厳しく処罰される。窃盗が死刑で処罰されるというのは、割が合わないかのように見える。他者が窃盗によって被る損失は、ごくわずかかもしれない。しかし、そのことで市民社会の安全が侵害されているのだから、市民社会はより厳しく罰することができる。とはいえ、市民社会は、もっぱら普遍態の侵害に対応して処罰を変更しうるのであって、全体としては、価値の同等性を登場させなければならない。そして、普遍態の侵害の側面は、ただ一契機として加えられるのでなければならない。犯罪は、もちろん普遍態にまで高められなければならないが、無規定的で抽象的な普遍態に高められるのではない。

刑罰を厳しくする別の観点もある。たとえば、陰謀が現存しているときや、犯罪をはじめて犯すわけではないときである。行為には、意志の側面が本質的に属しているし、行為する意志においては、量的な区別、意志に関する等級が登場する。陰謀を企てる人は、犯罪への尻込みを克服し、手段となって幇助する多くの人間によって自分の意志を強化したのであり、行為はより集中的な意志の行為となる。意志がいくつもの段階を克服したときも、同様のことである。だから、犯罪の繰り返しは、犯罪や悪が、普遍的なものや永続的なもの、習慣になっていることを示すのであり、処罰するにあたっては、これらすべてに留意しなければならない。しかし、危険性は、一契機にすぎず、しかもひねくれた契機である。なぜなら、あたかも犯罪のなかにある疎遠な可能性が処罰されるかのように表象されるからである。

115

ある事件でそれ自体でもそれだけで独立しても存在するような権利と、法律上規定された規範にしたがって定在を有するような〔権利〕とは——すなわち、権利が認識できることと、〔それが〕裁判で立証されることとは——、たがいに外面的な側面、そのかぎりで偶然的な側面を持っている。なぜなら、第二の権利、つまり定在は、それだけで独立して外面的な側面となるが、〔第一の〕権利は、それ自体でもそれだけで独立しても生ずるべきだからである。そのうえ、法律は、教養形成されればされるほど、具体的な事件にとって一層複雑なものになり、そのため、評価と適用は、裁判官の主観性に一層強く左右されるから、正式なものである司法のみならず、衡平の司法も現存しなければならない。つまり、損失があるときに、物件の公平な査定に注意を払い、当事者の状態や幸せに注意を払うという点だけではなく、主観的に十分認識できることに応じた形式を考慮して判決を下すこともなければならない。より正式な訴訟手続の拡張に対して単純な訴訟手続を要求することは、職業身分の区別——つまり単純で実体的な思考のあり方か、より発展的に形成されより正式でより強情な反省かといった区別——の観点からも重要になってくる。

人間は、自分が権利を持つことを知っている。だが、人間は、自分の権利を貫徹できないし、それを認識できるようにすることができない。なぜなら、認識できる規範は、当人の権利の定在を欠いているからである。こうしたことは、人間にとって恐ろしい感情となる。二つのことが必要である。すなわち、ある人が権利を持つということ、次にそれが認識できるという側面も持つことである。

ところで、〔権利が〕衝突した場合には、本来の権利が正式なものより優先すべきである。たとえば、遺言では、まったく非本質的であるかに見える若干の正式なものが欠けていると、遺言全体が台無しにされる。もちろん、裁判官は、「こうした正式なものが免除されると、偽の遺言が容易に作成される」と言うかもしれないが、裁判官は、この点では法律の利害関心にとらわれているのであって、ある可能性に対して、それも疎遠な可能性に対して本来の権利よりも優先権を与えようとしている。それにしても、正式なものが欠如して、契約書の偽造が起こるかもしれないという空虚な可能性によって、真の権利にそむく判決が下されるというのは、無邪気な人間にとって恐るべきことであるにちがいない。

裁判制度は、権利そのものとほとんど同じくらい重要だし、教養形成された国民であるならば、裁判制度は、できるかぎり発展的に形成されたものであるべきだろう。しかし、イギリスでは、最も精深な法律家でも、すべての法律を知ることができず、またそれらがいかに相互に抵触しあうかを〔見通すこと〕ができない。それゆえ、法律は大いに混乱しているが、裁判制度がこの欠陥をほとんど目立たなくしているし、市民の自由と権利にとっては、新しい法典以上に善い裁判制度が必要なのである。裁判制度では、権利を認識できるようにするために正式な組織がなければならない。しかし、こうした正式なものは権利を妨げてはならないのであって、権利と正式なものが衝突する場合には、正式なもののほうが譲るべきである。

教養形成が高まってくると、正式なものばかりではなく、法律そのものも複雑化する。そこで、裁判官は正義の機関であるばかりでなく、裁判官の反省も大いに働かなければならない。そして、権利を権利として考慮するだけでなく、人びとの幸せも考慮するために、権利の法廷と向かいあわせに、衡平についても法廷がなければならない。幸せというこの側面、同情などの側面が、衡平では考慮されなければならないことである。

ところで、締結された契約を他者の〔側が〕果たさないことによって被った完全には証明できない損害を概算して査定することが、両当事者の現実存在を考慮する衡平というものである。

さて、権利は権利として生ずるべきである。しかし、裁判は、その型どおりに決定しなければならず、形式的な法律からそれることができない。しかし、衡平の法廷は、そのことから生ずるこの不正を除去することができるだろうし、この場で個々の附帯状況を証明しなければならない。こうして、イギリスでは、決定を厳格権に委ねたいか衡平に委ねたいかの選択が自由にまかされている。だから、このような衡平の決定は、「自分に権利が生じた」という非常に価値のある意識を人間に与えるのである。こうして、イギリスの大法官の前では、遺言のもくろみが、また最低限の正式なものさえもたない紙切れが、正式な手続きをすべて踏まえて作成されたそれ以前の遺言に対抗して、しばしば通用してしまう。

職業身分の区別は、本質的に、権利の点で異なった形式をも生み出さざるをえない。こうして、実体的身分にとってはその本来的権利が肝心であって、あらゆる細目がこの身分にとって本質的であるわけではない。この身分は一般に権利を持ちたいと思うが、その心情は実体的なものである。もっぱら反省の身分においてだけ、一切の個別的なことが突きとめられなければならなくなる。

116

法律が複雑化していくと、個々人にとって、その完全な知識をもつことは、専従しなければならない部分的な職業となってしまう。また、こうした法律の複雑化は、特殊な職業にみずからの権利を持ちそれを維持する多くの人びとにとって、それだけますます疎遠なものになる。それゆえに、当事者がみずからの権利について主観的信念を持つようになるのは、独自の洞察によるというよりは信頼によるのである。当事者は、こういう信念を、一つには同格出生の人びとからなる陪審裁判によって、一つには裁判の公開によって手に入れる。この二つは、公正な司法のための最大の保証である。正式な裁判制度に関係するさらに進んだ要求は、裁判の合議制の形式、多数の審級、とりわけ裁判官の――その機能の点、またその公職の占有などの点での――自主独立に関わる。

個人が自分の勉学を全部、権利の知識に向けなければならないことになると、大部分の人びとは、権利の知識や、権利を獲得するしかたを知ることも理解することもできなくなる。司法と訴訟手続とは、個人にとって真の意味で運命となり、完全に疎遠な権力となる。まさに、人間がそこで自由の意識を持つとされる権利、この権利とその進め方は、人間にとって疎遠な権力となる。というのも、法律家や国家が吸い取る費用によって、人間は自分に対してより高いところでの結託、より高い諸身分の結託を見てとり、この諸身分が人間とその権利とのあいだに裂け目を作ることになるからである。人間は、裁判費用を考えるときだけ権利を思い知ることになる。まさに、「どうすれば自分に権利が生ずるのか」ということを個々人が知るという主観的側面が、まったく欠如しているのである。このように主観的意識から権利を疎遠にすることは、ボローニャ大学でローマ法を研究した一万人にも及ぶドイツの青年たちに帰せられるべきものである。法律が複雑化するために、独自に洞察することが不可能になるから、法律家と権利を求める者とのあいだに信頼が醸成されることが最重要な事項の一つであろう。

ところで、陪審裁判と、裁判の公開とは、信頼を維持し、調停官か正式な訴訟かの選択を臣民に委ねる主要な手段である。第一審の裁判が求めるべきは、まずは平和的な和解に着手することである。しかし、こうした仕組みは、次の点で規定されないものを含んでいる。すなわち、調停官が同時に裁判官の手中にあることがあるし、このため当該の紛争を訴訟手続によって終わらせるのか調停によって終わらせるのかが裁判官にとってどうでもよいことになる。そこで、本来は、それぞれの機能のために、個々別々の目的を持ちそれを実現することに関心を抱く官庁がなければならない。それに、この二つが結びつくと、裁判官の主観的で金銭的な目的が、一つには自分のために、一つには自分の友人や弁護士のために登場してくる。

さて、同じ職業身分の人びとによる陪審裁判の場合、［われわれには］二面があって、陪審員が事実構成要件を突き止めなければならないという面と、突き止められた事実構成要件に関して裁判長がもっぱら法律だけをストレートに宣告してそれを法律のもとに包摂するという面がある。権利が与えられているという主観的な信念もまた定在しなければならない。信頼、つまり「権利を手に入れているのだ」という意識が教養形成され、発展的に形成されなければならない。だが、発展的に形成された権利があるときには、主として、各人がその権利のもとで自分自身を知ることによって、信頼が寄せられなければならない。ところで、このことは、陪審裁判によって生ずるが、陪審員は、フランスのようにもっぱら知事によって選ばれるのではなく、国民によって選ばれるのでなければならない。ただし、陪審員は、裁判の都合で選ばれるのであってはならず、選ばれるべき人のとりわけその道徳に対して選ぶ人びとが寄せる信頼によって選ばれるしかない。陪審員は、自分の上に立つ人に関わっても、自主独立した人でなければならず、まさしくこのように遠慮しないことが主要契機となる。それ以外にも、自立しているという性格が現存しなければならない。

国家への利害関心を失って、精神がこのように政治的に不活動で鈍感になって成り行きまかせに暮らすことに慣れてしまった市民には、無償でそのような公共的な公職をつかさどることが非常に不愉快であるかもしれない。専制国家では、一般国民なら、そこでもかなりうまくやっていけるが、より高い階級になると、専制君主のより近くにいるわけだから、それよりも圧迫されている。フランスで陪審裁判が望まれているはずなのにまだ根づいていない理由の一端は、公職をつかさどる習慣から離れていることかもしれない。

陪審員は、裁かれる者と同格出生でなければならないし、裁かれる者は、「陪審員が自分と同種の利害関心を抱き同一の生活環境にあるのだ」という期待が持てなければならない。犯罪の法性決定や誰が犯罪者かということ、一般に事実構成要件の審理は、陪審員にとって［課題の］一つであり、こうしたことは、教養形成された市民なら誰にでも認識できることである。

われわれの先祖の時分にいた参審員は、自治体の市民であって、法律家でもなく無給であった。しかし、この裁判には、参審員が常任委員からなり、自己補充される、という欠点があった。自治体における管理部局のこうした自己補充は、欠陥があるけれども、われわれのところではよくみられるもので、管理者はきちんと釈明することさえしないのである。なるほど裁判に関してコントロールがなされないにしても、常任制や自己補充によって、裁判は、市民仲間から疎遠になり市民仲間に関わりのないものにしてしまう。参審員がまったく沈滞し、たいていは裁判で不活発な委員となるのは、そのことも原因であったかもしれない。

　突き止められた犯罪に法定の刑罰を適用することは、別の法律行為（actus）であって、これは法律家としての裁判官の権限に属する。しかし、裁判官は、事実構成要件に関して前もってもう一度陪審員に明確な問いを提示しなければならない。裁判官が個々のどの附帯状況に関しても特殊な問いを陪審員に提示でき、好みに応じて多少なりとも陪審員に質問できるなら、裁判官は、たくさんの答えのなかからみずからの結論を引き出し、まさに自分の意志にしたがって判決することができる。そして、陪審員の働きは終わりになる。

　ところで、イギリスでは、陪審員の全員一致の決定が必要である。なぜなら、決定は単純でなければならないからである。こうした全員一致は、フランスの場合よりましである。フランスでは、投票の三分の二で十分であり、裁判官の投票が最後の決着をつける。全員一致が必要な場合には、自分に対する判決に犯罪者が寄せる信頼もまた一層大きいに違いない。刑の判決が言い渡されるなら、それが市民仲間どうしの相関関係に反することもあるだろうが、法律［に基づく判決］の言い渡しは、特定の裁判官からなる本来の裁判の権限に属する。[六七]［陪審員］は、客観的なこと、抽象的なことについて語る必要はない。概念にしたがって本質的に区別された活動は、分離された特殊な行為でもなければならない。このため、陪審員は主観的なことについてだけ語らなければならないのである。

　ポリツァイは、犯罪者に対して敵対的に振舞うし、犯罪者を処罰すべきだと考えようとする。しかし、裁判官は、まったく公平だから、犯罪者の利害関心も持ちあわせている。したがって、裁判官とポリツァイとは、やはり分離した官庁でなければならない。

裁判が公開であるべきだということは、同様に本質的な契機である。これは、ドイツに根ざしたもので、いまでも多くの裁判で見受けられる。市民仲間がなぜ有罪判決を受けるのか、誰もがみずから聴き知ることができなければならない。というのも、判決が下される事柄は、被告人の権利であるばかりでなく、万人の普遍的な権利でもあるからである。このことによって、犯罪に関する国民の見解や裁判の判決にも違いがなくなってくる。被告にしても、市民仲間の前で自分への判決が言い渡されるなら、国民が審理に関与している点で、被告は尊敬されているわけである。もっとも、一般に、公開でなければならない行為というものは、〔非公開のものとは〕まったく別の重みを持っているものである。

――裁判の合議制の形式も、同様に裁判の本質的な要求である。こうした合議制の形式は、ドイツに由来する。こうした合議制の形式には、もちろん、決議を遅らせる面もあるが、この形式を欠くと、それだけにますます多くの恣意やますます多くの特殊な利害関心が登場してくる。ところで、どんな合議体でもある人が担当官でなければならないから、誰もが担当官になりうる以上、誰もが――自分のためにも望むことでもあるので――たがいに他の担当官に対してみずからの案を付け加えることになる。そして、責任は合議体全体に基づくから、個々人の責任は軽減される。しかしそれでも、担当官は、みずからの提案がそれ自身で普遍的な通用性を有するように、自分の労働を調整しなければならないし、説明責任の点では、担当官により多くの説明責任がある。さらに、専制政治に対抗して〔おのれを〕貫くためには、合議体なら、共同的な全体として一層の強さをそなえている。というのも、合議体では、個々人の恣意に働きかけることができないので、個々人の恣意があまり多くのことをなしえないからである。合議体のそれぞれの委員は、確立した全体に加わるのであり、心情や振舞い方ではそれほどたいして入れ代わりがないのである。

侵害されていると信ずる人が上級審に控訴できるようにして、多数の審級があることも、とても必要なことである。第三審は、通常、下級審の正式な手続きがきちんと遵守されているか否かだけに留意する上告審にすぎない。ところで、このように審級が連続することは、同様に〔裁判の〕迅速な進み方を妨げ、そのかぎりではまずい方向をたどる。昔ドイツでは、なんと次のような事態にまでたち至ったのである。すなわち、君主の家臣たちは、第三審である帝国最高裁判所〔六八〕から放免されると、幸運だと思った。なぜなら、第三審では、審理がしばしば百年以上もだらだらと続いたからである。

——君主制では、「君主みずからは裁かず」というのが本質的な原則である。それは、判決を下すことが君主の人格的な恣意になってはならないためであるし、しかも、君主はそれ以外にもとても多くの威力をすでに持っているからでもある。だから、裁く人は、当事者に対して、当事者を裁く以外の威力を持つべきではない。したがって、最近では、君主は裁判官を任命する権利しか持たず、裁判官はその機能の点で自主独立している。君主は、恩赦権も持つが、刑罰を厳しくする権利は持たない。粉屋のために行ったフリードリヒ二世の行為——若干の裁判官が貴族に反対して粉屋にとって権利を認めなかったので、その裁判官を免職にした——についていえば、国王の行為は、粉屋に正しくないことが生じたと国王が信ずるかぎりで、正当化された(41)。しかし、裁判をする判事は、恣意によってその職が奪われてはならないのである。

被告人が弁護人を持たなければならないというのも、同様に自然な事柄である。なぜなら、被告人が信頼する人を被告人につけてあげなければならないからである。——これは、われわれが考察した第一の点である(42)。

C　ポリツァイ

117

欲求のシステムでは、万人の欲求のための普遍的な資産能力が現存している。司法では、万人の抽象的な権利が主張される。だが、欲求のシステムでは、個々人の幸せは、その人自身にとってだけ目的となる。それにまた、個々人の目的は、欲求とそれを満たす手段の普遍的な〈つながり〉にあるのではない。個々人の存続は、その普遍的な〈つながり〉に左右されるとしてもである。それゆえ、こうした普遍的なものは、それだけで独立して普遍的なものとして活動しなければならないし、欲求のシステムにおける直接態と偶然態、および司法の行使に関して起こってくる外面的な偶然態を除去し廃棄しなければならない。

ここでは、ポリツァイの対象と概念が考察される。

必然国家は、欲求のシステムと形式的な権利を目的とするし、普遍的なものは、欲求と権利のこの領域に制限されている。人は、ポリツァイのことを全体としてよく思わないが、ポリツァイは、それだけで独立して国民の愛顧が得られなければ得られないほど、それだけ一層必然的なものになる。欲求のシステムには、依然として非常に多くの偶然態が残っていて、普遍的なものによってその対策が講じられなければならない。同様に、権利の領域にもこうした偶然態があり、それを廃棄することがポリツァイの目的にならなければならない。

各人は自分独自の幸せだけを目的とし、普遍的な〈つながり〉をあてにしている。しかし、普遍的なものは、自分自身を目的とし、普遍的なものとして現実存在しなければならない。しかしながら、各人は、自分の利害関心を唯一の目的とし、自分の利害関心を他の職業身分の利害関心に対立させてしまう。だがそこで、ポリツァイは、制限をしなければならず、万人の間の均衡を維持するよう努めなければならない。全体の存続は偶然態に委ねられていて、個々の部分はこの闘争において没落していくだろう。

形式的な権利を現実態にする権利の領域もまた限定されている。司法は、犯罪者が裁判に召喚されるという偶然性に左右される。刑罰的正義の目的は、犯罪が現実存在しないことである。

われわれは、ポリツァイの主要な観点だけを取り上げることにする。

118

第一の偶然態は、個々人が普遍的な資産能力に関与することでそれ自身含まれているものである。というのも、こうした関与は、前提とされる条件や健康、技能、資本などに左右されるし、加えて、遠く隔たった大きな組合わせに左右されるからである。個々人は、市民社会に生まれたものとして、自分の権利を現実のものとするために生きるべく、市民社会それ自身に〔依存し、そして〕自分の権利の非有機的な自然であり外面的条件である市民社会を頼りにしている。それゆえ、貧しい人の欠乏を考えても、また失業や悪意の心情を考えても、普遍的なものは、貧しい人のために気遣わなければならない。そうした心情は、貧しい人のおかれた事態や、蒙った不正の感情から生じかねないことだからである。

各人は、普遍的な資産能力を頼りにしていて、そこから自分の資金を手に入れることができる。各人の技能、労働は、唯一の条件ではない。というのも、普遍的な資産能力に繰り返し関与しうるには、技能とともに、健康と一定の資本が必要となるからである。

ところで、近年のように諸国家が営業や商業に乗り出したときに、次のように言われたものである。それは国家を襲うことがないだろうし、たとえ個々人が没落したとしても、それによって全体は高められるだろう、と。各人は生きる権利を持っている。そして、各人の権利は保護されるべきだ、というにとどまらない。各人は、こうした否定〔消極〕的な権利を持つだけでなく、肯定〔積極〕的な権利も持つのである。自由の現実態は、市民社会の目的である。人間が生きる権利を持つことのうちには、人間が肯定的な満たされた権利を持つということがある。自由が実在のものであることは、本質的でなければならない。

それゆえ、個々人の生命と生計は、普遍的な重要事項である。こうした普遍的なもの自身が、意識的に人間の目的であるべきである。各人が自分のために働くことによって、市民社会は〔普遍的な重要事項〕となるものを目的とすべきである。社会の普遍的な資産能力は、個々人にとって非有機的な自然の側面をなし、こうした側面は、個々人がそれを占有できるように個々人に提供されるべきである。というのも、地球全体が占領されているからである。また、このため、個々人は市民社会を頼りにしている。というのも、個々人は、生命の権利を持つことによって、地球に対して権利を持つからである。人間が生きることを困難にする個々の契機があるとするなら、それは人間の生きる権利に対抗する特殊な契機であって、病人や愚か者の場合にそうしたことがある。生命の権利は、人間において絶対的に本質的なものであって、この本質的なもののために、市民社会は気遣わなければならない。

なんの資本も、あるいはなんの技能も占有しない人は、貧困である。貧しい人が面倒を見てもらえない国家では、貧しい人はきわめて悲惨な状態に陥ることがある。貧しい人は、たとえば着るものを持たないし、教会に行けないから宗教の慰めもなしですまさなければならない。裁判に訴えるだけの形式的な司法権によって貧しい人の権利を維持することは、形式的な司法についてまわる費用の点からして、貧しい人には不可能である。宗教や司法権の面で、また医療の面でも、貧しい人は大いに不利である。というのも、医者は、貧しい人に同情を寄せるだけだし、病院の管理人たちは、病人から多くをせしめて独自の利益にしてしまう。普遍的なものはこのような偶然態を廃棄しなければならない。まずは欠乏に対しては特別に、特殊態に対する利害関心を父親のように抱いて、普遍的なものが気遣われなければならない。

さらに、貧困に普通ともなう怠惰と悪意に対応しなければならない。しかも、貧しい人がまさに一番同情をもって支援を受ける場合にこそ、怠惰と労働嫌いが高まるのである。生活の維持のためにわずかなもので間にあう南国では、そうした直接態、そうした配慮されない状態が生ずる。人間は、ここから引き離されなければならない。というのも、人間は、自分の労働により自分自身に左右されるべきだからである。怠惰は容易に悪徳になるし、「不正を蒙った」、「他の人間と同等でない」という感情は、貧しい人に悪意を呼び起こす。市民社会は、貧しい人を促して労働させせなければならないし、そのようにして、たいていは悪意に対抗的に働く自立している感情を、貧しい人に目覚めさせるのである。

それにしても、人間に対して〔一定の〕この部分で生産されている手段がもはや売れなくなり、その手段の営業が行き詰まってしまうときに、職業身分全体、営業部門全体がそうした貧困に陥ることがある。そこで、個々人が見渡すことのできない組合わせについては、国家が気遣わなければならない。

市民社会の縺れあいそのものも貧困を生み出す。欲求を満足させる手段〔を入手するのが〕難しすぎるからである。都市や豊かな田舎にいる多くの人間の間で暮らすことには普遍的な可能性があるので、非常に多くの人間がいつもこの可能性に引きつけられる。このように広げられた大きな可能性は、多くの人間をたとえば首都に引き寄せる。だが、個々人にとってこうした可能性は偶然的なものであって、賤民は貧困とともに増加していく。ところで、たとえばイギリスでは、自治体が各人を扶養しなければならないと各人が知っているので、このことが無精を増加させている。だから、市民社会は、貧しい人を活動的であるよう保つ権利も持っているのである。

119

一方で、犯罪に関係する権利を考えたときの偶然態は、その犯人の発見や、犯人が裁判にかけられることに関わるが、他方でとりわけ、刑事裁判そのものは、偶然的な行為である犯罪を犯すことに左右される以上、偶然的で制約されている。そこで、ポリツァイは、そういう行為の防止に心がけなければならない。その防止の心がけは、必要不可欠なものに制限され――もっともその制限は無規定的だが――、また市民のその他の行いや運動が妨げられないように、とりわけそれがいたるところで監督されて現れないように、制限される。同様に、適法な行為や所有の私的使用は、それだけで独立して、他者へのより普遍的な関係を含み、また自分独自の所有もしくは共同の所有を他者が使用することへのより普遍的な関係をも含んでいる。そのかぎり、ポリツァイは、他の損害や不正が起こりかねないこうした普遍的関係を監督し統制しなければならないのである。

　犯罪は処罰されるべきだが、犯罪者を知り犯罪者を逮捕する側面は、ポリツァイの事柄である。それは、裁判そのものにはふさわしくない。なぜなら、ポリツァイは、ここではいわば犯罪者の敵として登場し、可能なあらゆる方法でしばしば策略を巡らせても犯罪を発見しようとするし——裁判がみずからの品位を傷つけることはありえないし——、犯罪者の捜査は、主観的なものだからである。そして、この探索は、まだ正義を含むものではない。

　犯罪は、偶然的な行為とみなされるべきである。個々人が悪であるということは、なにか偶然的なことだと考察されなければならない。そして、肯定態をもたらそうとする空無が犯罪である。

　そこで、ポリツァイが犯罪を防止すべきなのである。悪は生ずるべきではないし、それを防止する権力が現存すべきである。それは、当為の立場であって、この当為の立場は、必然国家という有機組織に密接に結びついている。フィヒテの国家は、ポリツァイを核心とみなし、それをとくに敷衍しようとするが、フィヒテの国家は必然国家である。だから、「身分証明書を携帯しなければ誰も外出してはならない」とフィヒテは言う。そして、フィヒテは、犯罪を防止するために、このことが非常に重要だと考える。しかし、こうした国家は、いつもたがいに監督しあう本物のガレー船になってしまう[43][六九]。ポリツァイのこうした監視は、必要を超えてはならない。だが、必要不可欠なものというこうした段階がどこで登場してくるかは、たいてい規定することができない。

　このため、「ポリツァイは特別な命令がないかぎり家に入ってはならない」と想定されるだろう。というのも、家族の内部の行いは、観察されてはならないからである。同様に、いたるところで警察の手下の姿が見られるというのも、なにか不快なことである。この点では、秘密警察が最善になるのかもしれないが、どうしても必要な監督を秘密警察が果たしていると見られてもいけない。しかし、この隠密のものには、「公共生活が自由であるように」という目的がある。罠にかけてもあらゆる可能なやり方で現場を押さえるという警察官の心情は、抑圧されてもならないが、育まれてもならないのである。

――ロンドンでは、犯罪者を追及する公職に就かない連中を使い、犯罪者を連れてきた者には報酬が与えられる。そして、この連中、つまり警察のスパイは、主観的な利害関心から公務員をさしおいて、みずから犯罪者を作り出すか、犯罪をでっち上げようとする。この点では、次のようなことも起きてしまった。すなわち、貧しいアイルランド人たちが、自分のしていることの訳も分からずに貨幣を偽造させられ、やがて逮捕されたのである(44)。そうしたことから、腐敗のうちでも最深の奈落の底に落ちることもあるのである。

――ところで、ポリツァイは、多くの面倒なこと、たとえば身分証明書の検査を手配しなければならない。こうした服務規程は必然的に現存するし、とにかくそれを執行する人はそれを義務から行うのであり、「信用できる人だと思っているが、当人を検査すること」に心情の相関関係を認めるわけにいかない。むしろ、私は、警察官にとっては主観的に疎遠な者なのである。

同じように、ポリツァイは、誰もが自分の所有物の使用によって普遍的な所有物や個々人の権利を侵害しないように監視する。急転する人生の浮沈、市民生活の急迫にさいして、非常に多くの人びとが行う一時的な行為は大目に見られなければならない。

ところで、個々人それぞれがしなければならないようなことを、普遍的なものがすべての個々人に代わって引き受ける。そして、ポリツァイが登場して、私の私的所有物の使用がどのように他者に害を与えうるのか、見積もることになる。しかし、このような見積もりでは、ある程度の寛大さがなければならない。というのも、そうでないと、ポリツァイは、私的所有物の使用に無限に介入することになるからである。そうでないと、こうした監視を制限しなくてはならない限界を確定することができない。

ポリツァイは嫌われる。なぜなら、それは、とてもせせこましい道を動か［ねばならず］、あまりにもささいな事項を行わなければならないからであり、障碍を取り除きつつ、肯定的ではなく否定的にのみ作用するからである。ポリツァイがないか、あるいはきわめて劣悪なポリツァイがある（国々で）はじめて、人は善いポリツァイの価値を感じとる。というのも、人は善いポリツァイにはまったく気づかないものだからだ。ポリツァイが作用しないのを見るところでは、そんなポリツァイは褒められもしないのである。

120

すべての市民的営業が繁栄するためには、一般に、敏速で明快な司法と市民的政治的な自由が絶対的な促進手段になる。しかし、きわめて個別的な欲求を満足させることも他者の作成した手段の準備に依存しているから、こうした手段は、一つには、なにか普遍的な使用のために規定されたものとして、監督を必要とする。だが、一つには、一方で、さまざまな取得方法と生産物とが相互に利害関心を対立させること、他方で、大産業部門とそれに結びつけられた個人とが他の大産業部門や個人に依存し、対外的競争にも依存することがあり、これらは、普遍的なあらかじめの気遣いや指導を必要とする。同様に、万人の使用のために調えられた公益的な手段や施設にしても、こうしたあらかじめの気遣いの一部であるし、最後に、産業の進歩した国民では必要になる植民についても同じことがいえる。

司法の側面での市民的自由、そして政治的自由は、必要な契機である。

諸政府は、たとえばわれわれのところのように、学問を高めるために大いに苦労している。しかし、そのためには、なによりも、所有を侵害する海賊版を諸政府が廃棄すべきであった。学者からは正式に盗んでもよい以上、学問が外面的に保護されるだろうと言うことはできない。他のすべての営業部門でも、明快で迅速でなければならない正義については、似たようなことがある。だから、手形法は、商人のために速やかに施行されなければならない。農奴や奴隷は、気遣われ、労働をする代わりにみずからの欲求を満足させてもらう。市民もまたみずからの欲求のために労働するが、自由な市民の活動と奴隷のそれとの区別は非常に大きい。というのも、自由な市民は、自分の所有が保護されているという感情をもって労働するからである。

同様に政治的自由も非常に重要である。それがないところ、それが抑圧されるところでは、国家は衰弱する。だから、以前にかなり優れていたポーランドは、貴族の抑圧によりまずその産業で瓦解に追い込まれ、かなり有名だった都市も没落し、いまやその名前しか知られていないし、国全体が分割されてしまっている。以前は大変有名だったイタリアの大都市の場合も同じである。それは、たいていの場合、政治的自由と自立を欠いていたため、落ちぶれて小さな町になってしまった。というのも、所有を享受し、占有し、取得したいと思う気持ちが、司法と政治的自由を欠いて失せてしまったからである。敏速で明快な司法と政治の自由が登場してはじめて、営業生活も活発になるのである。

——ところで、きわめて個別的でささいな、最も必然的な欲求についてみても、各人は他者に依存している。個々人は、自分が買うこの手段、つまりこの商品を、自分にとって有用か高すぎないか、調べなければならない、といえる。だが、個々人は、これらの些事をすべて調べるとなると、そのことで多くの労働や苦労に見舞われるであろう。それゆえ、普遍的なものが、こうしたあらかじめの気遣いや苦労を個々人から取り除いてやらなければならない。そうなると、こうしたあらかじめの気遣いは、個々人すべてについてまわることだから、普遍的なものは、普遍的なものとしてこれらの商品を調べる権利も持つことになる。というのも、そうでないと、買い手と売り手がたがいにどのように契約書を結ぶかは、誰にも関係がない、と言えてしまうだろうから。しかし、たとえばパンのような商品は、普遍的なものとして供給され、買いにくる個々人は、偶然的に、抽象的な個人としてやってくる。だから、普遍的なものは、手段が普遍的に使用できることを巡視し、検査しなければならない。そして、普遍的なもののわずかな骨折りが、個々人の際限ない特殊な苦労を節約してくれるのであり、他者のために労働する人びとには、この気遣いを取り除いてくれるのである。限界は、この場合無規定的で、ポリツァイの気遣いは、普遍的な手段だけに制限されなければならないが、特殊な欲求しか満足させない一層人工的な商品は、ポリツァイに関わらない。しかし、これがどこまで広げられるべきかについては、述べることができない。

さて、普遍的なものは、次のことにもあらかじめ気遣わなければならない。すなわち、個々人が自分の欲求を満足させうること、つまりしかるべき量の手段が定在し、価格が高すぎないことである。だが、同様にまた、普遍的なものは、工場主が存続できないほどにまで価格が下がることのないように気遣わなければならない。こうして、営業身分と農民の身分とは、たがいに対立しあう。農夫は、みずからの果実をより高く売りたいと思い、職人は、それを安く手に入れたいと思う。これによって、さまざまな職業身分間の均衡が廃棄されるが、それはしばしばかなり長期にわたる。イギリスでは、このことがしばしば議会の審議の対象となる。そして、数年前に果物の輸入が許可されたのは、それらが国内で一定の高い価格となったときだけだった。商業身分は、商品の消費が減少しないよう、それに高すぎる租税が課されないことに利害関心を抱く。そして、価格の低廉化によって消費が不釣り合いなほどに高まるので、財政は、より重い公課よりもより軽い公課の下で好調になる。

商業身分のさらに進んだ利害関心は、国内の工場が浮揚するために、そこで製造される産物について外国から輸入することを困難にするか禁止するかすることである。すべての国家で商業を自由にするのが困難なのは、そうした国家間ないし国民間の条約が偶然的なものであり、どの国家も主要にはみずからの臣民のために気遣わなければならないからである。

ところで、イギリスでは、あらゆることが投機として行われ、農業身分でさえもそういう方向性を持つ。しかし、他の諸国の欲求に対するこうした関係は、この関係を無に帰せしめると営業身分の没落が出来しうるほど主要なものになることは許されない。この場合、商業の利害関心と工場主の利害関心は、しばしば対立する。そこで、ある職業身分のどんな利害関心も、他の職業身分の利害関心に逆らって高められてはならないことになる。

年の市が立てられるのは、そこで外国の商人も販売できるようにして、消費者がみずからの地域や国家にいる工場主の恣意に過度に委ねられないようにするためである。工場用の材料に高い輸出税を国家が課すことによって、この国家は、外国の工場主を自国に誘致し、その工場で自国民が雇用されるようにすることができる。

かたや、ある階級が遠く離れた国々で売れ行きを伸ばすとき、個々人は、自分の業務がうまくいっているか、この階級のところからは必ずしも見ることができない。そこで、国家がそのことをあれこれ考慮しなくてはならない。新しい機械の導入の場合も同じことで、それによって手工業労働者はパンが得られなくなる。だから、普遍的なものは、機械の導入を促進しなければならないが、また同時に、パンが得られなくなる人びとの扶養にも努めなければならない。国家は、外国に対しては、通商交渉により、臣民に対して利得を獲得するよう努めなければならない。

道路と運河は、とくに産業を盛んにするが、海はもっとそうである。海には、また、商業身分に勇気の側面をもたらすという固有のものがあり、独自の有用や利益や享受の原理の代わりに危険が登場し、このことが勇気を形成し、産業の目的そのものに対する無関心を形成する。それゆえ、危険な賭けに関して古代の諷刺詩人が行った非難は、正しくない[七〇]。

人口が増えすぎると、やがて植民が発生する。土地財産が分割できないところでは、家族のうち一人だけが自由な土地所有者となり、他のものは下僕となって、この場合には住民数は増殖しない。しかし、農夫の土地財産が分割できかつ自由があるところでは、住民数が非常に増え、土地財産は十分でなくなる。すると、人びとは、自由に自立することなく窮乏して工場労働で暮らしていかなければならないか、あるいは国家が次のことに気遣うかしなければならない。すなわち、これらの人間が、まだ利用されていない地面で、あるいは居住者によって完全には利用されていない［地面］でみずからの生計を立てるという国家に対する要求を実現してもらい、そこで母国にいるのと同様に生きることができるということに気遣わなければならない。こうして、植民地が成立する。フランスとイギリスは多くの植民地を持っている。この入植者たちは、つねに母国の市民にとどまるから、母国に有用なことを多くもたらしてくれる。

ところで、このような欠乏が起こっているのに、国家が市民に気遣わないと、わがドイツの場合のように、移住というものが始まる。その理由は、人口過剰と、一定の生活様式を営むことができるようにという要求からくる。しかし、われわれのところでは、移住者は、個々人として移住するし、母国に対して入植者として有用とならないし、母国が気遣ってくれないのだから、他の国民に編入されてしまう。そもそも、植民地は、初めは母国に依存する。しかし、それは、次第に自主独立したものとなり、独自の国家を形成するようになる。

121

最後に本質的なことは、
（一）個々人それぞれが特定の職業身分に配属されていることであり、また、特定の職業身分になるために特定の技能ないし特定の所有が要求されるとき、個々人それぞれがそれをもつことを実証することである。
（二）もろもろの職業身分一般ならびにそのさまざまな特殊な諸部門が、同じ規定、［同じ］業務や利害関心を持っているのだから、コルポラツィオンに編成されることである。それは、それ自体で同等のものが共同的で普遍的なものの形態でも現実存在するためである。このことは、共同的な利害関心を配慮するためでもあるし、また個々人の身分相応の名誉や幸せのためでもあるが、――各人はみずからの特殊態に応じて一つの普遍的なものに基づいているのだから――全体を本質的に強固化するためでもある。

職業身分の自然的な違いは、普遍的なものとして承認されているためには、たんに自然的な差異にとどまるのでなく、普遍的なものとしても現実存在しなければならない。各人は、その（ブルジョワとしての）市民的な現実存在のために、特定の職業身分に所属しなければならない。しかし、まずもって、各人がそのための技能と資産能力を持っているかどうか、審査されなければならない。さしあたりたんに欲求に関係するだけのこれらの諸身分は、堅固なコルポラツィオンにならなければならない。

コルポラツィオンにある理性的なものは、共同的な利害関心が、こうした普遍的なものが、特定の形式で現実的に現実存在することである。原子論の原理では、各人が自分のことだけを気遣って共同的なものを気にかけず、ある一定の職業身分として規定したいかどうかは各人にまかせてしまい、政治的な見地で各人が適任であるかに留意しない。それは、原子論の原理をそのように欲する人なら言うように、「誰もが良いと思わない労働に就いている人は、みずから別の営業に乗り出すだろう」からである。こうした原子論の原理は、そのような人を偶然態に委ねてしまう。反省というわれわれの立場、原子論というこの精神、自分の名誉を個別的なことにおき共同的なものにはおかないこうした精神は、有害であり、コルポラツィオンの崩壊をもたらした。

ドイツは、こうした精神によって崩壊して原子となってしまい、帝国は衰微した。原子論によるこうした時代が登場し、こうした野蛮の精神が登場して、そこでは、実力者や小都市のそれぞれがたがいに闘い、市民や貴族(その後の都市貴族)が衝突しながら諸都市を形成するに至った。諸都市は同盟を結び、このためハンザ同盟やシュヴァーベン同盟が成立し、このようにしてコルポラツィオンにより市民社会が形成された。諸都市ではあらゆる営業が再びコルポラツィオンとなり、ツンフトに身分相応の名誉が生まれた。これは、市民生活の美しい時代であった。そこには共同的なもののなかに享受があり、個々人は、自分だけで独立して楽しむのではなく、普遍的なもののなかで楽しんだ。

ところが、この精神は再び引き裂かれて、人びとは、自分の身分を恥じるようになり、その構成員として振舞おうとせず、みずからの名誉を自分にしかおこうとしない。祖先に由来する自然的なものは、ギリシア人やローマ人の場合、区分をする土台となった。しかし、われわれの場合の土台は、営業に基づき、共同的で永続的な現在的利害関心に基づくもので、こうした利害関心は、人びとが自由選択によってみずからに与えたものである。こうした土台が、より高次の土台なのである。

もちろん、都市の市民は、都市の街区にしたがって、ポリツァイの見地から区分することもできる。しかし、これは、外面的でたんに空間的な相関関係であり、ここでは死んだ数が土台となる。同様に市民軍の場合も、大きさによってなされる中隊への区分は、外面的なもので、リアルではなく、以前行われたコルポラツィオンによる市民軍の区分に比して劣悪である。

しかしながら、次のようなことも生じた。すなわち、どのコルポラツィオンも——国家権力が十分でなかったので、全体に留意せずたんに自分のことにだけ留意して——権利をすべて横領した。これは、他のコルポラツィオンの諸権利を考慮しないことでしか獲得できなかった代物である。それゆえ、国家が存続しうるには、コルポラツィオンからその権力と威信が奪われなければならなかった。こうしてコルポラツィオンは衰退したのである。

コルポラツィオンは、共同的な利害関心に配慮するために有用であり、共同的に行為するというこうした欲求はつねに出現する。しかし、各人は、本質的に、ある普遍的なものに所属することにも自分の名誉を持たなければならない。個々人として抜きん出たいという自尊心はあるべきでない。それ自体で普遍的なものが普遍的なものとしても承認されているときにはじめて、国家という全体は内面的な堅固さに到るのである。

欲求の領域は、特殊な諸目的を持っているが、それらは、共同的なものとして整理されている。この共同的なものは、諸構成分肢に分配されるものであって、その分配の規定態は、欲求のシステムのうちにある。特殊なもののすべての本質的な利害関心は、生計を立てることであり、それが特殊なものを特殊な領域に結びつける。こうした本質的な利害関心は、人間がみずからに与える特殊な規定に基づく。それは実在的な領域であり、この領域は具体的であり、活動に属している。その領域の特殊な諸目的は、その領域にとって本質的であるが、ある共同的なものを形成する。この側面が、市民社会において最も本質的な側面なのである。

第三節　国　家

122

家族という直接的な、すなわち感覚的な〈実体のあり方〉は、個別的な実体としての人倫的実体であるが、これはそれだけで独立して市民社会に移行する。そして、第一の家族のもとで内面的な根を持つ目的にとって、また第二の市民社会のもとで没意識的な必然態から普遍態へと連れ戻されるべき外面的な実在のものとなっている目的にとって、市民社会の特殊な目的と利害関心は、普遍的な利害関心に解消する。精神的な〈自然のあり方〉は家族連合(七二)にたどりつき、特殊な欲求は市民社会にたどりつくが、絶対的義務としてそれ自体でもそれだけで独立しても存在する普遍的なものは、国家にたどりつくのである。

このような国家は、第二の領域における必然国家とは異なる。

二つの主要契機は、〔家族という〕単純な〈実体のあり方〉と、この〈実体のあり方〉が〔市民社会という〕差異の領域へと分散することである。形式は、第一の領域は、感覚や愛、信頼などであり、第二の領域では、自分だけで独立して存続したいという欲求だが、しかし、依存のうちにあって他者に対する欲求である。この第二の領域は、相関関係の立場である。すなわち、たしかに自立しているという立場だが、しかしそこに他者が仮象を映し出す相関関係の立場である。この相関関係は、一般に現象の領域であって、ここでは、自由が形式的なあり方をしている。一方の主要契機は、純然と同一であることだが、他方の主要契機は、このように同一であることの分散である。第一の〔領域〕に愛の〈つながり〉があるように、ここ〔第二の領域〕には必然態の〈つながり〉があり、この〈つながり〉のなかで人間はたがいに自立的なものとして振舞うのである。

第三のものはこれら両契機の統一であり、この統一は自由の意識として現象する。自由は必然態としてあり、この必然態は自由としてある。市民社会においては、自由は、分離の所産ではなくて、自然的な〈つながり〉の所産である。本節の国家においては、自由は、分離の所産であるとともに、自由で自己規定的な一体化の所産なのである。絶対的義務は国家にたどりつく。国家という人倫は、自由が存在することであり、理性的なもの、つまり普遍的意志が必然態として生じ、外面的な定在を持つことである。

国家は、みずからの内面的な根を家族に持っている。家族と国家は相互に対立する。元首は、ある家族の首長とみなされ、家族関係が、普遍的で包括的な相関関係として国家の根底であり続ける。

国家の絶対的な目的の一つは、市民社会において国家が外面的に実在のものとなることである。しかし、普遍態の形式が必要に迫られて出来する場は、否定態の契機である。普遍態というこうした形式は、国家の必然的な契機であるが、特殊な欲求の目的のためにあるのではない。むしろ、国家では、自由意志が本質的な目的なのである。諸目的は、個々人の幸せのために再生産されつつ構成されるが、しかし、普遍的なものの幸せに解消する。国家における普遍的なものは、特殊な諸目的をそのものとして硬直化させることなく、それらが不断に普遍的なものに解消するようにするのである。

123

国家は、それ自身明白で公然たる普遍的意志として、人倫的な精神の現実態である。この普遍的意志は、習俗にとって直接的な定在のなかで、個別的な自己意識に即して、みずからを知りかつ成し遂げる。個別的な自己意識の知と活動に即して、［この普遍的意志は、］媒介された現実態を持ち、この個別的な自己意識は、普遍的意志が自分の実体であり自分の活動の目的と所産であると知る心情によって、普遍的意志のうちにみずからの自由を持つ。

国家において、普遍的意志は現実的となり、普遍的なものは絶対的な目的として定在を持っている。ここでは、憧憬やら彼岸やら未来やらは存在せず、目的は、現実的であり、現在にある。

内面的なものは、直接的には外面的であるから、内面は外面としてあり、またその逆でもある。(七二) こうした内面的なものが同一であるものである。植物の成長などは、外面的なものであり、〈この〉定在である。しかし、そうした概念は、植物の内面的なもの、植物の自然をなしている。

自己意識の本質は理性的なものであり、理性的な意志はただ自己意識のうちにのみ現存する。国家において、精神は、際だったものとなり、それ自身明白なもの、普遍的なものとなっているし、必然態の領域にあるようにでも市民社会にあるようにでもなく、自由として存在している。これは、みずからを知る普遍的なものであり、普遍態の形式をとった意志である。ここで、普遍的なものは、公然のものとなった法律として意識されるように、現実化されてもいる。この場合、普遍的なものとは、国民の習俗のことであって、この国民は、精神であり、また普遍的で自然的な出来事の形式をとる。

生命ある有機的なものは、自分自身をみずからの活動の所産とするのだから、最初のものであるとともに最後のものでもある。こうした活動が、自己意識の個体性をなしていて、この個体性は、自分を否定態として定立し、みずからに無限に関係する自由な自我である。この個別的な自己意識において、精神はみずからの現実態を持つ。理性は、本質的に具体的であり、そのことによって精神である。

精神的な〈自然のあり方〉は家族にたどりつき、欲求は市民社会に、自由意志は国家にたどりつく。意志が自由意志であるときには、善は、目的として要求されるばかりではなく、その現実態でも要求されている。しかしながら、善は、直接的には現実的でないという意味での理念である。国家において、善は、現実的に現存しており、彼岸のものではない。動物的な有機体は不断にみずからを生み出すが、有機体が生み出すものはすでにして存在しており、有機体は再生産するにすぎない。国家における善についても同様である。善は、好みの心情でも、良心という心情でもなく、外面的で現実的な定在である。そこで、善が存在するためには、国家は強制の援助をかりることができる。

124

国家の権利とは、国家の理念が承認され現実化されていることである。個々人は、みずからの特殊な意志で国家に参入し、国家のうちに存在する権利を持っている。個々人は、自由意志でこの国家に加わらないのであれば、自然状態に身を置くことになる。こうした自然状態では、個々人の権利は、承認された権利でなく、このように承認されることが、自然的なやり方で、すなわち承認を求める闘争によって、また暴力によって、達成されなくてはならない。こうした暴力の相関関係では、神的な権利が国家の創設者の側にある。

国家とは、現実的な普遍的自己意識という普遍的意志であり、神の理念である。だからまた、諸国民は、国家の普遍的な本質を神として崇拝した。その本質は、普遍態や現実態での自由である。「この理念が存在せよ」ということが、最高の権利である。自由は純粋な活動であり、自由というこの活動は自己意識であって、それゆえ、理念は、個別的な自己意識のもとでみずから実在するものとなる。

抽象法の場合、人格がみずからの自由を外面的で自然的な物のうちにおくのと同じように、実体的自由の材料は、自己意識である。実体的自由は、みずからを個別的な自己意識とする。そして、個別的な自己意識は、実体的自由に逆らえば権利をもたないものとなる。諸個人は、この理念に逆らえば、権利をもたないものとなり、尊厳を失う。「国家が個別的な自己意識によって現実化されよ」ということは、国家の絶対的な権利なのである。

個別的な自己意識は、〈人格そのもの〉の点で自由であるから、そもそも国家に参入しようとするか否かを個人の恣意にしてしまう。個別的な自己意識は、みずからの理念を国家のうちに持つべきであり、個人は、みずからの特殊態という否定態によって現実的に自由な個人となるべきである。自己意識は、国家の理念において本質的な契機である。

個人は、国家のうちに存在したくないという特殊な意志を持つとすれば、直接的なものとして現実存在しようとしているのであり、国家に逆らい自然状態に陥っている。個人と国家のあいだに闘争が始まらざるをえなくなる。

自由なものは、みずからの知を他の自己意識のうちに持たざるをえない。このことが、より高次の定在であり、表象のなかの定在である。個人がこうした定在を持ちうるのは、自分を承認してくれるという他者の意志のうちでしかない。したがって、人格相互の〔自然状態という〕そうした無関心がなくなって、相互承認が定在しなければならず、危険を冒して自然的な定在を廃棄するための、承認を求める闘争が始まる。自由は、直接的な存在に対抗する否定態としてだけ現れる。各人は、この危険にみずから踏みこみ、そのなかで、否定されるべきものに対してみずからの自然的な存在を曝す。

ある者が、国家に逆らって自分だけで独立して自由なものであり続けようとするならば、国家を相手に承認を求める闘争に踏み込むことになる。しかし、神的な権利は国家の側にあり、したがって、国家は、自然のうちで自由であり続けようと欲するこうした個人に対し、強制する権利を持っている。国家の創設者たちは、英雄とみなされなくてはならない。英雄たちは神的な権利の創設者であり、したがって英雄たちには強制する権利が帰属する。英雄たちは、たとえ暴力によって個々人を集住させたとしても、諸国民の英雄とみなされるのである。（七三）

125

諸国家のこのような創設には、同時に次のことが必要である。すなわち、市民社会のコルポラツィオンや結びつきは、さしあたり特殊な目的の共同的な利害関心に立脚しているが、これらが、概念にしたがえば国家に属するはずの権力を占有し、しかもこの占有が、国家から流出したものではなく、国家に対立する固有の私権となっている場合、国家は、普遍的統一として、こうした特殊な占有を廃棄する絶対的権利を持つことが必要である。

諸国家がコルポラツィオンから生成したということ、たとえば封建組織を通じて生成したということは、われわれのところでもかなり頻繁にある事例である。その結果、現代の諸国家では、上流身分の者に対する国民の闘争が頻繁に起こった。第三身分としての国民も再びコルポラツィオンを形成し、国民は、これによって、国家の無力につけこんで特権を取得した。こうした特権は、最近の趨勢全体が反対するものであった。フランスやイギリスのような他の国々では、国家が、このような特殊態を抑制した。しかし、たとえばイタリアでは、事情が逆である。

部分的なものが国家を粉砕することが、あたかも自由であるかのような仮象を持ちえた。個人であれコルポラツィオンであれ、個別的なものが国家の諸権利を占有するとすれば、国家は、こうした諸権利に対抗する神的な権利を有しており、こうした諸権利を個別的なものから剝奪することができるし、またそうしなければならない。コルポラツィオンは、諸特権を私的所有として主張し、自分だけで独立して形式を持っている。あきれたことに、ドイツでは、首長が、国家のこうした諸権利を個別に売却し譲渡したのである。国家の構成員は首長と交渉を行い、首長は国家の諸権利を国家の構成員に私権として譲渡した。こうして、国家の諸権利は、絶対的に違法なやり方で個別的権利（jura singulorum）となってしまった。人びとは、こうした権利がどこに由来したのか知らなかったし、これが個々人の占有しえない国家的権利であったことも知らなかった。

ところで、モーザーは、ある著作において、個々人がもつ国家的権利であれ私権であれ、こうした権利のすべてについて講述した。[45] 最近の諸革命は、この点に関係している。とくに租税との関係では、免税や裁判権といった国家の権利が私権として帰属した職業身分や個人が存在した。そして、現代では、国家が理性的な現実存在をもつに至る歩みが生じている。こうした歩みは、千年来生ずることのなかったことである。理性の権利が、私権の形式に抗して通用するようになったのである。

私人は、そのことについてけたたましく金切り声を上げており、フランスでは亡命者たちがいまだに自分たちの特権を取り戻そうとしている。同様に、ドイツでも皇帝直属貴族だった者たちが、旧来からの自分たちの特権のために権利という名前をいまだに利用している。だが、国家が適法に補償の義務を負うのは、まれな事例でしかありえない。したがって、免税に対しては、いかなる補償も要求できない。なぜなら、当該財産に課された支払い義務の履行が廃止されているからである。もし補償が行われるとすれば、国家は、一方の手で取り上げておきながら、他方の手で返却するようなものだろう。裁判権という権利、将校の地位やその他の公職を入手する排他的な権利などのあらゆる権利は、まったくもって補償を望むことができない。なぜなら、国家は、むしろ、こうした階級に対して、そうした享受に対する請求書を作成することができるだろうから。

保有地移転料（laudemium）をともなうような封土関係の生じている場合は、別問題である。この場合、保有地移転料が、私的所有の形式に移行する。そして、所有が地役権から自由であり自由となるべきである以上、このことによって利益を上げる者は、遺失者に補償しなければならない。

それ自体でもそれだけで独立しても存在する意志においては、こうした普遍的なものに逆らえば、特殊なものとなることのできるものはなにも存在しない。

126

国家の生命は、

（一）自分自身へと関係する有機体であり、これは内部国家法としてある。

（二）他の諸国家へと関係する、それだけで独立して存在する個体性、すなわち外部国家法である。

（三）国家の普遍的な理念であり、これは、個別的な諸国家がもつ個体性に対抗する類および絶対的な威力としてある。すなわち歴史である。

動物の有機体は、第一に、みずから分肢組織化する。第二に、有機的な自然は、自分に対立する非有機的な自然に対抗する。第三のものは、類の過程である。普遍的な威力としての類は、みずからの展開をたどり、普遍的なものとして現れる。

同様に、国家の過程も、第一に、国家がみずからの生命を自分のうちに持つことであり、第二に、国家が他の諸国家に対抗する威力や権力として存在するという欲求である。ここでは、他の諸国家との戦争と平和という刺激反応性の段階があり、ここで国家は自立的でそれだけで独立して個体として維持される。そして第三には、普遍的な精神が世界精神として現実化され、類が個体性に対してもっぱら否定的にたち現れ、しかも類は不断に個別態に入っていき、こうして普遍的なものがより公然たるものとなる。歴史の後続する段階は、つねにより高次のものであり、そして、こうなることが、精神の完成能力なのである。もろもろの類は、個体の没落によってのみたち現れるのではない。そうではなく、時代精神は、みずからの現象を廃棄することによって、移行のなかでより高次の段階に到達するのである。

A　内部国家法

127

国家という人倫的総体は現実的な生命体を持つので、普遍的な自由意志が必然態をもって生み出される。ただこのかぎりで、国家は有機的な全体である。自由の有機組織、すなわち国民がもつ〈理性あるもの〉は、国制である。

それ自体でもそれだけで独立してもいる自由意志が必然性をもって生ずるためには、こうした意志の存在することが必要である。自由は、偶然の意味ではなく、必然態の意味で存在しなければならない。自由が現実的であるということは、それが自分自身において有機組織をなしていることである。国民が理性的であるのは、その国制が存在するかぎりでのことである。「国民」という言葉では、習俗や文化などに関するある統一が理解されるが、この統一が存在する実体となっている。

純然たる単純な大群衆《マッセ》としての国民は、まだ〈理性あるもの〉を持っていない。〈理性あるもの〉とは、逆にシステム全体なのである。だから、太陽や地球はなんら理性的なものではなく、時間や空間のかたちで表現された太陽系とか有機組織とかが〈理性あるもの〉なのである。大群衆は、理性的なものではない。つまり、たんなる国民としての国民には、なんの尊敬も払われない。なぜなら、国民は、高貴な国制を持たないかぎり、劣悪な国民だからである。また、普遍的なものだけが、真実に尊重されるからである。道徳の点で諸個人と諸個人とを比較する場合は、事情が異なる。

国制とは、普遍的意志が生み出されなければならないということである。

128

国家は、外面的な必然態としては、部分的なものに対立するとともに、一般に欲求や特殊態のシステムに対立するが、それは、このシステムの目的と国家の目的とが矛盾をきたすかぎりのことである。そのシステムの目的が外面的なものとしてそれだけで独立して固定化されることによって、国家の威力は、権力として現象し、そうした目的に対抗する国家の権利は、強制権として現象することになる。

外面的な必然態であるこのような必然態は、なんら自由の必然態ではない。このような必然態は、必然国家の諸目的が国家と矛盾をきたした場合のものである。国家は、必然国家の諸目的が自分に根をおろすようにさせてはならず、国家の実体へと不断に連れ戻さなければならず、その諸目的に対してもっぱら否定的な態度をとらなければならない。

コルポラツィオンが国家の普遍的な目的に対立する態度をとり、部分的なものがたんに特殊な諸目的のために国家を利用しようとするならば、国家は権力として現象する。こうした闘争は、一面では生命を吹きこむものではあるが、他面では国家の非有機的な自然であって、国家は、この非有機的な自然を不断に普遍態へと連れ戻さなくてはならない。

だから、みずからの特殊な諸目的を国家の目的に対立させるなにかが、それだけで独立したものとして固定化（七四）されるなら、国家は、こうした外面的なものに対立する外面的なものとなる。もし、そのなにかが国家において観念的に存在するのでなければ、国家の強制権が登場する。

さて、われわれは、内部的な必然態の諸条件を考察しなければならない。

129

国家体制に関しては、次の二つの側面が考察されなければならない。

（一）内面的な有機的規定による国家の概念。

（二）国家の普遍的な業務への諸個人の配属と関与。

ところで、前者の国家概念は、それ自身次の二つの契機を含んでいる。

（a）普遍的で純然たる精神と、

（b）この精神の活動によって生み出される現実的な精神とである。

国家の概念は、以上のような精神として、意志の自己規定と個体性とをみずからのうちにそなえる。前者の普遍的で純然たる精神は、万人の実体であり、万人の目的、万人の自己意識である。しかし、この精神が、現実態および活動として、みずからのうちで分肢組織化されていない大群衆《マッセ》として振舞うかぎり、普遍的なもののこうした個体的な意志は、恣意と偶然態であり、全体は、たんに直接的な現実態でしかない。

国家の概念は、一般に、普遍的なものそのものである。第一に、普遍的な精神がそれだけで独立して考察され、第二に、いかにして諸個人が——この質料が——普遍的な精神に配属されるかが考察される。国家は、みずからのうちに有機的な生命を持たなければならず、諸個人が普遍的な業務にいかに関与するのかが規定されなければならない。第一の側面は、それだけで独立した精神の生命であり、これについては、「精神の生命は、活動的な普遍的意志であり、みずからのうちで自己規定する普遍的な自由である」と言われている。そのかぎり、法律は、未決定のままであり思想であるが、しかし、意志の契機があると生命あるものとなる。普遍的な精神は、第一に、端的に純然たる普遍的な精神だが、第二に、みずからを再生産する具体的で普遍的な精神でもある。そして、この二つの契機が精神を形作っている。

個々人は、みずからが属する国民の息子である。個々人が知っていることのすべては、普遍的な実体に含まれている。普遍的なものは、個々人が存在と職をもつ地盤であって、それゆえに、万人の目的とは、やはり、こうした本質がそうした実体であること、この実体が不断に生み出されることなのである。諸個人は、こうした実体の契機であり、みずからを特殊なものだと知っている。しかし、諸個人の知ることはすべて、直接的な実体のもとで媒介されている。こうした実体は、万人の実在的な自己意識である。この自己意識の側面にしたがっていえば、知の普遍態は、万人の知のうちにある精神、すなわち共同精神である。しかし、この共同精神は、全体的なもの、実体的なものにとどまるならば、みずからのうちで分肢組織化されていないものだろうし、その意志は、たんに全体的なままの無区別の意志であって、恣意であろう。

精神は、直接的に現実的である。それは、知るものでありかつ知られたものである。そして、こうした知ること自身が自己意識であり、精神は現実態をそなえる。自分自身についての諸個人の確信は、精神の直接的な現実態である。とはいえ、その直接的な現実態は、偶然的であって、そうであることもそうでないこともありうる可能的な現実態である。しかし、実体は、直接的な現実態であって、こうしたものとしては、まだ真実に実在するものを持ちあわせない。

このことと関係するのが次のことである。すなわち、「国家に共同精神が存在すべきだ」と言うとしても、共同精神は普遍的な基礎ではあるが、そこで立ち止まってはならないということである。「人びとが共同精神を持つべきだ」と激励したり命令したりしても、共同精神は、出来しはしない。こうした激励は、主体に無理な期待をかけるのだから、道徳的である。共同精神は、心情ではあるけれども、個々人それぞれにとって自分自身のなかで目的でなければならず、道徳的なものとして個々人それぞれの意志に委ねうるものではない。命令によるなら、共同精神が、義務として外面的に無理に期待されることになる。

共同精神は存在する。共同精神が存在するためには、国家の生命が現実的であることが必要である。イギリス人は共同精神を持っているが、これは、個々人それぞれに権利が与えられること、また普遍的意志としての国家が個々人にとって国民の独自の意志であることを、イギリス人が知っていることによる。すべての同胞は、みずからの自由の本質、みずからの実体を国家のうちに見いだすのである。ところが、オリエント的な専制政治では、いかなる分肢組織化もなく、個々人は「一つの」意志のなかで消え失せて、統一は、みずからのうちで分肢組織化されていない。純粋に民主制的な国家でも、個々人それぞれが自分の意志に訴えるだけであり、この意志が直接的に生ずるかぎり、事情は同じである。したがって、どうとでもなる大群衆が現存しても、それはなんら必然態ではないのである。

130

精神的な実体がみずからを生み出す生命あるはたらきは、実体のみずからのうちにある有機的な活動《ヽヽ》であり、みずからに否定的に関係するという自由である。これにより、普遍的な精神が自分自身のうちで区別され、精神の普遍的な業務や権力が、異なった権力や業務という精神の概念諸契機に分肢組織化されて分割され、このように区別することから精神の普遍態が出来する。これが、精神的な実体がみずからを生み出す生命あるはたらきなのである。普遍的な製作物や存在であるとともに普遍的な心情でもある究極目的が、区別された業務領域の特定の行動から生み出されること、これが自由の内面的な必然態である。

必然態とは、区別されて自分自身を規定するもの、つまり自分を区別するものが定在することであって、これらのなかでは、概念が分裂している。しかし、分裂した両項のうちに概念が存在しており、両項の運動は、みずからを解消して概念の同一態をもたらすことである。

絶対的な精神は、自分自身を規定し、そして自然となるが、しかし、自分へ還帰することによって真の精神となる。精神は、このように区別することによってのみ生命となる。不完全な動物は、塊《マッセ》のごとく定在するほとんど分肢組織化されていないものだが、より高次の有機体では、このような媒介や運動を通じて再生産が進行する。純然たる動物は、前者のような虚弱な有機的身体である。

国家としての精神は、本質的に、自分を自分のなかで区別するものであり、こうした自己分割であって、このようにしてみずからの偶然態を失っていく。つまり、ただこうした分割によってのみ、精神は、生命あるもの、有機的なものとなる。享受は、このような区別立てから戻って来ることとしてのみ与えられる。宗教の場合、個人は、労苦を超越してしまう。普遍的な自由は、享受ではなくて、真剣なものであり、静止することがない。生命のある現実態は、実体が不断にみずからを生み出し、自分自身を規定することである。つまり、否定態という契機が自由の契機なのである。国家における区別項は、構成分肢として、自分のうちで自立的であるとともに全体を生み出し再生産する固有の有機組織をともなっていなければならない。

精神は、実体的で純然たる統一として存在しているが、上述のような自己区別において自分を原因としている。もし、「国制は最善の者たちの統治するところが最善である」というなら、これはきわめて陳腐である。というのも、国制は、善いものであるべきであるなら、偶然性に左右されないものにすることができるからである。プラトンやアリストテレスの場合、最善の者たちが政府を掌握することは、神的な幸運だとみなされる。そして、

二人は、最善の者たちが頂点に立つという必然態の契機を導入する。(46)(七五)

131

国家の概念には、次の三つの契機が含まれている。

(一) 普遍的で理性的な意志。これは、一つには、国制と憲法典として、一つには、本来の意味での法律としてある。すなわち、国制そのものと立法権である。

(二) 普遍的意志の特殊化、つまり、審議と反省として、普遍的意志のもとに特殊なものを包摂することである。これは、一つには、特殊なものを普遍態の形式へ高め、この形式に向けて調えることであり、一つには、普遍的なものを個別的なものに適用することである。すなわち、統治権である。

(三) 全体の自己内反省であり、最終的な決定と命令としての個体的な意志である。すなわち、君主権である。

こうした区分は、概念自身の諸契機にしたがった区分であり、有機体における感受性、刺激反応性、また感受性と刺激反応性の統一としての再生産という区分と同様である。

国家は、(一) 普遍的なものとしての普遍的なものである。つまり、それ自体でもそれだけで独立しても存在する普遍的なものとしての普遍的なものが国制であり、特殊なものに関係する普遍的なものが法律である。法律とは、特殊なものがもつ普遍的なものである。国制は絶対的な権力である。つまり、国家においては国制は与えられず、国家はたんに立法権を持つにすぎない。

(二) 国家は、統治権である。すなわち、特殊なものに普遍的なものを適用し、特殊なものを普遍的なものへと高めることであり、国制や法律の適用である。ここには、法律に向けて調えたり、決議したりすることが含まれている。特殊なものに普遍的なものを適用することも決議である。

(三) 国家は、全体の主観性である。この主観性によって、全体は一個の主体となる。つまり、ピラミッドの

〈この〉最終的な頂点である。

カントは、権力の分立によってのみ自由が維持されると述べ、（一）立法し憲法を制定する権力、（二）司法権、（三）執行権の区別を行った(47)(七六)。この区分では三権のそれぞれが自分で最終の決断をするとされ、このことにより三つの権力が存在する。しかし、どの権力も他の権力に従属しないのだから、全体は有機的なものでなく、また、どの権力も、他の権力から分立しているのだから、概念契機ではない。

立法権は法律を与えるが、法律がたんに普遍的なものにすぎないのに対し、決定するものとしての普遍的なものは、主観的なものである。だが、普遍的なものは、それ自身明白に普遍的なものであるべきである。しかし、これらの諸契機は生命あるものであるべきで、したがって、それぞれの契機は他の二つの契機を自分のうちに含むべきである。立法権は決議するものだが、統治権も決定するものであるし、生命あるものである君主権も、もちろん決定するものだが、しかし、普遍的なものにしたがって普遍的なもののうちで決定するものである。

132

こうした分割は、

（一）自由にとっての絶対的な保証である。なぜなら、この分割によってのみ、自由は、みずからのうちに現実的な諸権利をそなえるからである。権利は自由の定在であるが、定在は、ただ規定と区別のうちにしか現存しない。国制では、普遍的意志の特殊な業務が、たんに義務［として］存在するだけではなく、区別された諸権力として、また諸権利としても存在するのであり、このことによって、普遍的意志と特殊態との結合が、すなわち次のような側面の結合が現存することになる。すなわち、それは、その固有の活動と利害関心が力を注ぐ側面であり、諸個人がその権利を「自分たちのもの」として防衛しなければならない側面である。また、それは、こうした特殊な義務に結びついた諸個人が、ここでいう普遍的な労働の分割によって教養形成され、そして普遍的意志の本質的契機を独自の権利として維持する点に自分固有の自己意識を持つという側面である。

特殊なものとしての諸個人がもつ特殊な意志が、どのように普遍的意志と一体化しているか、また一体化されるべきか、[が、いまや叙述されるべきである]。諸個人は、活動的であるために、つまりある利害関心を抱くために、特殊な所有を占有することが必要である。諸個人は、生命ある現実的な主体であるからには、普遍的なもののために働いてみずからの特殊な諸目的を達成しなければならない。

個体としての国家が、他の個体、他の国家に対抗して自分を維持しなければならないときには、国家全体とその全市民は協力しあう。しかし、国家そのもののなかでは、事情が異なる。人間は、普遍的なものでみずからの利己心を満たせなければ、それに関与しようとしない。しかし、普遍的なものは必然的に生じなければならないし、ここでは道徳的な意志を考慮に入れるべきではない。むしろ、普遍的なものが生じなければならないのだから、各人各様の個別態が普遍的なもののうちになければならない。普遍的なものは成就されなければならないが、それは、個々人が、普遍的なものを成就することで、自分のために働くことによる。普遍的意志においては、個体的な意志の特殊態が維持されなくてはならない。こうしたことが、上述した普遍態と特殊態との実在的な一体化なのである。

これは、一面では愛国心だが、他面では「個人はみずからのエゴイズムに従っている」と言うこともできる。共同精神、愛国心には、こうした保証がない。むしろ、普遍的意志は、みずからを特殊化することによって、たんに道徳的な意志であることをやめ、必然的な意志となる。そこで、分割とは、個人が現実存在と名誉とを持つ業務、しかも普遍的なものに寄与する業務を個人に割り当てることである。大群衆の愛国心は、それ自体なんの必然態も持ちはしないし、こうした愛国心には、いかなる権利も存在しない。同様に専制政治にも、いかなる権利もない。「分割して統治せよ（divide et impera）」という有名な格言は、結びつけられたものすべてにではなく、特殊なものとしての特殊なものに関わらなければならないために分割しなければならないこと[を語っているが」、ほかならぬこうした「分割統治」によってはじめて、自由も成立するのである。それは、エレメントとしての意志することと行為することとが、分割統治によって廃棄されることによる。〈国家が他の諸国家に対抗する権利を有するわけは、直接的には、国家が他の諸国家とは区別された国家であるという点にあるが、われわれはまず国家そのもののなかの諸関係について議論する〉。

自由が権利として存在するためには、自由に対し直接的な外面が与えられなくてはならない。こうした普遍的な自由は、区別することと規定することによってのみ、定在を手に入れ、〈他者に対する存在〉を手に入れる。判断は、概念の直接的な定在であり、概念は、まず判断として定在を持つ。国制で自由が定在を持つことによって、つまり普遍的意志の業務が特殊化されることによって、諸権利が生ずる。諸業務は、全体の自由にそなわる本質的な契機として、必然態と定在を持つのであり、そして、義務と権利が登場する。以上によって、普遍的意志と特殊な意志の一体化が現存することになる。自分たちの恣意にしたがってこうした業務が割り当てられ業務に専念する諸個人は、この業務について技能を持ち、特殊な諸個人としてその専門分野に所属する。そして、諸個人に固有の利害関心や固有の活動は、そこに含まれている。

愛国心においては、一人は万人のごとくでなければならないが、教養形成の〈この〉段階では、そうした特殊化が登場する。この程度の教養形成もまだ現存していない共和制では、一人は万人のごとくという古代人の徳が現れる。しかしながら、個人が個人としてみずからのうちに持つ無限の価値という契機――すなわち、個々人が個々人として通用し奴隷制があってはならないというキリスト教の原理、つまり一人の者が宗教的には他のすべての者たちと同様に自分を神の愛の対象だと知るというキリスト教の宗教の原理――は、個別的なものがみずからに現実存在を与えなくてはならないことを要請する。そして、個別的なものの定在は、特殊態なのである。主体は、個別的なものにすぎない。述語である性質は、特殊態、すなわち主体の定在を形作るが、特殊態は普遍態との関係を持っている。一方では、普遍的なものがみずからを特殊化しなければならないし、〈他方では〕個人のほうも、特殊態のうちにたんに自分の本質、実体を持つばかりでなく、こうした特殊態のうちで自分を維持しながら、こうした特殊なものとして、自分が普遍的なもののうちにあることを知り、普遍態に対して労働するのである。

個人は、みずからの特殊態で自分を生み出すことによってのみ存在するのであり、このことが個人の利害関心である。そして、個人の純粋な利害関心とは、個人によってこの目的が達成されること、その生み出しによって個人が定立されること、個人が所産のうちに自分自身を意識することであって、個人は、所産を「自分のものだ」と知らなければならないのである。内容は、特殊なものであり、定在を持っており、したがって非常にさまざまなものでありうる。つまり、内容は、たんに個々人の生計や衝動にのみ関係することもあるし――こうした内容は利己心である――、あるいは普遍的なものに関係することもある。もし各人がみずからの愛国心から普遍的なことを行おうとすれば、こうした特殊化は廃棄されている。ペロポネソス戦争後、ギリシア人のあいだに、万人があらゆることに従事してあらゆることを行おうとする動揺が生じた。そして、そうなれば、全体が沈滞して力がなくなるのである。

個人に対し特殊な業務が割り当てられることにより、上述のような分割が生じ、労働は抽象的なものとなって普遍態の形式を手に入れ、個人は自分の業務のためにみずからを教養形成せざるをえない。大群衆が現実存在する場である普遍的なものでは、各人は、自分の善い意志であらゆることが行われ、特殊な技能は必要でないと信じているため、普遍的なものが偶然的なものになってしまう。個人に対する関係では、教養形成が要請されなくてはならない。

ところが最近では、ある特殊な職業身分のためになんの技能も習得していない者たちが、普遍的なもの、大群衆《マッセンハフト》となり、軍人身分となり、そこでつまずいている。（陸軍大佐マッセンバッハ[七七]の場合がそうである。マッセンバッハは、参謀本部員としていくつかの戦闘のさいに偵察を行わず、プロイセン軍隊のそうした欠点によって多大な損害を与え、まったくの無能さをさらけだした。マッセンバッハが右だと思ったところはいつも左だった。マッセンバッハは、軍人身分としてもうなんの役にも立たないのに、最近、愛国者として登場した）。――こうした教養形成は、直接的に必要不可欠なものである。諸個人は、自分の技能を特殊な業務に委ねるならば、この職業身分を防衛し自分のものだとみなさざるをえない。普遍的な愛国心が教養形成されるのは、普遍的な自由が特殊化によって生ずることによる。普遍的な愛国心は、現存しなければならないが、しかし、「団体精神（esprit de corps）」を通して生じなければならない。

ところで、こうしたコルポラツィオンは、多くの特権を持つなら、全体にとって危険なものになる可能性がある。コルポラツィオンの目的は、普遍的なものによって、普遍的なもののために、コルポラツィオンに与えられなくてはならない。人間というものは、みずからの行為やみずからの活動によってのみ、自分が何者であるかを告げるのだが、しかし、こうした活動は、自分の根拠と〈つながり〉を普遍的なもののうちに持たなくてはならない。普遍的なものの業務とは、人間が、個々人としてみずからの偶然的な恣意によって貫き通すものではなく、団体のメンバーとして貫き通すものでなければならない。そこで、人間は、国家の業務に就くことによって、この業務のうちに自分の活動と心情を持つことになる。そして、団体全体が、自分の業務を防衛し、それに説明責任を持たなくてはならないのである。頂点にはたしかに一人の個別の者が立たざるをえないが、しかし、コルポラツィオンはこの個別の者を評議員の団体を通じて行為させる。この団体では、各人が、個々人の名誉と団体全体の名誉を防衛するのである。

133

こうした分割は、特殊な業務を、固有の権利のともなう自立的な部局にすることによって、（二一）これらの部局に対しばらばらの自主独立したあり方を与えてはならない。そのことによって、諸部局の自立的なアクションから全体の統一がもたらされるはずである。むしろ、これらの部局は、自分のうちで総体であるのと同様に、一方では、普遍的な国制のなかでのみ、またこれによってのみ、みずからの規定とみずからの権利を持っているし、他方では、最終的な意志決定のために現実的で個体的な統一に合流しなくてはならない。

さまざまな業務やさまざまな権力は、内部的統一と本質的に個体的な統一という二重の統一に本質的に合流しなくてはならない。特殊な業務のおのおのは、自立的な業務であり、自分自身のうちに概念全体を持っていて、そのかぎりで一つの総体を持つのであり、この総体の規定は、全体の一つの契機をなすことである。（たとえば、商業を防衛する国家の義務と権利を自分のものだとして横領したドイツのハンザ同盟のように）個々の職業身分やコルポラツィオンが自分のために気遣ったところでは、こうした気遣いは、全体に由来するものではなく、個々の職業身分やコルポラツィオンの恣意の事柄となっている。そこで、国家におけるすべての業務と権力は、普遍的なものに由来しなければならないが、このことが、内部的統一であり、また固有に現実存在する外部的統一である。一つの最高権力であるこうした主観的な統一がすべての権力を一体化することは、なにか余計なものであるかのように見える。それぞれの個別権力がみずからの責任を果たすときには、そのことによって普遍的なものがおのずと現実存在するようになるかに見える。

フランス人の憲法のすべてでは、頂点となる主観的な統一が欠如するという欠点を持っていた。そこで必然的に、この頂点が、皇帝権力として、そしていまや王権として生じたのである。（七八）諸権力が併存して、そのさいどの権力もピラミッドの頂点をなさなければ、つねに、いずれかの権力が他の諸権力に抜きん出て、それらの上位に立つといった事態を引き起こす。フランス人の場合、国王がただ否定的にしか普遍的な権力に関与せず、立法部局の議案に対する拒否権しか持たなかったため、（七九）頂点があまりに弱体で、立法部局が、却下された自分たちの提案のほうが正しいと信ずれば信ずるほど、緊張状態は不可避となった。このように権力が相互に自主独立しているあり方では、この二つの権力は相互に対立し、統一は闘争によって決着しなければならなかった。そこで最初は、立法権が王権に打ち勝ち、国王は立法権によって裁判に附され処刑された。次に、公安委員会がみずから頂点に立ち、ロベスピエールが指導の最高の〈点〉に立った。そして、立法権が下僕のごとく服従したこの個体的な統一点は、普遍的に賛美される諸事件を引き起こした。その次は、まったく共和制的な国制が計画された（というのも、立法部局が崩壊していたからである）。しかし、この民主制的な憲法は、その内部が空無であったため表舞台に出ることができず、そこで総裁憲法が成立した。しかしながら、それにもかかわらず、根本的害悪は残存した。立法権が、栄光と巨大な威力につつまれた総裁政府にまったく左右されなかったからである。必然的な闘争が生じた。いまや、どの党派も、国家を救済する義務をもつと自認したが、軍隊の頂点に立つ権力、すなわち統治権は、より強大な権力だった。ボナパルトは、まず執政として、次には皇帝として、この頂点を再興した。ところが、ボナパルトは理性的なものを侵害したので、この頂点は、対外的な権力をもつにもかかわらず、反感がもたれたのである。

　こうした事情から、フィヒテは、その憲法論で、二つの自立的な権力を相互に対立させ、統治権に監督官を対置したのである。監督官は、もっぱら法律を守護しなければならず、その威力は次の点にあるとされた。すなわち、監督官は、どこに欠点が生じているのかまずは統治権に注意を喚起し、その欠点が除去されなければ、禁令によってあらゆる部門にわたり統治権を抑制して、統治権を打倒する。そして、国民は監督官に全面的な信頼を寄せているのだから、国民の全威力は、監督官の禁令を実現すべきだとされる[48][八〇]。しかしながら、こうした国制の浅薄さは、二つの自立的な権力が相互に対立しあい、統治権が——フランス人のしたように——申し分のない監督官をやすやすとカイエンヌへと流刑にする点に示されている[八一]。監督官たちが非常に強力であったスパルタでは、エフォロイ〔最高監督官〕たちによって恐怖の貴族制が生じた。とはいえ、エフォロイたちは、クレオメネスとアギスという歴史上に知られる最も立派な人物を打倒することができなかった。というのも、この二人の王は、古いリュクルゴスの国制を取り戻そうとしたからである[八二]。

以上に述べた単純な主観性、単純な頂点（道徳哲学の場合の良心）は、概念に従う本質からすれば、必然的である。イギリスでもまた、国王は、こうした最終的な頂点であるが、国制全体によって衰退してほとんど〈無〉になっている。[八三] 一六九二年以来、王が議会決議に拒否権を行使することが一度もなくなり、あらゆることに説明責任を負う内閣もまた、議会の過半数の支持がなければ崩壊して〈無〉に帰する。[八四] しかし、先に述べた内面的な概念統一も、現実態を持たざるをえないのである。

134

「ある国民のなかで国制を作らなければならないのは誰か？」これが第一のしかも最も重要な問いであるかのように見える。しかしながら、国制は、むしろ国民の適法で人倫的な生命のそれ自体でもそれだけで独立しても存在する基礎として考察しなくてはならないのであって、本質的に、なにか作られたものとして、また主観的に定立されたものとして考察してはならない。国制の絶対的原因は、歴史において展開する国民精神の原理である。こうした展開のなかで生ずる個別的な諸規定の原因は、非常に異なった形態を持ちうる。進展という歴史的なもの自身が、より高次の権威の形態を国制に与えるのである。

本節では、「誰が国制を作るべきなのか？　国民か？　それとも他の誰かか？」という問いが設定されている。そして、答えは、「誰でもない。国制が自分自身を作るのだ」ということである。国制の普遍的な原理をいま命題のかたちにしてみることほど、簡単なことはない。というのも、これらの諸概念は、現代ではおなじみの抽象概念となっているからである。二十五年前から、一、二ダースほどの憲法が発布されたが、どれもこれも多かれ少なかれ欠陥のあるものだった。国制は、基礎であり、すべてのものが生ずる地盤である。したがって、国制は、ある永遠の基礎だとみなさなければならず、「作られたもの」とみなしてはならない。国制はすべて、国民精神の内面的な展開でもあって、国民精神がみずからの自己意識の段階を表現する基礎なのである。国民は、その精神とともに現存しており、国民精神の所産につけ加えることのできるのは、個別的な諸規定にすぎない。

まず第一に、「誰が国制を作るべきか?」という問いは、まったく抽象的で空虚な問いである。ルソーは、国制を、万人相互の、また万人と個々人それぞれとの「社会契約」(Contrat social)として表象した。(49) だが、その場合、[契約を]締結しようとするか否かについては、個々人の好みや恣意がある。しかしながら、国民精神は、必然的なものであり、ただ意識されるべきもので、このような知は、国民全体の取り組む事柄たりえない。むしろ、最も教養形成された人々、つまり賢者たちだけが取り組む事柄なのである。本来国民と呼ばれているものに国制の教養形成を委ねることは、誤りである。なぜなら、国民は国民精神の意識を自分のうちで成熟させてはいないからである。古代では、立法はなにか神的なものとみなされた。モーセは、神を通じてみずからの国制を与えた。アテナイでは、市民間の反目によって国制が適当でなくなったため、市民たちを和合させる者が必要だと感じられるようになり、市民たちはソロンに国制を編成するよう委任した。ソロンは、権威として神託を用いた。英雄のテセウスは、分散して生活していた国民を一体化した。

ルイ十八世は、侵害の許されない国制を国民に与えた。最高の権威としての国王がこの国制を与えたのである。ルイ十八世は、国民精神が革命以来展開してきた自由主義的な理念をすべてこの国制に採用した。国民は、みずからが持たなければならないものをはっきりと意識していなかった。世論――これは現代では巨大な梃であるが――は、本質的な根拠を自分のうちにそなえているが、同時にいいかげんさや誤った事項も持ちあわせているから、ストレートにこれに頼ってはならない。ルイ十八世は、国民精神の真実のところを、すなわち国民精神の生産したものを自分の憲章のかたちで国民に与えたし、賢明にというべきか独自の意志でというべきか、亡命者やその親戚にある狭量さを持ちあわせなかった。ルイ十八世が国民に国制を与えたことは、権威の手続きにすぎなかったが、その内容は、純化された国民精神だったのである。そして、いまやこの憲章は、不変性の形式を根底とする燈台となっている。この場合、「より善きもの」は、不変性の形式を自分のうちに持たないので、「より悪しきもの」となるし、それゆえ本質的である不変性の形式を採用しないためには、国制のうちに「悪しきもの」を好んで放置せざるをえない。

国制の全体は、不変性という絶対的な基礎を持たなくてはならない。しかしながら、国制それ自身、すなわち国民精神は、神的なものであり、歴史のなかで自分自身でみずからを形成する。君主の権威は、一般的に、なにか神的なものと考察されてきたが、国制こそこのようにみなさなくてはならない。国民のこうした精神は、国制を生み出し展開するものである。したがって、個別的な諸規定が作られなければならないが、どのように作られるかは、多面的なあり方が可能である。

個別的なものは変革されうるが、全体は、変革されえず、漸次的に発展的に形成される。そして、国民は、みずからの精神の意識全体を国制の全面的転覆によって生ずるかのように一挙に変革することができない。従臣らは、君主との公然たる闘争に入ることがあるし、君主の場合は君主権を、あるいは国民の場合は自分の権力を――他方の権力を不利な立場にして――強大にしようとすることがある。教養形成の形式によって、静かな変革が起こり、古い外皮を脱ぎ捨て、国制が若返る。

政府、この中間身分は、別の二側面の一方、すなわち国民あるいは君主と格闘する。君主が従臣らを抑制するなら、理性的な国制、少なくとも形式的な全体が生ずることがある。このため、イギリスやフランスではそうなって、国王が従臣らを抑制した。ドイツやイタリアでは、事情が逆である。

国民精神は、実体である。理性的であるものは、生ぜざるをえない。一般に国制は一つの展開であるから、個別的な諸契機は、国民あるいは君主のいずれかの側が契約ないし権力によって闘いとったものという形式を手に入れている。（国家形式は、本質的には必ずしも契約の形式をとらない）。そこで、国制がなんらかのかたちで先祖の闘いとったものとして現象することによって、外面的な形態がより高次の権威を受け取ることになる。しかしながら、真実に〈理性あるもの〉は、国民精神との一致という内面的な権威である。契約による国制の形成という形式は、必ずしも理性的なものではなく、たんに形式的なものにすぎない。しかし、理性的なものは、つねに自力を頼むものであり、このことこそが真なるものだから、劣悪な国制が作られるかもしれないという恐怖は、棄て去らなければならない。

135

国制の一般的区別は、それが、自然に基づいているのか、あるいは意志の自由に基づいているのかという点にある。前者の〔自然の〕原理によれば、生まれが高貴な血統であるとか勇士の家柄であるとかがあるが、この血統や家柄には、心情その他に関してより弱い人々が結びついており、この人々は、国制に対して〈自然の神に向かうような〉依存のうちにある。しかし、後者の〔意志の自由の〕原理によれば、私的権利や政治的権利は、諸個人そのものの独自の意志的所有物である。家父長制的でオリエント的なシステム、さらに貴族制的なシステム、そして最後に民主制的なシステムは、〈自然の神に向かうような〉直観という自然的な原理から意志の原理への移行、すなわち〈精神の神に向かうようなもの〉の原理への移行を示している。

国家の団結が、自然に基づいているのか、それとも意志の自由に基づいているのかということが、国制の区別をなしている。いかなる概念の端緒も、直接態という契機、自然という契機であり、目標は、〈理性あるもの〉という契機である。〈理性あるもの〉がどの程度自然を排除しているのかが問題の焦点となる。

歴史のなかで、諸国民は、英雄の意志に神的なものを見る。これは、神話的なものにおける端緒であり、自然国家と呼ぶことができる。ところで、ある者が従者を糾合し、諸都市を征服するとしても、これは、僭主制という一時的な契機にすぎない。精神的で物理的な権力が結集されなくてはならないが、主要契機は、英雄を神的な本質として直観することである。国王は祭司であり、したがって最古の国王政府は神権的なものであり、ユダヤ人のようないくつかの国民では神権政治が核心となった。これに対し、ギリシア人やローマ人のような大多数の国民では、王権が核心となった。人間は、自己意識をまだ高度に持っていなかったので、この自己意識をみずからの行為を規定するものだとは考えず、神託の言葉を採用した。

より弱い人々は、自由というより強力な意志としてのより強い人に服従するが、それは、なにか特殊なもの、超人間的な本質だとして服従するのである。より強い心情がつねに核心となるが、野生動物から身を守るための物理的な強さもまたしばしば核心となる。そこで、われわれは、まずローマ人やインド人、ギリシア人において、自然的な血統の違いがあることを見る。インド人は最高の本質が四つの血統を創造したと信じており、この血統の違いは永続するものとなったかに見える。ローマでもまた、どの血統がこの国家の基礎を築いたかが非常に重要なものである。ここでは、平民層が征服などを通じて支配者のないままに国家をなすに至り、その後にようやく、みずからにふさわしい自由の意識に到達したかに見える。

諸国家のこうした自然的な成立に対抗する第一の原理は、神的な意志を考察することであり、第二の原理は、自由の意識と、自己意識がもつ無限態の契機とである。家父長制的な国制によって形成された王権的統一は貴族制へと変わらざるをえず（これはまた、単一の神から多神教への移行でもある）、その後にようやく民主制の原理、すなわち個々人それぞれがみずからの自由を顧慮する原理が登場した。こうした民主制的なものは、〈自然の神に向かうような〉あの直観に対しては神聖でないものとして現象することがありえた。したがってまた、人びとは、自然から神が認識されなくてはならないと言うのである。しかし、神的なもののこうした最初の直観に対しては、個々人の自由が神聖でないものとなったのだが、このことによって、〈精神の神に向かうようなもの〉への移行が始まった。少数者だけが持つような直接的なものとして神的なものを直観することから民主制的なものへと移行することは、必然的である。民主制は、意志の自由の端緒である。しかしながら、規則に制御された国家では、民主制はもはや存続しえない。というのも、民主制のままでいると、恐ろしい闘争が生ずるからである。つまり、労働の原理が、民主制の条件である。

アリストテレスが行った民主制や貴族制、君主制という国制の区分は、古代の国制に基づいている。[50](八五)モンテスキューは、この点に関し、民主制についてはその原理が徳であり、君主制の原理は名誉であり、専制の原理は恐怖であると語っている。[51](八六)

民主制においては、目的の特殊態は登場せず、国家という全体が登場する。民主制で習俗が有徳でなくなると、自由が失われる。もし徳が消え失せれば、能力のある人たちの心胸には功名心と名誉欲が宿り、万人の心胸には貪欲が宿る。というのも、各人は、自分のためにできるだけ多くのものを国庫財産から引き出そうとするからである。共和制は、少数者の支配と、万人の放縦である。[52](八七)モンテスキューは、共和制を望まない若者も、共和制を呪わない老人も、どちらも評価できないと語っている。特殊態の原理は、民主制のうちには含まれておらず、もしこの原理が登場すれば、民主制を無に帰せしめるように作用する。特殊態の原理は、普遍的なものと和解しないのであれば、破壊的に作用する。そして、特殊態の原理が出来せざるをえないのに、民主制がみずからのうちにこの原理をそなえていないことが、民主制の欠陥である。その和解があってはじめて、特殊態の原理からその有害性が除去されるのである。

モンテスキューは、さらに、貴族制の原理は節度だという。[53](八八)というのも、ここでは、貴族の妬みを相互に緩和するために、多数の統治者が現存するからである。貴族たちは、自分にそれなりに親密な市民に対し節度を保たなければならない。

君主制では、あらゆる徳に代わって法律が登場するが、原動力は、名誉である。[54](八九)各人は、公共の福祉に貢献する。というのも、各人は、自分独自の利害関心に配慮することを信じ、また、「各人が自分自身を目的とすることによって、この絡みあいを通じて全体が生じてくるのであって、民主制のようにあらゆるものが没落することはない」と信じているからである。いまもし、民主制の徳を君主制のエゴイズムに対立させるとすれば、君主制はより低級のものであるかに見えるが、〔君主制では〕身分相応の名誉が登場し、誠実さが徳となる。特殊態という先述の目的に従う市民社会も、やはり、個別的な諸部分が全体に結びついているため、普遍的なものに対する気遣いに移行する。心情は、君主制では本質的でないが、そうした移行によって、政治的生活では、普遍的なものが普遍的なものとして目的となる。名誉においては、他の人々の表象のなかで〈人格そのもの〉が目的となるが、実在のものでは、エゴイズムも登場せざるをえない。

モンテスキューによれば、専制では、恐怖が原理である。上流身分の者は、君侯の恣意に左右され、最下級の臣民の首は、法律の保護下にある[55][九〇]。たしかに、国民のなかで個別の者〔君侯〕が攻撃されるなら、国民全体が攻撃されていて、専制君主が敗北している。これに対して、上流身分の者は、国民を抑圧し、専制君主とあまりに親密な間柄である。高貴なトルコ人のもとでは、トルコにおける教養形成が進展しない。なぜなら、この人々や専制君主が、宗教や風習を踏み外そうとしたり、目立とうとしたりすれば、国民が大群衆《マッセ》となって彼らに襲いかかるからである。上流身分の者に対する恐怖と、大群衆としての国民に対する恐怖とが、専制君主を抑制しており、専制君主が上流身分の者に対してできるかぎりより専制的に、より残忍になればなるほど、それだけ通常は、国民がよりよい状態になる。

――諸権力は、専制の場合、基本的法律に対抗してではなく上流身分の者に対抗するかたちで専制君主に帰属するが、君主制の場合、分割されなくてはならない。君主は、個別の者としては、あらゆることをなしうるわけではなく、執行を他者に委任しなければならない。封建君主制では、上流身分の者たちが生得の権力を持っており、下級の市民はこの上流身分の者たちに依存する。したがって、ポーランドは、君主制であったが、共和制としてみなすことができた。自分の安全のためにも、同時に国民の安全のためにも、君主は諸権力を分割しなければならない。もし君主がこの諸権力を一体化しサトラップ〔地方総督〕たちに与えるとすれば、サトラップたちは、自主独立するためにほんのわずか一歩踏み出しさえすればよい。

「帝国」は、「君主制」と区別される。だから、ドイツはドイツ帝国と呼ばれていた。だが、「帝国」とは、この場合「無政府」を意味することもある。というのも、服従すべき君侯たちの結びつきは、彼らの威力次第だったからである。そして、小君侯たちは、最も忠実な人々であった。

貴族制では、諸権力がほとんど分割されない。というのも、貴族で構成される評議機関が、立法権と執行権を持ち、とりわけ、評議機関の場にいない貴族たちが、統治権の残余の諸部門をも意のままにするからである。したがって、権利に照らしてみることではないが、事柄に照らしてみるなら、臣下には統治権へのいかなる関与も阻まれている。

民主制では、あらゆる権力がすぐさま倒れる。国民は、最高の立法者であり、最高の裁判官である。たしかに、執行にはある個人が、たとえば最高司令官が必要であるが、この最高司令官に権力が無規定的に委任されるから、最高司令官はどこまで進んでよいものやら知ることができない。動揺する国民にあっては、法律が確定しない。今日では、元首が罵しられるように、トゥキュディデスの時代には、国民について不平が述べられていた。[九一]

136

ある国民がもつ国制のより詳細な性状は、その国民の地理学的に区別された原理のほかに、自由に関する自己意識の段階に、すなわち国民の精神的な教養形成一般に左右される。国家の外面的な大きさも、一つの重要な契機である。なぜなら、この大きさによって、共同的な利害関心が個人にとってより親密になったりより疎遠になったりし、共同的な利害関心に対する個人の活動的な関与がより重要になったりあまり重要でなくなったりするからである。また、この大きさによって、政治的内部的にみずから自立していることに関する国民の自己意識が、他の諸国に対する相関関係と関連することにもなるからである。

ある国民の精神的な教養形成は、国制に最大の影響を及ぼすとともに、この国制が命を吹き込んだものにも最大の影響を及ぼすので、他の国民に適合する国制でもこの国民には役立たないものにしてしまう。理性的なものは、存在すべきだが、しかし、ある国民の自己意識のなかでだけ現実存在を持つ。したがって、現代の国制を考えるときに、ギリシア人やローマ人の国制を引きあいにだすことほど非理性的なことはない。これらの国家でありえたことの多くは、現代の諸国家にいま適用することができ［ない］。だから、歴史はほとんど利用できない、と、しばしば不平が洩らされる。それにしても、個々の事例は無限に異なっており、法律もまた精神的なものの点で異なっている。というのも、人間的意識は、完成可能なものとして、(九二)不断に展開の最中にあるからである。

気候は相当に影響を及ぼす力があるため、地理学的な原理が異なった風土に住む諸国民の国制に大きな区別を設けることになるのは、必然的である。鳥たちの場合、南では、すべてが外に向かい、光り輝くものに駆立てられるが、北では、内に閉じこもり、美しい歌声で飾られる。これは、人間の場合も同じである。人間であるという普遍態の内部では、諸国民のあいだに非常に大きな見解の違いがある。また、国民が立脚する歴史的段階も、国民に適当な国制に大きな影響を及ぼす。さらに、外面的な量も、区別をもたらす。専制は法外に大きくなりうるが、民主制は小国家にしか生じない。(九三)ローマ国家の場合、きわめて異質な諸国民にまで帝国を広げすぎたことが、必然的に転覆をもたらした。しかも、カエサルを排除すれば共和制が再興されると信じたのは、ブルトゥスやキケロ、個人的には非常に偉大な多くの人びとの大いなる愚行であった。(九四)

国家の広がりは、たいていの場合、国制に対して敵対的にしか作用しえないエレメントを国制にもたらすものである。だから、小国家から大国家のことを推量してうまくいくはずがない。とくに、対外的に自立することに関してはそうである。名目上自立しているだけの小国家は、たんなる市民社会の相関関係のうちにあることが多い。外の［列強］への相関関係は、無力の感情であり、このことによって、被治者と統治者が静かに関係しあうことになる。対外関係に多く関わる大国家は、外の諸国に対抗する姿勢をとることで自分の存続の保証をうる。国家が大きくなればなるほど、それだけ諸個人個別には共同的な利害関心が疎遠なものとなる。農民の意識と海外貿易を営む商人の意識には、統一的な同一の利害関心が成り立たない。市民の数が多くなればなるほど、それだけ個々人が全体に及ぼす影響の意味あいが妨げられ、個々人は利害関心を喪失する。個別態がもつ重要性は、あまりにもささやかなものに映る。小国家がもつ国の名誉の意識は、大国家の市民の意識とはまったく異なっており、このことが、一般に、権利の強さを違うように意識する原因となっている。ワイマール公国の出版の自由についても同じであって、そこでは国制が与える出版の自由に対していまや公爵がみずから勅令を発するところである（九五）。

イギリスが大陸から隔絶していることは、支配した海を通じて広範囲に影響を及ぼす可能性があるということだが、このことが対外的に独自の精神、独自の国制を作りあげている。北アメリカについてもそうである。ここでは、他の諸国家の過剰［人口］が定着し、今日ようやく通常の土台である農業が盛んになっている。本質的には、ヨーロッパから遠ざかっていることによって、まったく独自の国制が形作られる。こうした固有の相関関係の下でのみ、市民でないことを原理のうちに含むクエーカー派の人々でも公民となることができる。したがって、こうしたことは、北アメリカの自由国家にして可能なのだから、［われわれのもとでも可能であるはずだとは］言えないのである。

137

市民社会にまでみずからを展開した国民、一般に、定在や欲求、恣意や良心に関して自由な自我という無限態の意識にまでみずからを展開した国民においては、ただ立憲君主制のみが可能である。というのも、特殊態の自己内反省は、一面では、自分のなかで具体的となっている個体性としてみずからを特殊な諸契機へと分肢組織化する普遍的な精神であり、国制であるが、他面では、現実的な個別態、つまり個体的な主体、すなわち君主がもつ契機だからである。

国民の最高の形式は、個別的な諸契機がすべて展開され完全に発展的に形成されて、自分のなかで完備した一つのシステムとなり、このシステムがその諸契機のなかで全体を構成していることである。国民のこうした意識は、自由な自我という無限態の意識に基づいている。個人の独立存在は、民主制では悪徳として出現する。また、アテナイの瓦解に主として働きかけたのは、芸術や学問の出現である。というのも、学者や芸術家は、政治的な利害関心に無関心な態度で自立的に芸術や学問だけに取り組んだからである。こうした個人の独立存在や芸術、学問の出現は、ギリシア最高の教養形成の兆しだったが、同時に、国制のうちにこうした契機を含むことのない国家の破産でもあった。

そこで、こうした原理が現れるかぎり、民主制や専制政治といった大群衆的なあり方は終息し、分散が始まる。これは、それら両極の中間にある契機であり、自分が行為するさいに自分独自の選択をし、みずからの良心にしたがって自由に行為しうるという契機である。反省は、個人のもつこうした特殊態を普遍態へと高める。こうして、特殊態は、それだけで独立することによって、普遍態のためにも存在するが、こうしたことが、もろもろの総体が離れ離れになる国制の全体なのである。もろもろの総体は、こうした分肢組織化そのものによって全体の諸契機をなしている。

特殊化というこうした原理には、全体に対して特殊化を保証する法律が必要となると同時に、特殊化したものを普遍的なものに連れ戻す法律が必要となる。特殊なものは、みずからを個体性と主観性、そして普遍態へと高める。そこで、国制は特殊態を含まなければならなくなる。普遍態を通用させること――これは特殊態の否定である。他方の極は、個体的な主体として存在する最高の頂点、すなわち君主である。こうした三つの契機は、普遍的な自由に関する概念自身の現れにほかならない。われわれは、この三つの契機を考察し、その諸契機が一個の全体へと移行することを考察しなければならない。

a　君主権

138

君主権は、それ自身三つの契機を含んでいる。すなわち、国制と法律という普遍態の契機であり——君主権はここにみずからの実体的基礎を持つ——、次に一般に審議の契機であり、そして最終決定の契機である。最後の個体的なものとしての決定は、数でいう〈一つのもの〉としての現実的な個体、すなわち君主に属する。君主は、意志がもつ抽象的な自己というこうした最終的で直接的な個別態であって、直接的なあり方、したがって自然的なあり方で、それゆえ生まれによって、君主の座に就くよう規定されている。国家の最終的で現実的な統一を恣意の目的とする可能性と、他のもろもろの特殊態に対抗して特殊態の領域へとこの統一を引き下げる可能性とが、すなわち、王位そのものをめぐる派閥対派閥の闘争と、国家権力を弱め派閥の愛顧に帰することとが、以上のことによって阻止され廃棄される。また、君主という人格的なもののうちにある偶然的なものは、国制と統治権との全体的で内面的な強靭さによって、いっそうどうでもよいものとなる。

三つの権力のおのおのは、閉じられた全体だが、それが全体の構成分肢であるかぎり、再び三つの契機を含むことになる。君主権は、国制を基礎としており、立法は、その全範囲にわたって君主権に含まれているわけではない。国制と法律が君主権の基礎をなしており、君主は、それにしたがって統治しなければならない。特殊化の契機、つまり普遍的な原理を特殊な法律に適用する契機は、審議であり、これが第二の契機である。そして、第三の契機は、こうした最終的な〈点《プンクト》〉、個体的な自己、ある現実的な個体であって、これがピラミッド全体の最終的な頂点を形成する。

君主権は、それ自身国制の諸契機の一つであって、みずからの決定を統制しなければならないときに基準とする理性的なものは、君主権に対して現存している法律である。審議の契機は、特殊な重要事項が普遍的なものに包摂されることであり、何が得策で、何が最も有利か――ここに賢明さというものが登場する――が検討されることであり、さらに、特殊なものから普遍的なものを導出して、この普遍的なものが法律となるようにすることである。以上は、反省の契機である。

内閣は、審議するために必要である。形式的な最終決定という契機だけは、個別の者としての君主に帰属する。君主は、「我ハソレヲ意志ス」と言わなければならない。このことが、個体性という最終的な契機である。こうした最終的な確信は、たんに決定することをそれだけで独立して取りだすなら、数のうえの直接的な〈一つのもの〉に本質的に帰属する。こうした最終的なものは、国家においては外面的なものである。道徳では、最終的なものが、内面的なものであり、最善のものの洞察にしたがって決定を下す良心であって、内面という「この〈点〉」である。君主そのものに帰属しているものは、そうしたたんに形式的なものでしかない。

ところで、国民の幸せが君主の偶然的な個体性に左右されるというのが、おもに最近の考察である。というのも、以前は、君主が、国のあらゆる富、あらゆる華麗さ、あらゆる栄光の直観される中心点であったが、最近ではもはや事情が異なっていて、実体的身分だけが、いまだに君主に信頼を寄せ、そのように君主を信仰し、そして、「善い君主の意志と知をないがしろにして君主を抑え込んでいるのはひとえに公務員どもだ」と信じているからである。市民身分にとっては、君主などどうでもよい。しかも、市民身分のもとに次のような俗流哲学が、登場している。すなわち、「君主に――運命が偶然的に選択したこの者に――あまりに多くのことが左右されるのは不当である」とか、「自分自身でよりよく統治したい」とか、「なんて租税が重いんだ」というのである。

教養形成された国制では、国家がもつ理性的で堅固な有機組織によって、君主の個体性が取るに足らないものになっているし、まさに元首の人格がこのように重要でないことにこそ、国制の力と〈理性あるもの〉とがある。しかしながら、ある国制では、他の国制以上にこうした〈人格そのもの〉に左右されうるのもたしかである。

ところで、君主が周囲にひろめる栄光と、そのために宮廷を通じて君主が行う支出とは、最近ではたいていい、元首の私有財産である御料地によって支弁されている。昔なら、国民は、君主の栄光が国民独自の悦びだと見ていた。しかし、君主が私的所有者でないとすれば、君主が最も富裕な者として現れ、また華麗さの点でもすべての臣民を従えているようにするには、普遍的なものが君主に対して配慮しなければならない。国民がすべてのものを神殿や元首の宮殿などにして自分の私的資産にせず、全体は富んでいるが個々人は貧しく、普遍的な宝物が個々人の富であると考えた昔の見解のほうが、一般的な直観によれば、ずっと善いものなのである。

さて、直接的な最終決定が君主に帰属するので、君主は、直接的に、自然的なあり方で、つまり生まれによって君主とならなければならない。自分を確信するという最終的な抽象体は、直接態である。選択にあたっては、つねに客観的なもの、より善きもの、根拠というものが思い浮かべられているが、君主にあっては、必要なのは純粋に主観的なものであって、客観的なものではない。この点に関しては、議会、立法権のところで、さらに詳細に言及されるだろう。

こうした最終決定が、君主の原理である。昔、われわれは、この最終決定を神託、鳥占い(九六)などに見てとった。ところで、あらゆる物には際限なく根拠と反対根拠があり、上述の最終的な「我ハ意志ス」ということがこのことを終わりにしなければならない。古代人のあいだでは、祭司が、現実に巻き込まれることなく中心に生きており、本能的なしかたで最終決定を言い渡した。

ところで、犠牲に捧げられた動物の内臓によって決定を下すというのは、人が自分自身に決心がつかないとき、ある偶然性によって規定してもらおうとするのと似ている。しかし、最近では、こうした偶然性に自分を託しても、もはやこれを外面的な自然に委ねないところにまで、自己意識が到達している。このように、君主のうちには、そうした最終的な神託があり、最終決定という偶然的なものがある。こうした決定は、古代人のあいだでは特殊態から取り出されたように、われわれのもとでも生まれによって特殊態から取り出されており、こうした生得の権利によって、君主の継承が自然的に進むわけである。

「最善の者が元首となるべきだ」と言われれば、すぐさま、選挙国のほうがより理性的なものであるかのように見える。自由なものの総員が集会し、全国民の拍手喝采によって元首を指導者に祭り上げる。しかし、こうしたことは、元首はとりわけ最高司令官でなければならないと考える、より未開の国民のもとでしか起こりえない。というのも、選挙国では、誰が君主であるべきかということが特殊な諸個人の思い込みに左右されるからである。したがって、国家において恣意が「第一のもの」とされ、特殊態が派閥を獲得し、個々人の特殊な利害関心が元首と協定して、この特殊な利害関心が独占する諸特権によって国制を瓦解させることになる。

元首を選挙すべき者たちは、特殊な目的を達成しようと努力する具体的な個人である。というのも、「特殊な利害関心が存在すべきだ」というのが、国家における「一つの」契機だからである。選挙というものは利害関心がなくなるはずの手続きであろうし、このことは国制における矛盾となるだろう。

今日の元首たちが自分の名前を署名する以外にほとんどなにもしないということに関して、いろいろと理屈がこねまわされているが、こうした形式的なものの価値となるとまったく洞察されていないのである。

139

決定のもつ客観的なもの、すなわち内容と、法律上の根拠および賢明さの根拠とは、決心する主観性のうちに直接的には含まれておらず、したがって君主の形式的意志とは区別された審議に属するのだから、君主は、統治行為全般に対して説明責任がない。君主は、国民の最高の代表ではあるが、最高の国家公務員でもなければ、国民に委任され雇用されているのでもなく、ましてや国民と契約関係を締結しているのでもない。このような規定には、君主の概念規定をなす主観性の直接態とは矛盾する「意志による根拠づけ」がある。上述のほか、君主にはとくに、国家公務員の任命にさいして行う最終決心と、司法の観点で犯罪者に対する恩赦のために行う最終決心が属する。

君主は、たんに主観的なものとして行為するのに対し、正当化されうるものは、行為の客観的なものだけである。したがって、君主には説明責任がない。というのも、君主の統治行為にさいしては、そうした客観的なものでなく、意志のまったく形式的なものだけが君主に属するからである。神託や鳥占い、占星術がみずから告知することに対し説明責任をもたないように、君主もまた説明責任をもたない。そして、こうした意味では、君主に関し、「君主は自分自身以外の裁判官や自分を超えた神を持たない」と言われるのも正当である。君主がもつ権威の神性は、君主が直接態の契機をみずからのうちにそなえるということである。「理性的に神的なもの」は国制であり、君主は「自然的に神的なもの」である。

君主の恣意は、抽象的な恣意である。否定的な統一はたしかに最も精神的な契機ではあるが、しかし、こうした最終的な頂点では、復帰があるために、主観性の契機が存在することになる。

イギリスのジェームズ二世は、君主の神的権威を主張したが、これには「客観的なものもまた君主の恣意に属する事柄である。法とはこのことだ」という含意があった。このように、人は、「神は恣意である」と言い、また神性を自然のうちではなく、奇跡のうちに認識しようとする。ところで、人びとはジェームズ二世に恣意を許したが、意志することの客観的なものは国王の恣意から切り離されて、議会がこの客観的なものを引き受けることになった。

君主は、その国民の最高の代表である。国民によって選出された者たちも国民の代表者であるとすれば、元首と国家公務員も、国民の代表者である。とくに君主は、最終的な頂点として、他の諸国民との相関関係において当の国民を代表する。君主は、最高の国家公務員でもなければ、国民によって委任されたのでも雇用されたのでもなく、国民と契約関係を締結しているのでもない。君主は存在する。こうした最高の偶然態は存在する。客観的意志の譲渡は存在する。君主は、まさに、根拠づけられない、無根拠の、形式的な決心という契機をなしている。この契機が決して契約でないのは、契約の場合、まさに国民がこうした主体といかにして合意に達しようとするのかが、また合意に達しようとするか否かも、国民の恣意に左右されるだろうからである。

選挙国では、特殊な利害関心と、選挙を規定する客観的根拠との混同がみられる。もっとも、〔君主の〕ある家系がとだえて死滅した場合、〈自然のあり方〉という契機が動揺するに至る中断状態が登場し、そこで、ある別の家系が選ばれなくてはならなくなる。

君主による国家公務員の任命にかんしては、後に述べる(56)。

君主権は、提出された根拠にしたがってのみ恩赦を与えることができる。良心の場合と同様に、君主のもとでは、正しいことも正しくないこともなくなるのだから、恩赦は君主に属するのである。法廷は、しばしば、犯罪者に恩赦を与えるよう元首に勧告する。

140

君主権に含まれている他の契機は審議職であり、この審議職は、普遍的なもの、内容と根拠、つまり一般に事柄の客観的なものを君主に提出する。この審議職は、一つには、執行権ないし統治権の頂点で特殊な重要事項の決定の力となる内閣であり、一つには、普遍的なものとしての、また法律としての普遍的な重要事項を起案し審議する力となる枢密院である。統治行為の説明責任は、こうした評議員にある。評議員の人的選任とその罷免は、君主の恣意となる。なぜなら、評議員は、君主の特殊な人格と関わりあわなければならないからである。君主権の説明責任は大臣たちにあるので、たんに人格的に規定された元首行為、また君主の主観的な側近グループつまり宮廷によっていくぶん規定された元首行為が行われることはありえない。そして、君主のどの決定も、関係大臣によって署名されていなくてはならない。

枢密院と内閣は、根拠という客観性を君主に提示する義務を負っている。大臣は、君主の下す決定に署名しなければならず、この決定に説明責任がある。ここでは、君主権が、普遍態に関係するかぎりで考察されている。普遍態の契機は、君主権の第二の契機である。

内閣によって、客観的なもの、根拠、一般に事柄の知識が君主に提出され、次に君主のほうは、この根拠にしたがって決定したりしなかったりすることができる。意志はあれこれと決定できるが、一般に国家の仕組みでは、理性的なものが生じなければならない。国家の仕組みは、普遍的な必然態に対抗している特殊な恣意が除去されるというみずからのうちで有機的なシステムである。仕組みの威力は理性的なものであり、人はこの理性的なものに信頼を寄せなければならず、偶然的なものの威力が優越しているとみなすには及ばない。最終の主観性は、まさに偶然態である。しかし、どのようにすれば、この主観性が、全体という必然態に、それを破壊することなしに組み込まれるのだろうか？

この主観性は、最終的に決心する要石として、全体における必然的な契機であり、全体も、この必然的な契機も、こうした全体のうちで存続している。理性的な国制を欠いた国家の頂点に立つ君主は、全体をみずからの恣意に委ね、あらゆるものを破滅させることができる。概念によって必然的なものが――これが存在しているということが、信頼の念を起こさなければならない。

一般に、君主に対して大きな要求をすることには、理性的な国制を欠如した専制国家の表象がつきまとう。このように、君主をめぐるなにかしら神秘的なことは、凡人が見抜くことのできない、また見抜いてはいけないことであり、だから凡人は、君主として華麗にたち現れる元首に一切の威力を委譲し、一切が元首に左右されると信じている。事柄に関して内閣が君主に提示する「事柄がもつ〈理性あるもの〉」にしたがって、君主は決定すべきである。ところが、人びとは、君侯に施される特殊な教育によって最善が気遣われると信じていた。それ自体善く教養形成された者であれば、確実に最善を選択するだろうからである。

しかしながら、君主は、自然によって第一人者であり、したがって、特殊態のあらゆる目的を超えて定立されており、――高慢さや傲慢、妬み、憎しみ、こうしたあらゆるものを超えて定立されている。君主は、直接的に万人から第一人者として承認されているから、高慢さを持つことができない。こうした畏敬の念は、君主が承認されることによってその身に起こる。中間身分が抱く前述のあらゆる情熱は、君主の場合には存在しない。われわれが展開する国制にしたがえば、君主は、たんにそれだけで独立して貪欲であっても構わないが、次のようにして国家に損害を与えることができなくなっている。すなわち、君主ではなく内閣が国家資産を管理しなければならず、君主は自分に許された家政資金によってその豊かな暮らしをたてなければならないのである。同様に、官能の悦びも全体に影響を及ぼすことはできないが、これはとりわけ、君主があらゆる情熱を容易に満足させうるからでもある。したがって、君主という一方の極の位置は、農夫という他方の極の位置と同様に単純である。

重要事項が内閣を通じて君主に伝達され、君主ではなく大臣がこれを起草してしまうときには、このことによって、君主の傲慢が存在しなくなり、自分の主張したことを貫徹しようとする君主のわがままも存在しなくなる。君主は、特殊態のあらゆる領域と目的を向うにまわして、単純に教養形成された悟性で比較的冷淡に重要事項を眺める。だから、君主が理性的なものを選択する公算は、最も高くなる。

だがしかし、大臣たちは、自分たちの計画を貫徹するために、君主の人格に関わりあい、君主に根拠を説明し、君主を説得しなければならず、したがって君主の〈人格そのもの〉に従わなくてはならないから、君主をわがままにすることをとくに避けるとともに、あらゆる功績を君主のものにして、事柄を仕上げた自分自身のものとしないことによって、君主に媚びなければならない（なぜなら、一方が自分の特殊な意志を貫徹しようとすれば、他方も、なにかを言わなくてはならず、自然に拒否の態度をとるからである）。これがどういうことかといえば、最善のことがしばしば成功しないということ、誰かが道徳的な自惚れ、つまり空虚な自惚れの仮象を身にまといなにかを行っても、自分に関係する利害関心を露見させてしまうということである。真の熱意は、まさに往々にして貫徹される見込みがほとんどない。人格的に意志することがすべて透けて見えなければならないわけではない。こうしたことは、内閣の賢明さが発揮される面である。というのも、内閣が責任を負わなければならないことをいかに貫徹するかは、内閣の事柄だからである。君主の人格は、多くの偶然性を含みうるし、このため、君主は、なにごとにも説明責任を負うことがない単純な人格でなければならないのである。

大臣たちは、君主によって選任されなければならない。君主は、他のあらゆる公務員も選任しなければならないが、君主が恣意によって罷免することができるのは、大臣たちだけである。君主が大臣たちを任命することも追放することもできなければ、一種の総裁政府が現存することになるだろう。そして、大臣たちがあらゆることを貫徹するか、君主と内閣が相互に敵対的に対立することになるか、いずれかだろう。こうした政府評議会は、いくつかの派閥を形成するにちがいないし、国家権力という最上のものが、特殊態に、派閥に引き下げられてしまうだろう。

君主は、配下の大臣たちを選任しなければならない。なぜなら、まず第一に、大臣たちは君主の〈人格そのもの〉に関わらざるをえないし、そして第二に、そうでなければ、君主制ではなく貴族制が成立するだろうから。他の利害関心との間の一切の〈つながり〉に疎遠となる姿勢をとるなら、君主は、自分のお気に入りの者たちをそのまま選任することはないだろう。なぜなら、君主は、この者たちに大きな重荷を課したり、この者たちと上述の相関関係に立ったりすることを欲しないだろうからである。

君主の愛顧に入れ代わりがあるのは、本質的な契機である。なぜなら、君主は、阿諛追従によって、人間を軽蔑し、その〈人格そのもの〉などまったく気にかけないようになるからである。そして、まさに君主のこうした姿勢のうちに、君主が適当な大臣たちを選任するであろう保証がある。

さらに、拙劣な大臣であれば、重大な業務や利害関心にあたって自力でなんとかやって身を守ることができるのは、ほんのわずかの間でしかない。大群衆《マッセ》は、(九七)大臣たちの拙劣さを糾弾して、大臣たちから身を守る。

大臣たちの品性を主要に保証するものは、帝国議会に対する大臣たちの説明責任である。帝国議会を前にして、大臣たちはみずからの方策を明確にしなければならない。そして、そうであればこそ、大臣の立場は、国家において最も危険のともなう立場なのである。というのも、大臣は、君主や同僚、世論、帝国議会に対して身を守らなければならないからである。フランスとイギリスの大臣たちが、この実例となるはずだ。大臣として身を守りその真価を発揮している人たちは、最高の尊敬に値する。とくに、帝国議会による保証は、君主が適当な主体を採用し、選任される大臣たちの才能、徳、誠実さ、敏腕さに考慮を払うよう強いることにもなる。

野党に味方がいて内閣に敵がいる摂政の宮は、自分が摂政職に就いたからといって、自分の味方を大臣たちにすることができず、従来の大臣たちをとどめておかなければならなかった。このため、フランスの内閣は、王族や超王党派の敵からなっている。（九八）この実例が示していることは、制度として十分に設立された君主制においては、大臣たちの選任が元首のたんなる恣意の事柄ではないということである。

枢密院は、とくに、立法権に提案されている法律に関して審議しなければならないし、そうである以上、決定権力を持つものではない。

君主は、統治行為全般に対して説明責任を負うことができない。ただ大臣たちだけが、そうした説明責任を負いうるのである。

ところで、君主の〈人格そのもの〉と元首権とを混同することが以前にはあったが、いまやこの混同が改められていかにして内閣の働きへと移行したかは、歴史の示すところである。とくに、宮廷の腐敗、つまり君主の取り巻き連中の腐敗について苦情が述べられた。なぜなら、あまりに多くのことが君主の〈人格そのもの〉に従属していたからである。また、どれほど国家に損害を与えることになるかを顧慮することなく、国家を略奪し、たんなる愛顧によって国家から利得を引き出そうとする、こうした利害関心が宮廷の基礎にあったからである。こうした宮廷にあっては、あらゆることを名誉にするかとおもえば、次の瞬間には卑屈にへつらうという矛盾が現れたものである。たとえば、トイレにいる国王にナプキンを手渡し、そこでどの程度まで国王と話をすることができるかは、ルイ十五世治下の上流家族の重要なお役目であったのだ。（九九）ある母親は、以前に家族が失ってしまったこのお役目をまだ未成年の息子に授けてもらおうと、驚く君主にトイレで身を差し出した。ここで示されたのは、母親の愛と、家族にとっての利害関心とが、最高の卑劣さとコントラストをなしていることである。たとえばお役目を授けるといった、ある行為をそれに説明責任がある大臣たちの同意なしに国王が愛顧から行うことができない今日、それにはわれわれだってあきれてしまう。

b　統治権

141

統治権は、ここではたんにまだ、国内に向かうものとして考察されるので、一般に、特殊なものの維持と幸せ、また特殊なものの普遍的なものへの連れ戻し、ならびに普遍的な諸目的のための公共施設の配慮に関係する。特殊な重要事項そのものは、さしあたり、個別の自治体、ツンフト、職業身分、コルポラツィオンの特殊な所有であり、その特殊な目的と利害関心である。そして、この特殊な重要事項そのものは、それ自身によって適法に管理されるし、しかもそのうえに、こうした自治には、諸個人にとって自分の最も身近で特殊な利益関心が普遍的な重要事項となるという人倫的な側面もある。この普遍的な重要事項においては、諸個人が、国家全体の反映像を持ち、それらの領域を絶対的に存続させる国家全体のための絆と活動を持ち、利害関心を抱くことになる。

統治権は、第二の契機として、中間であり特殊なものだが、それは、ただ統治権が国内に向かい、まだ国外に向かって他の諸国家に対していないかぎりでのことである。

ところで、統治権の対象は、特殊なグループの幸せをその特殊態で維持することであり、(一) 特殊なグループが存続すること、(二) 特殊なグループを普遍的なものに連れ戻すことである。というのも、特殊なものは、つねに普遍的なものをもぎ取って独占しようとしており、普遍的なものを損なって孤立しようとするからである。さて、特殊なグループがみずから統治しなければならないということが、君主制のなかにおける民主制の原理をなしている。統治権では、二側面、すなわち、その特殊な諸領域で全体が維持される側面、したがって同じことだが、特殊な諸部分が普遍的なものに対抗する態度をとらない側面を考察しなければならない。

特殊な重要事項になるのは、職業身分、ツンフト、コルポラツィオン、州、都市、自治体であり、特定の共同的な利害関心を抱くすべてである。共同的なものは、現実的に共同的なものとして現存しなければならない。

自治体は、全体であるものとして構成されている。自治体は、多くの観点で共同的なものを持っており、より多くの観点でそれを持つようになれば、共通性がいっそう重大なものとなる。特殊な重要事項は、維持されなければならないし、――したがって、特殊な重要事項のままでとどまっていなければならない。このことは、職業身分自身に委ねられたままにしておかなければならない。というのも、職業身分が自分自身のために配慮するものは、職業身分の所有物、独自の重要事項であって、これは適法なものだからである。

第二の契機は、普遍的なもので、職業身分は、これに対立して行為してはならない。自治体は、所有物を持たなければならないし、自立的なコルポラツィオンとして決して未青年なのではなく、自分の所有をみずから管理できないなどといわれる根拠はどこにも現存しない。しかし、最近では、このことがまったく忘れ去られているかのように見える。こうなったのは、とくに、市参事会員などが、きわめてずさんな管理を行い、加えて自治体資産を保全すらしなかったからである。市参事会員や本来の民衆役人の腐敗は、必然的に、彼らから管理を取り上げる結果をもたらした。しかし、これとは別のかたちで、こうした自治の有機組織が形成されなくてはならなかったであろう。なぜなら、そうでなければ、上級公務員が、統治癖があるために、ほとんどあらゆる管理をもぎ取り独占するだろうからである。諸個人が自分の資産能力を管理する権利を有することは、適法な側面だが、人倫的な側面は、［市民が］みずからのコルポラツィオンに一種の国家を見いだすことである。市民は、この国家において共同統治し、自分の特殊態を普遍的なものへ転換するのである。

現代では、政府が、普遍的なものに対するこうしたすべての気遣いを市民から取り上げてしまっている。しかしながら、普遍的なものの形式を自分のうちに持つ自治体やコルポラツィオン、ツンフトにおいて個々人が共同統治することは、民主制の原理である。完全無欠の民主制では、どの個々人も、統治の権利と管理の権利のすべてにあずかる。しかし、すでに証明したように、より教養形成されたより大きな国家では、民主制の国制が維持できない。コルポラツィオンでは、各人が一種の国家を持つのであって、ここで各人は、みずからの具体的な本質にしたがって活動的となることができる。しかし、個人は、コルポラツィオンを通じて権利を持つかぎりでのみ、コルポラツィオンに与してこれに関心を抱く義務を持つ。

以上のことは、とくにイギリスにあてはまる。そして、愛国心は、この方向に転換している。万人は、国家が維持されることに利害関心を抱いている。というのも、万人は、自分の特殊な利害関心を自分の特殊な諸領域のうちに抱くのだし、こうした特殊な諸領域はただ国家によってのみ存続するのだからである。万人は、こうした特殊な諸領域を自分の職業身分のなかで維持するので、こうした分肢組織化を通じてのみ存続する普遍的なものに向かって労働することになる。

142

個々の自治体や地域、州、営業、職業身分は、一個の全体に結びつけられていて、そうした全体として、共通の利害関心とその特殊な諸目的とに配慮する権利を持たなければならないが、それだけではない。これらは、なによりも、自分のなかでもまた編成されて、独自の役所や統轄者、管理者などのかたちで、審議し決定する官庁を持たなくてはならない。一方で、こうした官庁は、決議し執行する権威だが、しかし同時により高次の権威に従属しており、また他方で、この官庁が配慮するものは、自分たちのグループの直接的な所有と利害関心である。したがって、一般的に、こうした市民官庁の役職に就けるには、市民集団、または身分を同じくする人々もしくはもろもろの職業身分による普通選挙と、上級によるそれらに左右されない任命との混合によらなければならない。

個々の職業身分は、国家において制度として設立されていることを承認しなければならなかった。職業身分は、権利を持たなければならず、自分の利害関心にみずから配慮しなければならない。これは、一つには、個々の職業身分がその利害関心に対して特殊な技能を持っているからだが、また一つには、主として、個々の職業身分がこの技能のうちにみずからの活動を持たなければならず、この点にみずからの利害関心を抱かなければならないからである。

同業者たちは、みずからの意志で自分の重要事項に配慮しなければならず、こうしたことが、みずからのコルポラツィオンのためにも活動的となってしかるべきであるという意識を市民たちに与えることになる。こうした活動そのものによってはじめて、ただ偶然的にのみ道徳的精神である共同精神が、教養形成されていく。〔コルポラツィオンという〕一つの特殊な国家のためのこうした活動は、これについて審議する特殊な役所によって果たされなければならない。この点でとくに、以前のコルポラツィオンには欠点があった。それは、公務員自身が自分の後継者を選んだことによって貴族制が発生し、この貴族制が、コルポラツィオンといえば考慮される特殊な利害関心の実例となってしまったことである。

しかしながら、コルポラツィオンは、全体の構成分肢として、より高次の権威に再び従属しなければならない。そしてまた、〔コルポラツィオンの〕役所自身が権威を持たなければならないので、たしかにコルポラツィオンは選挙を行わなければならないが、しかし統轄者や管理者は、誰がなるにせよ、選出母体に対する権威でなければならない。だから、統轄者や管理者が自治体構成員などに左右されないようにする規定もなくてはならない。ツンフトなどがみずからの統轄者を選挙することは必要だが、この統轄者の追認が上級公務員によって与えられなければならないのである。この追認が、統轄者にとって権威の印を表現するわけである。

第二のことは、こうした特殊な利害関心や職業身分、役所が、統治権によって普遍的なものの制限内に保持され、統治権の代表や国家公務員によって、また制度として本質的に合議制で設立されるべきより高次の官庁——これは最高の頂点である内閣に合流する——によって生ずるものに連れ戻されることである。政府官庁の有機組織では、次のことが本質的なことである。すなわち、一方では、市民生活が具体的となる下部に向かって、市民生活が具体的なあり方で統治されることだが、他方では、普遍的な業務が、その抽象的な諸部門に分割されることである。この諸部門は、区別された中心点としての固有の官庁によって配慮されるが、しかし最上級の統治権のもとで再び具体的に展望されるに至る。

本節での観点は、統治権が、前述の諸領域を普遍的なものへと連れ戻し、この諸領域の相互干渉と普遍的なものへの干渉とに対抗して活動しなければならないということにある。ところで、ここでは、政府官庁が市民官庁を抑圧しがちになったり、その自惚れと特殊態によって市民官庁に介入するという衝突が登場する。

市民生活は具体的であり、市民の重要事項に関わる事例が政府に提起された場合、その事例は具体的だが、区別が登場するので、特殊な官庁がそれを分担しなければならない。さまざまな部門を隔離して管理することは、政府では必然的なことである。さまざまな部門は、上に向かっても下に向かっても、一つの統一にまとめ上げられなくてはならない。上級職では、分割さればらばらとなった諸部門が一体化されなくてはならず、ここから全体が展望できるようにならなくてはならない。内閣は、多くの業務をもつために、個々の業務に対していろいろな合議体を持たなければならないが、同時にまた、普遍的なものを考慮する合議体も持たなければならない。

こうした仕組みは、とてつもない困難と結合している。上に向かっては、官庁が合議体でなくてはならない。合議制のものは、時間が長くかかるという不利な点を持っているが、慣例というものも持ち、堅固な特定の行為のしかたが維持されるものである。というのも、個別的に入庁する者の〈人格そのもの〉は、なにごとも変革しないし、全体の進め方になんの影響も及ぼさないからである。

別種の官庁の仕組みとしては、公務員は統領の下で労働するが、その統領は、ひとり説明責任を負い、それゆえ、もっぱらその説明責任を負う者として、公務員の労働を無に帰せしめたり変更したりする［ことができる］仕組みがある。だが、この場合、恣意と〈人格そのもの〉があまりに強く出てしまう。そして、新しい統領が馴染むまでが困難を極める。また、釣りあいがここでは見出せない。より多くの権力をある個別の者に委任することが必要となるのは、ただ国家が危機の時のみであって、平時にはまったくその必要がない。

もし、中央合議体が定在するなら、内閣にはそれが最善であるかのように見える。それに、個々の部門に対する個々の省庁合議体では、中央合議体のメンバー以外に、いっそう特殊で技術的な評議員がいなければならないだろう。全体の頂点には、大臣が位置しなければならない。特殊な業務に対しては中心点がなければならない。この中心点が内閣だが、これは、まず再び省庁合議体へと特殊化しなくてはならず、この全体は、大臣の下に位置しなければならない。

144

評議員や官庁〔職員〕、国家公務員の任命にさいして、客観的なものは、資格の証明である。この証明は、唯一の条件であって、普遍的身分に参入しようと試みる——別の見方をすればみずからの危険を覚悟する——可能性をいかなる市民にも保証する。ところで、普遍的身分に採用された諸個人は、みずからの精神および欲求の現実存在や活動がもつ利害関心を、国家への勤務に献身する相関関係に置いている。また、その諸個人が就任する官庁は、憲法によって権限の与えられた、普遍的な業務の特殊な部門である。諸個人は、任命という主観的側面にしたがい君主権によってその地位に任ぜられるのだが、諸個人の特殊態と公職上の義務とを斟酌すると、諸個人は、恣意ではなくほかならぬ正式な判断によって、その職から罷免されうるものでなければならない。

客観的側面は、国務に就こうとする諸個人が、まず自分の資格を証明しなければならないということである。国務に関与する可能性が、いかなる市民にも［開かれて］いるのであって、個々の職業身分にのみ［制限され］たり、生まれによって与えられたりするのではないということは、より高い教養形成が現代に生まれたことを意味する。政府の普遍的な行動には、万人が関与することはできないが、万人には、それに関与する可能性が［与えられて］いなければならず、関与するための教養形成が関与の権利を万人に与えるにちがいない。自由の観点をまだ持っていなかったプラトンは、最上級の政府官庁が、各人の恣意を顧慮することなくその官庁の洞察にしたがって、各人を特定の職業身分に指定することを認める。(57)(一〇〇)普遍的身分に就くための条件は、資格の証明である。そこで、また、国家は、必要とする公務員の数を確定することができる。このため、就任することも閉ざされる。そこで、資格を証明するための試験が指図されなくてはならない。

その資格を以上のように顧慮するさいに都合がよいのは、大国家の場合である。なぜなら、大国家では、たんに資格だけに目配りしさえすればよく、小国家のごとく主観的な相関関係に目配りする必要がないからである。それゆえ、領邦大学のある小領邦では、ある個人の伯父や父親、祖父が学識ある人であったことが顧慮される。しかし、ドイツのすべての大学が全体を教養形成すべきだとすれば、大学への［任用］強制はなくなるべきであり、いずれの教師もただその客観的側面にしたがってのみ任用されるべきである。

ある職への任命は、君主権に帰属する。個別の主体は、その職にとって偶然的なものである。しかしながら、任命された個人は、公務員としての権利を持たなければならず、正式な判断によってのみその権利を失うことがある。任命された個人は、自分の職に権利を持つ。ただし、この場合の終身制は、裁判官のみならずあらゆる公務員でも行われなければならない。

諸個人は、国家への勤務に献身し、この勤務にみずからの精神的な現実存在と、みずからの諸欲求に関する現実存在とを結びつける。諸個人が労働する国家の官庁は、国制によって公認され堅固に規定されていなければならない。官庁のなすことには権利がなければならないが、より高次の官庁は、それを善いとみなさなければ、正式な進め方ではじめてこれを破棄することができる。このことによって、個人は、自分の性格や誠実さを示す機会を持つのだが、みずからの権利と、官庁全体の――いわば自分の属するコルポラツィオンの――諸権利も、保証されていなくてはならない。官庁のもつこうした立憲的な権限が、国家の国制において主要契機となる。

政府公務員を保証するものは、次の二重のもので成り立つ。（一）政府公務員は、正式な判断によってのみ自分の職を免じられることがあり、また、みずからの権利を持ち、それゆえみずからの特殊態の側面で自主独立していること。政府公務員は、国家の共同的な資産能力で「私腹を肥やしたり」取得したりなどということを断念してきている。そして、国家は、国家の業務や国家の資産能力に政府公務員が注意を向けることを想定してきている。こうした確実な保護によって、政府公務員は、みずからの自主独立を取り戻さなくてはならない。（二）官庁自身が、憲法によって権限が与えられ、一定の堅固な権利を持つこと。公僕はみずからの公職上の義務を果たすかぎりで権利を持つということが、公僕の主要な保証である。

145

公務員が説明責任をもつのは、さしあたり、その上級の官庁に対してである。この上級の官庁は、本質的に、公務員によって代表される政府の権威を守り通す利害関心を抱かざるをえないし、政府委員は、同じ特殊な職業身分の内部にいるものである。これ以上の保証は、こうしたグループの外になければならない。すなわち、一つには、後述の国会になければならないが、一つにはさしあたり、役所の有機組織と、市民生活の特殊な諸領域がもつ権限のうちになければならない。このことによって、直接的に市民たちに接触する政府公務員の権力は、まずはとくに監督や審議、形式的決定に制限され、そして、公務員は、真実の国家公務員、すなわち市民集団の公務員であるとともに君主の公務員であることを強制［される］。こうした相関関係は、諸国家に起こる最大の害悪の一つを抑止する。すなわち、中間身分――国民の知性と教養形成された適法な意識はここにある――の主要部分をなしている公務員身分が遠ざかり疎遠になることを抑止し、そしてこれ以外にも、この身分が技能や教養形成とともに職権によって、恣意のためや市民の抑圧のために作りあげる〈つながり〉を抑止する。

現代の諸国家の害悪は、主要には、以前であれば封建貴族によって形成された中間身分が形成されることである。しかし、いまでは、中間身分に固有のものをなすのは、もはや生まれではなく、普遍的な教養形成である。中間身分は、その固有のものによって、君主にとって必要不可欠となるし、その固有のものが、中間身分と国民とのあいだに固有に疎遠なものをもたらすことになる。中間身分のそうした教養形成とそうした長所は、君主に対し感銘を与えるとともに市民を抑圧するために、中間身分に役立つことがある。その教養形成が、貴族の場合のようになにか生得的なものでなく、後天的なものであるのに、こうした事態となる。中間身分がこのように優勢となることは、通常、現代の諸国家では本質的な害悪である。市民に対して抑圧をかけ粗暴に振る舞い悪業を重ねていることを意識しながら、国民が怠らない注意を自分からそらすために、国民を防衛する者であるかのような仮象に身をまとい、君主や内閣に対して悪態をつくのは、いまや通常、公務員の仕業である。

そこで、こうした抑圧が抑止されなければならないが、このさい、公務員にとって本質的に必要な人格的権威を損なわないようしなくてはならない。そうである以上、より高級の官庁は、公務員の権威を維持する利害関心を抱かざるをえないし、より高級の公務員に対して説明責任があることをもって下級公務員が行う抑圧に対抗する保証にするとしても、この保証は、あまりに不確実なものである。なぜなら、上級の公務員と下級の公務員は、市民に対して同類の利害関心を抱いているからである。このため、最近では、下級公務員のあらゆる職権行為にかんして報告書が提出されるべきだとされ、この報告書の検討を通じて、上級官庁ができるかぎり下級公務員を抑制するよう追求した。しかしながら、このことから生じたいっそう劣悪な進め方は、このやり方がいかに役立たないかを示している。また、たんなる書き物は生気がない曖昧なものにすぎず、より高級の官庁が長いことかけても、細目にわたる数多くの報告をすべて閲読し評価することなどできはしないのだから、市民にとっての保護は、ほんのささやかなものでしかない。市民は、内密に裁かれる公務員を〔他の〕公務員に対して告訴すべきなのである。

したがって、この手のことへの保証は、そうした〔公務員の〕グループそのものの外になければならず、「厳密にいえば」国会になければならない。市民は、みずからの権利を獲得するために、まずは最寄りの権限ある公務員に請願できなければならず、さらにその公務員から上級の公務員にも請願できなければならないが、もし市民がそこでも無権利だと分かったら、国会に請願できなくてはならない。主要な保証は、直接的には、公務員がもつ権利と義務の規定になければならないが（無規定な出版の自由がいかに必要で有用であるかは簡単に洞察できる）、また、コルポラツィオンの資産能力のすべてがコルポラツィオン独自の官庁によって管理され、公務員がただ形式的な決定をなすにすぎないこと〔にもなければならない〕。コルポラツィオンのこうした役所が本質的なことを取り決め、したがって公務員は自分の欲することをそのままじかに貫徹することができず、たんに形式的な決定をするだけであるなら、公務員は真の国家公務員となる。先述のような現代の害悪は、有機組織によって下から上に向って除去されなければならない。そして、他のあらゆる計画は、有用でも役立つものでもない。もし、サラリーが核心となり、公務員がただサラリーのうちにしか自分と家族の現実存在を持たないなら、こうした公務員は、容易に、自分の職を自分のために定在するものとみなし、自分が市民たちのために定在しているとみなさず、自分を昇進させることができる上級公務員に対する義務しか持っていないと信じてしまう。

教養形成された中間身分は、国民の「自由と権利」の意識を形作っている。教養形成された適法な意識が、中間身分に属している。ところで、この身分は、市民の利害関心を抱かないなら、市民の抑圧のために市民めがけて投げつけられた投網のようなものとなる。とくに、この身分全体が、一つの利害関心を持つことによって一つの全体を形作るからには、そうである。国民から疎遠になった公務員の技能によって、まさに、公務員は国民にとって恐るべきものとなる。すでに市民たちは、公務員の言葉をやくざ言葉のごとき隠語だとみなしているし、自分たちに関わる権利上の争いの帰結しか見ないで、その経過や実施は見ていない。こういう次第だから、公務員は、庶民的な本質、庶民的な言葉に親しまなければならず、このことで公務員が困るようなことを克服するよう努めなければならない。

c 立法権

146

立法権は、国家の普遍的なものに関わる。それは、一つには本来の法律、また一つにはまったく普遍的で国内的な政府重要事項だが、さらには、国制の根拠に［関わる］。国制は、それ自体でもそれだけで独立しても存在しているが、法律が継続的に形成され、普遍的な政府重要事項そのものが前進的な性格をもつので、国制は、継続的に形成されていく。諸制度の釣合いのとれた継続的な形成がないのに精神が継続的に教養形成されると、精神は諸制度と矛盾するようになり、これは、不満の源泉であるばかりか、革命の源泉にもなる。

一般に理性的なものの全権である立法権は、執行権でも、統治権でもない。しかし、本来的な統治権の重要事項は、個別的なものを把握する点で普遍的な本性を有しており、そのかぎり立法権の対象となる。たとえば、一国家における租税公課は、本質的なもの、普遍的なものだが、その大きさは一時的な相関関係しか生まない。どんな品目に租税が課されるべきかについても同様である。このため、公課のシステムは、変革に服する暫時的なものである。とはいえ、公課は、利害関心を総括して包括しているから、立法権の本質的な対象となる。

財政は、管理にとっての手段しか含まないが、ここにも立法権が登場する。ただし、統治するものとしてではない。同様に、特殊な官庁の管轄、つまり一般にある種の公務員に決定を委ねるべきことの分離は、立法権の対象である。

国制は先立つものである。というのも、立法権が現存することはすでに国制の一契機であり、立法権は整った国制をあらかじめ前提とするが、国制は、普遍的な実体として、立法のうちに直接に現れるからである。国制は、なにか不可侵のもの、神聖なるものとして根底になければならない。しかし、国制は立法や統治権に対し作用するので、この点に国制にそなわる精神の発展的な形成があり、こうして国制は別ものになる。つまり、実体は、立法権の作用によって変革される。

精神がそれだけで独立して前進し、そしてみずから継続的に教養形成する精神とともに諸制度が変革されない場合には、本物の不満が立ち現れる。そして、この不満が除去されなければ、自己意識的な概念のうちに、現実にあるのとは別の諸制度が存在するようになり、平和が妨げられる。つまり、革命が勃発する。このとき、革命は君主から始まるか、国民から始まるかする。

リシュリュー卿は、上流身分の者を抑圧し、その向こうを張って普遍的なものを高く掲げた。それは専制政治であったが、従臣たちがもつ特典への抑圧は真なるものだった。リシュリュー卿は、その敵であるドイツ人の間では、同胞に対立する従臣たちを支援した。人びとはリシュリュー卿の正体を見抜けなかった。リシュリュー卿が引き立てようとした民衆のほうが彼を憎んだ。ドイツ人たちは、ドイツをこのように荒廃させながらもドイツ的自由の守護神を信じ、その後ウェストファリア講和条約が結ばれた。

しかし、その種の不満が真実のものかどうか、認識するすべを心得ていなければならない。というのも、国民による一般的な非難が必ずしもより善きものを含むわけではないからである。それゆえ、政府は、国民の願望を吟味しなければならないし、信念をもったときだけそれに従うべきである。

したがって、統治権は、こうした思想が発展的に形成され、善き思想が国民全体の思想となるまで、待たなければならない。こうした時代の到来を待たなかった君侯たちは、どんなに威力を持ち善い目的を抱いていたとしても、損をした。こうしたより善きものの洞察は、下からやって来なければならないし、上の階層ばかりでなく下の階層にも浸透していなければならないのである。それゆえ、ヨーゼフ二世の行為が専制的行為として現れたのは、彼が時代を待たなかったからである。しかるべき時機をじっと待ちそれに出会うには、大変大きな精神が必要である。というのも、善なるものは、まだそれに適当でない地盤に植えられると、それこそ逆に破滅的に働きかけるからである。したがって、立法権は、そのように発展的に形成された権利の概念に背反して自分の利害関心に従う者の掌中にあってはならない。なぜなら、そうなると、国制は、統一と権利についての自己意識という真なる概念へと発展的に形成されることが決してないだろうから。

147

立法権は国家権力の本質的な構成分肢であり、この立法権に関する最も誤った見解は、それが政府に本質的に対立するものだと表象することである。しかし、立法権は、当然ながら、枢密院や内閣官庁、立法も行う統治委員会に委ねることはできない。むしろ、立法権における主要契機は、議会的なものである。それは、普遍的意志として、また理性的なものとして制定されるものが、偶然的にそれ自体で存在するばかりでなく、それだけで独立して存在して、一般市民集団の活動的な関与と自己意識的な信頼をともない、必然性をともなうためである。

立法権は国家権力の本質的な契機である。このことは事柄の概念に根ざしている。立法権では議会が主要契機である。現代ではこの点について神経質なところがあり、それは独自の表象や感覚を生み出してきたが、それは遮断しなければならない。たとえば、「国会にのみ立法権が帰属する」だとか、「議会は理性的なもの、ひとり善なるものであり、内閣は悪しきものである」だとか――だとすれば、議会は、この悪しきものに反対して登場せざるをえないであろうが――、「国民からしか優れたもの、善なるものは現れない」とかといわれる。こうした感覚は遮断しなければならない。政府が強力であること、そしてまずもって国会が政府に服すること、なかんずく国民の頂点に立って統治権に敵対的に対立しないことが、議会自身の最高の利害関心である。だから、こうした敵対的な姿勢が存続する場合には、統治権を掌握する人びとだけは革命によって変化もするだろう。しかし、それでも、概念的に必然的なものが還帰するだろう。

枢密院や内閣は、明らかにいちばんよく法律を理解しているとしても、もっぱらこれらにのみ立法を委ねてはならず、議会というライバルが不可欠となる。その根拠は、［こうである］。普遍的なもののために活動する資格しか問題にしないなら、この活動のためには内閣で十分であろう。国会における議員のうち優越した才能をもつ者は、高い官職に就いていた者のなかにつねにみられる。しかし、普遍的意志として制定されるべきもの、つまり法のなかには、万人の自己意識という契機が存在しなければならないし、自己活動によってのみ生ずる利害関心の契機が存在しなければならない。そして、そのようにしてはじめて、法はそれだけで独立して現存するのである。たとえ、法が以前からすでにそれ自体で現存していたとしてもである。つまるところ、政府によって普遍的なものが生ずることは偶然的なものでしかないし、国家の有機組織が存在しなければならない唯一の根拠は、当然のことが必然性をもって生ずるということである。

148

国会は、その概念のうちに、一方で、それ自体でもそれだけで独立しても理性的なものである普遍的意志の契機を含んでいる。この契機からすれば、政府は、国会に対立して規定されると、支配権力の抽象的個体性であり、偶然態、恣意である。別の側面からすれば、国民は、抽象的にみられると、秩序正しい中央政府から区別されて、国会のなかで大群衆《マッセ》として現れる。そして、大群衆は、その規定態で直観されるかぎり、個々人の集団であり、特殊な職業身分の集団である。この集団の利害関心は国会の義務となるが、これに対して政府は国家の普遍的なものとして規定される。立法権という有機組織でも、次の二重の保証が同じく必要不可欠である。つまり、この大群衆での現れと特殊な利害関心の主張とが国家に対立する権力にならないこと、そして、政府としての国家が立法の諸機能を剥奪してたんなる支配権力にならないことである。

　国会は国民を代表する。国会は、普遍的意志の契機を次の二重の意味で含んでいる。（一）それ自体でもそれだけで独立しても理性的な意志であること、（二）この契機がそれ自体でもそれだけで独立しても普遍的意志であることばかりでなく、各人がみずからの自己意識をこの意志のうちに持つこと、このことがそれだけで独立していることでもある。一方は、普遍的意志の契機であり、他方は、大群衆としての国民――つまり特殊な利害関心を抱いた個々人、個々の職業身分――がここに現れるということである。

　普遍的意志が国会のうちに現存するものとみなされる側面からすれば、政府に対立して残ることは、国会抜きには政府は恣意的なものであり悪しきものだということである。このことは、ありふれたデマゴギー的断言である。「神が存在し、〈理性あるもの〉という契機が国会のうちにある」ということは、望むべきことではあるが、われわれは、この断言を受け入れようとは思わない。しかし、議会のかたちで存在する国民は、政府に対立するものとしては、荒々しいエレメントのようで不器用で偶然的なものであり、大群衆をなすものである。それゆえ、国民を国家に対立させることは、誤れることはなはだしい。というのも、分肢組織化の側面つまり国家の側面がなければ、国民には〈理性あるもの〉が欠落し、国民は大群衆をなすにすぎないからである。大群衆《マッセ》としての国民を顧慮するとき、国民が国民そのものとして決して現れないことが核心となる。この場合、国民は粗野な荒々しいエレメントとして現れるからである。国民は、秩序のなかで、つまり、それが憲法で制定されると同時に市民生活が分化するなかで理性によってはじめて承認できるものとしてたち現れるべきである。

　国民について語られる場合、まったく空疎な悟性が存在する。大群衆としての国民が規定態で考察される場合、家長たる父親も、コルポラツィオンも、いずれも、みずからの特殊な利害関心を抱いている。特殊な職業身分のこうした個別態、こうした利害関心は、国会のなかでは、国会は、「理性的に普遍的なもの」に対立させられる。国会は、特殊態としての国民がコルポラツィオンのうちに存在するという第二の側面を持っている。以前にドイツでは、聖職者、貴族、農夫といったそれぞれの身分が個々の利害関心を抱き、個別態というそうした側面しか増進しようとしなかった。とはいえ、そうは言っても、諸身分は、大きな全体に関与すること、たとえば戦争と平和に関与することから排除されていたし、こうした普遍的なことは、諸身分の心を動かさなかった。諸身分は、間接的にも大きな全体に作用することができなかった。全体から搾り取り、特殊態のなかで名誉を求め、できるだけ財布に貯めこんでおくことが、その相変わらずの病癖であった。この第二の側面に関して国家がとる姿勢は、国家がつねに個々人の利害関心を抱きながらも、他面ではつねに個々人の利害関心を普遍的なものへと連れ戻そうとすることである。

二つの主要側面のいずれも、善い有機組織にあってはそれだけで独立して突出してはならない。そこには以下の保証がなければならない。（一）市民だけが理性的なものであるわけではないし、（二）他面では、政府だけが理性的なものであるわけではないということ、そして、特殊な利害関心が際だたないこと、国会は個々の職業身分の利害関心のためだけにあるわけではないということである。一方の側面では、他方の側面と同様に誤っている。以前の領邦議会の精神は、もともと、個別的な利害関心を気遣うことであった。貴族はわが身を、諸都市は特殊な特権を気遣う、などなど。議会を一方の契機からだけ考察することは誤りであり、一方の契機か他方の契機のいずれかしか生じないと、それは国制を混乱に陥れることになる。両者は一面的な契機であり、国会が、一方の契機か他方の契機のいずれかから考察されてはならないし、また現実に一方の契機か他方の契機のいずれかしか国家のなかで生じないのでもいけない。

このような保証は、普遍的なもののうちに、つまり立法権の概念のうちにある。すなわち、その行為のために以下のものが［必要である］。

（一）国家権力の普遍的な個体性としての君主制の原理。この個体性に属するのは、法律の正式な提案と他の諸機の決議の追認である。

（二）内閣と枢密院。これらは、審議するものとしてあり、国家行政のあらゆる部門とその必要条件に関する知識や展望をもって論戦に挑むものとしてある。(一〇一)

（三）国会。それ自身は特殊態や個別態の観点と利害関心とを維持する。(一〇二)とはいえ、議員は、その選挙人からいかなる訓令も受けないし、同様に普遍的な利害関心に拘束されている。

［（一）］このような仕組みによって、大臣たちは、説明責任を負い、善なるものを提案しなければならなくなる。アクションは、君主から始まるという形態をつねにとらなければならない。それゆえ、形式にしたがって、君主から法律の提案がなされなければならない。国会は、それだけで独立してなにも提案することができない。本質的に、君主権が法律に対するイニシアチヴを有している。国会から正式に法律が出発するかのような形態をとってはならない。むしろ、国会は、正式な提案のために君主制の原理に請願しなければならない。というのも、法律の形式的な自己提案は、国会それ自体に対し、君主権に対抗する自主独立の側面を与えるからだし、法律は、統治組織や管理部局を超えたところで与えられなければならないものでもあるからである。このため、国会が提案までもするとすれば、国会はみずからの要求によって国家権力を困惑させることにもなろう。

イギリスでは、君主は法律を提案することができるし、国会もまた法律を提案することができる。しかし、元首が議会の提案を裁可しないという百年来起こっていない事態がもし起こったなら、国家にとっては、そこから容易に危機が生ずるであろう。イギリスでは、国王は、下院にも大臣たちを持たなければならない。しかし、こうした大臣たちは、上院議員にすることができない。そうすると、もはや下院にはいられないからである。有名なピットは上院議員ではなかったが、それは下院で勢力を張ることができたためである。

要するに、この国制そのものは、国家の幸せのためには大変危険であり、もっぱら権力濫用と旧来の特権によってしかこの国制を維持することができない。権力濫用によって、一部で、もはや現実に存在していない村落が代表の権利を持ち、そのことによって与党の維持を可能にすることができる。いつも買収によってなにかが操作されるからである。

さらにまた、イギリスには、内閣や政府につねに敵対する賤民的な感性がない。むしろ、公共の福祉を配慮する多くの人びとが絶えず与党を掌握している。ところが、深刻な重要事項で内閣がもはや多数派でなくなれば、内閣は交替しなければならない。というのも、必ずしもいつも与党に賛意を表明するわけではなく、国家の幸せに責務があると信ずる場合にだけそうする党派があって、この党派が与党に反対すると、内閣は倒れざるをえないからである。

いずれにせよ、議会は、内閣が提案をするよう求めるべく、法律を提案してもらう願望を内閣に寄せる権利だけは持たなくてはならない。内閣はさらに、国会の決議を追認しなければならない。

(二) 内閣と枢密院は本質的に国会でともに論戦を挑まなければならないが、投票権を持ってはならず、ただ提案だけを行い、提案の理由を説明し解説しなければならない。さらに大臣たちと枢密評議員たちは、会議で求められるすべてについて理由を説明するため、出席しなくてはならない。もろもろの重要事項そのものに浸かって生活する内閣の具体的な直観が本質的なものである。ある方策があらゆる方面にどのように働きかけるかについての知識は、あらゆる部門を展望する内閣のみが持ちうる実践的なものである。というのも、諸方策は、国家のさまざまな構成分肢に非常にさまざまなかたちで干渉するからである。内閣が国会に関与しなければ、提案する会議と裁可しない政府とのあいだに誹謗中傷のやり取りが起こるが、そうしたものは、大臣たちが国会で発言することで、不必要になるし、余計なものになるのである。

さらにまた、反対も主要契機であり、国会を独自に興奮させるために必要な契機である。この場合、大臣たちは、どんなことについても質問されるかもしれない。またそのさい、内閣に対立する国会から大臣たちはつねに攻撃を受けるし、国会はいつも公開されていなければならないから、大臣たちは、みずからの才能や技能、沈着冷静さを示すかもしれない。こうしたことは、大臣の職で最も負担となることである。というのも、なかば予期しない説明要求について、しばしば六時間から八時間も考えたり話したりしなければならないからである。統治権に対するこうしたコントロールは、大臣たちが適任であることを求め、またその適法な心情を求めるさいの最大の保証となる。もろもろの重要事項が大臣たちと議会によって吟味されるのは、最も偉大な光景の一つである。

(三) 議会は、個々の都市、個々の職業身分の意を体してではなく、全体の意を体して投票し行為しなければならない。議会に基づく国制は、特殊な職業身分の利害関心を基礎にもつが、しかし、この特殊な利害関心のために、議員は、自分たちのコルポラツィオンのための特殊な訓令、またそれからの特殊な訓令を受けるわけでなく、共通の利害関心を持つのである。国家の衝動は、特殊な利害関心すべてを飲み込んで普遍態の利害関心にすることである。つまり、国家は、個別的なものそのものを重視する必要はなく、普遍的な規則にしたがって行為しなければならないが、普遍的な規則は、特殊な諸領域や諸個人に対し大きな圧迫を加えることにもなりかねない。そして、こうした普遍的な規則によって生ずる不平等を、特殊な職業身分やコルポラツィオンのために緩和することが、今度はとくに議会の事柄となる。議会体制の議員は、とくに特殊な諸領域に知識があるが、内閣は、普遍的なものの知識を持ち、特殊な意志を規則で制御しなければならない。議会の振舞いは、とりわけ、政府に対して市民が評議をすることだが、しかし、こうした共同的な評議というものは、君主権や統治権、議会の権力が評議することによって成り立っている。

国会の議員の諸性質を保証するものを区別すると、一面では、国家資産や統治権の愛顧に左右されず、営業にも左右されない資産能力――これには市民的秩序が維持されて法律にかなうものであるという利害関心が結びついている――から［生じる担保］であり、他面では、現実の業務遂行と役所その他の公職によって獲得され、その行いによって確証された――国家と市民生活の利害関心や仕組みについての――適法性や技能、知識がもつ性質である。さらに、［保証は］、まさにそうして教養形成され実証された役人的な感性と国家的な熟慮の点にもある。

たいていは、議会の議員になるのにある種の性質が必要だということについて云々するのは余計なものであると信じられているし、国民は、誰が自分に対して好意を寄せるか、おのずと弁えていると信じられている。だが、好意というものは、ほんのささいなことであり、役に立たない。むしろ、必要なのは、国家という構築物に関する普遍的な知識である。さらに言えば、国民に好意を寄せる人物を、国民はどうやって知ればいいのだろうか。やはり、みずからの思い込みからということになる。しかし、この思い込みたるや非常に偶然的であり、こうした空虚な可能性、こうした偶然性、こうした思い込みは、排除されなければならない。というのも、たんに思い込みが問題だというのであれば、ビヤホールでよく目立つ者や、政府にかなり敵対的な者、美辞麗句を並べることのできる者たちが国会に出席するからである。役者や弁護士、粗野なカプチン会修道士などが会議に［出席した］フランスでは、そうであった。極端な適法性に基づいて、最初の立法府にいた議員は、「議員のうち、数年間、気力や決断力、知識を示した［者は］次の立法府で選ばれるべきでは［ない］」という法律を作った。そこで、そうしたいかさま師やカプチン会修道士が政権をとり、革命で間違った路線を敷いてしまった。(一〇三)

国会の議員に必要な二つの保証のうち、その第一は、国家資産に左右されない資産能力であり、［その結果、議員が］自分と家族を維持するために国務に就く必要がないことである。多くの国家で、それに就くのに必ずしも特別な技能が必要とは見えないような職が売買されるという本末転倒した仕組みがあった。イギリスでは、将校の地位がすべて売られ、またこの〔買い手は〕それを私的所有として転売することができたが、それでもイギリスの軍隊はとてもよく維持された。この仕組みは、きわめて腐敗したものだが、しかし、それが導入されていないところでは、〔統治権の〕愛顧の働く余地がある。このため、資産能力が国家資産に左右されなければ、愛顧の面はなくなる。とくに、その取得のあり方は、商業の場合のように幸運に左右されることが許されないし、この身分は、あまり利益追求心をかき立てる必要もない。独立した資産能力を占有することによって、法律にかなうことに利害関心が〔寄せられるし〕、国家と、あらゆる特殊な利害関心や職業身分とが維持されることに利害関心が〔寄せられる〕。

もちろん、自分と家族の幸せを国家の幸せのために犠牲にする個人もたしかにいるだろう。このことは、ありうることだし、また願わしいことであるが、偶然的である。そして、個々人が自分の幸せと家族の幸せを犠牲にしなければならない国家は、どんな保証を持とうとしても持てるはずがない。そんな悲劇的な徳は、よく組織された国家の場合、無用でなければならない。

第二の契機は、資格の契機だが、それは知識の契機――これはあれこれの国家公務員には欠けているといわれるが――ばかりではなく、善い仕組みのための多くの計画の契機でもある。この唯一の保証は、〔国会の議員〕が、みずからの行いによって――つまり現実の業務遂行や、役所の公職によって――適法性と技能を確証したということである。抽象的な知識をもつことは、実践的に（in praxi）確証された知識とはまったく別のことである。いずれにせよ、「役所の公職で確証された議員だけが国会に選ばれるべきだ」という条件を課すことができるだろう。というのも、市民のたんなる信頼は、主観的なものだからである。そうした公職の遂行によって、役人的感性もまた試されるのであり、そうした公職の大部分、つまり市民生活の特殊な諸領域のための公職は、無給でつかさどらなければならない。また、このような役所の公職にあると、人が思い知るのは、賤民というものであり、賤民が統治されなければならないことである。

151

国会を二院に区分する利点は以下の点にある。すなわち、

（一）裁判所や政府官庁の場合と同様に、二つの審級によって生ずる――しかも最重要事つまり普遍的な国家重要事項に関する――決断の成熟が一層確実になり、また、つかの間の気分という偶然性、投票数の多数による決定についてまわる偶然性が除去されるということ。

（二）しかしとりわけ、前項によって、深刻な重要事項に関して見解が違って国会が政府とじかに対立する場合は、一層少なくなる。そして、民主制の原理が優越するものにならなければならない議院［と政府］とのあいだに、次のような媒介のエレメントが成立する。すなわち、このエレメントが投票によって民主制の原理を支持する場合には、この原理の重みをますます強め、このエレメントが民主制の原理と食い違うときには、この原理が最上級の国家権力に反対して現れないように、この原理の重みを弱めるという媒介のエレメントである[一〇四]。

国家の具体的な諸関係では、業務の分割が必要不可欠である。諸活動のうちに制度として区別を設立することは、多かれ少なかれ賢明なことになるだろう。裁判所の場合、控訴を提起する上級審が存在しなければならないように、本節の国会の場合も、下院が存在しなければならない。政府は、議会を解散しなければならない事態、重要な対象を国民に訴える事態に立ち至ることがある。ただし、こうしたことがなされてよいのは、深刻な重要事項に限られる。政府が議院に反対するに至る場合には、つねに有害な帰結が生ずるからである。

こうしたことを避けるには、二つの議院が設立されたほうがよい。両院が拒否の権利を持つことが条件でなければならない。大事だとされるものは、両院が受け入れてしまわなければならない。一つの議院と政府では十分ではない。したがって、いずれの議院も表決で敗北してはならない。以前は、こうしたことがドイツに当てはま

らなかった。選帝侯と諸侯団が一致したとき、都市団の投票は必ずしも必要でなかった。フランスでもそう［だった］が、以前は三身分が存在し、一身分が表決で敗北することがあった。こうしたことが決してあってはならない。全身分が同意しなければならないし、拒否権を持たなければならない。二つの議院は、必要不可欠であり、各々拒否権を持ち、決定する投票権を持たなければならない。会議が一つであれば、つかの間の気分に引きずられることもある。こうしたことは二つの議院があればそう安易には生じない。決断の性急さや軽率さは、そうして阻止されるし、［また］規程に従った必要な議事運営――すなわち議院の委員会で審議されるべき問題を準備し、発議や議論を積み重ね、そそくさと決定しないことなど――によっても阻止される。

緊急事態（urgeo）が生じた場合には、まどろっこしい議事運営はなおざりにしてもよいとしなければならない。第一の布告は緊急事態宣言に、第二の布告は決断を布告することに関わる。このため、三度にわたる演説は停止してもかまわない。こうした例外はしばしば起こらざるをえないかもしれない。しかし、そうするとまた、政府が貫徹したい事柄を緊急だと恣意的に宣言することを許してしまう。そうした場合、つかの間の偶然性に対処する二つの議院が存在しなければ、つかの間の気分が害をもたらすことになるだろう。

「賛成」または「反対」に対し僅差で決することもしばしばありうる。こうしたことは偶然のこととして現れる。「賛成」と「反対」が同数で投票として打ち消しあい、多数派を決める別の投票がキャスティングボードとして現れると、そうなる。この実例となるのは、イギリスにおける議会の討議である。プロイセン王子と結婚した王女に対して生活費を手当てするにあたり、その収入を増加させるために協議がなされた。賛否の投票は同数だった。さらに一人の男が投票しなければならなかったが、その男は、以前に名誉剝奪の有罪判決を受けた閣下であった。その男は増加に反対投票した。だから、決定はその男次第であった。つまり、ここには偶然しかない。たんに多数派が決定したにすぎないからである。このような偶然性は避けなければならない。何度も繰り返されるべき審議が最大限成熟して、決定が導き出されなければならないのであって、幾人かの主体がいるという偶然性によってそうなってはならないのである。

議院が一つしか現存しないとすれば、この議院は、政府提案を否決する場合、政府に対して敵対者（oppo-nent）として現れざるをえないだろうし、そこで緊張や憎しみ、確執が生まれる帰結になるだろう。二つの議院があり、両院が政府を拒否するなら、政府にはもはや言うべきことがない。決断が二重の重みを持つのである。両院の意見が異なるとすれば、両院のあいだには反対の仮象が起こるだろうが、決して両院が政府に反対するようには現象しない。政府は、否決する議院に対して憎しみも緊張も抱かない。紛争は、たんに二つの議院のあいだに［存続する］にすぎないとみられるからである。二つの議院が現存しないとすれば、矛盾が生じた場合、政府を駆逐するか議院を解散するか以外にいかなる手段もなくなるだろう。後者は、国民の自由への干渉として現れるだろうし、前者は、国家の現実存在を危うくするだろう。

152

二つの議院の違いは、数による区分であるばかりではなく、市民社会の職業身分と、議会議員たることを保証する諸性質とに含まれる特定の区別になっている。つまり、まず、国家資産にも営業にも左右されず、市民社会での占有の不確実性から解放され、また他の人びとの必要や欲求より引き出される利益に対する病癖から解放されている恒常的な所有という区別である。すなわち、その違いは、土地資産のことであり、これは、まさにこのような区別であることにより家族という一つの全体の資産になっている。このように自主独立のあり方で普遍的身分に属する市民の一階級、あるいはむしろそうした諸家族が国家のうちに存在すること、そしてそうした諸家族が国家のなかで自然的で実体的なエレメントを形作る［こと］は、重要な契機である。それゆえ、市民社会のこのような［階級］、第一の身分、つまり土地所有者の身分は、そのようにして政治的な意味と規定とを手に入れる。これは、世襲貴族と呼ぶことができるが、それ以外の特権や封建的権利を享受するわけではなく、むしろ他の市民や家族であればもつはずの権利をみずからの地位のためにもってはならない。これは、次のような形をとる。すなわち、世襲貴族の政治的優先権は、家族に由来する優先権に制限されるし、そのほかにも、さらにみずからの政治的職位を果たすために有能であると証明されなければならないし、また、通常の営業や商業、一定部分の土地財産の適法な自由処分さえこの身分に対し法律上禁じられていなければならない。(一〇五)

以前、貴族が市民階級の家族に嫁ぐと、このことが市民階級の系図書に登記されたし、市民階級の者が貴族の家族に嫁ぐときもまたそうであったが、こうした場合には、貴族の系図書のうち当該の名前の上にインクのしみがつけられた。こうした区別は廃止されなければならない。上院の議員は、特権以上に義務を持たなければならない。上院の議員は、資産によって自主独立しており、より高次の政治的な教養形成をするよう、政治的生活のために制定された規定によって強制されている。市民生活におけるそれ以外のさまざまな身分は、自分の特殊な身分に対する利害関心しか持たず、また特殊な身分を個別に気遣いするにすぎない。それらは全体から切り離されている。だが、より高い世襲身分は、おかれている立場からして普遍的なものへの関与に結びつけられている。たしかに、この身分のもっとも身近な目的は特殊なものではあるが、その本質的な目的は普遍的なものである。国民は、コルポラツィオンと職業身分へと分肢組織化して、下院の議員を選出する。上院の主要な性格は、堅固な資産によって完全に独立したあり方であること、そして世襲制によって普遍的な目的に向けて堅固に規定されていることである。ここでは、抽象的な利益や鋭敏さ、抜け目なさへの病癖が姿を消している。こうした貴族の根本資質は、土地所有、土地資産にあって、たんに――利益追求と結びついた――利子を取って貸し付けられるだけの資本にはない。ささいな利益を度外視し、業務を通じて普遍的な重要事項に携わる大商人にしても、つねに利益を追求し、より大きな利益を追求するにしても、際限のない富を集める病癖がある。土地所有の場合には、事柄の本性上、あらゆる利益追求を度外視させる家族の満足がある。

上院には、普遍的身分、土地所有者の身分がいる。農業身分は、国会に加わる場合、直接的身分であるばかりでなく、普遍的なもの、すなわち教養をそなえた富める土地所有者でなければならない。この土地所有者は、商人身分にそなわる際限のない利益の契機から免れていなければならない。土地財産は譲渡できないものでなくてはならない。この資産の占有は偶然的なものであってはならない。土地財産が譲渡できないものであるべきである以上、世襲制が登場しなければならないし、そのかぎり貴族が［現存し］なければならない。ただし、貴族のもとでは、功績のなさとか、功績のなさにあぐらをかく高慢さとかがなくならなければならないし、貴族は、官職の点で市民を押しのけるいかなる優先権も持ってはならない。この種の貴族は、イギリスの場合にみられるようないかなる特権も持ってはならないし、この種の貴族に対しては、特定の営業及び土地財産の譲渡も禁じられなければならない。他者の権利を侵害しないことであればそのすべてを推し進めるという一般的市民権を断念するという犠牲が、こうした貴族に課せられる。

領主裁判権は、本来、たいした意味を持たない。ところで、国家は、判決を下すからといって、そこから儲けようとしてはいけない。同様に、いやそれ以上に、領主裁判を行う領主は、裁判費用を儲けとすべきではない。というのは、国家が裁判権から儲けを得るなら、そのことが意味するのは、やはり、国家はその分だけ臣民から別の租税を徴収する必要がないということだからである。ある者は、こうした土地所有者であることに加えて、さらに自分の資格も証明しなければならないが、こうした証明はフランスの場合のようにたんなる形式儀礼になってはいけない。

153

次に、下院は、一般に、市民社会の第二の身分を、それも代議士のかたちで包含する。代議士の選出にあたっては、資産能力の条件、たとえば役所その他の公職を果たしたという条件は付けないが、無給とする。とはいえ、原子論的に解体された「多くの人びと」からではなく、市民社会のさまざまな同業組合という分肢組織で代議士が選挙される。

したがって、どのような資産能力を持とうとも、現実にいるいかなる市民の選挙権をも排除しない市民集団によって代議士が選挙される。この結果、代議士を選挙する権利およびこの政治的行為は、選挙する人にとってたんに個別的で一時的な行為でもないし、また個々人そのものにでなく、自治体その他いずれにせよ制度として設立された同業組合に本質的に委ねられ、擁護される。同業組合は、このようにして政治的な〈つながり〉のなかにおかれて国家に加わり、代議士の選挙、したがって国会の現実存在は、制度として設立された保証を持つことになる。ところで、議会は国制全体と関連しているので、選挙人の自由な心情や、代議士の自由で国法に適った心情が可能となるのは、次の場合だけである。つまり、個々人の権利が、司法の公開と陪審裁判によって保証され、特殊な自治体の権利ともろもろの利害関心の権利が、市民当局と自治によって、自由に制度を設立することを通じて保証されている場合である。

上院では、土地所有と家族というこうした相関概念が、その参加に必要な根拠である。下院では、家族が解体しており、ここでは欲求のシステムが根拠となる。国家のうちにいるだれもが、同業組合のメンバーでなくてもよいと認められてはならない。欲求のシステムは、同業組合の代議士のかたちでここに加わってくる。選挙は、一般に市民集団によって、つまりなんらかのコルポラツィオンの同業者によってなされなければならない。選挙人ならびに代議士に関しては、資産能力の条件が付けられない。それは余計なものである。というのも、すでに役職をつかさどったことのある者を取り立てて選挙することによって、選挙する人は、そうした公職に対する選挙のさい、資産能力の評価をあらかじめ済ませているからである。

このような国民代表が給与やサラリーを受けるならば、その地位はまったく変質する。代議士というこの職務はいかなる利益も提供してはならない。ただし、小国家の場合は、国家の対外依存が市民の精神に影響を及ぼすのであり、市民は、利得にならなければ代議士の職を引き受けようとしない。

選挙する人は、選挙にさいして個々人としてではなく、同業組合として登場する。というのも、個々人は、個々人としてはいかなる義務も持たないが、普遍的なものに向きあうかぎりは義務を果たさなければならないからである。このことが、コルポラツィオンにそうした力を与える。同業組合が代議士を送らなければならず、またいずれの市民も同業組合に加わっていなければならないとすれば、能動的な市民はいずれも選挙に参加できるわけである。日雇い労務者や奉公人などは、［選挙をする必要は］ない［が、しかし］同業組合の非組合員として排除されることは、明白である。自治体、コルポラツィオンに選挙の権利がなければならない。市民は、権利を与えられた秩序ある同業組合で選挙しなければならない。選挙する権利はこうしてはじめて保証されるし、現実的に選挙が行われるということは、コルポラツィオンが選挙する権利を持つ［ことによって保証されている］。選挙する権利は、もはや個々人の偶然的な愛国心に委ねられていないからである。そして、国家では、なにごとも権利と義務の一致によって現存しなければならないのである。

さて、もっぱら議会をライバル視して起きているといわれてもしかたのない行為を成し遂げることしか統治権が思いつかないのだとすれば、政府にみずからの義務を思い起こさせるいくつかの特定の官庁が現にある。裁判——これは陪審裁判でなければならない——の公開を通して、自分に権利が生じているという自己意識的な感情や、国家に対する利害関心が、市民に発生してくる。さらに、［市民の］自治体資産を自主管理することが必要になる。というのも、市民が公務員にいじめられると、普遍的なものに対する例の無関心や、政府は重荷でしかないという見解が現れるからである。高慢さ、破廉恥、ゆすりたかりは、かなりしばしば役所や公務員の性格をなしている。最近では、大変盛んに議会の必要が叫ばれているが、こうした議会には、国家の感性が欠落しているだろうし、公務員や裁判官、政府に対する憎しみが付きものだろう。

154

国会に関してさらに注意してよいことは、その会議が公開でなければならないことである。一面では、そうすることで、個々人の意識にとって国会の諸行為が普遍的な事柄になり、それだけより強力になる。他面では、国会とその議員が、世論に接して自分に対して監視し重みのある判断を下すためである。だが、とりわけ、世論そのものが、国家の抱える現実的な重要事項と状態とを洞察し、それらについて――また内閣、政府官庁、議会議員それ自身がもつ人格的なものについても――理性的に概念把握し正確な判断を下すためである。このようにしてのみ、国会は、自分自身の内部の傲慢に対してそれだけで独立して治療薬となるのと同様に、国民のための教養形成の手段となり、その最大なものの一つとなる。

　これまでのドイツの領邦議会には、本節に挙げられた必需品が欠けていた。どちらかといえば有害な領邦議会を市民が失ってもあまり困ったわけでなく、決して市民に恨まれることではなかった。［以前の］善なるものが、劣悪なものとなって、その権威をかさにそれだけより腐敗した結果をもたらしている。

　国会を公開することによって、国民は知り、そして普遍的な重要事項に関与する。そこで、議会は、国民全体の意見を自分の後ろ盾とする。革命状態では、フランスがそうであったように、こうした公開は有害である。フランスでは、賤民が附和雷同して拍手喝采したりブーイングを鳴らしたりし、自分たちの意見が不利になると、自分たちに反対する演説者にすぐに復讐し、自分たちの意見の仇を討った。

　会議で討論を提起した議員は、いろんなことを知る場である自分の家族のなかでもしばしば討論を続行するだろうし、そうして自分の見解も洗練される。

　ところで、国会を公開することによって、公衆は国家行政についての知識を得るし、公衆の判断が教養形成されたものになる。イギリス国民はドイツ国民よりもいかに途方もなく先んじていることか。たとえば、フォン・マッセンバッハ陸軍大佐殿(一〇六)のような声高に叫ぶ者たちそれ自身によって行われる通常耳にする判断が、イギリス人の判断に比べれば、いかに気の抜けた劣悪なものであることか。大臣たち、君主たちに関する判断についても同様のことがいえる。その場合、知識は、国家との関係にかぎれば従属的な重要性しかない私的な側面にだけ制限されるものではない。というのも、偉大な政治家たちであれば、しばしば、自分の私的な振舞いについて非常に無関心であり、それを自分の公職に照らして低く評価するからである。

真実に重要なものは、こうした公開を通じてこそ思い知ることができる。しかも、真に重要なものが現れると、知識がいいかげんで凡庸であれば誰も国会を切り抜けられない。そして、傲慢は、たいてい罰を受け、押さえつけられる。ヴュルテンベルク国会でのヴァルデック伯爵(一〇七)の場合がそう［であった］。伯爵は、前年の欠乏に対して外見上善く見える十の方策のうち一つも講じなかったかどで、内閣を弾劾した。しかし、国会は、十の対策すべてを棄却しなければならなかった。

国民の最も高貴なものと最善のものを含み万事にわたり審議する国会が、国民の世論を教養形成する最大ものである。この世論は、格率となって、直接に通用し常識となる。国民が、みずからの自由、みずからの権利の自己意識に関して、こうした教養形成を手に入れるならば、このことがあらゆる国民的徳の根となるのである。

155

国家重要事項に関する出版の自由の可能性とその実効性、一般公衆出身である他の諸個人が公共の場で任意に討論する［可能性］、そして万人が国家重要事項に対して直接に一緒に関与する可能性は、国会が現実存在しその公開が現実存在すること、さらにいえば国制が首尾一貫していることと直接的に関連している。なぜなら、こうした前提があってこそ、一面では国家重要事項での犯罪者に対して規則に則った司法が現存するようになり、他面では国家重要事項に関する知識が現存するようになり、世論はその真実の方向性と堅固な根拠づけを持つことになるからである。そして、まさにこの結果として、劣悪な判断や公共の場での中傷が取るに足らないものになりうるし、それゆえこうしたことに対して政府や公的人格が無関心でいられるようになるからである。

領邦議会と出版の自由は、今日大いに問題になっている二つの対象である。それらは、首尾一貫した全体のなかでだけ現実存在できるものだが、しかし、全体の連鎖に必要不可欠な構成分肢に含まれている。出版の自由は、大国家では議会を補完するものとなる。大国家では、もっぱら国会の代議士だけが自治体を代表することができる。なぜなら、国会に誰もが参加できるわけでないからである。限りなく多数の者が各人の業務によっても教養形成によっても国会に参加できる状態にない以上、そうである。そこで、国会を本質的に補完するものは、直接自分の意見を述べることである。しかし、そうした出版の自由の可能性がありうるのは、討議が公開されている善い国会が現存するところでしかなく、陪審裁判による司法活動があって、それゆえ自分がどのように、また誰によって裁かれるのかを誰もが知りうるところでしかない。

誰でも自分が欲することを書いてもよいのなら、市民仲間や公務員、元首に対するいかなる名誉毀損も許され、家族のプライバシーすべての暴露も許されることになる。しかし、名誉毀損の境がどこにあるかについて法律を作ることは困難であり、このことは、フランスやドイツ、オランダで解決できていないし、告訴できないような表現で最大の名誉毀損をなしうる現代ではとりわけ解決がつかない。このため、こうしたことに対して法律を定めることはできないが、名誉毀損だと認められている場合には、もちろん法律を定めることができる。ただし、この認定をするのは、陪審裁判によらなければならない。というのも、そこでであれば、著述家やすべての私的人格、政府や公務員に対してそれぞれの権利が保証され、自分と同等のみずからが選んだ裁判官は名誉毀損のたんなる間接事実であっても判決を下すことができるからである。

出版物によって名誉毀損をしたかどで告訴されている者は、事実の正確さを立証する権利も持たないのだが、その事実が名誉毀損となるときには、罰せられることがある。議会演説で告発がなされていて、その演説者の場合には名誉毀損でなかったにもかかわらず、その演説を出版する者の場合は、その告発が名誉毀損となることがある。イギリスでピットが〔法案として〕通したことだが、この場合、核心は、陪審員が、事実構成要件について判断するだけでなく、とくにそれが名誉毀損かどうかについても判断する、ということにある。[（一〇八）]

さらに、出版の自由を導入すべき場合にも、それが害にならないようになるためには、国民がすでにより高度の公共的な教養形成を果たしていなければならない。個人や政府重要事項に関する中傷や劣悪な判断は、個人や大臣たちにとってまったく大したことではない。これらの人びとは、そのことを気にかける必要がなく、それを無視することができる。というのも、国民は、公開によって万事を知っているからである。こうして、出版の自由を通して、よそで誇っている名誉に対して無関心や無頓着が生まれる。それについて苦情を言うのは誰でも自由であるし、誰もがたしかにその点に権利を見いだすが、それはあまりにつまらないことなので、誰もがそれを乗り越えてしまう。イギリスでは国民の誰もが、自分より上位にいる者に対して悪罵や非難を口にする。そうすることで、国民の誰もが、いってみれば、自分自身はたどり着けないポストから自分のレベルにまで上位者を引きずり降ろしたように思えるのである。とてもたくさんの人間が、日夜、他人に対して辛辣な発言をもくろんでいる。

ところで、この手の新聞雑誌類によれば、世論は内閣に対し明白に対立しているかのように見える。しかし、真の世論は、それが通用するところでは、まったく別のかたちで現れる。そうした国家では、真の世論が内閣に対立すると、内閣は持ちこたえられないからである。

156

国会は、そのなかに反対派を抱える場合にはじめて現実的な活動に入っているとみなすことができる。つまり、普遍的なものが抱く利害関心が、会議それ自身の内部で同時に特殊態がもつ利害関心になり、そして国制という地盤に立って大臣の職をめぐる名誉欲という利害関心が生じてくる場合である。国家における徳は、利害関心という特殊態を道徳的に捨象することではなく、むしろ、こうした特殊態が職業身分や国家の普遍的な利害関心に力を注ぐということである。

本節は、道徳的な徳や宗教的な徳と対立する政治的な徳を内容としている。

国会が本質的に一致して政府に反対するならば、政府は折れるか解体するかである。このことは国家を破綻に導くがゆえに、政府は、権力として、国会を解散せざるをえない。国会が一致して政府に賛成するならば、国会は、その使命〔規定〕と目標をまだ達成していないことになろう。このため、必然的に国会それ自身の内部に反対派が存在しなければならない。内閣は、国会において多数派を占めなければならないが、反対派も同じくらい必然的にそこに存在しなければならない。国会は、国家の最大の評議機関である。君主権、内閣は、本質的に多数派を占めなければならないが、それは内閣の概念のうちにあることである。というのも、そうでなければ、それは内閣ではないからである。内閣が一般に少数派を占めるならば、この内閣の代わりに別の内閣が登場せざるをえない。そして、別の内閣も、一般に自分を支持する多数派があるかぎりで存続しうるにすぎない。

国会のなかには、三つの党派が存在しなければならない。まったく対立しあう二つの党派、すなわち国民の党派といつも絶対的に政府に与する党派、そして第三の重要な党派、すなわちたいていは内閣の側に立つが全体としては非党派的なものである。この第三の党派は貴族の家柄のうちで貴族制的に形成されてきた。

通常、公務員は、政府の側に立つであろうから、国会の議員となるべきではないと信じられている。しかし、政府、すなわち全体のこうした統一は、最も核心となるものであり、維持されなければならないものである。ところで、公務員のコルポラツィオンはそれ自体諸権利を持たなければならないし、公務員はばっさりと罷免できるものでもないが、こうした公務員は、それほど政府に依存しているわけではない。それにしても、公務員は、たいてい、大学を出た最も教養形成された人であり、その公職精神を国会に持ち込むのである。

一般に、特殊態のもつ利害関心が普遍態のもつ利害関心に投げ込まれること、これが主要な要求である。教養形成された大国家では、特殊態のもつ利害関心が発展的に形成されていることがまさに主要契機となる。そして、道徳的な適法性を重視する共和制的な国制が小国家でしか存在しえないのに対し、大国家では、道徳的、宗教的な発条《ばね》に目が向けられない。だから、反対派がそれ自身正当化され、そこには名誉欲や地位欲が登場するのである。国家のかたちで存在する人倫においては、まさに、特殊態そのもののもつ利害関心が、現実存在するとされながら、再び国家や職業身分のもつ普遍的な利害関心に結びついている。政治家の徳は、たんに道徳的な徳とは別のものであって、ここで通用するのは現実であり、人倫的なものとは、この主観性がみずからの定在を普遍的なもののうちに持つことにすぎない。名誉欲は、国家におけるこうした徳なのである。国家がそなえているもろもろの徳のなかでは、特殊態が見分けられなければならない。

ミルティアデスの目的は、国家の幸せにあったが、そうした勇士たちの徳は、自然のエレメントであった(一〇九)。現代では非政治的な道徳哲学が支配しているので、人びとは「勇士はそれを名誉欲からやっただけだ」と言って、行為から功績を取り上げようとしたり、そう信じたりする。人びとは、つねに主観的な側面に注意を向け、この側面から提案や行為に不信感を抱く。他の人びとが事柄をたんなる信頼から是認するのではなく、事柄のリアルな価値を探究することによってはじめて、事柄が普遍的なものになる。こうすることが、必要な不信感である。とはいえ、ある者が名誉欲をもちながら提案することに、他の人びとが普遍的なものとの一致を見出すことは、国家における徳である。

ローマ人［やその他］のもとには、キニク学派などやクエーカー派の人々のような多くの哲学的党派や宗教的党派があるし、またあった。しかし、そのような党派からなる国家は、存続できないだろう。そうした党派は、他の人びとがそれらに代わって普遍的な業務を引き受けるかぎりで存続するにすぎないし、それゆえ単独ではいかなる国家も形成できないであろう寄生植物でしかない。特殊態を捨象したものは、生命をもたないものである。

157

議会の業務に属するのは、適法で政治的な領域に関する法律のために協力し、市民生活という特殊な領域の諸権利と働き方を規定することに協力するほかに、統治権に関しては、公務員と政府官庁の振舞いに対する個々人の苦情を取り上げて審理すること、大臣たちを弾劾すること、そしてとりわけ公課に対して年毎に同意することである。議会は、公課の同意によって、一般の政府重要事項に対する間接的なコントロールを維持するが、ただし、統治行為そのものがただちに議会の規定に服するわけではない。また、君主権に関して議会の業務に属するのは、王位継承の守護、とりわけ統治する王家が断絶し新王家が創始されるさいの守護である。

ここで問題となっているのは、さしあたり特殊な業務に関わる議会の業務である。

国制が継続的に教養形成されていくさい、ある部門が押しのけられ、別の部門が残ったままになることによって、不調和が生じてくる。こうしたとき、国会は、この不調和を除去しなければならない。

法律は、勅令や政令とは区別される。後者の政令は、何人もそれに対して説明責任を負わないのだから、よく整った国家では発せられてはならない。勅令と法律の区別を精確に示すことはできない。

個々の同業組合は、国会に請願する権利を持たなくてはならない。それは、神聖なる権利でなければならないし、国会は請願を詳細に審査し吟味しなければならない。

よく組織された国家では、とくに大臣たちが自分の行為について釈明しなければならないので、大臣を正式に弾劾することが必要となるのは、容易ならざることだろう。しかし、大臣が過失を犯した場合には、こうした弾劾が大臣を脅かさなければならない。

公課を承諾することは、議会にとって、統治行為全般をコントロールすることである。というのも、公課は、統治行為全般にとっての手段であり、現代では、貨幣なしにはなにごとも生じえないからである。公課は、御料地からの収入も勘案して統制されなければならないし、そうである以上、国会に対し公課についても釈明がなされなければならない。

一定の土地区画に課された公課は、以前からずっと、重荷の形式をとっていた。このような土地のほかに、ほとんどまったく課税されない土地財産がありえた。また、収入は、いわば君主の私的所有であったし、君主はそこから支出しなければならなかった。関税は、たんに公課の形式をとったが、商業の促進を目的としていなかった。

最近になってはじめて公課が成立した。そして、たとえばイギリスでは、君主に対して王室費が与えられる。だが、公課を平等に設定することのできる以前に、訴訟〔料〕や借地料、十分の一税のようなそのほかに財産にかかる重荷すべてがまず廃止されなければならない。フランスでは、こうした重荷がすべて革命的に廃止された。統治行為そのものは、国会に服するものではない。しかし、そのための手段となっている公課は、そうではない。政府は、このコントロールと国家の全体的仕組みがあるため、浪費的であることができない。そして、他方の極端なこととして、必要な公課を議会が出し惜しむことがあるが、こうしたことは、各人が普遍的なものに関与する国制において［実現された］政治的な感性（「国家が偉大であり、その行うことを偉大に行うなら、そこで各人は享受し、名誉を持つ」）によるなら、これと軌を一にしてなくなってしまう。特殊な利害関心を保護し高めてくれる全体のために、人びとはすべてを捧げなければならない。

――確信という主観性の最終的な頂点である君主は、自然な継承によって安定したものにしなければならないし、このように安全なかたちで王位継承することを、国会は維持しなければならない。そして、王家が断絶すれば、帝国議会は、動揺することなく新王家が登場するよう気遣わなければならない。自然が継承を規定するのをやめると、議会での選挙が始まる。

158

しかし、国家の普遍的な重要事項の全体は、一面では、国家目的のために個人を公共的に教育し教養形成することだが、一面では、それ自体でもそれだけで独立しても、国家と自然との絶対的本質を直観し、その感情を持ち、それを表象し知るという芸術や宗教、学問である。精神は、歴史や自然と同じく、国家を、また個々人の生命と行いを、現実における絶対的なものの反映として認識する。こうした認識がなされる精神の最高の満足は、直観［であり］、［一つの］業務である。この業務に対しては、一国民において領域や職業身分といった明文の規定を割かなければならない。

まず、ここでは、国家のための教育と教養形成について述べられている。教育と教養形成がそれだけで独立するのは、比較的後のことである。国家は、教育と教養形成に対するこうした個人の権利が成り立つよう見張らなければならない。この公共施設は、一面では、教育のための機会とならなければならないが、他面では、必要不可欠のものとしてなければならない。そして、個人や両親がこの公共施設に関与したいと思うかどうかを、個人や両親の恣意に委ねてはならない。子供は、国家の子供となる。授業によってなされる特定の教養形成は客観的なものであり、このことこそ、国家が注意を向けなければならないものであるし、向けることのできるものである。

教養形成は、一般に、国家がそのように強制する必要なしに、おのずとなされるものである。後続する世代の教養形成は、先行する世代の教養形成に直接由来する。国家は、人倫的な精神であり、それ自体でもそれだけで独立しても精神であり、すべての諸個人の本質をなしている。しかし、国家は、時間のなかで、一つの国家として現象する。国家の本質の直観、自由に浮かび上がってきた「国家の精神」の直観、こうした現実の直観や知性的なものは、宗教や芸術、学問によって生成する。国家は、このことをそれ自体でもそれだけで独立しても目的そのものとして考察しなければならない。そのようにして、国家は、まさにこの直観によって正当化されるのである。

精神は現実態である。だから、宗教的な生活、学問的な生活、芸術生活は、それだけで独立して定在するのみならず、国家生活でなければならず、精神は現実態として表現されなければならない。自我が自己内反省することは、そのものとしては、みずからの自由に至らざるをえない。本質的な直観は、芸術によって現存し、宗教では、それ以上のこと、すなわち絶対的な対象との統一の直観や意識が現存する。宗教がもつ神秘的なもの、内面的なものは、個人がみずからの絶対的な精神のなかで自分について意識することである。このことは、みずからを知る理性の最高の満足なのである。この世界は、絶対的なものの反映として歴史において示される。学問は、たんにそうした普遍的で抽象的な信仰ではなく、むしろ一層詳細な認識である。国家はその現実態における精神だから、この契機は、国家にとって本質的である。

絶対的なものの知にも現実態が存在しなければならない。だから、教会は、国家のなかで国家に左右されずに定在せざるをえないが、国家と一体となっていなければならない。悟性は最近になって大いに思い上がったので、〔宗教上の〕欲求が再び生じてきている。教会は、国家のなかの現世の国として表現されてはならない。というのも、そうでなければ、国家は教会に背を向けざるをえないからである。宗教は、その〔絶対的なものの〕普遍的な表象であり、その普遍的な思考であるが、まだ概念把握ではない。このより高次のものは学問である。教会は、学問と対立し、そして、このより高次の側面を手に入れることを怠り、教会に含まれる真理を学問の領域に高めることを怠った。学問と教会は、それぞれに特殊な領域が必要だとはいえ、たがいに対立してはならない。

話題になっているのは、一国民の絶対的な重要事項、つまり宗教や芸術、学問である。知は理性が実在的となる最高のあり方であり、こうした実在のものは、一国民において出来せざるをえないし、国民の一階級がこうした実在のものに専念しなければならない。以前には修道院があって、そこでは人間が一切から隔絶したが、こうした人間は、自分だけを気遣うものだから、普遍的なもののためにはなんの役にも立たなかった。現代の国家は、この領域のために普遍的な施設を設備することなどまるで考えていないし、いまでは、大学や学術アカデミーが、修道院にとって代わっている。以前では、神に対する畏敬の念から宗教を気遣い、君侯が芸術と学問を気遣った。しかし、だからといって、これらの契機が必然的に気遣われているわけではない。もっとも、この領域に献身する人びとは、たとえばエジプトでそうであるように、我を忘れるほど深く没頭してもいけない。だが、現代にある別の極端として、国家は臣民を保護するためだけに気遣っているとみなすことがある。国家は、その仕組みの点で、理性の神殿でなければならない。哲学的な認識は、国家をそのように理解しなければならない。個々人は、たとえ国家をそのように認識できないにしても、それでも「国家は理性的なものだ」という表象ぐらいは少なくとも持っているものである。

B　外部国家法

159

国民は、個別的なものであり、その個体性は、規定と特殊態によってのみ定在と現実態を持つ。各国民は、それゆえ、みずからの歴史のなかで展開する一定の人間学的原理を持っており、そのかぎりで同胞である。それと同時に、国民は、それだけで独立してそうした別の諸個体に対抗し、そして、それらに対抗する自然状態の相関関係のなかで絶対的に自立的なものとしてある。それゆえ、外部国家法は、普遍的で実定的な権利と、偶然態や暴力との混合である。

国民の独立存在は外部国家法の対象だが、これは「正しいことが存在すべし」という当為を含むにすぎない。ここにあるのは、自立的なものに対抗する自立的なものの立場にすぎない。定在には、他の定在に対抗する規定されたものという意味がある。各国民は、自分のうちに直接的な自然規定態を含み、特殊な性格と特殊な地理的諸関係を含んでいる。諸国民の精神は、偶然的に異なった精神なのではなく、世界史的な「原理」は、必然的なものである。そうした特殊な原理は、国民の歴史において展開する。世界史は、このような性格が世界精神における諸契機をなしている様子を現すものである。

各人は、生まれる（natus）ことによって、同胞の一員であり、多かれ少なかれ特定の自然性格を国民と共有している。このように「本性上みずからの国民に属している」ということと、個人が自由意志で特定の国家に加わるということから衝突が生ずるが、これは除去されなければならない。というのも、前者からすると、何人もみずからの国民から離脱する権利を持たないからである。それゆえ、多くの国家では、誰もが、成年に達するや、市民としての宣誓を行った。イギリス政府は、移住を承認しなかったし、必ず生粋のイギリス人を船に乗り込ませ水夫とした。

これを上回る衝突は、同胞が国家を形成する絶対的な権利を有するかどうかを巡るものだろう。このことは自然的なものである。しかし、同胞は、いくつかの国家に離散することもあり、そうなると力を失ってしまう。これに対し、異なる同胞が一国家を形成すると、ある種の弱点がこの国家にいつも残り続け、この弱点は、数世紀にわたる融合の後にはじめて克服されることになる。

政治的なものをも含む独自の宗教を持つユダヤ人の場合も同様である。ユダヤ人が自分たちの宗教を厳格に守り、自分たちの宗教にしたがって他の宗教をすべて排除し、ユダヤ人以外とは飲食さえもしてはならないとするかぎり、そうである。今日、ユダヤ人が、他の市民との結びつきをすべて不可能にし国家的統一を妨げる諸原理をみずからの宗教のうちに持ちあわせているかぎり、［国家からのユダヤ人排除は必然的であるように見える］[一〇]。しかし、こうした不調和を捨て去る習俗によって、またそのようにする普遍的な〈理性あるもの〉による感染によって、そうした排除は不要になる。習俗は、原理というものを圧倒するものなのである。諸政府にとっては、こうしたことが正当化するものとなるので、対立のそうした険しさを諸政府が廃棄するのに首尾一貫しないことになる。さらに、国制の堅固さも強まれば、こうした対立は害を及ぼすことができない。

いずれにせよ、外部国家法は、諸国民の諸関係のうちに普遍的なものを含んでいる。ところが、諸国民の諸関係は、恣意を出発点とするため、なんの保証もない契約に基づいている。

160

一国民の最高の名誉は、みずからが自立していることを主張することである。というのも、この自立は、国民の現実的な本質が独立存在することだからである。全体のこうした否定的な統一は、市民生活という特殊な領域の、また個々人が独立して存続することの観念である。これは、実体が、生命と所有ならびにその諸権利に対する現実態の威力として、それらが空無であることを意識にのぼらせ、全体が承認されていることのために、また全体が自主独立していることのために犠牲を払うことを万人の義務とする側面である。もっとも、この実体は、〔全体がもつ〕個々の対象に関して承認されていることや、一般に外面的で政治的な〈つながり〉のために、勇気の身分という特殊な部分を指定する。

国民は、他の諸国民に対し否定的なものとして、諸国民のなかでそれだけで独立している。全体の〈つながり〉によって国家におけるすべての領域が溶けあっていて、各人は、みずからの領域で自分の目的を達成する。この領域の観念には、国家という否定態、国家という威力が姿を現してくる。みずからの領域で平穏に生きる人びとの意識にのぼるのは、自分の占有が空無であることである。この意識の個体性には、否定的な統一への上昇がある。

諸国民はすべて、中心点であろうと努力する。だから、ドイツでは、いずれの帝国直属都市、いずれの小領邦も、もはや中心点にならないことを悔やんでいる。このため、ドイツでは、国民の願望が、是非とも一つの中心点を持ちたいということに向かわず、人は、個々の中心点が連邦的に一体化することを願望している。

国民が自立していることは、国民の否定的な統一というあらゆるものの契機であり、家族生活やあらゆる家庭的な幸運は、この点に国民の威力を見出す。特殊なものは、その権利を普遍的なもののうちに持つのであり、普遍的なものは、特殊なものを通して存在せざるをえないのである。

道徳哲学は、戦争を拒否することができ、「戦争は存在すべきでない」と言うことができるが、国家は、たんに当為ではない。戦争は、自立した諸国民が並存して現実存在しているがゆえに、むしろ必然的なものとみなさなければならない。諸個人は、人倫的実体を、つまり全体がもつ精神を感じざるをえないのであり、それに対抗すると、個人が消え失せてしまう。そこで、意志的にこの実体のために犠牲となることが求められていることなのである。戦争はいわば海の上に吹く風であって、風無くしては水も腐敗するだろうが、それは国家でも同様である。戦争を考察するさいの最高の契機は、こうした人倫的な側面であり、国家がみずからの外部的な自然によって対内的に獲得する側面である。現象としての戦争は、こうした対外的な方向性であるが、この方向性は、対内的に作用して特殊態が空無であることを示す。このような内部的な犠牲は、たんに心情においてのみならず、現実においても必要とされる。

全体を維持するために生命や所有、諸権利を犠牲に供するというこの契機を必要としているのは、自立的な国民であり、みずからのうちで存続し自分自身を維持する国制である。自立した国家では存続しえない多くのことが、自立していない小国家では生じたり存続したりすることがある。そこで、より威力のある国家は、より小さな国家から要請を受けたり、あるいはみずから進んでしたりして、思い上がってより小さな国家のなかの平穏を維持しようとすることもありうる。国制は、より威力のある国民によって保証されうるものではない。こうしたことは、最も恥辱に満ちたことであろうからである。

この契機から直接に、国家を維持するために犠牲となるという万人の義務が出てくる。個人が名誉を持ち、個人が本質的に存続するのは、もっぱら国家においてである。個人は、本来、国家という全体のためにしか犠牲となることができない。というのも、市民は、自分の所有のために出征するとしたら、自分の所有のために生命を危険にさらすことになろうが、生命なくしては、所有も市民にとってなんの役にも立たないだろうからである。〔全体がもつ〕個々の特定の対象が承認されているために、国家は、国民のある個別の部分を指定する。というのも、国民全体が立ち上がる状態は、全体の自立が危機にあるときにしか生じないからである。個々の利害関心をただちに全体の利害関心にすることは、個々の市民にはできない。こうした特殊な利害関心のために、国家には、勇気の契機を代表する軍隊がなければならない。否定態の契機、つまり勇気という犠牲の契機には、一つの身分が必要で、この身分は、誰に対しても門戸が開かれていなければならない。しかし、十分な数の志願兵がいない場合、国家は、法律によって、一定の市民をその身分に加わるよう強制してもよい。在郷軍は、もっぱら予備役のかたちをとらざるをえないので、国家の自主独立や自立が危機にある場合にしか動員できない。この国民の自主独立を目的として国民全体を武装させることが危険であるのは、たんなる防衛システムに見切りをつけて攻撃的に行為する点にある。

161

諸国家相互の権利は、自立的な個体の［関係］であるたがいの相関関係を基礎とし、つまり相互に自然状態の相関関係にあることを基礎としているから、せいぜい、自主独立した諸個体として、相互承認に至るだけである。しかも、この諸個体は、戦争と威力によって自分が自由なものであることを実証し、同時に、相互に平和状態のうちに生きていくことができるものとして、相互承認に至るのである。

　諸国家が相互に要求しなければならないのは、承認、すなわちみずからが自由で自立的な個体［として］承認されるということである。自由なものは、自然的に自由なものであるかぎり、自分の生命に対する無関心を証明することによってのみその実を示す。自由なもののこうした定在は、戦争によってのみ証明される。自然的な承認としての承認には、偶然性の側面がつきものである。そして、手段や才能の強さや範囲、量が、天分として働きかける。

　諸国家がもつ権利は、一方では「諸国家が相互に承認しあう」という要求だが、そうした権利が存在することは、証明されなければならない。ある国家が、他の諸国家の自立を脅かすか、あるいはいかなる平和状態も想定できないような国制を持つかするならば、他の諸国家は、その国家を承認しないこともできるし、さもなければその国家が国制を変更するように要求することができる。しかし、こうした直接の意味では、そうした要求がなされてはならない。というのも、「みずからの国制から逸脱すべきだ」という要求をその国家にすることになるからである。だが、間接的には、そうした要求はなされてもよい。それゆえ、諸国家は、フランス共和国を承認することを拒否したのである。

国制は、国民の内面的な生命であり、国民は、ともに平和に生きていけるような国制を持つべきである。教養形成されていない諸国民が国制といったものをほとんど持たないため、隣接の文明化した諸国民がその諸国民を信頼することができず、いつも安全でない状態にあるかぎり、文明化した諸国民は、思い上がって、この未開の国民をして堅固な国制を受け入れるよう強制する。

162

諸国家をより詳細に拘束するものは、実定的な条約に基づいている。そして、それ自体でもそれだけで独立しても通用すべき普遍的な権利という国際法の第一の原則は、条約が守られることである。しかし、自立するという原理があるために、諸国家相互の諸権利は、憲法として制定される普遍的意志ではなく、特殊な意志のうちにしか現実態を持たない。それゆえ、国際法は当為にとどまる。そして、諸国家とその所属国民との多方面にわたる関係において大量に起こらざるをえない侵害のどれが、全体やその名誉に対して敵対しているのか、条約を明確に破っているのか、また、何が他の国家から威嚇される危険とみなされるべきかは、不確かであり、それをめぐる諸国家の紛争は、戦争によってしか解決されない。

諸国家を普遍的に拘束するものは、諸国家が相互に承認しあうことである。諸国家は、さらにまた相互に拘束しあおうとするならば、契約を締結する。個々の個人の場合と同様に、諸国民相互の権利があるべきところである。しかし、諸国家が相互に委ねあう諸権利が恣意的であるため、その諸権利は、契約者の特殊な意志のなかにしか定在を持たない。そこで、この定在は、相互の恣意によって生じてくる。意志することは、現実的になることによって、定在のなかに現れて、他の意志によって承認されるべきである。

諸国家が相互にみずからの諸権利を規定したという普遍的なこと、つまり、意志の普遍的なものは、それ自身のなかに普遍的なものとして現実態を持たない。そして、こうした普遍的なものが現存するのなら、諸国家は、もはやたがいに特殊な諸国家として相互に対立しあう国家ではないだろう。

条約からは、「守るべきだ」ということしか出てこない。こうした当為は偶然態である。国家をなす個々の個人、国家をなす市民たちの全階級、全コルポラツィオンは、他の国家からその指図により侵害されたり不利益を被ったりすることがある。ところで、国家は、自国の臣民が幸せであることを目的としている。そこで、諸国家は、しばしば相互に条約を結びあう。どんな条約も現存しなければ、国家は、個人が蒙った侵害を、国家自身が蒙った侵害とみなすこともできれば、たんに個人が蒙った侵害とみなすこともできる。諸国家は、侵犯をたんに人格的な事柄だとみなすなら、個人を放置していることになる。また、ある国家が他の国家からどんな被害を蒙るかは、他の国家に左右されるし、ある国家は、わずかばかりの侵害にもみずからの名誉をかけることがある。国家たるもの、侵害や攻撃をそのまま待ち構えていてはならない。むしろ、攻撃や損害というむきだしの危険が迫ったり、あるいは力が過大に伸張したりすることが、戦争のきっかけを国家に与えることがある。

ヨーゼフ二世による国内の仕組みの改善は、彼に対する他の国家の嫉妬を呼び起こした。こうした表象や見解、判断は、諸国家相互の平和的な相関関係あるいは敵対的な相関関係を規定し、さらに、被害を蒙る国家の力や威力もそれを規定する。被害を蒙る国家は、この力を内部からほとばしらせるには、ある種の満ち足りすぎた健全さをそなえているのである。平和が長く続いたため、国に好戦的な青年が多くなり、また金庫が満ちてくると、軽微な侮辱が戦争を勃発させる原因となる。そうした平和はたんなる当為であるから、国家が相互に自然個体として登場するときには、戦争に反対することをまったくなにも言えなくなる。

ところで、カントなどが永遠平和について語った(58)(二一二)が、このことは、道徳的にも善である善意の思想である。しかし、それは、「戦争は、あるべきものではない」ということから出発している。だが、諸国民は、戦争がなければ、私的生活やその安全、その軟弱さに沈み込み、このため容易に他国民の餌食になってしまう。戦争は、人倫的に必然的なものである。永遠平和を維持するための同盟は、つねに必然的に、個々の国家の恣意をうちに抱えており、この恣意にしたがって、個々の国家は、同盟にとどまったりとどまらなかったりできる。というのも、個々の国家は、こうした恣意をもはや持たないとすると、もはや自立的な国家でなくなるからである。同様に、「人類が一つの国家を形作る」とは、約三十年前に話題になった善意の思想である(59)(二一二)。すべての諸国家からなるこうした同盟では、たんなる当為が個々の国家を束ねており、同盟全体が恣意の上に建てられている。個々人は、もちろん戦争と反対のことを願わずにはいられない。しかし、戦争は、哲学的に本質的な自然契機なのである。

163

暴力や偶然態の状態として無法状態である戦争は、自立を相互に承認しあう諸国民のあいだで行われるかぎり、「戦争のさなかでも平和の可能性が維持され、戦争は私的人格に対して遂行［され］ず、私的人格は国家と区別される」という正しいことだけを維持している。さらにまた、一般に相互の振舞いは、あらゆる相関関係で維持されているそれ自体でもそれだけで独立しても存在する内面的な「品行の普遍態」という、同胞の習俗に基づいている。ところで、戦争では、国民の自立が偶然性にさらされるが、この［国民］を超えたより高次の権利を含むのが、世界の普遍的な精神である。

ここでは、より高次の立場への移行が示唆されている。

ありうるかぎりのすべての才能が、たがいに戦争のなかで示される。ただ、状態として普遍的な無法状態にあるなかでもなお、正しいことは通用すべきである。まず、相互に承認しあう国民が戦争するさいには、平和の可能性が存続しなければならないし、また、使節や軍使は、傷つけては［なら］ない。相互に戦争を行うのは、国家としては現実的な国家でしかない以上、現実的な国家に属さないもののすべて、すなわち市民生活、宗教、学問上の施設、裁判所は、危害を免れるべきである。しかしながら、このことすらも総じて当為にすぎない。というのも、こうした対象はすべて、やはり国家に属しており、国家のための手段を含んでいるからである。

ところで、独自の国家は、危急のときには、特殊な領域の金庫をも取り押さえることができる。なぜなら、特殊な領域は、国家がみずからの自由を失う危機にある場合、国家に反対するいかなる権利も持たないからである。また、国家は、ときには、自分と戦争を行っている国家からもこうした手段を取り上げなければならない。

習俗は、最も堅固なものであり、戦争での品行を規制するものである。平和の可能性がもはや現存せず、一国民の自立が脅かされると、戦争は、相互の絶滅だけを目指すものになる。たとえば、使節が殺されるならば、このことはそうした戦争の兆しとなるだろう。

市民社会が発展している国民は、文明化した同じような国民と関わる場合、一部分、一州が別の国家に併合されても、それほど気にしない。相手に渡る州には、その諸権利や宗教などが残るからである。ポーランド人はみずからを立派に防衛したが、理性的な憲法をみずからに与える試み（一一三）があまりに遅かった。それにしても、国民は、内部で分裂し、閥族によって引き裂かれていた。善き習俗をそなえた諸国民の間では、そうした絶滅戦（bellum internecivum）がますますまれになる。というのも、家族と諸個人の独立存在がいっそう発展的に形成され、このため統一はより弱いけれども、すべての権利や制度にとっての危機、宗教や教養形成などにとっての危機が生じないからである。ラケダイモン人は、移住しなかったメッセニア人をすべて奴隷にした。東洋でも同様で［あった］。ここでは、首都においてすべての男、女、子供たちが殺された。

戦争によって国際法が解消するので、そこで残りうるものは、諸国民のなかに内面的なものとしてあるもの、すなわち人倫しかない。現代では、もはや危険がなくなった捕虜は大事にされ、従軍牧師や外科医はたいてい捕虜として取り扱われない。ポーランド戦争でスヴァロフ(一一四)は、プラハを占領したとき、郊外で全員を虐殺させたのだった。

使節はその国民を代表するので、使節殺害も重要な事件になる。ただ、諸国家は、みずからの自立をそう簡単に危険にさらそうとしないから、こうした極度の侮辱を個別的な附帯状況とみなし、それを見のがす。ラシュタットで殺されたフランス使節の場合が［そうであった(一一五)］。

国民がみずからの自立を維持しそれにすべてを捧げることは、最高のことである。しかし、この自立は、絶対的なものではなく、没落しうる。より高次のものである世界精神は、こうした自立を超えており、諸国民の権利は、世界精神が登場するところで消え失せるのである。

C　世界史

164

特殊な国民精神の諸原理は制限されている。制限されない精神は、世界審判としての世界史においてその諸原理に対し絶対的権利を行使する普遍的な精神である(60)(一一六)。しかも、この世界審判は、たんに威力の審判でも盲目的な運命の審判でもなく、自己意識の必然的な展開という審判である。自己意識の必然的な展開によって、個々の契機や段階を執行することは、その契機が原理として帰属する個々の国民に委ねられている。そうした国民は、世界史のなかでその画期にとって支配的な国民である。そして、世界精神の現時点における最高の展開段階の担い手であるこうした絶対的権利に刃向っては、他の諸国民の諸原理に権利はない。

絶対的な、それ自体でもそれだけで独立しても存在する精神は、自己意識のもとで現実的である。国家は、一般にこのような現実態である。国家は、自分のなかでは生命だが、他の諸国民に対しては特殊なものである。国際法、こうした普遍的なものは、存在すべきだというにすぎない。

しかし、それ自体でもそれだけで独立しても普遍的なものは、世界精神である。ここで精神は、最高のものにおいて把握されることにこだわる。世界史とは、諸国民の自立が組み込まれた絶対的過程であるが、これは、最高の契機であり、諸国民の自立は、この過程に刃向えば空無であるものになる。実用的な歴史は、諸国民が興亡する原因を挙げる。ある国民がしかじかの状態にあった理由を挙げることは、かなり〈つながり〉あうものなので、繰り返し新しい原因が生じてくる。世界史は、こうした神的な悲劇である。この悲劇のなかで、精神は、同情や人倫を超え、また、いつもいたるところで自分にとって聖であるもの、このすべてを超えて高まり、みずからを生み出すのである。

パルミラやペルセポリスの廃墟、エジプトですべてが屈服していったさま、こういった偉大な諸国民の没落を眺めて、悲哀を感ずることがある。しかし、落ちぶれているものは落ちぶれているし、落ちぶれざるをえなかった。世界精神には、いたわりも同情もない。ある国民の最も見事な最高の原理も、特殊な国民の原理である以上、制限された原理であり、時代精神は、それを超えて進んでいく。「世界審判は世界史である」というシラーの詩句は、人が口にしうる最も深いものである(61)。いかなる国民もかつて不正を蒙らなかったのであり、国民が蒙ったことは、その国民にふさわしかったのである。

世界審判は、たんなる精神の威力とみなされてはならない。類は偶有態である個体に対して普遍的なものの威力を有しているが、類も再び個別態に逆戻りする。類は、その次の定在を再びまたそうした個体のかたちで持つのである。このことは、つねに同じことが生ずる退屈な過程である。しかし、世界史は、つねにより高次のものへ前進することである。世界史は、たんにあるのでもない。「ある」ということは、究極の没概念であり、単純なものであり、「ある」がゆえに「ある」のである。諸国民の運命には、現象では偶然的なものとなるような存在があるばかりではなく、概念としての存在がある。もちろん、運命は冷静な心胸で眺めなければならないが、それはたんに「ある」がゆえに「ある」わけではない。

　子供は、まだ自分をみずからのうちで把握していない。後になってはじめて、子供は自分を自由にする。世界史における画期も意識の区別された段階であり、どの国民も再びみずからのうちに自分の展開を蔵している。しかし、世界史におけるこうした大きな〈つながり〉では、どの国民も特殊な原理を持っている。国民の歴史は、その国民における、その国民のもとでの展開にすぎない。ある国民が歴史において支配的国民であることによって、その国民の原理は、その他の国民のうちにも定立される。原理が時代精神の段階とぴったり一致する国民は、支配的な国民であり、その行いは最も優れたものである。

　幾千の者がたびたび勇敢に戦死したにもかかわらず、テルモピュライの三百人のスパルタ人（一一七）は、世界史での一契機をなしている。世界精神が姿を現す国民に刃向っては、他の諸国民の権利はなに一つない。その国民はみずからの役割を貫徹する。その国民が他の国民を踏みつけるありさまを凝視するのは、悲しいことかもしれない。

　ローマ国民では、あらゆる国民へのこうした介入というかかる不正が正しいと認められた。この国民は、世界精神の権利であったからである。そのような時代にこのような国民のなかで頂点に立っている諸個人のうちに、たとえ他国民の権利に対する軽蔑という不道徳なものが現存するとしても、それにもかかわらず、それらの諸個人を介することによって、それ「世界精神の権利」が貫き通されることになる。精神の絶対的理念は、ここでは他のすべてのものに刃向う絶対的な権利を持っている。

165

世界史には、（一）オリエント的、（二）ギリシア的、（三）ローマ的、（四）ゲルマン的という四つの国があった。以前、世界史は、四つの君主制にならって取り扱われた（一一八）。この根底には、世界史的国民に他のすべての国民の歴史が関係づけられる、という考え方がある。こうした四つの世界観には、精神がこれらの諸段階を経て自分自身の知に至った、という考え方がある。そうしたものからはみ出して並存している世界史的ではない諸国民が存在する。精神は、自然によって規定される国民精神として、多くの類や種を含む。これは、そうした自然面もまた権利を持たざるをえないからである。そして、世界精神は、ときどき、きわめてかすかにこうした種を照らし出すが、それは、こうした種が多かれ少なかれ指導的国民の国民精神に近い種であることによる。

オリエント的な国には専制政治が、ギリシア的な国には民主制が、ローマ的な国には民主制と対立して貴族制が、ゲルマン的な国には精神という内面的なものの原理がある。内面的なものの原理は、端的に基礎となるものである。

166

（一）オリエント的な国は、実体的な世界観であり、端緒においては家父長制的な自然的全体である。そこでは、個人は、息子としてあるから〈人格そのもの〉でなく、支配者に対して権利や所有を自分だけで独立して持つことが［ない］。身分の区別、つまり市民生活の区別は、生まれによってカーストに固定されている。世俗の政府が同時に神権政治であり、支配者が最高の祭司ないし神でもあり、国家体制が宗教であり、宗教的で道徳的な戒めや風習が同様に国家の法律であり権利の法律である。

これは、必然的な最初の形態化であり、自己内反省である。自由はまだ現存しておらず、個人は全体だけを自分の本質として知る。諸個人は、家族の息子として、自分たちの首長に対していかなる権利も、いかなる所有も持っていない。世界精神は、こうした直接態を超えて他の国民へと移行したが、しかし、諸原理を携えてこの直接態をさらに仕上げていった。インド的、ペルシア的、中国的、バビロニア的、メディア的な国がそれである。

中国的な国は、最も仕上がった国である。ここでは、ヒエラルヒーと家父長制的な相関関係が最下層の構成員に至るまで広まっている。君主に刃向っては、いかなる権利も、いかなる所有も通用しない。そして、太守もまた州の家父長であり、父親はわが子に対して一切の権利を有している。父親自身は、わが子をその生命に関わるかたちで罰してもらうことはできるが、みずから殺すことはできない。息子が父親に罪を犯した場合、これは最大の犯罪であり、州全体がこれによって混乱に陥る。こうした根本原理がさらに市民生活に至るまで仕上げられている。

同様に、われわれは、ペルシア人にもこうした根本的見地があるのに気づく。そこでは、国王が太陽の反照であり、その君侯たちが国王を取り巻く惑星を表していた。

インドでは、身分が多岐に分かれ、君主が祭司長と別になることがしばしばである。世界の成立に関する表象では、それがカーストの区分を神的なものとして登場させている。輪廻の根拠には、「たしかに人間はすべて神から流れ出ているが、人間の境遇は不幸であり、人間はすべてこの世界で純化〔解脱〕することによってはじめて神性へと再び還帰することができるだろう」という考え方がある。インド人のこの主要教義において、有限態の領域は、彼岸を仰ぐことにすぎず、偶有態の相関関係にすぎず、無意識のうちに無限なものへ再び受容されることでしかなく、みずからの意識自身のうちで無限なものを把握することではない。

憲法典と権利の法律とは、すべてコーランのなかに含まれている。同様に、礼儀作法、洗面、食事などの戒めさえ、宗教的な律法として与えられている。イスラム教は、精神が人間に帰属すると想定しないかぎりで、オリエント的世界観を純化するものである。知性的であることがもつこうした区別のみが本質的な区別である。こうした直観では、精神が同様に自然エレメント、太陽とみなされている。

167

（二）ギリシア的な国は、オリエント的な〈実体のあり方〉を基礎としているが、しかし、それを精神から生み出して精神的な個体性とし、美しさに変えて明晰にした。一つの実体が崩壊して多くの国民となり、この多くの国民では、無邪気で明朗な人倫が本質的なエレメントとなっている。そこでは、人格的な権利の原理が登場するが、それはなお、実体的で理想的な統一のうちに溶け込んでそれに従属しており、決心する自己規定は、いまだ自己意識に委ねられておらず、より高次のものである外面的なものに委ねられている。国制は、一方では民主制であるが、他方ではなお奴隷制を含んでいる。

ギリシア的な国は、対立の側面に立つことができ、オリエント的な〈実体のあり方〉がもつ違いの契機を教養形成することができる。野生の自然生活はここでは和らげられて、個体的精神が支配的なものとなる。ギリシア的な国は、国民の共同の精神に善なるものがある人倫の世界である。ギリシアの神々は国民精神を表すが、そこにはなお自然エレメントがある。ユピテルは雷神であり、ポセイドンもやはり海の神である、などなど。ただし、自然エレメントである古いティタンは、世界の縁におかれており、芸術や産業がここで認められる。

ここでは多くの国民への分岐があるが、それらは、みずからを無限なものとして知っているものの、まだ普遍的なものから隔離されていない。ドーリス人の厳格な性格では、個人はまだまだ全体のなかにいるが、イオニア人の性格には、この自由な個体性がある。

ここには、人倫的に全体と同一であることのうちにいる快活な意識がある。それにまだ、法律を考えるとき、国家の維持をめざすばかりである。相続に関して、アテナイでは、富があまりに増加したり蓄積しすぎたりしないようにした。最も富裕な者は、最も富裕な者であるというだけで、宗教的でもある国民の祝祭にむけた公課を引き受けた。一市区《デーモス》で最も富裕な者は、こうしたことを引き受けなければならなかったし、そうしたくなければ、誰かが資産との交換をこの富める者に申し出ることができた。最も富める者たちは、皆、普遍的なものを尊重したが、ここでは、諸個人が、オリエント的なものの場合とは違い、途方もなく大きな製作物を建立するための下僕ではなかった。

最終的な決心に関しては、神託が決心しなければならなかった。自己意識は、まだ、こうした主観的な確信を持っていなかったのである。われわれは、ソクラテスにおいて、独立存在の原理である道徳哲学が出現するのを見るのであるが、それは大変危険なものだった。だから、プラトンも、こうした原理をみずからが説く国家のなかに取り入れず、所有をすべて共有とした。しかし、ソクラテスが把握したものは、必然的な契機であった。アテナイの民衆は、頂点にいたソクラテスのなかに破滅を認識し、みずからを罰したのである。ソクラテスとともに、内面的なものとしての決心が始まる。

モンテスキューが言うように、アテナイでは、民主制は、徳――この無邪気な人倫――を原理としていた[62]。また同時に、ここでは貴族制的なものを見ることもできる。人格的自由は、まだ絶対的に普遍的なものだとは承認されていなかった。自由な市民は、貴族であり、万人の自由が必然態であるという意識をまだ持っていなかった。

168

（三）ローマ的な国が成就したのは、自己意識の独立存在の極と抽象的な普遍態の極へと人倫的な統一を引き裂くことである。実体的な直観の原理、すなわち国制の出発点である貴族制は、それだけで独立して現れたわけではなく、民主制という同時に見出される対立的な原理に対抗して現れた。これは、対立であり、この対立によって、実体的な直観の原理が展開して迷信となり、権利のない暴力となり、民主制の原理が展開して全体の解体をもたらした。これは、普遍的な不幸と、人倫的な生命の死とであって、そこでは、諸国民の特殊な個体性が死滅し、〈人格そのもの〉

という形式的な権利が仕上がり、諸個人が私的人格に成り下がり、よって一切が同等のものに成り下がって、ぞっとする形態で動き回る抽象的な恣意だけが諸個人を結びつけたのである。

最初のものは自然的な〈実体のあり方〉であり、第二のものは精神的な〈実体のあり方〉だが、ローマ的な国によって第三の契機として［形式的な権利］がやってきた。［それは］、上述のような対立、上述のような死を含んでいる。というのも、国家の創設者たちは、いかなる絆によっても結びつけられていない強奪者だったからである。

分散したものが多数みられる。ヌマがはじめて宗教を導入した。また、エトルリア族がはじめて、人格的自由の原理に対立する貴族制をもたらした。そして、歴史の全体に含まれるのは、平民と都市貴族との闘争である。自然的に人倫的な原理は、貴族制的支配における対立のなかにだけ登場した。そして、宗教は衰退して迷信になった。民主制の原理も国家のなかで権利を獲得したが、民主制のこうした展開は、全体を突き崩した。民主制の原理が出現すると、全体の解体が始まった。この国民精神の形態、人倫的な生命のこうした普遍的な死（すべての国民精神がパンテオンに集められた）は、世界精神の契機であった。この時期に属するのは、公共的な利害関心がまったく途絶し、形式的な権利が発展的に形成されることである。それ自体死んではいるがそれでも虫けらほどの生命は含んでいる死せる身体と［事情は］同じである。もろもろの個別態が中心点もなく全体を形作った。個人は、普遍態に見放され、それだけで頂点に立っていた。理性を欠いた恣意が登場した。

以上のようなぞっとする形態が現れるのは、個々人が神性をもつとさえみなされるところでのことである。これは、自己意識のもとで見られた最もぞっとすることであり、オリエント的な形式へと追い込まれてしまった自己意識である。しかし、このような諸形態は、必然的であった。ローマ的な国の性格は、このような引き裂きであり、このような死であった。

169
（四）このような不幸のなかで自分の内へと押し戻された自己意識は、無限の苦痛から——そのような国民として世界精神はイスラエル国民を用意していた——みずからの内面的なものの無限な肯定態、ある内面を把握するのであり、この内面から世界形態を仕上げることが、北方の原理、ゲルマン諸部族に委ねられる。国家的統一の端緒は、宗教的な原理とか自然的な原理とかではなく、心から出発する同業組合や、自由なものたちの信義である。自由なものたちは、勇敢な指導者に従い、征服した国を報酬として指導者から手に入れ、その代わり信義に基づく自由な奉仕が義務づけられる。この相関関係から封建的関係が生じて、他の自由なものたちに対する抑圧をともなう正式な権利となるのである。

　ローマ的世界は、差異、分裂の世界である。自己意識は、この分裂から自分の内へと押し戻された。世界精神は、イスラエル国民にこうした無限の苦痛を準備した。それ以前のイスラエルの歴史は、東洋的なものに属している。ユダヤの神は、そうしたオリエントの現実にある実体ではなく、自然と精神にある多数に対して一つの彼岸である。このように疎遠になること、このような苦痛、このような不幸は、この国民のうちにすでに早くからあった。このような苦痛が世界の苦痛となるなら、それはこの国民のうちに完全なかたちで登場すべきだというのである。インドの原理では、さすがに「個人が再び神性に還帰できるかもしれない」という希望があったが、ユダヤ民族ではそうではない。そして、この産みの苦しみから、内面についての意識が人間に芽生えたのである。

　いまやゲルマン人のもとで、内面についての意識が発展的に形成された。ゲルマン人の場合、国家的統一は、こうしたオリエントの自然にあるものでも宗教的なものでもなく、むしろ、内面つまり自己に由来する。こうした統一の端緒は、長を自由に選挙することに基づいていた。国民は、自由な選挙から生ずる期待をもって自由意志でこの長に従う。ここには、内面という原理が現存する。この原理から封建的関係が生まれたのである。征服した国の配分と贈与に基づいて、責務が生じてくる。そこでは、特殊な恣意はもはや問題にならない。したがって、この場合、特殊な選挙と、それ自体でもそれだけで独立しても妥当すべき責務がある。いまや、このことが矛盾となっている。

170

無限の内面から生み出された知性的な「真理の国」に対して、直接態のうちにあるこの内面が、心に基づく関係（二一九）に基礎づけられて世俗の国として対立する。しかし同時に、この内面は、その原理が未展開のままの抽象体であるため、未開な恣意の国として、つまり封建的国制のかたちで習俗が野蛮でありながら正式なものである国として対立する。両者の闘争のなかで、前者の知性的な国が現実態と表象という現世的なものにまで降りて形成され、後者の現世的な国が理性的な知の原理まで高められて形成されるまで、それらは対立している。このことによって、両者の内面的な和解が生じている。その和解においては、立憲君主制としての国家が、展開された理性の像、そうした理性の現実態となり、そのことによって、自己意識がみずからの現実的な知と意志することとをこの国家のうちに持つことになる。このことは、自己意識が、理性的に直観したり感じたりする自由と固有性を宗教のうちに持ち、現実的な国家や自然、観念的な世界が、同じ一つの理性を補完する顕現として、学問において認識されるのと同様である。

このことが、（二二〇）現れ全体の頂点である。

無限態となっている自己意識という内面は、つまり真理というこうした原理は、まず、教会の国と世俗の国とに分裂して登場した。

世俗の国は、心に基づく関係に基礎づけられて、未開な恣意の国、権利という正式なものの国、野蛮の国であったが、この国には、心に基づく関係という大原理があった。ここに現存したのは、本来の意味での野蛮であって、心に基づく関係は、復讐心や激しい我意、情熱に移行した。この国では、特殊態がまだ廃棄されていなかった。つまり、傾向や恣意という固有の好みが廃棄されていなかったのである。

この国に普遍的なものの国が対立したが、ただ対立しただけであり、その国の展開も同様に非情であった。特殊態がまだ普遍態によって押さえつけられていない美の契機は、みずからのうちにまだそうした未開や野生をそなえている。知性的な国もまた、まったく現世的な国として発展的に形成された。聖職者たちの生活は、自分自身について後悔に打ちひしがれる一方で、手に負えない放埒さを見せた。最もはかない最も下品な相関関係が、永遠とならんで取り込まれたのであった。

世俗の国は、他面で、理性的な意志の原理へとみずからを教養形成した。

いまや、いずれもはや他に抜きん出ることがなかったので、前述のような和解が起こった。国家は、立憲君主制となり、展開された理性の像となり、分肢組織化して一つの全体となった。自己意識は、それ独自に意志することをようやく達成し、みずからが理解しないものをもはや眺めるだけではなくなった。宗教における自己意識の自由、立憲君主制、真理の認識は、現代の原理である。中間身分には〈理性あるもの〉がある。それは知性の身分である。国民は、質料となる極である。「国民は善を欲する」と言われるが、それは、「国民は抑圧されたくない、できるだけ支払いたくない、できるだけ享受したい」ということだ。中間身分によって、君主に対し国民の願望が上奏されるのである。

一八一八年三月一四日　終わり

P・ヴァネンマン

ベルリン大学一八一八・一九年冬学期講義による緒論

補足 *1*

自然法は、実定法に対立している。意志は、本質的に自由である。法の源泉は精神のうちにあるのであって、いかなる外面的権威も法を根拠づけることはできない。モーセの律法の源泉として直接に挙げられるのは、神である。そのような源泉として神的な権威も挙げられ、こうして国王に権力が与えられる。この主張が誤ってとらえられて、国王たちにとってその行為は恣意的なものであってもよいとされ、国王たちに理由がありさえすればよいとされる。このことから、最高の専制政治が導出され、神は、彼岸として、精神にとって疎遠なもの、遠いものとして考察されたのである。〔だが、〕そのようなものは、神ではない。神的であるものはすべて理性的であり、その逆でもある。現実的な自由に関しては、意志は最も理性的なものでなくてはならず、国家の統轄者はこの意味の意志を持っていなくてはならない。だが、これは、彼岸にある疎遠な権威ではない。神的な意志は、理性の意志である。この理性は、国家のうちにある本質という普遍的なものである。自然法は、理性の実現以外のいかなる規定も持たない。

註解（a）補足　実定法は、それが権威を持ち公表されているかぎりで、法である。理性法に直接対立する規約を持つ法体制は存在しえないが、ただ正式には、そうした区別がありうる。信頼と信仰は、国家という〈つながり〉がもつ普遍的なエレメントである。実定法を尊重させるものは、独自の意識である。個人が実定法からそれると強制が用いられ、恐怖は個人を正しい道に踏みとどまらせる。普遍的なものは理性に適っていなければならないが、権威と形式が法律の実定的なものを形作っている。そのような混合は、すべて国家にある。すなわち、すべての国家で、理性に適っていない諸規定が実定法のなかで維持されてきた。実定法は、理性を前にして正当化されていようといまいと、また個々人が承認していようといまいと、妥当する。したがって、実定法は、自由に対立する恣意的な諸規定をも含むことがある。

国家体制は次々と展開されていくが、国家体制中のあらゆる機構は、同時に釣りあいよく展開されるべきである。ところで、ある機構がそれだけ独立して展開され他の諸機構が取り残されると不均衡が生ずるのは、すべての機構が調和しあい、まとまりをもって関連し、たがいにかみ合っているべきだからである。このことはわれわれのところでは軽視されているが、近年附加された諸機構がより古い諸機構と適合しないことがしばしばある。たとえば、イギリスがそうである。この国における動揺や不満はすべて、理性的な国制を妨げそれに抗する多数の特権に対して理性的な国制が闘わなければならない闘争に由来する。もろもろの特権は、一面では権利であるが、他面では他者の諸権利を侵害し制限するがゆえに不正でもある。それゆえ、もろもろの特権は、理性的国制を実定的なものにし、恣意的なものにする。イギリスでは、非常に重要度が低かったり、それどころか海に覆われて無に帰してしまった村落が選挙権を持っているのに、たとえばマンチェスターのような後に成立した大都市には、選挙権がないのである。

註解（b）補足　理性が、国家の理想、つまり法体制の理想を構想するのだが、その現実の形態は、その理想とは非常に異なっているものである。

自然においては、生物は直接にその概念と同一であり、自然本質という内面的なものがまさにその概念なのである。だが、人間の自由とは、まさに、人間の自然を改造すること、みずからに人間の自然を作り出すことである。法の原理もまた、人間の主観的な自然のうちに根を持たない。すなわち、自然法は、衝動や傾向に根拠づけることができない。衝動は、精神の本質にふさわしくない形式である。内面的なもの、つまり内容は、客観的であるにもかかわらず、主観的な形式をとって傾向として、衝動として存在し、部分的な諸規定と混合していることがありうる。しかしながら、法システムという理性的な有機組織は、普遍的なもの以外のなにものをも含んではならない。もちろん、衝動にはあらゆる国家諸規定の内容がある。だが、国家諸規定は、その客観態において把握されなくてはならない。

一方では、「自然」ということで〈あるもの〉の概念、本質が理解されるが、他方では、「自然」ということに別の意味もある。人間の自然状態は、まだ自由の境遇ではなくて、不正の境遇である。ホッブズは、「人は自然状態から抜け出さなくてはならない」と言う(63)。人間は意識へと移行しなくてはならない。人間は、原因者でないはずがなく、原因者のはずである。すなわち、人間が行うことは、人間の製作物であるはずである。自然的自由、つまり恣意、欲望は、いうまでもなく、国家で犠牲に供しなければならない。自由が外化表現され、実現されなくてはならないのだから、概念は、外面へと移っていかなくてはならず、そのかぎり自然へと移っていく。自然――直接的な自然であれ精神的な自然であれ――という地盤は、自然法の原理では［ない］のである。

子供の場合、意志は、まだ自然的であって、まだ自由ではない。その意志は、可能態（potentia）としての自由意志であって、まだ現実態（actu）としてのものではない。

「人間は衝動を権利とし社交性としている」と言われる。社交性の内容は、なるほど理性から来るが、主観的であって、まだ普遍的で客観的で自由なあり方をしていない。社交性といったこれらの諸規定をわれわれは客観的に捉え、理性的な形式で考察しなければならない。

適法な諸制度は、客観的なものを根拠としきらなければならない。というのも、主観的なもの、感情は、人によって異なるからである。自分の感情やら良心やらを盾に取る人は、普遍的なものから身を引いている。その人にせよ他の誰にせよ、自分独自の感情、自分独自の良心を持つ権利がある。しかし、自由の概念、すなわち理念が現実存在に至らなければならないし、この外面によって、相互外在という契機がもたらされるのである。だが、この外面は概念の標識にすぎない。それは、理念によって浸透されてい［ない］。

ところで、必然態とは、「相互に自立的な二つのものがあり、両者は概念上本質的に一つである」ということである。だが、自然的なものは、概念に適っていなくてはならない。その顕現は、それだけで独立して捉えると、一つの自然である。必然態は現象にすぎない。自由意志とは、他のなにものをも自分に対峙した自立的なものとして認識しないことである。

補足 *3*

決定論者は、「後悔と罪責は錯覚である」と信じている。私が自分自身を規定していることを、私は自分のうちに見出している。このことは、もちろん［一つの］事実である。だが、哲学は、そこにとどまっているわけにはいかず、「自由が必然的であれ」と要求する。この証明は、学問の先行する諸部分に含まれていなくてはならない。弁証法は、あらゆる存在者そのものの魂である。この魂は意識へと移行し、意識のもつ矛盾の解消が精神である。自由な精神のなかに、つまり自由のなかに真理がある。私は、他のもののなかで自分とだけ関係する。主観的なものと客観的なものとは同一である。

哲学の結論は、同時に実体でもある。自我という純粋な無規定態、純粋な思考、純粋な直観は、誰のうちにもある。誰もが、「自分はあらゆる感覚を捨象することができる。究極のもの、生命さえも捨象することができる」ということを知っている。自我というのは、完全な空虚体である。意志の概念は、二つの契機の統一としてしか把握することができない。すなわち、一方の契機は、「私は端的にすべてを捨象することができる」という意識であり、こうした純粋な状態という契機は、純粋な思考、純粋な自我、自我の自分自身への純粋な反省である。自我はすべてを否定することができる。このことが、私の自己意識のなかで契機になっている。このようにして、インド人たちはこの直観を持ちこたえ、すべてから自分を遠ざけ、自分自身との単純さのなかで自分を知る。自我は、この意味で、空間と同じように端的に無限である。これは、意志の普遍的なもの、捨象という空虚体にすぎない。この自由は譲渡されなくてはならない。普遍態が端的に基礎になっている。

補足 *4*

第二の契機は、それと対立した契機、つまり規定態、制限、区別の契機である。第一の契機がなんであるかを考察すると、第二の契機そのものがそのうちに含まれている。すなわち、普遍態のうちに特殊なものそのものが含まれており、規定されていないものは規定されたものの否定であって、規定されたものは無規定的なもののそのもののうちに存する。普遍態の分析が規定態の契機を与えるのである。他方が対立しながら持っているものは、二つの面の一面にすぎない。有限なものを超えて人間を高める第一のものは、抽象的に無限なものにすぎない。この二つは観念的な契機である。自我は、有限なものから出て無限なものへと移行しなければならず、神は、有限なものへと移行しようと決断しなければならない。

区別されたものは、区別されたものとして、一つの側面を形作る。一方のものと他方のものとを定立することによってのみ、私は総体となる。ある規定されたものを意志のなかで定立することは、決心である。私は自分をこの規定態のうちに置き入れる。私の目的がもつ内容のなかに、私がいる。植物は、決断する〔花開く〕のであり、すでに植物のうちに含まれているものが外に出て定在のうちに入る。無規定態は膨張であり、第二の契機は収縮である。

補足 5

意志は具体的なものである。最初の二つの契機は、たんに悟性的な契機であって、それだけ独立させたのではなんら真理を持たない。意志というものがはじめて理性的なものである。制限されたものはすべて、それ自身において弁証法的なものである。二つのものの真理は、「一方の契機のうちに他方の契機が含まれている」ということである。現実態とは、内面的なものと外面的なものとの不可分な統一のことである。本来、意志によって人間ははじめて現実的である。だから、意志は、真実の個別態、二つの個別的契機の総体なのである。普遍態とは、自分自身との同等性のことである。個別態とは、ある他のものから私自身への還帰のことである。死んだものは、普遍的なもの、自分自身と同一なものであるが、しかし、生命あるものは、否定態を介してはじめて自分と同一になる。否定の否定としての、つまり制限の否定としての肯定、こうなったものがはじめて意志なのである。意志の真実のところは、このような統一である。

「私が自分の制限を廃棄する」という活動を介してはじめて、私は普遍態である。私は、あるものを意志し、自分のなかで制限を定立するが、しかし、この目的を自分のものとして定立し、自分自身と関係する。「私が自分を自分と同一に定立する」がゆえに、ある目的を定立することがある。二つの契機は、たんなる可能性だが、しかし、意志の必然的な契機である。私は、自分に対してある現実的な目的を定立するにもかかわらず、そのさい自分が自由であると知っている。それは、私にとっては可能性にすぎず、私は依然としてこれに対する威力であり続ける。私が行為をしたかぎりでやっと、可能性が抜け落ちる。だが、概念上の意志というのは、まだ、それだけで独立して存在する意志でも、理念上の意志でもない。

補足 6

意志とは、「自分の制限のなかで自分自身のもとにとどまっている」ことである。これが意志の概念だが、しかし、哲学はここに立ち止まっているわけにいかない。概念は、みずからの定在において現存しなくてはならない。理念は、理念として自然のうちになんら定在を持っていないし、類は、自然のうちでは現象せず、隠蔽された内側のものにとどまる。類の威力が証明されるのは、個体が死ぬことによってだが、それによって類が現れ出てくるわけではない。

これに対して、自由意志は、その概念がめざすものである。フィヒテが言うように、自我はそのまま自我でなくてはならない(64)(一二一)。自己意識は、それがそれ自体でもそれだけで独立しても存在する意志になることによって、〔生成する〕。意志は自分を規定し自分を対象のうちに置くが、しかし、この対象は意志そのものであって、意志はその対象において自分のもとにある。これが絶対的に実在的な意志である。

子供は、さしあたり概念上、自由を持っている。意志が独立しているのは、意志が概念を対象とすることによってである。だが、自由なものは、そのさらなる展開において、自分の自由以外のなにものをも直観する必要がない。これが学問の今後の進展である。

人間の規定〔使命〕は、絶対的な自由でしかありえない。自然においては、神は自分と同一であり、自然は神の鏡であって、神はそのなかで自分を認識するのである。

補足 7

抽象的意志は、それが存在するかぎりで存在を持つが、しかし、抽象的な存在を持つにすぎない。いかなる欲望も「われわれがあるものを意志する」ことだが、しかし、その内容はまだ自然的なものである。「私がそれを意志する」ということだけが私のものであり、私はこの内容のなかにあるが、しかし、この内容はまだ自由そのものによって定立されていない。

自然的意志は、もろもろの衝動と傾向の領域での意志である。想像の偶然態と空想の偶然態が意志に影響を及ぼすことがある。これらの諸規定のどれも、いかなる衝動も、私の場合は、動物の場合のように絶対的なのではない。私は選択することができる。私はこれらの諸規定に対して普遍的なものである。恣意は、一般に、「規定されていないものである私が、なにかのために自分を規定する」こと、すなわち「私が決心する」ことである。この決心のうちに、私の普遍態と私の特殊態とが含まれている。私は、自分を規定した場合でさえ、やはり同時に普遍的なもののままであり、その規定を放棄することができる。私は、自分の欲望や衝動のなかで、ある目的から他の目的へとさまようことができる。だが、他の目的も、その質からいって、同様に自然目的であって、こうしたことによっては、私は有限態を超え出ることがない。この自然的意志の目標は幸福だが、しかし、その幸福とは、反省が作り出すような理念の仮象にすぎない。なにも意志しないことも、やはり一つの抽象的な契機である。しかし、もし人間がこの抽象に固執したら、その人間は自分のなかで消滅してしまうだろう。自然的意志、すなわち恣意は、反省の段階である。

これに対して、それ自体でもそれだけで独立しても存在する意志は、自分の無限な形式を自分の内容としている。そのことによって、この意志は真である。なぜなら、この意志は、「定在のうちにある、つまり自分に対立するものとしてある」と規定され、「意志の概念である、つまり概念自身の直観を実在するものとしている純粋な概念である」と規定されるからである。この意志は自由である。なぜなら、この意志は、自分自身以外の他のなにものにも関係しないからである。この意志は普遍的である。なぜなら、この意志のなかでは、もっぱら概念とその対象ないし内容との対立のうちにある制限や個人的な特殊化のすべてが廃棄されているからである。

概念と内容との一致が真理である。だから、それ自体でもそれだけで独立しても存在する意志は、真理である。善い国家では、自由が理念のかたちで現実態を持っている。真でない対象は、劣悪な対象であって、自分の概念と合致しない。それ自体でもそれだけで独立しても存在する意志の立場は、真理の立場である。それ自体でもそれだけで独立しても存在する意志は普遍的であって、個人的な特殊化や、意志の主観性のすべては、そのなかで解消されている。私が悪であるのは、もっぱら、私が個別的なものとして特殊な原則にしたがって行為しようとするかぎりのことである。それ自体でもそれだけで独立しても存在する意志では、自由がそれ自身意志される。普遍態とは、区別されたもののなかで自分と同一のもののことである。これが真実の普遍態である。普遍的意志はすべての個々人の意志でもあるべきである。だが、普遍的意志は、たとえそうなっていないとしても、そうであるがゆえにやはり普遍的意志のままであり続ける。犯罪者が罰せられるということは、犯罪者の「それ自体でもそれだけで独立しても存在する意志」なのである。

意志の主観的なものとは、次のことを意味する。（一）意志が、自分と自己意識との絶対的な統一であること、（二）意志が、みずからの諸目的の偶然的な内容の点で恣意であるものとして、特殊態であること、（三）意志された内容が、さらにどのような性状であろうとも、とにかくもっぱら思考する自己意識に属するという意味で、一面的な形式のことである。

――〔第一の場合〕私は、強制されるとすれば、当該の活動で自分を持していないし、それは主観的意志でない。もし人間が奴隷として、迷信や信仰から、あることを成就するとすれば、それはその人間のものでないし、自己はそこにいない。行為では、自己意識が自分と同一であるべきである。第二の場合、悪しき意志は、主観的意志であって、普遍的意志と対立している。すなわち、主観性が内容の特殊態で成立している。第三の場合、主観的なものは、客観態つまり実在のものに対立している。特殊な意志では、その概念はまだ直接態のかたちをとっている。

――意志は、自分自身を自分の規定とし、そのようにして自分〔自身〕と同一であるかぎり、端的に客観的意志である。だが、このように同一であることと普遍態とは、同時に、もっぱらはじめは自己意識のうちにある意志規定に対立する形式である。このようにして、客観態は、外面的な現実存在としての定在という直接態である。

――客観的なものは二つの意味を持っている。一つの意味では、それは、自分に対立する主観的なものと同様に一面的である。別の意味では、それは、意志の概念と調和のとれた意志である。

――それ自体でもそれだけで独立しても存在する意志は、理念であり、それ自体それ自身で、主観的なものと客観的なものとの統一であるが、この統一に対しては、たんなる主観的な意志規定が矛盾となる。その統一は、この主観的な意志規定の形式に対して当為となる。すなわち、「そのような主観的な規定はその一面性を喪失し客観的になるべきだ」という当為である。この規定は、そのかぎり意志の目的であり、意志は、自分を実現する衝動であり活動なのである。自由意志がもつ絶対的な衝動と規定は、「普遍的意志は生ずるべきだ、つまり自由は現実的であるべきだ」ということである。

――意志は、運動としてのみ生命がある。生命体はすべて、「普遍的なものは、自分のうちに区別を定立するが、しかし、この区別を繰り返し廃棄する」ことで成り立つ。存在すべきものは、ある欠陥にまとわりつかれている。それは、ただ存在すべきであって、まだ存在していない。矛盾があるところに衝動がある。理性的なものとは、一面性を廃棄しようとするこうした衝動である。苦痛とは、「否定的なものが生きているものにとって欠陥として存在すること」であって、この否定的なものは、生命あるものにある純粋な制限なのである。非有機的なものは苦痛を持たない。いかなる衝動の根底にも苦痛がある。この矛盾が衝動の根である。目的にある一面的なものは、その形式である。その活動は、否定的なものを廃棄し主観的なものを定立することである。自由、すなわち普遍的意志のより精確な本性もまた、現実的になるべきである。ところで、この普遍的意志がいかにして現実的になるかということは、われわれの学問がする業務である。知性の根拠は、知性が世界を見出すことである。このことは意志に関わりがない。意志は知性にとって現存するようにならなくてはならない。客観的精神が最後のものである。意志の実現とは、知性と意志との和解を生み出すことである。理念は自分を実現しなくてはならない。そこで、われわれが考察しなくてはならないのは、理念の展開、実現である。意志は、自分にとって対象でなくてはならない。すなわち、自我＝自我でなくてはならない。意志はまた、自分とは区別されているという形式をも獲得すべきである。絶対的理念は、自分を区別しなくてはならない。理念は、具体的であって、区別の契機を自分のうちに含んでいなくてはならない。区別された諸契機が自立するなかで、理念はその統一を維持しなくてはならない。理念の衝動とは、自分を現実的にすることであり、これによって理念は、みずからの諸契機を自立させていくのである。しかし、このような外面において、理念は自分と同一であり続けなければならない。

——「ある定在は、それ自体でもそれだけで独立しても存在する意志の定在である」ということが、権利である。そして、義務とは、私にとって本質的なものとして通用し、私が承認するなり敬意を払うなり生み出すなりしなくてはならないかぎりの相関関係のことである。

——「ある概念、ある規定が通用すべきだ」ということが、哲学においてはまず第一に演繹されなくてはならない。それ自体でもそれだけで独立しても存在する意志は定在しなくてはならない。通常の生活では、ある尺度、ある概念に合致しているものを「正しくなされた」という。私は人格として権利を持つ。というのも、権利とは、精神の現実存在、すなわち自由だからである。義務は、権利に対する相関概念（correlatum）である。自由は侵害されえない。私は、自由を侵害すれば、なにか愚かなことを犯すことになる。定在は他者に対する存在である。したがって、定在は、他者によって把握され侵害されうる側面を持っている。自分を実現しようというのは、それ自体でもそれだけで独立しても存在する意志の衝動である。したがって、義務もまたここに［発する］。すなわち、義務とは、「自由意志が普遍的意志となり、したがってまた自分の意志ともなる場を私が尊重する」ことだからである。だから、なんの権利も持たない人間は、なんの義務も持たない。というのも、この人間は、自由意志として現実的でないからである。

——権利は神聖なものである。なぜなら、権利は絶対的概念の定在であり、自己意識的な自由の定在だからである。しかしながら、権利と義務にある形式主義は、自由概念の展開を区別することから生ずる。自由のなかに含まれているさらに進んだ諸契機を意識へと、また現実態へともたらした精神は、形式的な権利すなわち抽象的でそれゆえ制限された権利に対して、より具体的でより普遍的な精神として、より高次の権利を持っているのである。

——自己意識的な自由は、地球上に存在するかぎりの最高のものである。この理念をその単純な形態で考察することが、宗教や哲学の対象である。権利は、すべて、自由が現実存在するところにある。私は、生きる権利を持つ。動物は、生きる権利を持たない。法律は、権利に含まれるものをわれわれに告げさえすればよい。われわれは、法律から権利を導出することができない。神聖なものそのものは端的に具体的でなければならず、形式的なものは神聖ではない。概念による権利は、自由と同一であることである。厳格権においては、定在を持つのが私の意志の抽象的な自由だけであり、国家においては、自由なものが普遍的で具体的な精神である。したがって、個々人の権利は、国家の権利に対してなにか従属的なもの、なにか形式的なものである。国家には個々人の定在も含まれているが、しかし、個々人の権利は、廃棄されたものとして国家に現存している。道徳的な契機は、具体的な精神に対して形式的でしかない。私が権利だと認識するものは、私の良心に適っているべきである。だが、人倫的な精神は、形式的な良心を超えている。適法な契機と道徳的な契機は、人倫に対する契機であるにすぎず、人倫は、実体としてその二つの契機を超えている。より発達した自由精神を持つ国民は、あまり発達していない他の国民を超えている。そして、後者の国民の人倫は、精神として自分自身を通用させる権利を持つより高次の精神に対して、形式的である。世界精神は、最も具体的なものであるから、最高の権利を持つ。世界精神は、理念であるがゆえに、自分に定在を与えなくてはならないし、世界精神の定在は、個々の国民のもとで通用していたものを粉砕する。権利の形式的なものは、同一の相関関係においても現れ出る。家族は全体をなし、個々の人格としての人格は従属的なものであり、〈人格そのもの〉の権利は家族に吸収されている。家族という人倫的な全体が分割されてはじめて、つまり夫婦が離婚してはじめて、個々人の形式的な権利、つまり個々人の所有が再び出現する。われわれはつねに、より抽象的な権利から出発してより高次でより具体的な精神に達する。たんなる素質、たんなる概念としての自由意志は、自分と同一にならなくてはならない。こうした理念は、その端緒では概念にすぎないし、その概念は、まだ直接的な定在を持つことがなく、まだ抽象的な権利にすぎないのである。

——意志の理念は（さしあたって抽象的であり、したがって直接的な定在のかたちをとるが）、抽象法の領域である。第二の理念は、意志の自己内反省であり、したがって、一方では主観的意志である自分および外の世界へと、他方ではそれ自体でもそれだけで独立しても究極目的であるはずの善の理念へと分裂する。これが道徳の領域である。第三の理念は、これら二つの理念の統一であり真理である。そこでは、思考された善の理念が主観的な自由と現実存在のかたちで実現されていて、その結果、自由もやはり同じように必然態と現実態として現実存在する。これが人倫および国家である。

——プラトンは、その『国家』篇において、ソクラテスに、「正義は、個々人よりも国家においてよく現れる」と語らせている(65)〔一二二〕。権利は、国家においてのみ現実化した。人間が国家のなかに加わっていったのは偶然でなく、国家のなかでのみ自由概念が自立的な定在になる。われわれは、端緒にあっては、抽象体のかたちで理念を見る。理念はまだ直接的な存在のかたちをとっており、まだ私が、すなわちこの特殊な個別の者が理念の定在となっている。ここでは、個々の人格が自由な人格として行うことは権利である。個別的なものとしての私は、あるものを自分のものだと呼ぶことによって、自分の自由をそこに置き入れたのである。自由概念とその定在とは、ここではまだ直接的に同一である。第二の定在は、概念が自分の実在というものから分離することであり、普遍的なものが個別的なものから分離する。ここではじめて、善の理念が究極目的として登場する。この理念は、ただ実現されるべきである。道徳の領域では、私の恣意は、善を対象とすべきである。まずなによりも、私の生命は、さしあたって、自由が現実存在を持つ場である。私の特殊な定在も、〔善と〕同様に満足を得るべきである。第二の領域は、これらに折りあいをつける要求しか含んでいない。それは当為にすぎないのである。第三の領域では、自由はまた、私が知ること、私が意志することとともに現存する。道徳の契機がそこに現存する。人倫は、各人の人倫としてのみ存在しうるのであり、必然態では習俗として現実存在する。人倫的な定在は、一般に国家である。

緒論終わり
ベルリン　一八一八年一一月一〇日

附録

G・W・F・ヘーゲル講義録の刊行にあたって——出版社の序言
序文〔オットー・ペゲラーによる解説〕
テキストの構成について（抄）〔編集者〕

G・W・F・ヘーゲル講義録の刊行にあたって――出版社の序言

ヘーゲルの諸講義は、規模の点でいうと、みずからが出版した諸著作以上に確実に、ヘーゲルの哲学を直接受容する元となり、後世にその影響を及ぼしてきた。ヘーゲルは、もっぱら講義のなかで、自分の体系の実在哲学的な諸部門を具体的に形態化した。それゆえ、主として聴講者の筆記録によって伝えられた諸講義は、彼の作品のたんに副次的ないし二次的な部分ではなく、諸著作やヘーゲル直筆の遺稿と並ぶもので、体系的観点からもその受容史的観点からも、彼の作品の独自の部分を形作っている。

しかし、諸講義が大きな影響力を持つに至ったのは、その語られた言葉によるよりは、諸講義が公刊されたさいの形式によっている。それゆえ、ヘーゲル哲学の影響史は、テキスト群を提示する形式にとりわけ緊密なしかたで結びついている。最初の編集者であるヘーゲルの弟子と友人たちは、眼前にある講義原稿と聴講者の筆記録とを、ヘーゲルの作品の個々の分野としてまとめあげた。そのときにこれらの分野に与えられた形式は、体系をなそうとするヘーゲルの意志によるというよりも、個別の学に必要な体系形式に関して編集者たちが持っていた表象によるものであった。ヘーゲルの思考がもつ表向きの完結性を保つためには、ヘーゲルの講義の微妙なニュアンスや生き生きとした姿を犠牲にしてもよいという彼らの姿勢が、ヘーゲルの哲学活動に関して今日にまで支配してきたイメージを決定的に作り上げたのである。二〇世紀初頭に新ヘーゲル主義がもたらした諸版は、ようやくそのような先例の呪縛から除々に免れるようになった。ヘーゲル哲学を多様な形で習得しかつ批判すべき今日の転換期では、厳密な校訂を経て信頼するに足る形でヘーゲルの思想を提供することが求められている。

本書によって開始される一連の『G・W・F・ヘーゲル講義録』は、こうした要求に応えるであろう。だが、それは、とくに有益な個々の講義の筆記録を提示すること、あるいは個々の講義を復元することに限定される。ボーフムにあるヘーゲル・アルヒーフの所員が仕上げるこの版は、厳密な校訂という課題についての今日的な理解にふさわしい形式で諸講義録を提供するだろう。そのつど選ばれる形式は、講義が伝えられた状況によってとりわけ左右される。テキストは、今日の規準に合った正書法と句読法で提示する。テキストの歴史と編集上の諸原則は、簡潔な手引きで解説する。註の部分は、ヘーゲルが基にした文献を解明することでテキスト理解に役立つだろう。この版の目標は、ヘーゲル哲学の展開の微妙なニュアンスに正確に対応しうる厳密に確かめられたテキストを、研究のために今すぐにでも自由に利用できるようにすること、またそれと同時に、歴史的・批判的全集版『G・W・F・ヘーゲル全集』において講義筆記録を編集するにふさわしいやり方を仕上げることにある。

序　文〔オットー・ペゲラーによる解説〕

ヘーゲルへの主要な問い——法哲学・国家哲学構想

カール・マルクスは、一八四四年に『独仏年誌』に論文「ヘーゲル法哲学批判のために」の序論を公表したとき、「ドイツの法哲学および国家哲学」を「公式の現在のあり方に見合った唯一のドイツ史」と呼んだ。「ドイツの国家哲学および法哲学」は、ヘーゲルによって「最も首尾一貫し最も豊かな最新のバージョン」となった（マルクスはヘーゲルの『法の哲学』を批判的に吟味しようとしていたのである）。ドイツにおける現実の政治状況は時代錯誤である、とマルクスはいう。この状況を否認するとしても、フランスの年表にしたがうなら一七八九年〔フランス革命〕にすら立っていない、と。ドイツでは、ルターが、内面の宗教的権威をうち立てるために（そして農民戦争を神学に衝突させて挫折させるためにも）、外面の宗教的権威を投げ捨てた。しかし、哲学は、——ヘーゲル左派の宗教批判における最後のひと突きによって——伝統的なものを変革するためにさらに歩みを進めた。マルクスは、フランスの状況と比べてドイツの状況を低く評価し、時代に遅れた政治の展開と、時代を先取りする哲学との対立のなかに、またとない好機を見たのであった。だが、たとえそうであったとしても、現状に対する苦悩は、諸関係が一気に革命されるだろうという考えと一致しえないのではなかろうか。若きマルクスは（イギリスの経済関係と経済理論の分析に取り組むに先立って、また『ドイツ・イデオロギー』というより強力な経験論に先立って）、締めくくりの最後の革命と、人間一般「の」解放に期待していた。彼は、おそらく悪い意味でルターよりも「修道士的」であり、ヘーゲルよりも「哲学的」であった。いずれにせよ、マルクスは、早くも一八四三年に、ヘーゲル国法論批判のためのクロイツナーハ草稿のなかで、代議制という考えを拒絶していた。

ヘーゲルは、この代議制によって、自立していく市民社会をもう一度国家に繋ぎとめようとし、またヨーロッパの旧い傾向と革命的な傾向とを和解させようとしたのであった。マルクスの意見によれば、歴史上対立する諸勢力は、段りあわざるをえなかったし、どのような論理的技巧によっても仲介しえないだろう、ということになる。しかし、それとともに、ヘーゲルが政治的パンフレットの最初の諸草稿以来、実践哲学の問題をめぐって行ってきた努力、これを支えた根本思想をマルクスは拒否したのである。すなわち、ドイツ国制に対する批判のなかで、代表制はオリエントの専制と古代〔ギリシア・ローマ〕の共和主義に続く「第三の普遍的な形態」であり、「世界精神」は政治の領域でそこに行き着いた、と書かれている根本思想を拒否したのである。

若きヘーゲルは、フランス革命によって、そしてギリシアの輝かしい手本をドイツの精神が志向することによって、古典古代の共和主義を現代に取り戻すことが可能になるだろう、という考えにはじめは従っていた。しかし、その後ヘーゲルは、ヨーロッパの歴史が政治の領域において〔宗教の領域においても〕新しいテーマに導かれていると理解するようになった。ゲルマン諸民族が個人の自由に立脚していること、諸個人が信義を通して結合していること、こうしたことがレーン制のなかでいっそう影響力をもつようになった。一四世紀に、新たな経済的関係にもとづいて、身分制的なコルポラツィオン〔職業団体〕のうち強力なツンフトが抜きん出て、身分制的な新たなゲマインデ〔自治体〕が自治を形成したとき、成立しつつあった領邦国家は、その支配を安定させるために、こうしたコルポラツィオンやゲマインデの代表者を利用した。身分制的な諸権利がもはやもろもろの義務を果たすことができず、たんなる特権になり果ててしまったシステムは、フランス革命によって一掃された。堕落を革命的に除去する代わりに、改革によって伝統的なもののなかにある理性をさらに進展させようとしたところでも、ヘーゲルの理解によるならば、歴史的に新しいものがはたらいていた。それは、中世の市民階級とともに始まったものであった。ヘーゲルは、シエースに反対して次のように主張した。近代の複雑化した大国家では少数者が多数者を代表するが、そういう代表制、したがって議会主義はその根を中世に持っているのだ、と。代表たちは、自分たちの領域に——新しい意味での身分的なものに——たち返り、そこに結びつけられるべきなのである。市民社会の解放から政治的諸帰結を引き出したこのような議会主義が国家の伝統的な秩序機能といかに統一されるべきか、このことがいまや論議の対象となった。この点にヘーゲル法哲学の中心問題を見たのは、マルクスだけでなく、国家の意義にいっそう強く固執したラサールも、社会科学的な記述に移行したローレンツ・フォン・シュタインもそうであった。これに対して、ダールマンのような歴史家や、ヨハン・エドゥアルト・エルトマンのようなヘーゲル主義者は、家または家族と、ポリースまたは国家に対して、市民社会がいまや人倫の相対的に独自の形式として登場していると把握すること、まさにこの点にはヘーゲルに賛成しなかったのである。

ヘーゲルについては、まずはじめに、彼がどういう政治的選択をしたかという点でとりわけ議論された。そのさい、若きヘーゲルがフランス革命の熱烈な支持者であったこと、とはいえそれから苦い幻滅を味わった後はドイツ帝国の刷新を代弁するものとしてオーストリアに期待をかけたこと、こうしたことは覆い隠されたままであった。イェーナ会戦以降も引き続きナポレオンに入れ込んでいたヘーゲルにとって、問題は、革命の継承者について行くべきか、あるいは再建されたプロイセン国家の哲学者として認められるべきかにあった。シラーやゲーテが偉大な国民的作家と見られたように、ヘーゲルは、そもそもドイツの国民的哲学者ではなかったのか。ビスマルク帝国のために本当に彼を利用することができたのだろうか。二〇世紀の戦争と内乱が旧ヨーロッパを破壊し、それを世界の中心からずらしたとき、一八〇〇年を前後する大変革によって歴史が進んでいった道を検討するためにヘーゲルがどのような貢献をしたのか、という問いが残った。ヘーゲルは、市民社会の解放的傾向を認識した哲学者であるが、その発展が生みだす矛盾を前にして国家の新手の肯定へと鞍替えした哲学者だったのだろうか。あるいは、ヘーゲルは、保守的な、少なくとも管理主義的な心情をもって、国家の秩序機能に訴えたのだろうか。彼は、形而上学的な解決にたち返ることで、多様きわまる全体主義の下準備をしたのだろうか。それとは逆に、少なくとも若きヘーゲルは、現代世界の不条理に対してプロテストするために、あるいは歴史と歴史性について新たな経験をするために労を惜しまなかったのではないか。このように、ヘーゲルに対する主要な問いは、ヘーゲルが従ったあれこれの選択に関わったというより、むしろ彼の法哲学的で国家哲学的な論究の基礎をなしていた決定的な構想に関わっていた。

ヘーゲルは、一八二〇年秋に『自然法と国家学　要綱』を概説書として刊行したとき、その序文によってこの著作を不利な立場においた。この序文は、当時問題となっていた政治的事件に対して厳しくかつ一面的な論難をして、態度を明確にしたのである。しかし、ヘーゲルは、この序文のなかで、日常の出来事を見るだけでなく、むしろとりわけ世界史的なエポックに直面しているという意識を表明している。アリストテレスからクリスティアン・ヴォルフに至るまで継承されてきた実践哲学あるいは政治学の伝統もまた、旧いヨーロッパともども廃棄された。「机上の知識として閉じこもってでっちあげを続けたい」そうした哲学的営みは、「もろもろの権利と義務の根本命題が本物となる」現実にいっそう近い関係におかれた、とヘーゲルは書いている。だから、この営みは「明白な破綻」に至ったのだ、というのである。自由の自己規定からもろもろの権利や義務を理解しようとする試みは、理性がこの課題を成し遂げることができるのか、という懐疑に変質している。この点に、時代の危うさがあるとヘーゲルは見る。「人倫的世界の無神論」は、精神的宇宙が理性に見捨てられているのを見て、若者たちの不明瞭なプロテストに調子を合わせているのだ。ヘーゲルは、ヴァルトブルク祭で演説したフリースを非難して、人倫という分肢組織化した構築物を「心胸、友情、感激」というかゆ状のものに溶かし込んでしまう、という。こうすることで、もちろん、ヘーゲルは、自分独自の青年時代、とりわけフランクフルトでヘルダーリンと共同していた時代に、自分なりに有効性をもっていた主導的な言葉を撤回しているのである。しかし、ヘーゲルの青年時代に由来するこのようなモチーフは、一八四四年にルーゲ、マルクス、バクーニンそしてフォイエルバッハが『独仏年誌』を往復書簡で始めると、再び発言の機会をもつ。バクーニンは、ビール湖のルソー島で自由という明るく澄んだ色調について語り、クロップシュトックの革命頌詩からとった表現を暗示する。彼の革命頌詩は、フランス革命への感激の時代に広く知れ渡っていたものであった（それゆえ、この詩は、学生であったヘーゲルのサイン帳にも見える）。ルーゲはマルクス宛てのある書簡のなかで、ヘルダーリンの『ヒュペーリオン』——つまりヘルダーリンとヘーゲルがフランクフルトで再会してすぐに書かれた著作——から、引き裂かれた時代に関する嘆きを引用している。ヘーゲルの青年期の著作は、当時まだ知られていなかったので、マルクスは、シェリングの初期の刊行物につながる道を探るのが関の山だった。もっとも、テキストにたち返ることが問題なのではなく、歴史そのものから出てきて動力として思考に影響を及ぼしたモチーフの反復が問題なのであった。

「原・法哲学」としてのハイデルベルク大学講義

一八二〇年のヘーゲルの『法の哲学』は、今日、プラトンの『国家』、アリストテレスの『政治学』と肩を並べ、またホッブズの『リヴァイアサン』、ルソーの『社会契約論』とも肩を並べている。もっとも、多くの人々が、ヘーゲルによるこの概説書には、いま言及した諸著作がもつような文献上の地位と代表的な機能が欠けている、と思っている。そもそもヘーゲルは、妥当性のある成熟した叙述によって、自分の思考に特徴をもたらしているもろもろのモチーフの真価を十分に発揮できたのだろうか。ヘーゲルは、叙述内容を裏づけるために、例の「証明」をやり遂げたのだろうか。だが、ヘーゲルは、この証明を要求したのである。ヘーゲルの著作は、卑屈と順応という刻印を帯びていると見られているし、カールスバート決議という枠組みによる検閲の強化が誘因となって、ヘーゲルは、明確な思想をまったく述べなくなったのではないか、という懸念がもたれている。ハインリヒ・ハイネは、ドイツ哲学を（必ずしもヘーゲル哲学を、ではないにしても）フランス革命の「夢想」としていち早く特徴づけていた。ハイネは、ヘーゲルの孫弟子カール・マルクスと出会ったあと、まさしくヘーゲル哲学にもこの役割を認めたのである。同時に、ハイネは、検閲に対する恐怖感について語っている。検閲は、自己検閲として「自分の言葉に対する不安」に変わるというのである。もちろん、その種の想定は、ヘーゲルが幅広くヨーロッパの比較をするなかでフランスとドイツにおける国制の展開をたがいに際立たせた手法を無視してしまう。われわれは当時の検閲の実施方法やヘーゲルの冷静な対応について歴史的に知りえているが、右の想定はこうしたことを問題にしない。こうした想定による批判でヘーゲルの『法の哲学』の信用を落とすことはできない。しかも、一八二〇年の著作でなされた決定的問題の展開——たとえば社会の役割の新しい規定、あるいは自己目的としての善の理念にアリストテレス神学思想を転用すること——をわれわれが研究しなければならないことに変わりはない。もっとも、『法の哲学』のねらいは、概説書として講義や復習授業で説明されることにあった。この概説書は、講義活動からも成長したのである。だから、ヘーゲルの最初の試み——一八一七・一八年冬学期のハイデルベルク大学講義にもとづいた諸パラグラフの筆記ならびに註解の筆記録——を研究試行版で公刊することは、意義深いことだろう。真正の出版物でわれわれによりよく伝えられているヘーゲルの思想を明確にするために、新しい異文やら異文の再構成やらが頻繁に公表されるが、この版は、そのような営みにさらに貢献する必要からなされるだけではない。むしろ、本書出版によって、正式なものと認められている刊行物を入念に検討することに向かうべきであり、このことから逸れるべきではないのである。まさに、ここに刊行される筆記録は、ヘーゲルの「原・法哲学」を伝えている。したがって、客観的精神の哲学を法哲学として叙述するヘーゲル後期の体系のうち周知の部分の萌芽を、より明確に問題にする可能性を提供している。

ヘーゲルの講義「自然法と国家学」は、一八一七・一八年の冬学期にハイデルベルクで一週間に六回、一〇時から一一時にかけて「口述筆記」で行われた。それは、フランスで装いを新たにしたブルボン朝の支配が憲章《シャルト》によって憲法による基盤を獲得した時期にあたり、ドイツ諸国が——とりわけ整理統合された南西ドイツの国家バーデンとヴュルテンベルクもまた——ウィーン会議の指示にしたがって憲法を制定しようとし、このため憲法問題に関する議論がいたるところで話題となっていた時期にあたっていた。ヘーゲルは、そのとき、自分の故国ヴュルテンベルクにおける憲法の議事録を批評することで、はじめて政論家として登場した。だから、講義活動のために体系の一部を仕上げる作業が、国制の発展という問題にも、他方で陪審裁判のような諸制度にもその後見られない形でアクセントを置き、また起こりうる公務員の恣意に対する厳しい批判（これがヴュルテンベルクの書記身分に目を向けていないわけがない）を含んでいることは、驚くにあたらない。筆記録は、法学専攻の学生P・ヴァネンマンによって作成された。この学生は、ヘーゲルの後を追ってベルリンに行った。ヴァネンマンは、一八一八・一九年冬学期におけるヘーゲルの法哲学講義からハイデルベルクでの講義筆記録に補足を加えようとした。そのとき彼は困難に陥った。それは、ヘーゲルが講義の最初の部分に多くのパラグラフを挿入したため、ハイデルベルク大学講義の骨組みに新しい叙述を挿入することがもはやできなくなったからである。こうして、ヴァネンマンは、一八一八年一一月一〇日に、序文の末尾でベルリンでのメモをうち切った。彼は、次の年の学期に——ハイデルベルクの学籍簿が示すように——再びハイデルベルクに戻ったのである。

ヘーゲルは口述で講義した。つまり、彼は一つ一つのパラグラフを筆記させ、その後それを説明した。ヘーゲルについた別の学生、フリードリヒ・ヴィルヘルム・カローヴェは、一八四一年三月、『ハレ年誌』に「ラインプロイセン人」として匿名で、「ヘーゲル、シューバルト、およびプロイセン君主制に対するふたりの関係でみた人格の理念」という表題をもつオギエンスキの文書を批評したときに、同じ講義の自分の筆記録から二つの小部分を引用したが、それは、ヘーゲルがハイデルベルクではより明白に「立憲君主制」に与すると公言していたことを証明するためであった。パラグラフ第一三七節と第一七〇節からの文章は、ヴァネンマンのテキストと文字通り一致する。このことによりヴァネンマンの口述筆記の信頼性が確認される。筆記されたパラグラフに対する註解は、もちろん選択のうえ記録されている。それは、ヴァネンマンが一八一八・一九年に——もちろん自分のハイデルベルク筆記録への補足として——記録した註解を、この講義についてホーマイヤーが作成した註解の筆記録と比べてみると分かる。ヴァネンマンの筆記録にこれ以外のどのような運命が巡ったのかは、よく知られていない。二〇世紀の五〇年代に、マンハイムの地理学者プレーヴェが、ハイデルベルクの古本屋で、搬出処分と決まっていた古紙と売れない本の山のなかで筆記録を見つけた。彼は、価値が認められていない原稿を持ち帰ってもいい、と言われ、それをマンハイムとハイデルベルクで哲学を教えていた同僚のブレヒトにプレゼントした。原稿は、（ハイデガーによる諸講義の筆記録に附随して）

この人の所有から、マールバッハ・アム・ネッカーのドイツ文学アルヒーフの所有となった。ヘーゲルの講義のこの貴重な筆記録を研究試行版として公刊することを許可して下さったことに対して、文学アルヒーフならびにその所長であるベルンハルト・ツェーラー博士に心からのお礼を申し上げる。以下において、まずはじめに、ヘーゲルの講義をヘーゲルにおける実践哲学の発展史のなかに位置づけ、次いで、体系構成の新たな形態の見取り図を提示することにしよう。

I　ヘーゲルにおける実践哲学の発展史

歴史的変革に関わるヘーゲル法哲学

ヘーゲルは、一八一八年三月一四日にハイデルベルク大学の法哲学講義を終えた。彼は、そのときすでに、ベルリン大学の教授の職に就くことに決めていた。波瀾に富んだ生活を送りながら――バイエルンからバーデンへ、それからただちにプロイセンへという経路で――、ヘーゲルは動乱の時代に応答した。解放戦争、ナポレオンの失脚、ウィーン会議によるヨーロッパの再編成は、わずか数年前のことだった。いまや新しい諸国家の安定が問題であった。ヘーゲルは、自分の講義の最後の七パラグラフで世界史を扱っているが、第一六四節の註解で、パルミラ、ペルセポリスそしてエジプトの廃墟をめぐる悲哀をも呼び起こした。青年期にまでさかのぼる追憶が、この箇所では明らかに現在の経験と結びついていた。ヴォルネ伯は、オリエント旅行の後の一七九一年に、自著『廃墟あるいは帝国の革命に関する省察』のなかで、諸国民の神話や抗争の正体を啓蒙的に暴露した。ゲオルク・フォルスターは、この書が刊行されて一年後に、これをドイツ語で出版したが、ヘーゲルは、そのフランス語の原本を自分の蔵書に持っていた。ヘーゲルは、ハイデルベルクでの講義で（後年のベルリンでの歴史哲学の諸講義でも同じように）、悲嘆にくれていてはいけない、との信念を述べた。「しかし、落ちぶれているものは落ちぶれているし、落ちぶれざるをえなかった。世界精神には、いたわりも同情もない」〔本書一七八頁〕。落ちぶれざるをえなかったのは、オリエントの帝国だけではない。まさにヘーゲルの生きた現在は、新しいもののために、偉大なものである旧いヨーロッパに別れを告げたのであった。旧きものとの別れは、ヘーゲルの場合、同時に新しきものを肯定する勇気でもある。ライトモチーフとしてこの講義を貫いているのは、「理性的なものが生起しなければならない」という命題である。この言明は、理性的なものの現実態と現実的なものがもつ理性あるものに関する、大いに問題を含んだ後年の発言よりも、ずっとダイナミックで歴史肯定的である。しかし、このハイデルベルク・バージョンは、ヘーゲルの『法の哲学』に関して後にガンスが講義をしたときに、さらに深められた（ハインリヒ・ハイネは、自分のやり方で、このハイデルベルク・バージョンをヘーゲル自身が自分に語ってくれたかのように物語った）。

大きな歴史的変革の状況のもとで、ヘーゲルは、ハイデルベルク大学講義において（またハイデルベルク『エンチュクロペディ』で関連するパラグラフへの補足的なメモにおいても）、とりわけ「ダニエル書」でよく知られている国の〔興亡の〕連続をみる歴史論を引きあいに出している〔第一六五節、本書二八〇頁〕。紀元前六一二年に脅威のアッシリア帝国が突然滅亡し、数十年後、ペルシア人がその勝者を――メディア国と新バビロニア国を――一掃したとき、人々は、忘れることができない衝撃を受けてこの教説に行き着いたのである。後世の世界終末論もまた、歴史のビジョンを全体として求めたときに、この教説を利用した。もちろん、「ダニエル書」の場合、国々は神の支配の到来を、四匹の「動物」は「人の子イエス」を指し示していた。ヘーゲルは、自分の直面する変革期が動揺するなかで、歴史全体を四つの世界史的国に――オリエント、ギリシア、ローマ、そしてゲルマンの国に――区分けしたが、そのとき、古い見取り図を根本的に転換した。とりわけ、彼は、神の支配の来るべき審判の下に四つの国を置いたわけではなく、これらの国の歴史のなかに審判そのものを見たのであった。そこでヘーゲルは、諸国民の興亡について語りうる最も深いものとして、シラーの言葉「世界審判は世界史である」を引用している。もっとも、シラーは、自分の詩「諦念」のなかで「世界審判が世界史である」と言ったというよりは、むしろ、世界史のなかに（そしてなんらかの超越的で要請された出来事のなかにではなく）、世界審判が執行される現場を見たのである。しかしながら、ヘーゲルも、世界審判が精神のたんなる「威力」でもなく、あるいは運命としてむきだしの存在でもないことを強調する。「もちろん、運命は冷静な心胸で眺めなければならないが、それはたんに『ある』がゆえに『ある』わけではない」〔本書二七九頁〕。ヘーゲルは第一六四節でこう注解する。諸国民の運命のなかで理性の諸原理が実現されるのであり、この諸原理は、結局のところその必然的な連関のうちに自由な思想によって捉えることができるのである。現実的なもののなかの理性を強調することは、それゆえ、ただたんに事実を肯定することではないし、とりわけ、ただ現状を引き受けることなどでは決してない。しかし、ヘーゲルが自分の属する変革の時代を耐え抜くことができるのは、その時代に至る道程を本質的に別様ではありえなかった必然的な道程として理解するときだけである、と考えていることは疑いえない。こうして、敗北したり世界史的にならなかったりした諸国民に対して、彼らが正当な原理の担い手ではなかったのだ、という追悼の言葉が述べられる。最後の第一七〇節は、当時の国制形式である立憲君主制を、「展開された理性の像、そうした理性の現実態」であると捉える〔本書二八六頁〕。このような現実のなかで、自己意識は、みずからの宗教的観念や概念を通して自由を手に入れるのである。古典哲学は、すでにプラトンの『ティマイオス』において、時間を永遠性の像として理解していたが、ヘーゲルは、この古典哲学の伝統を受け入れている。プラトンの場合、永遠性とは、無時間としての永遠において、時間のなかで拡散して現象したものを秩序立った関連のうちに取り込んだものであった。しかしながら、ヘーゲルの場合、永遠性とは、波瀾に富んだ歴史として時間が充実することなのである。

ヘーゲルは、フランス革命以来ずっと、自分の時代を見つづけている。フランス革命は、ナポレオン戦争とともに全ヨーロッパに広がり、ライン同盟国家バイエルン（ヘーゲルはそこでギムナージウム校長として活動した）においてもプロイセンにおいても諸改革のなかで受容されたのだが、ナポレオン失脚後のいまとなっては、ヨーロッパ諸国では終息せざるをえない。ヘーゲルは、講義のいろいろな箇所でこの主導的なテーマにたち返る。こうして、第二六節の註解は、「所有の自由化の歴史」を叙述する必要を早くも語っている〔本書三二一頁〕。国家の成立にさいして、所有は個々人のものではなかった。むしろ、たとえば畑は、家族の所有であった。多くの制限がローマ法を欠陥あるものにした。キリスト教は人間を自由なものとみなしたが、封建的国制は所有を不自由なものとしたのである（フランス革命の一誘因！）。国家は社会契約によるものである、という見解がフランス革命に対して「大きな影響」を与えたことを第三三節の註解は認めている〔本書四一頁〕。契約の原理は、私権の領域から国家法の領域に転用されてはならないことが示されるべきである。ヘーゲルは、国家法についての註解の始まりでかなり詳細に国家の創設について語ったあと、第一二五節で立ち入った説明を与えている〔本書一九二頁以下〕。それは、ヘーゲルが当時ヴュルテンベルクの憲法論争に取り組んでいたことと直接関係しているが、しかし同時に、国制に関する最も古いヘーゲルの政治的考察にまでさかのぼる。「現代」では、「国家が理性的な現実存在をもつに至る歩みが生じている。こうした歩みは、千年来生ずることのなかったことである。理性の権利が、私権の形式に抗して通用するようになったのである」とヘーゲルは書いている。国家の創設者は、自分たちの意志を貫くだけでなく、いまだに隠れている普遍的意志を擁護しているのである。中世では、封建組織のコルポラツィオンに似た形で、市民的領域でコルポラツィオンが作られたが、このことが国家の変化の過程に関係していた。つまり、諸都市の自治とならんで、政治の後見から離れた労働と経済のプロセスを適法に守ろうと試みた諸連合が作られたのであった。国家全体によってのみ保証できた諸特権が、国家に対して主張された。もちろん、国家の方は、さまざまなやり方で領主やコルポラツィオンに対し個々人の私権のごとく国家法を譲り渡した。ヘーゲルは、ヨハン・ヤコブ・モーザーを思い起こしている。モーザーは、ヴュルテンベルクの議会代表者にして学者として、ある著作で旧ドイツ帝国の国家法と私法とを編纂した。諸特権に抗して革命が起こった。フランスの亡命者たち、ドイツの貴族たちは、不当にも特権の返還を要求した。貴族から将校の地位の入手権が剥奪されたが、その埋め合わせが要求されるならば、国家は、むしろ逆に、「こうした階級に対して」かつての特権の「そうした享受に対する請求書」を作成できる。ヘーゲルは、特権に対する闘争との関連でヨーロッパ諸国を見渡して、「最近の諸革命は、この点に関係している」と言う。彼は、このようにして、革命の過程が当時の文明社会全体に広がり、さまざまなあり方で個々の国の歴史に深くくい込んでいくのを見ている。つまり、フランスやイギリスでは国家がいち早く個々の部分的な権力に対して支配権を握ったが、ドイツやイタリアではそうでなかったというのである。しかしながら、特権の廃止は大きな変革の一側面にすぎない。他の側面は、新しく発展してきたものが国家全体の立場から適法に保護され、こうして国家が下部から構築されることにある。個々人の救済が重要だとするキリスト教の宗教的確信は、新たに教養形成されつつあったヨーロッパ諸国民の自由の感情と千年前に出会ったのだが、その後長い過程のなかで、労働と独自の業績によって生活でき、教養形成を通じて分業社会のなかで居場所を手に入れる個々人の能力もまた、自由になった。「中間身分」の生活様式は、いまや適法に保障されるべきであり、とりわけ代表システムや立憲君主制を通じて国家的な威力の管理運営にも取り入れられるべきなのである。

フランス革命への支持と団体的代表制——青年期　ヘーゲルがテュービンゲンで研究を始めてから三十年の間に、ヨーロッパの相貌は根本的に変わった。新たな憲法を制定する作業により、いまや国家を内部的に変革することの責任をとろうとした。イギリス、フランス、ロシア、オーストリアそしてプロイセンという五大国のすき間に、整理統合された小国家が組み込まれていた。ヘーゲルが生まれ、また戻ってきた南西ドイツでは、まさに、その地図がかなり根本的に書き換えられていた。すなわち、聖俗の侯爵領、帝国騎士団、帝国自由都市、帝国大修道院領からなる継ぎはぎだらけの多彩な絨毯が、おもに二つの国家バーデンとヴュルテンベルクに整理されたのである。ヘーゲルがシュトゥットガルトのギムナージウムにおいて後期啓蒙の精神で教育を受けたときは、まだ旧ヴュルテンベルク公国が啓蒙の努力をすることによって自己革新し安定できるかに思えたぎりぎりの時だった。カール・オイゲン公は、長年にわたる統治のうち最後の十年間に、みずからの絶対主義を（たとえばカール学校の設立を通して）国家の安寧のために役立たせようと思った。しかし、フランスで革命が勃発したとき、若きヘーゲルは、勉学のためようやくテュービンゲン大学に入ったばかりだった。この革命によって、どのような改革的妥協でも旧ヨーロッパはもはや救われないことが明瞭に示された。福音主義の神学校における学生の活動についてなされる多くの報告は伝説で満ちあふれているが、ヘーゲルは、友人たちとともに紛れもなくきっぱりと革命の側に立った。ベルリン大学教授ヘーゲルは、一八二七年にパリへ旅行し、そのさい、大砲の連射で連合軍の敗北を決めたヴァルミーの丘を通り過ぎたとき、かつて若いころ、このような場所やこれと結びついた出来事に自分が抱いたはずの「限りない関心」について、妻に書き送ったことがある。勉学を終えると、ヘーゲルは、家庭教師として、まず南のスイスに行き、次に北のフランクフルトに行った。スイスで過ごした年月を特徴づけるものは、革命における共和主義を古代の共和主義の反復として哲学的にも正当化する努力である。しかし、ヘーゲルは、パンフレットを書くなかで、ヴァートラントに加えられるベルン人の不当な支配に対して、また、自分の故国ヴュルテンベルクにおける憲法改革に対して、きわめて具体的に取り組んでいたので、ヨーロッパの歴史固有の諸条件を、それとともに現在固有の諸条件をますます問わざるをえなくなった。ヘーゲルは、フランクフルトでヘルダーリンと改めて共同しながら、最終的に、フランスの征服的意図に反対し、旧帝国の代弁者であるオーストリアを選ぶようになった。ヘーゲルは、こうした選択をすることができた。なぜなら、彼の捉え方によると、フランスは、国王支配の中央集権主義を、同じく中央集権的で人為的な国民代表制とただ取り替えただけなのに対して、オーストリアのような国々は、威力の管理運営に諸身分が関与するあり方を団体的代表制の形で保持し、国家を下から上へと構築したからである。

テュービンゲンの学生が伝えるところによれば、ヘーゲルは、悟性の規制と足かせから自由になるために、ルソーの著作を熱心に読んでいた。しかし、ヘーゲルは、国法学の領域において、理性法的な理論構成に従うより、むしろモンテスキューのような具体的歴史的に基礎づけられた見解に従っている。モンテスキューにとって、一国民の精神は、多くの領域の競演から生じてくる。ヘーゲルは、ベルン時代に、情熱的に人権を主張している。適法性と道徳性は、厳格に分けられるべきである。それは、――ヘーゲルの故国ヴュルテンベルクでもそうであるように――、国家がこれ以上信仰に影響を及ぼさず、市民権を宗教と結びつけないためである。神学が、罪深い人間に対して、自由になり自己規定する可能性を否認し、そのことで専制政治の下準備をするかぎりで、宗教と政治は同衾して戯れているように見える。しかし、個々人の権利から出発すると同時に、ギリシア人——ポリースでは個人が人倫的全体によって包まれていた——に従うことができるだろうか。政治的・宗教的な人倫的全体のなかで全体的人間を求めるときに、国家と教会を峻別することができるだろうか。ヘーゲルは、フランクフルトでヘルダーリンと改めて共同することで、神的なものそのものを、愛あるいは「心からの友情」による一体化として理解する。愛のなかで経験されるものが新しい神話学のなかで表象されると、こういう宗教のあり方が自由な関係を支えることになる。いわゆるドイツ観念論の最古の体系プログラムは、危急に陥るのを自由と財産を守ることによって阻止しようとする国家、こういう「惨めな人造物」に対して、人間性という製作物——ここでは新しい宗教が万人の自由と平等を可能にする——を対置している。カントの『人倫の形而上学』に対する註解のなかで、ヘーゲルは、国家と教会の関係にアクセントをおくが、それればかりでなく、いまや生命の概念をも使用する。生命とは、有限なもののなかで自分を永遠なものに高め、こうして愛のなかで生命あるものすべてとの和合を感じ取るが、しかし、絶えず新たな教養形成に向かって差異化していき、それとともに運命に服するものである。適法性と道徳性として分離されたものは、いまや生命の統一から理解される。生命が入り込んでいく差異化には、危急に陥るのを労働によって阻止しようとし、効果的な分業を適法に保護することも含まれる。ヘーゲルは、商業都市フランクフルトで、さっそく（スチュアートの『経済学原理』に註解をつけることによって）イギリス経済学の研究に取り組み始める。近代の大国家においては、直接民主制はもはや不可能である。それゆえ、代表制的な国制が不可避なものとして現れてくるのである。

人倫の製作物としての国民と身分論——イェーナ期　ヴュルテンベルクの神学生でありフランクフルトの家庭教師であったヘーゲルは、一八〇〇年五月にシュトゥットガルトの宗務局から、「国外のいくつかの大学に行ってもよろしい」という許可を得ていた。マインツで二、三日過ごしたあと、ヘーゲルは、最終的にイェーナへ向かった。バーゼルの単独講和〔一七九五年〕で、プロイセンは第一次対仏同盟を離れたが、この講和によって、北ドイツに一連の平穏な年月がもたらされた。そして、ワイマールではドイツ古典主義、イェーナではロマン主義や観念論哲学が花開くことができた。ヘーゲルは、かつての学友シェリングに同調したが、突然にして、十全な哲学体系に至る道をめぐる論争のまっただなかに巻き込まれてしまう。ルードルフ・アベケンは、イェーナでシェリングの講義を聴き、またヘーゲルの講義も聴いたが、みずからの回想録のなかで、シェリングによる絶対的なものについての新しい哲学を前にしてはナポレオンの行いと勝利もまた無となった、と書いた。このように政治に背を向けることは、もちろんヘーゲルの柄ではなかった。しかしながら、オーストリアの指導によるドイツ帝国の再編について書いたヘーゲルの文書は、公刊を前にして、政治的諸事件によって使いものにならなくなった。つまり、帝国代表者会議主要決議〔一八〇三年〕は、ドイツ諸国の組織替えというやり方をとり、オーストリアは、ヨーゼフ二世やレーオポルト二世の政治からますます逸れていって、自由について不慣れなロシアの方に向かっていった。帝国は死んだ。ヘーゲルにとって、プロイセンは成り上がり者であった。それは、革命後のフランスと異なるやり方で、政治生活全体を中央集権的に管理する方向に突き進まざるをえなかった。ヘーゲルの弟は、ヴュルテンベルクのナポレオン軍将校として勤務し、一時イェーナにいたが、ヘーゲルは、プロイセンの軍隊を一目見たときに、その敗北を予言し、このことによりフリードリヒ大王の築いたプロイセンが没落することを予言した。それはともかく、結局のところ、ヘーゲルは、ナポレオンのライン同盟政治の方を選んだ。この政治は、新しい権利によって市民の活動を刺激し、新しい諸国家に代表制的な国制を与えたのである。ヘーゲルは、バンベルクの新聞編集者だったときに、歴史編纂者ヨハネス・フォン・ミュラーが、ヴェストファーレン王国の大臣にして学校長として、モデルとなる国制をどのように考えていたかについて忠実に報告した。

ヘーゲルは、体系構想のなかで、まず、絶対的なものがどのように把握されうるか、次に、第一の物理的な自然の条件のもとで、また第二の人倫的な自然の条件のもとで、絶対的なものがどのように自分を実現するのかを示そうとする。人倫もまた「自然」である。つまり「国民《フォルク》」の習俗をなす実体的全体である。したがって、自然法は原子論的に個人から出発してはならない。むしろ、それは、自然がさまざまな仕方でその権利に達するあり方を（そしてそれとともに個々人の権利をはじめて可能にするあり方も）示さなければならない。この第二の自然は、活動を通じて、自分のあり方にならなければならないし、こうして自然は、「製作物《ヴェルク》」となる。アリストテレスが政治学の第一巻でしたように、ヘーゲルもまた、自分の体系構想のなかで、人倫の製作物である国民がそもそも存在しうるには何が必要かについて述べている。つまり、人間は、言語を通してたがいに交通し、生活が危急に陥るのを労働によって阻止し、家族においてみずからを再生産しなければならないのである。これらのポテンツ〔勢位〕が生活システムを可能にし、そしてこのシステムに関係するのは、共同の重要事項を国家的に管理することである。共同の重要事項とは、欲求のシステムとしての営業と商業、このシステムを調整する私権であり、さらに子供の教育、習俗による訓育（あるいは別の系列では、家族、経済、そして――「権力をもつ法律」が普遍的意志と個別的意志を媒介するあり方としての――権利）である。これらの領域は、一国民のうちでたがいに区切られているが、ヘーゲルは、これらをいっそう綿密に規定するために、古い身分論を引きあいに出す。ヘーゲルは、（統治し戦争を指揮する）貴族身分に政治活動と哲学する余暇とを認め、農業労働ならびに手工業と商業を行う他の身分には「相対的」人倫を認めるにすぎないが、こうするとき、ギリシア古典哲学に再び価値を認めているように見える。しかしながら、近代の人間がシトワイアンでもありブルジョワでもある、という洞察をヘーゲルはまさに正当に評価しようとする。自然法に関する論文が展開するように、絶対的なものは、自分を最高のかたちで現実化し自分を解放するために、相対的人倫の諸身分において自分自身の一部を犠牲にするのである。

イェーナ時代の後半に、ヘーゲルは、国民に人倫の製作物となることを可能にするいわゆる諸ポテンツがいったいどのような統一的土台から展開しうるのか、という問いを立てる。一八〇五・〇六年の実在哲学は、このような土台として、知性であり意志である自我を挙げる。こうして、人倫的精神をもはやたんに自然としてではなく、自然の他者として考えることが可能になるが、この他者は、ある自我が他の自我と相互に承認しあうことで形作られる。近世の自然法のモチーフやカント・フィヒテ哲学のモチーフは、新たに重要な意味をもちうるものとなる。身分論のなかで、古典的なポリース的人倫の基本的特質が消え失せる。つまり、下位の身分（農夫、自営業者や商人）に対して普遍的身分が登場する。そこでは、国務専門官（つまり、とくに行政官）が学者や将校と並んでいる。諸身分は、国民全体のなかで立てられる任務から機能的に決められる。ヘーゲルは、支配関係によるよりも、むしろ教養形成する労働によって歴史が先に進められることを示す。このよく知られた考察によって、労働に対し本来の人間的な価値を否認して製作行為を相互行為の下位に置いた古代の反俗物主義を、ヘーゲルは解消する。市民が直接民主制によってポリースを担い、徳を身につけた各人が全体に対し実体的関心を示した古代の美しい人倫は、複雑になった近代の国家においてもはや有効性をもちえない。近代における差異化は、独自の「結節点」を、つまり立憲君主制における統合を求める。ヘーゲルは、このように考えて、みずからの哲学を今後変わることなく特徴づけることになる一つの立場に到達する。つまり、分業にもとづく社会を受容するのである。にもかかわらず、国家に契約思想を転用することは拒否する。というのも、創設される国家は、歴史的な回り道をしてはじめて法律状態に到達するからである。人間は、自分の道徳性と宗教性の最内奥のところで、自分が属している国民を超え出て、歴史の全体と、歴史における永遠なものとに目を向けさせられる。これに対応しているのは、人倫的精神が自分についての知を得る場として宗教をみる新しい見解である。宗教は、芸術という直接態において自然の諸威力を捉えるギリシア人の宗教から、苦痛と分裂のキリスト教を経て、国民が自分の神のうちで自己直観に至る歴史的なかたちでは、もはや展開されない。むしろ、今度はオリエントのものと認められた自然宗教に加えて、ギリシア人の芸術宗教が現れて、そしてすべてを統合する最後の宗教として理性的に解釈されたキリスト教が現れる。それとともに、古典古代が革命によって復興されるべきだ、という確信に対して、ヘーゲルは、すでにドイツ国制論でオリエントの専制主義を古代の共和主義や近代の代表制システムから区別していた歴史の分肢組織化を有効にはたらかせる。『精神の現象学』は、政治的宗教的な基本形式が歴史的過程からストレートに生じてくるさまを示している。

善と生命の理念、政治的教育的関心——ニュルンベルクからハイデルベルクへ　ヘーゲルはライン同盟国家でニュルンベルクのギムナージウム校長として八年間働いた。そこは、友人ニートハンマーが、新たに編入したプロテスタント地域のために、とりわけ新しい学校政策を推進しなければならなかったところである。ここで働いた年月のなかで、ヘーゲルは、みずから一つの教育構想を練り上げた。もっとも、この時期は、法哲学のさらなる展開にむしろ休息をもたらした。ヘーゲルは、職務により、たとえばカントの『人倫の形而上学』や宗教哲学に結びつけて、法論、義務論そして宗教論を講義しなければならなかった。ヘーゲルは、実践的意識を理論的意識から区別し、民法〔市民的権利〕と刑法を扱ったあとで、権利を現実化するものとして国家を導き入れたが、こうすることによってなじみのない体系構成法に従ったのである。ヘーゲルは、道徳を取り扱うときに、国家の義務についても語り、また国家を習俗、教養、思考様式と行為様式が和合したものとして語った。国家は、適法性を貫くさいに「機械」となってはならない、というのである。最終的にこのような体系部分を体系全体に組み込むときに同時に決定的であったのは、疑いもなく思弁哲学の変革であった。一八〇五・〇六年における実在哲学の結論の後には、論理学あるいは思弁哲学が六つの章をもつはずであった（存在、関係、生命と認識、知るはたらきをする知、精神、精神の自己知）。こうして、これらの章の一つは、（人倫的）精神の構造契機を展開するはずであった（対応して『現象学』もまた精神に関する大きな章をもっている）。『論理学』——その最後の巻は一八一六年に公刊された——では、精神の構造契機の展開という問題設定について善の理念が手短に述べられているにすぎず、この善の理念においても、後年の『法の哲学』のやり方で善が自己目的として解釈されることすらない。これに対して、生命の理念が不釣り合いに詳しく展開される。そして、善の理念が構造的に生命の目的論から十分に切り離されず、歴史における人倫的なものの現実態が生命の過程という見地から自己内完結した過程として極端に理解されるという危険が生まれている。そのこともあって、規範問題の主導する実践哲学から変じて、歴史を通じて重要な諸制度のうちに精神を実現する客観的精神の哲学が生じる方向に路線が定められたのである。

ヘーゲルがニュルンベルクで過ごした最後の年には、ナポレオンが没落し、ウィーン会議がヨーロッパ国家世界の再建に取り組んだ。ヘーゲルが友人ニートハンマーに宛てた書簡には、ヘーゲルがナポレオンの失脚をしぶしぶ受け入れる様子が示されている。ヘーゲルは、ナポレオンが最高の高揚期にあったときの悲劇をそこに見ている。つまり、英雄は、世界精神の事業の執行者であるかぎり、それを引きおろす大群衆にぶつかって座礁するのである。ここで、大群衆は、〔古代ギリシア悲劇の〕合唱隊の側に立っている。しかし、精神は革命の国から出て自己意識の国に移っていくだろう、と『現象学』においてすでに予言していた、ともヘーゲルは主張する。つまり、ナポレオンは、革命という基盤に立って再び旧い構造を受け入れたのだが、新たに受け入れた別のものを思想的に正当化することがなかった。ナポレオンは、個々の国民の伝統をあなどり、自由な大学の活動を軽視したのである。ヘーゲルは、ハイデルベルクで大学に戻ることができたとき、ヨーロッパ諸国家における新たな政治的宗教的な生活を哲学的熟慮によって支持しようとした。こうして、ヘーゲルは、青年たちに対して、あくまで積極的に耳を傾けた。彼らのブルシェンシャフト〔学生組合〕運動は、立憲君主制のかたちで、よりいっそう統一されたドイツにおいて、解放戦争によって約束されたことが果たされるのを見たいと願ったのである。ハイデルベルク大学での法哲学講義は、まさに、ヘーゲルの研究活動がいかに政治的教育的な関心と密接に絡みあっていたかを示してくれる。同時に、ヘーゲルは、ヴュルテンベルク憲法闘争の議事録を批評して、政論家としても登場した。ヘーゲルの講義が学生たちの政治的議論に影響を与えたことは、カローヴェが一八一八・一九年冬学期にヘーゲルの講義を学友「二、三人」と復習したことでも分かる。ヘーゲルは、このライン出身の法学徒にしてロマン主義的著述家にブルシェンシャフト規則の論文で学位を授与し、そのうえこの修了試験受験者から「ラテン語筆記試験」が免除されるよう配慮した。こうして、決闘も辞さない極端で時代錯誤的な名誉心に対して闘って、ユダヤ人をブルシェンシャフトに受け入れようとしたカローヴェの政治的努力を、ヘーゲルは支援したのである。指導的なブルシェンシャフト員であったテーオドール・フォン・コッペは、回想録のなかでヘーゲルの講義の影響を次のように書き留めた。すなわち、ヘーゲルは、わずかではあるが最良の人士を得たのであり、この人たちは、「世界を改善できるようになるまで、本当にたくさんのことを学ばなければならない」ことを他の人々に納得させたのである、と。

エンチュクロペディ体系と法哲学の完成――ハイデルベルクからベルリンへ　ヘーゲルは、ハイデルベルクに着任して半年後、満を持して、講義の基礎として『哲学的諸学のエンチュクロペディ』を出版した。この体系の概略は、主観的精神と絶対的精神との間に「客観的精神」論として旧来の「自然法」を置き、それを権利論、道徳論、人倫論に区別する。ヘーゲルは、権利論において、所有と契約の規定に先んじて、また権利上の争いや犯罪による権利の攪乱に先んじて、「人格」としての個人の自由というかたちで精神の自己知を導入する。このとき、彼は、ニュルンベルクのギムナージウムでの口述筆記、いやむしろイェーナの実在哲学にさかのぼることができる。行為にとって善が義務となり、道徳の章はこの行為論のために多様な義務に関する論を定式化するが、行為のさまざまな段階に関する論は、まだ前面に出てきていない。国民は、みずからの現実態を活動によって産出し、普遍的な製作物としてみずからをあるがままのものにしていく。こうした「国民」の立場から、人倫が理解されている。この現実態がもつ諸領域とは、普遍的身分（とくに統治者と公務員の身分）、特殊的身分（農夫ならびに自営業者と商人の身分）、個別態の身分あるいは家族である。自然的で人倫的な〈実体のあり方〉としての家族は、諸身分の前に置くこともできるし、さらに国民が立憲化された状態は、普遍的身分から展開することができる。つまり、製作物としての国民は、もろもろの法律――その現実態が生きた習俗である――のかたちでみずからの普遍態を表現する。誤って「国民」と呼ばれる多数者の集合に対して、普遍態は、君主が頂点に立っている政府のうちに独自の存立をそなえている。一国民という個別的で人倫的な精神が他の諸国民に対立するがゆえに、国家と外部国家法について語らなければならない。その後で第三に、もろもろの国民精神が歴史の全体のうちに置かれる。そのさいヘーゲルが歴史と、歴史のなかにおける諸国民という製作物とをどれほど自己完結する過程として捉えていたかは、啓示された宗教つまり啓示宗教（キリスト教）に関する第四六五節への欄外註にある「すべてのものが隠れた神から出てくる」という言葉が示している。主観的精神の哲学は、理論的契機に優位性を与えるとき、究極の透明性が確保されるように、あらかじめ行為と信仰のリスクを解消しているのである。

ヘーゲルは、論理学と形而上学について、また人間学と心理学については、総じてエンチュクロペディの講義を教科書の準備と結びつけることができた。というよりも、仕上がった教科書を講義の基礎にすることができた。哲学史と（ハイデルベルクでの最後の学期における）美学は、「自分自身のプランにしたがって」あるいは「口述によって」講義しなければならなかった。というのも、絶対精神は、教科書のなかでまったくスケッチ風にしか述べられていなかったからである。驚くべきことに、ヘーゲルは、教科書を出版してすぐに「自然法と国家学」も口述で講義した。それにしても、一八一七・一八年冬学期のこの講義は、体系構成にいっそう手を加えて、これにより法哲学の最終的な構成に到達したのであった。「法・権利（Recht）」は、「抽象法」以上に一貫性あるものと解され、道徳論は、最終的に行為の諸段階に関する論として定式化され、さらに人倫は、家族、市民社会、国家という三つの範型的な形に区分された。その後、ヘーゲルは、引き続き法哲学を仕上げる作業を進めていった。ヘーゲルは、次の冬学期――一八一八・一九年ベルリン大学で――、新たなパラグラフを挿入することによって講義の最初の部分を拡充したが、結果的にその最後の部分は、時間的理由でスケッチ風のままにとどまらざるをえなかった。その次の冬には、講義と同時に概説書の最終的な仕上げが行われた。このときにも、ヘーゲルは、さらに進んで体系構成を練り上げていた。――たとえば、この冬の講義は、概説書と同じく、新たなやり方で対内「主権」と対外「主権」から国家を理解した。君主権に関して残された断片があり、これは一八一九年一二月三〇日付の卒業証書の上に書かれている。ヘーゲルは、概説書第二八六節でこの断片を集中的に彫琢してわれわれに示している。一八一九年一〇月三〇日に、ヘーゲルは友人クロイツァーに伝えた。「あまりに貧しい」が、「法哲学に関する二ボーゲン〔三二ページ分にあたる〕」で（したがって概説書の最初の印刷部分で）、クロイツァーが著書を贈呈してくれたことに対する返礼にしたかったのだ、と。だが、そうはうまくいかなかった。というのも、誰もがクロイツァーのように「勤勉ではつらつと仕事をする」わけにはいかないからである。「連邦議会の決議がやってきたとき、わたしはちょうど印刷を始めさせようとしていました。われわれは、いまでは、どのような場合検閲がフリーパスになるか［知って］いますから、わたしは間もなく印刷に付するでしょう」。それゆえ――他の出版物のときと同様に――、ヘーゲルによる原稿の用意は、ただただゆっくりと進んだ。このようにして、彼は、印刷を進めるために、新たな検閲規定をさらに考慮に入れることができた。ヘーゲルは、一八二〇年の六月に原稿の前半を検閲のために渡したが、残りもすぐに出して、この年の一〇月、大臣アルテンシュタインに対して自分の活動を証明するものとして自著を贈呈することができた。

ベルリンでの講義活動と政治状況への反応　一八一八年一月初めに、ヘーゲルは――講義半ばに――ベルリン大学への新たな招きを受けていた。もっとも、彼は、テュービンゲンのポストにむけた交渉のため（テュービンゲン大学の事務局長の職にあったフォン・ヴァンゲンハイムの後任としてであることは明らかである）その春にシュトゥットガルトにいた。しかし、ヘーゲルは、それより前にベルリン行きを決めていた。政治家としてのフォン・ヴァンゲンハイムが後年に至ってもなお手がけようとしたこと、それは、一種の三国連邦主義によって、南部および南西ドイツの諸国家をオーストリアとプロイセンに並ぶ自立した一勢力とすることであったが、それは、おそらく、ヘーゲルにとってもはや幻想となっていた。プロイセンが適当と思われたのは、課題を担っていたからである。なぜなら、本質的に規模の大きくなったこの国家は、その内的統一を、行政管理の改革によってだけでなく、新たな教育を通しても獲得しようとしていたからである。ヘーゲルは、ハイデルベルクの法哲学講義を締めくくるときに、理性的なあり方がいまや「中間身分」のうちにあるとし、「質料となる極」である国民のもろもろの願望を、「知性の身分」であるこの身分が君主に上奏しなければならない、と言う〔本書二八七頁〕。ヘーゲルは、ハイデルベルク大学の就任公開講義にあたり、あるとき書き留めている。「プロイセンは知性の上に立てられている」。大臣アルテンシュタインは、ヘーゲルに科学アカデミーのポストを追加して与えようと考えていた。だから、ヘーゲルも、ベルリンでは、「大学において哲学の講義をするやっかいな職務」から解放されること、そして——たとえばアカデミーの会長として——教育や学問に関する政策で活動できることを希望した。ブルシェンシャフトのメンバーであるザントによるコッツェブーの殺害は、復古勢力を刺激して、反動的なカールスバート決議をもたらした。プロイセンにおける憲法闘争は、ヘーゲルがベルリンに来てものの一年もしないうちに、否定的な結果に終わった。期待された役目をヘーゲルは果すことができなかった。ヘーゲルは、学校改革も行政管理の案件になったのを見たときに、主な作業を自分の支持者であるヨハネス・シュルツェに委ね、（一八二一年六月九日にニートハンマーに伝えたように）『法の哲学』の出版に続いて『国家教育学』を執筆するプランをみずから断念したのである。しかし、ヘーゲルは、自分の哲学をさらに形成して、学校というものを超えて影響力をもたらすことができた。われわれは、残念なことに、一八二一・二二年冬学期の法哲学講義についての講義筆記録をいまのところ持っていない。二二・二三年と二四・二五年冬学期の記録された講義からは、歴史哲学が独自の講義としてはすでに切り離されていた。やがてヘーゲルは、法哲学の講義を自分の弟子に委ねるようになり、歴史哲学をさらに仕上げることになった。

ヘーゲルは、講義のなかで、その時々の新しい政治的状況に徹底して反応した。このため、ヘーゲルは、プロイセンが国家全体として、代表制的な関係をもたないし、まだ手に入れたことがないのだから、学生たちに性急にならないよう注意を喚起した。一八二四・二五年の冬学期に、彼は、〔『法の哲学』の〕第二七二節を次のように註釈した。「どんな国家も国制を持っている。たとえ議会を持たないとしてもそうである。国家は国制を持ち、そして、国制は、より明確な姿をとることもあれば、より不明確であることもある」。一八三〇年の諸革命はヘーゲルにショックを与えた。オランダ合衆国は——信仰上の理由もあって——再び分裂したが、彼はそれを穏やかならざる思いで見た。彼は、宗派問題にけりがついたと見ていたが、ベルリン時代の最後の年に宗教上の革新が政治的局面ともなったとき、次のように強調した。プロテスタントの宗教だけが理性的な国家組織と調和できるのであって、宗教改革が欠けているカトリックの諸国家においては、事態は今後も革命に到らざるをえない、と。ヘーゲルは、死の直前に、イギリスの国制改革について書くことによって、自分が政論家であることを再び立証した。大いに鋭い洞察があるにもかかわらず、ヘーゲルは、この論文のなかで、改革を不可避と見ながらそれを危惧するという、古い人間が持つどっちつかずの態度を示している。ヘーゲルの弟子ガンスが自分でした講義のなかできわめてリベラルな傾向に従ったときに、ヘーゲルは——おそらく皇太子自身によって——再び登場させられた。しかし、ヘーゲルは、新しい法哲学講義を最初の二回行ってから（そしてガンスとの不愉快ないざこざがあったあと）、一八三一年一一月に亡くなった。ヘーゲルは、この二回の講義のなかで、理性にもとづいて作られた権利がたんなる「人間による製作物」として「神的権利」に対立する、という考えを斥けた。そのさい、ダーフィト・フリードリヒ・シュトラウスがこの講義について書き留めた最後の言葉は、こうであった。「自由は最も内面的なものであり、自由にもとづいてこそ、精神的世界の建築全体がたち現れてくる」。

Ⅱ　体系構成の見取り図

「哲学的法論」としてのヘーゲル法哲学　法学部生ヴァネンマンの筆記録を信頼してよいとすれば、ヘーゲルは、一八一七・一八年冬学期に序言もとくに述べずにすぐ本題に入り、法概念の規定と、自然法と国家学を叙述する個々の契機の説明に入っている。この本題は、法学と経済学ならびに歴史をも包括している。ヘーゲルは、学生時分にときどき法学に鞍替えしようとしたこともあったが、神学生として教育を受けたのであった。しかし、ヴュルテンベルクの官吏の息子〔ヘーゲル〕は、国制史の問題に関心を抱いていたし、その観点からみずからの法学上の見識をたえず広げていた。家庭教師になったときには、イギリスの社会的発展に関心を抱いていた。イギリスでは、一七九五年にウィットブレッドが議会で最低賃金の動議を提出し、一七九六年にピットが救貧法を提出した。ヘーゲルは、イギリス経済学の研究をフランクフルトで開始したが、後年それを拡充することになる。ヘーゲルは、すでにギムナージウムの生徒のときに、歴史像を学問的に再検討するという啓蒙の試みに乗りだしていた。ヘーゲルは、自分が変革の時代に生きていることをますます強く意識するようになったが、そのとき最終的に自分がおかれた現在をも歴史的に理解しなければならなかったのである。今日、法学部で刑法の専門家が憲法の専門家の問題にあえて口を出すことはほとんどないのに対して、ヘーゲルは、概説書で三つの学部の学問分野を代弁した。

ヘーゲルは、抽象法と道徳を取り扱ったあと、講義の第六九節で人倫に移行する〔本書九三頁〕。そのさい、彼は、自分の体系構成全体を回顧し、今後を展望する。自由の「直接的な定在」としての権利と、「自由な主体の自己内反省」としての道徳とは、「観念的な契機」にすぎない。これに対して、人倫は、理念であり、それとともに存在であり反省であり、同時に理性的な現実態としての実在であり概念である。抽象法と道徳は、〔人倫を〕可能にする契機にすぎず、自分を廃棄していくのに対して、人倫は、これらの契機にふさわしいかたちで現実存在する一つの全体であり現実的なものである。家族、市民社会そして国家、それも歴史における諸国家のなかの国家がこの全体である。この全体は、その実体的な内容にしたがって表象されるときに、宗教を持つことになる。宗教は、キリスト教の時代に、たんに「特殊な国民の精神」を知るだけでなく、（第七一節の註釈が語っているように）歴史的な全体の精神を知るのである〔本書九九頁〕。この全体では、諸国民は「制限された精神」にほかならない。

ヘーゲルは、「権利」の章に対してこれからは「抽象法」というタイトルを与える。そのときに、彼は、適法性の領域が重要なのではないこと、そして私権（それは、現実に適用されるものとしては、市民社会の司法活動においてはじめて登場する）すら重要でないことを示す。重要なのは「観念的な契機」だけである。つまり、いかにして人倫がその直接的な存在という抽象的先端において「人格」であるのかが重要なのである。人格とは、三つの側面にしたがって行われる個々人の自己決定である。すなわち、その三側面とは、所有となりうる物件に対する側面、契約を結び物件を交換する相手である他者に対する側面、不正に抗して正しいことが主張されなければならないかぎりは自分自身に対する側面のことである。道徳もまた、もっぱら「観念的な契機」として取り扱われる。すなわち、人格は、主体として反省の可能性を手に入れ、行為のさまざまな形式を〔権利以前の状態にある人倫から道徳的に反省される適法性に至るまで〕形作る。こうして、義務は、善に関係しうるし、したがって生命ある善の形式である諸制度に関係しうる。このことにより、伝統的で具体的な義務論や徳論はどこかに行ってしまう。義務は、いまや諸制度から理解されているからである。以上のような抽象法と、行為としての〔同じく抽象的な〕道徳論とを通して、ヘーゲルは、人倫論を厳密に法の形式で形成する可能性を獲得する。ヘーゲルは、もちろん、人間が数多くの形式の共同体で生活していることを知っている。しかし、法哲学のなかで、家族――これはとりわけ解体するときに法に服することになる――という自然的人倫を、市民社会から、次いで法の本来の場である国家から取り外すときに、彼は本質的な問題にだけ触れている。ヘーゲルは、イェーナで「自然法、市民法、万民法（ius naturae civitatis et gentium）」について、あるいはたんに「自然法」について講義したが、いまや自然法と国家学を組みあわせる。国家学の講述は、「政治学」という旧いタイトルを取り入れている。国家が伝統的な秩序から解き放たれたときに、国家学に対し新たな自然法を拘束力として対置することができるようになった。これに対して、ヘーゲルの見るところでは、自然法は、歴史に実際生じてくるものすべてのなかで秩序を与えるエレメントなのである。こうして、ヘーゲルは、自然法と国家学からなるアンチテーゼを法哲学として統合することができる。その場合、法の概念は、もちろん拡張されて、制限された個々の国民精神を超え出ていく世界精神の法をも意味することになる。いずれにせよ、ヘーゲルは、講義の第二節の註解のなかで、「哲学的法論」という新しいタイトルを正当化するのである〔本書六頁〕。

問題史のなかの「抽象法」論　ヘーゲルは、自分の哲学的法論を体系全体のなかにはめ込み、この体系全体から決定的諸前提を引き継いでいる。そのため、講義の序論は、自己を実現する自由な意志の概念から最低限要約的に、しかも範型的に法概念を展開している。抽象法の導入部は、もはや（カントの『人倫の形而上学』がいまだにしているような）物権と人格権の区別を踏襲していない。人格権において、人は何に対して（たとえば被雇用者の労働力に対して）権利を持つことができるのか。ヘーゲルによれば、持つことができるのは、範囲の限定された「物件」にすぎない。人間は、人格であるかぎり、「所有」の原理にしたがって物件をわがものとする権利をもつ。『精神の現象学』では、確かに人格権の体系と物権の体系の区別がまだ用いられているが、それは、ギリシア人の直接的ないし美的な人倫を分析するさいのことである。万人を人格として規定することがローマ法において明確にされたということは、ヘーゲルにとって、すでにイェーナ時代以来きまりきっている。しかし、ヘーゲルが、ローマ法を見るのは、後に自然法的な加工を施すときからである。こうして、ヘーゲルは、ローマ法が（ヘーゲルが強調するように私法ではなく）むしろ公法であることを見逃すことになる。ヘーゲルは、ローマの親族法を、男のもつ非人倫的な特権や占有権の観点で描き出して批判する。彼は、そのときに、この権利が部族群の構造から成長したことに注意を払っていない。ヘーゲルは、ハイデルベルクで講義していた間の一八一八年二月一日に、サヴィニーの『中世におけるローマ法の歴史』について取り寄せていたものをヴィンター書店に返品した。ヘーゲルは、次のように説明して、返品の理由とした。「わたしは、この著作の目的について見当違いをし、まったく別のことを考えていました」。ヘーゲルは、サヴィニーの著書に代わって、フーゴーの法制史を取り寄せた。彼は、その後、概説書でこれを利用したので、高名な法学者と論争することになったのである。国民の法典編纂の可能性をめぐるティボーとサヴィニーの論争については、ヘーゲルはベルリンではじめてたち入ったように見える。それに対して、ハイデルベルクにいたときのヘーゲルは、第二七節註解にあるように、サヴィニーの画期的に重要な著書である『占有の権利』を攻撃した〔本書二三頁〕。

ヘーゲルは、いわば自然法的に、人格に対して所有の領域を認めている。ただし、彼は所有の定在を時間との関係のなかにおく。つまり、所有は、取得時効によって手に入れることができるし、時効によって失われることもある。

ヘーゲルから見て、利用されない所有は十分な意味で所有でないが、彼は、たんなる占有も尊重する。これに対して、サヴィニーが示したのは、占有は、決してローマ法のなかでは保護を受けておらず、法典編纂が進むなかでようやく保護を受けたということである。サヴィニーの『占有の権利』は、占有について、それは、一つの事実であるが、一つの権利ではない、と言う。にもかかわらず、占有が妨害されるならば、力ずくのこの妨害が再び廃棄されうる。このため、適法な諸帰結が占有と結びつくこともありうるのであり、その結果、この占有が間接的に一つの権利となる。つまり、事実と権利は同時的なのである。占有の妨害を廃棄することは、もちろん本来は物権に入るべきものでなく、債権法に——不正行為にもとづく債務関係（obligationes ex maleficiis）に——帰属すべきものである。ところで、ヘーゲルは、所有にとって占有が必然的であることを強調するときにも、やはりサヴィニーの一面性を非難する。ヘーゲルから見ていっそう重要な側面は、占有が所有にどう関係するかである。つまり、所有の権利が存在するから、占有は所有を形成するものでありうるのである。この「抽象的な」法律問題には、当時において——改革の時代にあって——大きな政治的意味があった。「封建制」の時代から二重の所有——管理的所有と利用的所有（dominium directum et utile）——が存在したので、場合によっては、「占有している」農夫に対して、そしていまでは解放されつつある農夫に対して、所有権の返還を請求することができた。サヴィニーは、占有が事実であることを強調することによって貴族の側に与し、ヘーゲルは、占有されるものがすべて私的所有になりうるとみる市民階級の側に与するのである。とりわけ、この論争のなかでは、法学の基礎づけに言及があった。法学の基礎づけは、歴史をさかのぼることでなされるのだろうか。あるいは歴史のなかに理性的なものを探求することでなされるのだろうか。われわれは、ここで、後に続けられた議論の萌芽を見ている。つまり、ヘーゲルの弟子ガンスがサヴィニーの意志に反してベルリン大学法学部に採用されたとき、同学部は深い衝撃を受けたが、やがてガンスは、占有権をめぐりサヴィニーと論争を行い、このやり方によって全ドイツの公衆がこの議論に注目することになったのである。そのとき、サヴィニーの観点から調停しようとしたのが、ニュルンベルク・ギムナージウムでヘーゲルの生徒であったゲオルク・フリードリヒ・プフタであった。この調停は、今日でもなおもろもろの論争の決着に関わっている。

ヘーゲルは、私の側面だけで自分勝手に獲得できるわけもない「人格に対する権利」について語る代わりに、契約の原理を展開する（そのさい、彼は「抽象」法を原理的に明示しながら、契約の種類を分類することもしている）。後でヘーゲルが家族を扱うときに、ただちに強調するのが、家族の直接的で自然な和合のなかでは、個人による所有の原理が有効性をもたないし、家族自身もたんに契約としては捉えられないことである。カントが物的あり方での人格権（たとえば、結婚相手の性器の使用）[訳註一]について語るときに、ヘーゲルは、このような考察方法を非人倫的なものとしてきっぱりと斥ける。相続権は、抽象法を確定するために引きあいに出されるのではなく、家族の解体の叙述に移されている。抽象法の構造にとっては、国家法も公法も問題外である。ヘーゲルは、近代自然法に対抗して、国家は契約ではない、と言う。個人としての諸人格は契約において財産を交換する。ヘーゲルは、契約をこのように押さえるので、ルソーの社会契約論を批判せざるをえない。この批判は、契約の概念において意味をずらすことによって規定されているから、ルソーの関心事に対しては不公平なものになろう。自由な一体化を市民に想定するとしても、いったい誰が市民に数えられるのか。このことが規定されなければならない、とヘーゲルは正しく指摘している。誰が市民とみなされるのか、この問題は、たとえばカントも歴史的慣習にもとづいて取りあげる（女性に対してのみならず、たとえば自分の家を持たずにひげ剃り用の鉢をもってあちこち駆け回る床屋に対しても、市民としての地位が否認される）[訳註二]。しかし、ヘーゲルの法哲学においても、所有と契約の諸原理は、市民社会では十分に効果を発揮するものの、家族と国家では別の理由から制限を経験することが、あらかじめ、つまり体系全体から決定されていないだろうか。――ヘーゲルは、第一章第三節で、市民的係争も、刑法すなわち犯罪と刑罰も考慮に入れることで、「所有」と「契約」の諸原理に、抽象法の攪乱やこの攪乱の克服を組み入れている。ヘーゲルは、そのさい、刑罰理論の点で、フォイエルバッハの刑罰威嚇説を激しく論難する。そのとき示されるのは、当時の議論でも今日の議論でも火中の栗であるものをヘーゲルがここで拾おうとしていることである。

訳註一　カントによれば、「性共同体」とは、「一人の人間が他の人間の性器と能力を相互に使用しあうこと」であって、「自然的使用」と「非自然的使用」とに分かれる。前者、すなわち「自然的な性共同体」は、「単なる動物的本性に従う」場合と「法則に従う」場合とに分かれる。そして、「法則に従う性共同体」が婚姻である。それは、「性を異にする二人格が互いの性的特性を生涯にわたって互いに占有しあうための結合」である、とする。カント『人倫の形而上学』第一部「法論の形而上学的定礎」第二四節以下、樽井正義・池尾恭一訳、『カント全集』第十一巻、岩波書店、二〇〇二年、一〇九頁以下参照。なお、原註17、訳註三七参照。

訳註二　カントは、国民を「能動的国民」と「受動的国民」との二種に分ける。受動的国民とは、「商人や手工業者のもとで働く職人、奉公人（国家に奉仕するものを除く）、（自然による、あるいは国民としての）未青年、すべての婦人、そしておしなべて、自分の経営努力によるのではなく、（国家による指図を除く）自分以外の人々の指図に従うことによって、自分の生存（扶養と保護）を維持せざるをえない者」のことをいい、この人々は「国民（ペゲラー序文では「市民」）としての人格を欠いており」、「投票を行う能力」をもたない、とする。カント、前掲書、第四六節、一五五頁以下参照。なお、本書、第一五三節、二五五頁以下参照。

「道徳」と近代市民社会　ヘーゲルは、「道徳」のタイトルのもとで、——発展的に形成された習俗や法的状態をまだ前提としない最古の時代の英雄の行為から、良心の決断による善の実現に至るまで——行為のさまざまな形態を分析する。通常とは違うこのようなアプローチには、最先端の立場が含まれている。あらかじめ見通しを与えるための第一〇節では、その註解で、「道徳の領域」について「しかし、われわれは、そこで徳論を排除する」と述べている〔本書一四頁〕。若きヘーゲルは、ルソー、シラーそしてヘルダーリンの嘆きを一貫して分かち持っていた。すなわち、人はもう、人間を（つまり性格の「全体性」をそなえた「全体的」人間を）見ることがない、ただ、手工業者であったり思想家であったり聖職者等々であったりする専門家ばかりに引き裂かれた国民を見るにすぎないのである。イェーナ時代の自然法論文は、この時代批判を考慮に入れようとしている。そこで展開されていることであるが、自然法は、（第二の自然、つまり人倫的な自然としての）自然がどのようにしてみずからの権利を得るかを示してくれる。道徳は、個人の徳における権利の反映である。アリストテレスは、倫理学を実践哲学の基礎部門と考えたため、これを安定した人倫的行為論として、つまり徳論として仕上げたのであった。ヘーゲルは、自然法論文で、本来の徳を独自の政治的身分のために留保するが、この身分は、諸徳のなかの徳を勇敢というかたちで保持する。商工業を営む第二身分は、自然がみずからの権利を得るさいに生じる出来事を、解放された経済領域の複雑な諸関係のなかでのみ反映する。このような反映を、ヘーゲルは、倫理学のなかではなく、より狭くより強度に私的な意味での道徳学のなかで捉えるのである。ハイデルベルク大学講義は、ヘーゲルがさらにイェーナ時代の終わりに到達した立場から、諸帰結を引き出している。すなわち、すべての身分は、一国民の「労働」の分割から把握できる、というのである。近代国家における生活は、非常に複雑なものになったので、人倫的全体は、一般に、もはや個人の徳のなかに明確なかたちで現れることがない、というのである。なるほど、いまだに古代の模範から若者たちのなかに政治的意識を呼び起こすことができるかもしれない。この若者たちは、男であれば分業社会のなかに入っていき、そのためすべての者が――普遍的身分における将校、公務員そして学者も――なんらかのしかたで「ブルジョワ」になる。それぞれの領域の部分的な形式のなかでだけ、彼らは政治的全体の管理運営に関与することができる。このため、「誠実さ」は、ブルジョワ固有の人倫として、もはやシトワイアンの徳に対立してこない。誠実さは、立憲君主制の複雑に積み重ねられた構造のなかでは「徳」である。つまり、（ヘーゲルが第一二五節の註解で大まかな歴史的回顧とともに詳しく述べているように）古い徳から引き継いでいるものなのである〔本書二一四頁〕。

行為が現実的なもののなかで理性的なものをいかにして実現しようとするのかを考察するとき、カントとともに道徳を純粋に心情のうちに置き、あらゆる自然的なもの、所与のもの、そして自生的なものからそれを分離することができる。ヘーゲルは、結果倫理に陥ることなく、この立場にたち向かう。行為は、さまざまな形態で捉えられる。たとえば、意図は、まだ生命ある善を目指しておらず、個人の特殊態に結びついたままの幸せを目指す。カント、フィヒテそしてロマン主義者たちは、当為や美しい魂の内的心情を現実的な出来事から分離して、限りない努力あるいは憧憬に身を委ねるのだが、ヘーゲルは、彼らに対して直接反論する。ヘーゲルにとってこれらさまざまな段階だけが善を実現する良心に通じているのではない。このように実現されるべき善は、歴史的にもさまざまに具体化され仕上げられていくものである。ヘーゲルは、抽象法と道徳という「観念的な契機」を論じたあとで、良心が捕捉した生命ある善を人倫として叙述しているが、この場合、ヘーゲルは、歴史的に変化していく状態だけを目のあたりにしているのではない、と確信できるのだろうか。ヘーゲルは、最晩年にもやはり、イギリス国制論争の論文で、所与の諸制度と要求される諸制度とを評価する尺度は公正さでなければならない、という古くからの要求を掲げるであろう。しかし、ヘーゲルの場合、この公正さはどこにその体系的な位置づけを持っているのだろうか。ヘーゲルは、歴史が理性的な諸制度に到達したのであり、それらはいまや体系的にも善の具体化と必然的に結びつくものとして把握されるべきであると前提している。しかしながら、このような捉え方は、形而上学と歴史とを、歴史の開放性と、人間の行為におけるリスクとを過小評価するやり方で結びつけていはしないか。

市民社会とコルポラツィオン　ヘーゲルは、哲学的法論の第三章で、現実存在する人倫的現実態の重要な諸形式として、家族、市民社会、国家を挙げている。ヘーゲルは、すでにイェーナ時代に伝統的な実践哲学と断絶していたが、そのようにしてこの断絶の最終的で体系的な表現を見いだすのである。古典的な伝統は、家をポリースに対立させる。つまり、このような家、オイコスは、狭い意味での家族であるばかりでなく、経済的統一体として下男下女や非自立的な職人を伴う家族でもある。一家の長だけが市民社会（societas civilis）の構成員であることができた（ギムナージウムの生徒であったときのヘーゲルは、実践哲学に関するズルツァーの概説書から抜粋したもののなかで、まだこの意味で市民社会としての国家を家に対立させている）。近世の歴史において、商工業の領域は、君主の保護を受けて家から引き離され、国家に対していっそう自立的になっていた。ヘーゲルは、いまやこの領域に市民社会という名を与え、これを国家から区別することによって、そのような過程を考慮に入れるのである。市民社会の構造は、（リベラルな経済観という意味で）経済の観点で、またその私権上の安全の観点で描かれている。これまで権威をもっていたもの——貴族——は、この領域に吸引されて引き裂かれ、この領域から取り除かれるなかで否定的に規定される。つまり、貴族の土地所有は、長子相続権によってばらばらにならないようにされるが、こうした土地所有が上院のために公職を担う一階層を立てるという点で、貴族は特殊な機能を持つのである。貴族のこのような新しい形は、一面では国民を君主制と媒介しつつ、他面ではその経済的な独立性を通じて、賄賂に左右されないバランスのとれた政策を保証する。貴族の土地所有や農民の土地所有は、家族における生活や労働を助けるかもしれないが、――これらの身分も、少なくとも否定を通して（via negationis）市民社会における差異化から、つまり分業の観点から理解される。フランス革命における第三身分は政府の転覆を通して権力を奪取したが、ヘーゲルによれば、そのとき直接革命に見舞われなかった諸国家もまた、革命の反作用やら原理の改革やらに見舞われたのであった。その原理とは、個人が社会のなかで自由に選んだ職業を通じて、またこの職業のための教養形成を通じて、自分の地位を獲得するという原理である。ヘーゲルは、仲裁裁判所、裁判の公開性、それどころか（フランス的規定をもつラインラントの裁判制度に見られるような）陪審裁判を要求するときに、市民に自立の意識を与えようとしている。このように自立しているものは、他の同じく自立した「同業者」たちだけが裁くことができる。ヘーゲルは、単刀直入に同業組合について語り、ゲルマン的な法の伝統という根底をこうして思い起こしている。だから、彼は、自国の将来の法を形成するための形式的教養を与えるのはローマ法だけだという（権威としてサヴィニーに代表されるような）法学者たちの見解を受け入れることができない。ヘーゲルは、自分が要求する立憲君主制を、ローマやビザンチンの帝国やその司法といきなり結びつけたりしない。ローマ法の形成は、専制を前提としていたし、すでにボローニャの学校で行われたローマ法の踏襲は、近世をその独自の伝統から遠ざけた、というのである（ヘーゲルは第一〇九～一一六節の註解でみずからの見解を、自分のかつての完成稿と関連させて、こう講義している〔本書一五六～一七四頁〕）。

ヘーゲルは、古い語義をもつ「ポリツァイ」を通じて、つまり商工業に対する国家の監督を通じて、市民社会を国家と結びつける。ハイデルベルク大学でのヘーゲルの講義は、表題のなかに「ポリツァイ」という言葉は入れているが、それに加えて「コルポラツィオン」という言葉をまだ入れていない。しかし、彼は、叙述を進めながら、コミューンの自治というかたちでの市民社会の自己組織化に関して、またコルポラツィオンにおける労働者の組織化に関して、家族と並ぶ人倫的なものの第二の根底を要求している（家族は、わずかに農業労働の組織形態、加えて公務を担う教養ある貴族にとっての自然的基礎でしかありえない。貴族は、いまや学者、市民的公務員や将校となっていくのである）。ヘーゲルは、一時的にオーストリアを選択し、次いでナポレオンによるライン同盟を選択したが、その動機は、まさに下から上へのこうした国家の組織化をオーストリアにまだ見いだせると思ったことにあり、またナポレオンを、『民法典（Code civil）』と代表制的な国制とを結合した国法学者だとみなしたことにあった。すでにイェーナ時代初期のいわゆる『人倫の体系』では、人倫をギリシア伝説のブリアレオースと見たが、このブリアレオースは、「無数の眼や腕や他の肢体をそなえていてその各々が絶対的個体となっている」ことで、国家体制において数多くの自治団体から構成される国民を表現する。ヘーゲルが当時すでに要求していたことは、欲求のシステムが、それに対応する身分を「制度として設立すること」を通じて、自分のうちで自分自身を有機的に組織するものであり、ただたんに国家の監督を受けるのではない、ということであった。しかし、ヘーゲルは、その後十五年経ってはじめて、ハイデルベルク大学講義のなかで、この自己組織化について「コルポラツィオン」という名称を打ち出す（ヴュルテンベルクの国制闘争についての、講義と同時並行した論文は、「同業組合とコルポラツィオン」について語っている）。ヘーゲルは、明らかに、イギリスにおける分業の進展に、そしてそれがもたらす諸問題に対する闘いに、視線を向けている。彼は、それと同時に、再び古いツンフト制度を受け継ごうとしているように見える。しかしながら、コルポラツィオンは、職業選択の自由の原理によって革命以前の特権的ツンフトと区別されている。

フランス革命への回答としての国制構想　ヘーゲルが国家に対して要求するのは、民主制と貴族制とに対立せず、それらのモチーフを受け入れる立憲君主制としての国制である。したがって、市民社会という解放された領域が新たに統合されるべきであり、教養形成と公職に関して、公職を担う市民的な階層と貴族が一体化されるべきなのである。

ヘーゲルは、ナポレオン後の立憲主義の時代に、自分がこれまでに別の歴史的諸条件のもとで定式化してきたもろもろの分析や着想に――しばしば個々の言葉にいたるまで――たち返っている。ドイツの国制論は、比較国制史的研究のなかでフランス史とドイツ史が異なる行程を歩んできたことを強調し、ヨーロッパの範囲内で代表制システムが発展するさいの諸問題に決着をつけた。イギリスやフランスでは、国家が短期間で特殊諸権力に対しみずからの意志を押し通すことができたが、ヘーゲルは、いまや再びそういうイギリスとフランスを、イタリアやドイツにおける地方分権主義と対比している。イギリスは継続的な発展を見せているが、それに対してフランスとドイツ諸邦は、それぞれ異なった理由からであるが、新たな国制をもたなければならない。ヘーゲルは、一八一四年六月にフランスで、上院と下院をもちあわせた憲章（Charte constitutionelle）をルイ十八世が与えたことに注意を払う（この場合、下院は、もちろん租税負担高にしたがって選ばれ、立法のイニシアチヴをもたないままである）。ウィーン会議は、ドイツ諸邦に対して憲法を要求した。ヘーゲルは、故国ヴュルテンベルクにおける〔憲法をめぐる〕論議以来ずっと、国家の公務員にも代議士の被選挙権があることを支持している。ヘーゲルは、カントの考えを批判して斥けて、おのおのの権力が他の権力を自分のうちに含むような権力分立を構想する。ヘーゲルは、哲学的法論の筆法にしたがって直接的な存在から始めるが、この存在は、君主の署名を実行するさいに共同の自己決定に到達する。次いで、法律を特殊なものに適用する統治権に加えて、法律の普遍的な面そのものを定式化する立法権が姿を現す。ヘーゲルもまた、二院制がとりわけ効果的で調和のとれたものだと考えている。ヘーゲルは、ゲマインデやコルポラツィオンという自治団体に、一方の院〔下院〕の代議士を出すという任務を課すことにより、シエース流の国民代表制の構想に対抗する。抽象的な仕方で選出される中央権力が、分肢組織化されない無定形のままである大群集の国民の前に進み出る危険は、排除されるべきである。ヘーゲルがふさわしいと思うのは、ドイツ諸邦の場合、議会制的な新しい代表者が身分制的な古い代表者と結びつくことである。ヘーゲルは、こうする途上で、労働者の自己組織も議会代表制に結びつけることができる、と考える（実際に、フランスでは、ツンフトや特権に対抗する措置が数十年にわたって労働組合制度を抑止したのであった)。ヘーゲルは、このような国制上の構想をもって、フランス革命の関心事を受け入れるのだが、しかし、そうするのは、(トクヴィルも後に試みたように)歴史的制約をもつフランス的な歩みの一面性を修正しようとするためである。以上のようにして、ヘーゲルは、国制政策の分野におけるフランス革命の主導的構想に対して具体的な反対構想を練り上げた国家哲学者になるのである。

ヘーゲルによれば、個々の国家は歴史のなかでたがいに対立しているので、結局のところそれらの上にはいかなる大法官も存在しない。法廷とは、全体として視界に入れられる歴史そのもののことである(ヘーゲルは、当時、ヨハネス・フォン・ミュラーの没後出版となった『一般史』も買い求めていた)。このような厳しいリアルな見解は、次の点で埋め合わされる。つまり、出発点となるのは、全文明国の人々が自分たちの特殊な職業に専念し、宗教が、全体としての歴史のために永遠なものを表象して、もはや限定された一国民のためにそうするのではない、という点である。ヘーゲルにとって「共同精神」や「愛国心」は、例外的状況において国家のために尽くすことではなく、むしろ制限をもつ職業上の義務を満たすことである。こうして、第一三二節の註解では、まさに個人の「エゴイズム」のなかに「愛国心」の別の側面を見てとることができる〔本書二〇三頁〕。シュヴァーベンの帝国男爵でありプロイセンの陸軍大佐であるフォン・マッセンバッハは、将校としてイェーナにおける軍事的破局に巻き込まれたが、挫折したあとの無能な人が特別な領域でいかにして「愛国者」として登場するか、という実例としてこの人物が挙げられる(その登場のしかたは、ボナパルティズム的でマキャヴェリズム的な筆致で一般的政治的な著述をするものだった。第一五四節の註解は、退屈でお粗末な意見を述べたてるフォン・マッセンバッハのやかましい叫び声を際立たせて、イギリス人が議会討論に寄せる関心から区別している〔本書二五八頁〕)。個々人は、自分の職業を自由に選択して分業社会に適応していくとき、自分たちの部分的な利害関心の観点から代表制システムを介して政治的にも活動的であるべきであり、共同の関心事の管理をともに担うべきである。ヘーゲルにとって、普遍的なものへのこのような部分的な関与以外に、関与はもはや存在しない。

新たな国家の課題――自律的文化の保証　個人は、市民として、自分の労働を通じて、社会的・国家的全体のなかで自分の特殊な地位を決めていくが、そのとき、彼は、教育されなければならないし、自由に選択される職業のために教養形成されなければならない。そこで、かつてのニュルンベルク・ギムナージウムの校長にして視学官〔ヘーゲル〕は、第八五節と第八六節で、子供の教育権を規定している〔本書一二〇頁以下〕。しかし、ヘーゲルは、教育のための特別な田園を望んではいない。「たとえばペスタロッチのように、子供を世間から引き離し、教育を通じて子供独自の関心を子供にもたせる」のは誤りである、とヘーゲルは言う。モンテスキューとともに、就学以前、学業中、卒業後に、また家庭と世間でも教育を行うのだ、ということが書き留められる。ヘーゲルは――ニュルンベルクで貧しい者の子供の就学をも実施しなければならなかった――、ローマ人のもとでの子供に対する父親の権力と、初期産業主義期のイギリスにおける児童労働とを、恐るべき実例として挙げている。国家は、一般的な基準にしたがって、一人一人の子供が一定の教育を受けられるよう見守るべきである。そして、この意味で、（第一五八節では）子供は「国家の子供」となる、と言われるのである〔本書二六六頁〕。国務への関与は、生まれや身分的特権によって制限されてはならないのであって、資格をとったどの市民にも根本的に許されていなければならない。「このことは、より高い教養形成が現代に生まれたことを意味する」。それゆえ、ヘーゲルは、諸邦の大学がする縁故びいきに代わって、「ドイツのすべての大学が全体を教養形成すべきである」こと、大学への強制がなくなること、一人一人の大学教師が客観的な基準にしたがって、だがその場合地位の保証された公務員として任用されることを要求する（第一四四節）〔本書二三六頁〕。第一五八節は、後に「文化政策」と呼ばれるものをも要求する。つまり、芸術、宗教、学問は、あくまで「国家生活」であるべきであり、国家の生命態を表現すべきなのである。しかし、それらは、「それ自体でもそれだけで独立しても目的そのもの」ともみなされるべきであり、したがって自律性をもつべきであり、この自律性は、まさに国家によって保証されなければならない。以前は、神への畏敬の念が宗教を気遣い、君主が芸術や学問を気遣ってきたが、そのさいに「これらの契機が必然的に気遣われているわけではない」。教会は、学問に対立して、宗教的真理を「学問の領域に」高めることをゆるがせにしてきた、とヘーゲルは指摘する。「現代の国家はこの領域のために普遍的な施設を設備することなどまるで考えていないし、いまでは、大学や学術アカデミーが、修道院にとって代わっている」〔本書二六七頁〕。

ボアスレ兄弟〔兄・一七八三—一八五四、弟・一七八六—一八五一。古ドイツ・ネーデルラント美術の収集家、研究者〕が当時ハイデルベルクで自分の持っているライン下流地方の古い絵画やオランダ絵画を展示して、フランドルやラインの諸都市における君主と市民階級との以前の結びつきを新たな立憲君主制の市民たちに思い起こさせたとき、このような収集者の活動が国家に保護された公立美術館に行き着かざるをえなかったことは明らかであった。ここには国家の新たな課題があった。これらの課題がどのように遂行されるべきか、それがまず定められなければならなかった。しかし、ヘーゲルがベルリンで自分の諸見解を引っ提げてサヴィニーの保守主義と衝突しただけでは収まらない方向に路線が定められた。ヘーゲルは、なるほどベルリンで、ヴィルヘルム・フォン・フンボルトと友好的な関係を維持しようとした。しかし、ヨハネス・シュルツェによって権威的に決定された教育政策は、諸個人がみずからの諸力を全面的に発展させることによって分業社会におけるみずからの活動の部分性を克服できるのだ、という、ゲーテ時代の主導的な観念に別れを告げていた。シュライエルマッハーの一面では啓蒙的でリベラルな、そして他面ではロマン主義的な宗教観と国家観は、すでにイェーナ時代初期のヘーゲルの著作のなかで論駁されていた。シュライエルマッハーは、ヘーゲルよりも明確に、古い「家」が解放されて、自由な社交性に至ることを確信していた。この自由な社交性は、普遍妥当性に対するあらゆる思弁的要求に対抗して、精神的多様性を保存するとされた。確かに、ヘーゲルにとっても、大学とアカデミーは、同僚としての自由な結合のなかで一つの目的それ自体を追求したコルポラツィオンであった。しかしながら、ヘーゲルは、（やがて失敗することになるが、大臣フォン・アルテンシュタインの努力と明らかに一致して）国家の文化政策を発信する場をもアカデミーに見ようとしたのであった。この努力に対して、シュライエルマッハーは反対せざるをえなかった。

ちょうど一九世紀が始まったときに、ヘーゲルは、ドイツの国制に関する論文で、「新たに選ばれた皇帝が今でも即位式に臨んでカール大帝の王冠、笏《しゃく》、りんご、さらには靴、上衣、宝石までも身につけるとき」、帝国の国制は「カール大帝以来過ぎ去ったじつに千年というもの」いかなる変化も受けなかったように見える、と嘲笑していた。実際には、もろもろの新たな「巨人国家」と、巨人国家にはさまれた「こびと〔国家〕」との区別が形成されたのであって、この区別がすべてを変えていく。当時、ヘーゲルは、なお旧い帝国を再建しようとしていたが、それは、軍事的組織化という観点から諸侯団とならんで都市使節席を構想し、それとともに市民による下院を代表制のシステムとして構想することによってであった。ウィーン会議後、ヘーゲルは、ハイデルベルク大学講義で、五国支配〔英仏普露墺〕にリードされるその国家世界に対しこうした代表制システムを立憲君主制としてあえて要求するのである。カール大帝以来の千年のうちに、人々の共同生活が根本的に変革された、とヘーゲルは指摘する。つまり、キリスト教が個々人の救済に重きをおき、ゲルマン諸国民の人倫的感情が、自由に対して、また信義や連帯による自由人の結合に対して全幅の信頼を寄せるならば、そのとき個々人には期待できることがある。それは、社会のなかでみずからの地位を独自の労働と業績によって手に入れること、そして、もはや、旧くからのもろもろの闘いと対立のなかで形成されてきた支配関係からみずからの地位を引き受けるのではないということである。こうして勝利を収めてきた「市民社会」は、代表機関を通して、立憲君主制における威力の管理運営に関与する。伝統的貴族や諸侯も、少なくとも否定的なものを除去することを通じて、市民的精神の観点から規定された機能を政治的全体のなかで獲得する。しかし、労働と業績を通じて社会のなかで自分の居場所を定めていく者は、教養形成を通じて労働に適格でなければならないし、また芸術、宗教そして学問において自分が生きる意味をとくにありありと思い浮かべることができなければならない。新しい国家は、国家において精神的に生きることを自律性をもって可能にする教養形成や文化といった仕組みのためにも、その保護を引き受けるのである。

汲み尽くせない経験との格闘――残された課題　ヘーゲルがこのように自分の構想を仕上げていくとしても、哲学的法論は、最初から体系全体と結びついている。人間が家族という自然的人倫のうちのみならず国家のうちでも生活するということ、人倫的全体がその意味を芸術、宗教そして学問において確認するということ、こうしたことは、すでに自然と精神との区別によって、また主観的精神という独自の哲学によって、あらかじめ決められている。いやそれどころか、個々人は承認されて法的能力をもつ個人となるのだが、この承認は、実践哲学から追い出されて、主観的精神の哲学になるのである。ヘーゲルは、そのうえ、一八二〇年の概説書で（この試みを首尾一貫して最後までやり遂げることなく）、『法の哲学』の個々の規定の展開を、『論理学』におけるもろもろの展開に並行させることによって守ろうとする。ヘーゲルは、抽象法や道徳という観念的契機の展開を人倫の分析の前におくことによって、人倫的領域の法形式性を強調する。しかしながら、ヘーゲルが自分の思考の主導的モチーフから別のかたちでも法哲学を構築できたのではないか、という印象を抑えきれない。法哲学は、観念的契機を明示するために、人倫の諸制度の分析を行い、そしてこの最後の部分を歴史の行程の叙述に流し込むのに対して、たとえば、美学は、まず美の理念を展開する。それは、次にこの理念の歴史的諸形態を叙述し、最後に個々の芸術を叙述するためである。ヘーゲルの体系構成は、閉じているように見えるけれども、本当は未解決の諸問題に対して開かれているのである。また、変転する周りの世界にヘーゲルが配慮しなければならなかったということも、見過ごすことができない。彼は、ハイデルベルクでは、ヴュルテンベルクの書記身分に目を向けて、官吏の恣意と闘う。プロイセンでは、この国家が行政管理に関してなんとか統一を獲得しなければならないことを考慮しなければならない。世襲君主制を通じて、政府と立法は、iの上の必要な〈点〉[訳註三]を入手するのであるが、この世襲君主制を際立たせ、またそれをもっぱら制度として際立たせる困難な企てに取り組むなかで、ヘーゲルは、骨董品のなかに巻き込まれる。ヘーゲル法哲学の本来のアクチュアリティを意図的に隠蔽するつもりがないならば、今日これら骨董品はそっとしておかなくてはならないのである。

訳註三　ベルリン大学一八二二・二三冬学期「法の哲学」講義（ホトーによる筆記録）でのヘーゲルの言を参照。国家論の君主権について、「問題なのは、よくなされている前提、つまり君主がもつ性格の特殊態が本質的な問題だ、という前提である。こうした前提は、まったくもって空無なものである。というのも、展開された有機組織では、形式的な決定という〈頂点〉が重要だからである。つまり、決定の自然な堅固さが重要だからである。したがって、ここでは性格の特殊態がまったく問題にならない。だから、君主制に必要なものは、「よし」と言ってIの字の上に〈点〉を打つ人間を持つことである。というのも、〈頂点〉というものは、性格の特殊態が意味をなさないようなものであるべきだからである」。Vgl. K. Hotho, Philosophie des Rechts nach dem Vortrage des Herrn Prof. Hegel im Winter 1822/23 Berlin, in: Georg Wilhelm Friedrich Hegel, *Vorlesungen über Rechtsphilosophie 1818–1831*, Edition und Kommentar in Sechs Bänden von Karl-Heinz Ilting, Bd. 3, frommann-holzboog, Stuttgart-Bad Cannstatt 1974, S. 763 f. 「Iの字の上に〈点〉を打つ」とは、「最後の仕上げを行う」ことの意。なお、『法の哲学』第二八〇節補遺を参照。

つまるところ、ヘーゲルの体系構成は、完全には汲み尽くせない経験との格闘という刻印を帯びたままである。ヘーゲルが重要な諸点で物事のさらなる進行を予見しなかったことは、疑う余地がない。国民代表制において、派閥というだけではなく、国民全体における意志形成を具体的に組織しようとする政党が形成されたことは、ヘーゲルが代表制のシステムを構想するやり方では考慮されるべくもない。ヘーゲルは、現実的なもののうちに理性以外のものを求めようとせず、現実的なもの、あるいは現実的となりつつあるものを超えてさすらうようなことをしない。しかしながら、彼は、「コルポラツィオン」を要求するときに、このようなあり方では決して現実化しなかった制度を描いている。つまり、不断により大きくより多種多様となる労働連関の発展によってむしろ不可能とされた制度を描いているのである。こうして、ヘーゲルは、経済的発展に大いに注意を向けていたにもかかわらず、見渡すことができる連関のうちで、形成する労働というあまりにも伝統的な表象の方に向いたままであったことが分かる。ヘーゲルは、確かに産業化が「ペーベル〔賤民〕」、言い換えるならプロレタリアートを生みださざるをえないことを見てとっていた。この事象のなかにどのような爆破力があったか、ヘーゲルはそれに気づかなかった。また、一九世紀にナショナリズムが獲得することになる危険をはらんだ力も、ヘーゲルには隠されたままであった。ハイデルベルク講義の第一六〇節では、ドイツはなるほど多数の中心点をもっているが、国民の願望は「個々の中心点が連邦的に一体化すること」に向けられていると定式化されている〔本書二七〇頁〕。しかし、ヘーゲルは、ドイツ連邦をほとんど真剣に受けとめなかった。そして、ベルリンにおける概説書の第三二二節では、いま挙げた願望についてわずかに皮肉を込めて語りうるだけである。このように、ヘーゲルの法哲学は、その意志に反して、完全には見通すことのできない歴史的連関のうちにある。一八〇〇年頃の時代における変革を概念にもたらそうと試みながら、ヘーゲルは、われわれに一つの課題を委ねている。それは、世界戦争後の今日、そして差し迫るカタストローフを目前にして、ほとんど予測できないかたちでいっそう困難になっている課題である。

ボーフム・クヴェーレンブルク、一九八三年　復活祭

オットー・ペゲラー

テキストの構成について（抄）〔編集者〕

〔邦訳テキストの性格上、筆記録のテキスト・クリティークに関わる細かな規定を扱う「（a）符号、略符、略号、略語」および「（d）テキスト作成の諸規則」は省略した。〕

（b）原本の記述

法学部学生P・ヴァネンマン[原註1]によるハイデルベルク大学での一八一七・一八年の法哲学講義の筆記録、ならびにベルリン大学での一八一八・一九年の講義の冒頭部分の筆記録がここに公刊される。この原本は、マールバッハ・アム・ネッカーのドイツ文学アルヒーフ（シラー国立博物館）の所蔵になるものである。この原本にはアクセス番号81.1021が付いている。それは、フランツ＝ヨーゼフ・ブレヒトの遺品に含まれていたものであり、一九八二年初頭にはじめて知られるようになった。

原註1　ハイデルベルク大学の学生名簿には、法学部学生ペーター・ヴァネンマンという人物について以下の記述がある。「［一八一六年］四月二四日、番号一一。ペーター・ヴァネンマン、クロイツナーハ。［…］［一八二〇年］四月二九日。番号六六。ペーター・ヴァネンマン、二三歳、クロイツナーハ。プロイセ［ン］［…］ベルリン大学在。復学。」グスタフ・テプケ『ハイデルベルク大学学生名簿』（Gustav Toepke, *Die Matrikel der Universität Heidelberg*, Fünfter Teil, hrsg. v. Paul Hintzelmann, Heidelberg 1904, S. 116 bzw. S. 190.）を見よ。ハイデルベルク大学記録保管所の情報によれば、ハイデルベルク大学におけるヴァネンマンの勉学に関するより詳しい事実は知られていない。

原本は、丈夫な四つ折の二一三枚の淡黄色の用紙に書き込まれ、一部は縁の所に少し裂け目が入っている。そこにはすでに茶色がかったいくつかのしみが認められる。原本は、黒インクで書かれていて、書き込まれた用紙の裏面ではときどき少し茶色がかって透けて見える。若干の頁はインクのしみがはね散っているが、そのことでテキストの判読が妨げられるようなことはない。原本は、当時の筆記録によくある仕方で厚いチャコールグレーの厚紙装丁の本となっている。茶色の背表紙には金文字で——長い間に少し傷んだ——表題として「ヘーゲルの自然法と国家学」が記されている。表紙に続いて、記入のないタイトルページ、SCIPIO RINECK というスタンプのついた頁づけのない扉、未記入の裏面がくる。その後にハイデルベルク大学講義のテキストが続く。詳しくいうと、さらに頁づけのない二頁には目次、頁づけのない次頁には序論の始まり、そして二頁から四〇一頁にかけて残りのテキストが続く。四〇一頁には名前ヴァネンマンの下に判読できない符号と渦巻状の飾りがある。四〇二頁はなにも書かれていない。四〇三頁から四二二頁にかけて、ベルリン大学講義の緒論が続いている。四二二頁には「緒論終わり。ベルリン、一八一八年一一月一〇日」という語句の下に渦巻状の飾りがある。一枚のなにも書かれていないタイトルページがこの冊子を締めくくっている。

用紙は記入のまえに、そのための枠ができるようにして折り畳まれている。このような形式の紙は市販されていたと想定してよかろう。ほかの筆記録にもこのような折り畳み方が認められるからである。テキストは小さなドイツ文字で非常にきれいに書かれている。テキストにはいくつかの略語と略記があるが、それらの解読は、議論の余地のないものであり、本書では特段の指摘をしていない。抹消、書き換え、そして参照記号で排列された欄外註は比較的まれにしか見られない。節の文中には時々行頭下げが見られる（たとえば第一二一節で。本書底本一六八頁〔本書一八五頁〕を参照のこと）。これも特段の指摘をしていない。間隔なしに単語を並べることが、筆記者の特徴である。この並べ方の解読も同様に特段の指摘をしていない。この原本は、明らかに清書稿であり、したがって講義中に筆記された覚え書きにもとづき、家での作業で仕上げられた稿本である。講義中に直接筆記されたノートには、まったく別の特性がある。諸節の本文は、F・W・カローヴェが伝えた法哲学の断片との比較からも確認されるように、[原註2] ヘーゲルが口述筆記させたものである。ただし、このような口述筆記の再現も、もとの覚え書きを間違って清書稿に書き写すことに起因するいくつかの誤りを時々含んでいる。それに対して、註解の文章表現は、そのままヴァネンマンに由来するといってよいだろう。そこにはしばしば、ヘーゲルの思想を文章表現するさいのかなりの覚束なさやぎこちなさが認められる。もとの原本はヘーゲルの思想をおそらく非常に簡潔な形でノートにとっただけだったのであろう。字面やインクの色調のいくつかの揺れは、この種の清書稿でさえ一気に書き記されたものではないということで、そのまま説明がつく。とはいえ、ヴァネンマンのノートは講義と時間的に大変近接して作成されたのだろう。しかし、ハイデルベルク大学での講義の終わりとベルリン大学での緒論の終わりの日付から、このことを証明することはできない。これらの日付は――当時の慣習にしたがって――講義の終わりもしくは受講した講義時間の終わりを再現したものであろうからである。比較できる資料がないが、現在言えるかぎりでは、ハイデルベルク大学講義は完全な姿で伝えられているように思われる。これに対して、ベルリン大学講義については、緒論が――そしてこの緒論でさえ完全ではない――伝えられているにすぎない。

原註2　本書巻末(54)頁の文献目録中のフリードヘルム・ニコーリンの論文を参照のこと。

(c)　ヘーゲルの一八一八・一九年ベルリン大学講義に基づくヴァネンマンの記録と、同講義に基づくホーマイヤーの記録との関係

一八一八・一九年のベルリン大学講義の筆記録は、緒論を含むだけである。「ベルリン、一八一八年一一月一〇日」という筆記録を締めくくる日付けもすでにこのことを示唆している。この緒論も不完全にしか伝えられていない。ホーマイヤーによるこの講義筆記録[原註3]との比較から判明するように、ヴァネンマンは第一節から第六節にかけて、ヘーゲルが口述筆記させた節本文のテキストを書き取らず、もっぱらヘーゲルの註解を書き取った。ヴァネンマンは「補足7(ad §7)」と上書きされている箇所でようやく註解と同様に口述筆記の本文も書き取ったのである。ヴァネンマンは、おそらく、たんにハイデルベルク大学講義の自分の筆記録を補完する補足的資料を記録するつもりだったのだろ

う。彼が付けた「補足*1*（ad §1）」という見出しなども、ハイデルベルク大学講義の節区分に関係している。それゆえ、ヴァネンマンの節の数え方はホーマイヤーの数え方とも一致しない。「補足*7*（ad §7）」のタイトルのもとにまとめられた本文と註解は、ハイデルベルク大学講義の第八節から第一〇節にも関係している。それらは、ホーマイヤーの筆記録の第八節から第一六節に対応している。ホーマイヤーにおいて異なる節に配分された資料は、ヴァネンマンによってたがいにただダッシュによって区切られている。

原註3　『自然法と国家学――一八一八・一九年ホーマイヤーの講義筆記録による』（Naturrecht und Staatswissenschaft nach der Vorlesungsnachschrift von C. G. Homeyer 1818/19, in: Georg Wilhelm Friedrich Hegel, *Vorlesungen über Rechtsphilosophie*, Bd. 1. 217–352.）本書巻末(52)頁の文献目録を参照のこと。

ヴァネンマンとホーマイヤーの筆記録は、節本文を伝える点で言葉上は一致している。それだけに註解を伝える点での不一致は、いっそう奇妙である。違いがあまりに大きいので、異なる講義からの資料が問題になっているのだと思われるかもしれない。この場合、二つの伝承がヘーゲルの講義にどのように関係しているのかは、目下のところ決定できない。ホーマイヤーのテキストは、文章が練り上げられ、相当熟慮された印象を与える。それゆえ、ホーマイヤーのテキストは、本書で編集されたヴァネンマンのテキストと比較すべきである。この比較を簡単にするために次頁の概観が役立つであろう。

ヴァネンマンの筆記録		ホーマイヤーの筆記録	
補足 *1*		第１節	
註解(a)補足		第２節	
註解(b)補足		—	
補足 *2*		第３節	
補足 *3*		第４節	
補足 *4*		第５節	
補足 *5*		第６節	
補足 *6*		第７節	
補足 *7*	第１段落	第８節	
	第２段落	第９節	
	第３段落	第10節	本文
	第４段落	第10節	註解
	第５段落	第11節	本文
	第６段落	第11節	註解
	第７段落	第12節	本文
	第８段落	第12節	註解
	第９段落	第13節	本文
	第10段落	第13節	註解
	第11段落	第14節	本文
	第12段落	第14節	註解
	第13段落	第15節	本文
	第14段落	第15節	註解
	第15段落	第16節	本文
	第16段落	第16節	註解

訳　註

一　ヘーゲルの自然哲学の脈絡でみれば、「それだけで独立して自由に存続する物体として直接的に存在するエレメント的な総体性の規定」というものが、「普遍的で物理的なエレメント（Element）」として捉えられるが、それは、より具体的には、地水火風というエンペドクレスの四元素説になぞらえて、空気、火、水、地ということになる。Vgl. Georg Wilhelm Friedrich Hegel, *Werke in zwanzig Bänden*, Bd. 9, Enzyklopädie der philosophischen Wissenschaften im Grundrisse (1830), Zweiter Teil, Die Naturphilosophie, Suhrkamp Vlg., Frankfurt am Main 1970, S. 133.（以下、この著作集を*Werke*と略す）。ヘーゲル『自然哲学（哲学体系Ⅱ）』上巻（『ヘーゲル全集』二a）、加藤尚武訳、岩波書店、一九九八年、一六一頁参照。エレメントは、もちろん自然哲学以外の文脈では、このような物理的なものとして理解することはできないが、一般に、独立した総体でありながら要素として制限されているような局面の含意で理解される必要がある。

二　strenges Recht の訳。グリムの辞典によると、ローマ法のうち summum（strictum）ius に相当するもので、aequitas（衡平法）に対比されるものである（STRENG III A 1b）。Vgl. *Deutsches Wörterbuch von Jacob Grimm und Wilhelm Grimm*, in 32 Teilbänden, Leipzig 1854-1960, Bd. 19, Sp. 1426.（以下、この辞典全体を*Grimm* と略す）。

三　Gesinnung の訳。グリムの辞典によると、「感じの持ち方（die art wie jemand gesinnt ist）」の意（GESINNUNG 2）。Vgl. *Grimm*, Bd. 5, Sp. 4121. これは、個々の場合にも性格的なものの場合にも用いる。Gesinnung に関するヘーゲルの規定である「主観的意志の格率」（本書第五三節）に照らして考慮すべき gesinnt の意味は、「何かに感性（Sinn）を向ける」（GESINNT 3）、「傾向がある（geneigt）」（GESINNT 4）、「意志、決断」（GESINNT 5）となるが、後二者については、ヘーゲルが明確に Gesinnung とは別の概念を用意しているところからして採用できないので、つまるところ「何かに感性を向ける」ものとして捉える必要がある。したがって、Gesinnung とは「感性の向け方」のことになるが、しかし、これを含意するコンパクトな日本語を選択するのに苦慮する。藤野渉・赤沢正敏は、Gesinnung を「心情」と訳すことを「誤訳」と断じて、「心がけ」ないしは「心術」と訳している。ヘーゲル「法の哲学」、藤野渉・赤沢正敏訳、『世界の名著44　ヘーゲル』、一九七八年、中央公論社、三四一、三八六頁以下参照。（以下、「藤野・赤沢訳」と略す）。「心術」は、日常的になじみのない言葉なので敬遠するとして、「心がけ」は、「格率」を表現するに適している面をもつが、Gesinnung の「感性」的な面、さらにそれが「故意（Vorsatz）」と区別される面を考えたとき、これらの面を欠いていると思われる。逆に、「心情」は、これらの面を表現しえているが、「格率」の点が明確でないことは否めない。かくして、一長一短であるが、「感性の向け方」により近いものがどれかと判断し、「心情」と訳すほうが適切と考える。

四　「最初の二つの契機」とは、本節にある「概念における意志と意志の定在」。本節では、「概念における意志」が「主体の特殊な内面的意志」になり、「意志の定在」が「主体の幸せ」となるとあった。ここでの「客観に対する意志のかたちで主体を捉える」というのは、「概念における意志」。次の「主体の外面」とは、「意志の定在」のこと。

五　「絶対的なもの」とは、本節にある「理念としての善」の内容、規定の性格。そこでは、同時に、「善」が「偶然的」と性格づけられた。道徳の段階では、善は、絶対的だが偶然的。人倫、国家の段階では、善が、絶対的であるとともに必然的だというのである。

六　rechtlich の訳。グリムの辞典によると、一般には、「正しいことに適う（dem recht gemäsz）」の意だが、「正しいこと」がなんであるかに関わって、「人倫的に正しいものに適う（dem sittlichen recht gemäsz）」の意となるか、「法律的に正しいものに適う（dem gesetzlichen recht gemäsz）」の意となるかに分かれる（RECHTLICH 2, 3）。Vgl. *Grimm*, Bd. 14, Sp. 419. 本書では、一般に、「適法な」と訳す。

七　Personenrecht の訳。グリムの辞典によると、「人間の人格的な相関関係を秩序づけるかぎりの私権」で、「物件（Sachenrecht）」に対立する。ローマ法にいう jus personarum のこと。Vgl. *Grimm*, Bd. 13, Sp. 1565.「私法の領域に属する諸法規によって支配される家族の組織や家族間の関係または個人の地位や個人間の関係等の諸多の生活関係は、大別すれば身分関係と財産関係とに分かれる。ガイウスはこれに応じて私法を人の法（ius personarum）と物の法（i rerum）とに分け、ユスチニアヌス帝の法学提要はこの分類を踏襲する」。船田享二『ローマ法』第二巻、岩波書店、一九六八年（改版、旧版一九四二年）、六一頁。ガイウス（Gaius 二世紀）。ユスチニアヌス（Justinianus I 四八三―五六五）。したがって、ローマ法での「人の法」は、人間の身分関係を規律する。しかし、後代になって、「人の法と物の法または身分権と財産権とを区別するよりも、むしろ、私法は生活関係の主体と客体との間の支配の関係を規定するものと、特定の主体が他の主体の特定の行為を請求する関係を規定するものとに分かれ、私権は支配権と請求権とに分かれたと観ることを適当とするようになった。〔中略〕人の法および物件関係を規制する法においては支配権が前景に現われ、物の法の中で債権関係を規制する法は請求権に関係する」。前掲書、六一頁以下。したがって、Personenrecht は、ローマ法の考えを念頭に置くかぎり、対人的な請求権と考えることができない。なお、カントに関し、Personenrecht を「債権〔対人権〕」と訳す例がある。カント『人倫の形而上学』、樽井正義・池尾恭一訳、『カント全集』一一、岩波書店、二〇〇二年、一〇一頁。しかし、この例に倣わない。

八　「外面的なもの（es）」は、校訂による。手稿は、sie で、この場合は「物件（die Sache）」を指す。イルティングは、ここを校訂しない。Vgl. G. W. F. Hegel, *Die Philosophie des Rechts, Die Mitschriften Wannenmann* (*Heidelberg 1817/18*) *und Homeyer* (*Berlin 1818/19*), hrsg. v. Karl-Heinz Ilting, Klett-Cotta, Stuttgart 1983, S. 47.（以下、*Ilting* と略す）。

九　「漂着物権（Strandrecht）」とは、海浜居住者や所轄権力者が領域に漂着した海難雑貨物に対して権利や特権を有すること。Vgl. *Grimm*, Bd. 19, Sp. 849.

一〇　「河川に於ける寄洲作用は漸次たると（alluvio）、急激たると（avulsio）を問わず、寄洲作用を受けた沿岸地の所有権は拡張する」。原田慶吉『ローマ法』（改訂版）、有斐閣全書、一九五五年、一〇八頁。

一一　「プロクルス派とサビヌス派との対立は、ラベオおよびカピトが創立しまたは盛んにした法学校または研究所に属する学者群の対立であったと想像される」。船田、前掲書、三一二頁。

ラベオ（Labeo, Marcus Antistius 前五〇頃—後一八頃）。プロクルス（Proculus, Sempronius 後一世紀中葉）。カピト（Capito, Gaius Ateius 後二二没）。サビヌス（Sabinus, Massurius 後六四頃没）。「加工によって生じた新物の所有権がたれに帰するかについてはプロクルス派とサビヌス派との間に論争があり、前者は加工者を所有者とするのに対して、後者は材料の所有者が依然として新物の所有者であるとした。〔中略〕前者は、特定の物の成立によってその物が現在の形体以外の形体から離脱する点に重きをおくペリパテテック派の説を援用して、新物を新物とした加工者を重んずべきものとし、新物はかように新物とされるときは無主物であり、加工者がこれを先占によって取得するものとし、これに対して後者は、形体の変化にも拘らず物質または材料の存続を説くストア派の説を援用したようである」。前掲書、第二巻、四四六頁。「現物の善意の占有者は古くは果実を使用取得によって取得し得るに止まったのに対して、元首政初期以来、おそらくはサビヌス以後、所有者と同様に分離によって果実を取得することを認められた。かように善意の占有者に取得を認める理由としては、或る学者は同人が所有者と同様に現物を耕作しまたこれを管理したことによる（pro cultura et cura）とし、したがってその範囲を占有者が労力と費用を費して産出させた果実だけに限ろうとしたけれども、かかる区別は実際上極めて困難なので、ユリアヌスは自然に産出する果実も含ませ、善意の占有者は所有者と信じ所有者と同様にあらゆる果実の取得を予定して生計を立てることを理由とする説明を施し、後のような見解がその後優越するに至った。〔中略〕ユスチニアヌス帝は善意の占有者が争点決定の時に現存するすべての果実（fructus exstantes）を返還する義務を負うこととし、したがって、善意の占有者の果実取得の範囲を制限するに至った」。前掲書、四四九頁。ユリアヌス（Julianus, Flavius Claudius 三三二—三六三）。

一二　Vermögen の訳。グリムの辞典によると、（一）「能力（fähigkeit）」、力量（können）」の意味と、（二）「貨幣（geld）、財産（besitzthum）、人格がもつ貨幣評価された資産の総量（die gesammtheit der geldwerthen güter einer person）」の意味がある。Vgl. *Grimm*, Bd. 25, Sp. 888f. ヘーゲルは、Vermögen でこの二つの意味をともども表しているので、文脈において（一）に傾くときは「能力」、（二）に傾くときは「資産」と訳し、（一）（二）双方あわせて理解する必要があるときには「資産能力」と訳す。

一三　「中世に作られた上級所有権（dominium directum）と下級所有権（d utile）との語は、ユスチニアヌス帝法に見える正訴訟（actio directa）と準訴訟（a utilis）との別を領主の所有権と領民の所有権のような上下の別のある所有権に適用して作られた」。船田、前掲書、四〇〇頁。dominium directum は、「直接的所有権」とも訳されるが（藤野・赤沢訳、一二六〇頁参照）、directum を「直接」と訳すのでは、この所有権のほうが直接的に物件を占有支配して利用しているかに誤解されかねない。directum を分詞として派生させる動詞 dirigo の意味にたち返って、「まっすぐにする」これすなわち「秩序づける」ものとしてこれを捉え、「管理的」と訳す。

一四　「保有地移転料（laudemium）」とは、封建領主に対する租税で、新たに永小作関係を始めたり更新したりするのを承認するときに、永小作地の所持人が所有者に対して支払うよう請求するもの。Vgl. *Brockhaus Wahrig Deutsches Wörterbuch in sechs Bänden*, hrsg. v. G. Wahrig, et. al., Bd. 4, Stuttgart 1982, S. 414.

一五　「地役権（Servitut）」について。「ユスチニアヌス帝法で人役権と対立する物役権または不動産役権（servitutes praediorum）

は古典時代には単に役権（servitutes）または地権（iura praediorum）と呼ばれた。最も古く重要なものは通行権（iter）・家畜および手車を通過させる権（actus）・荷車を通過させる権（via）である。〔中略〕これらの権利を有する者はその権利を設定された他人の土地を許された範囲内であたかも自分の所有地のように利用することができ、所有権がその客体と混同されたようにそのおよぶ範囲の土地と混同されて手中物とされ、その発生・消滅は手中物の所有権移転と同様の方法によることを要した」。船田、前掲書、五五〇頁以下。

一六　dinglich persönliches Recht の訳。カントは、『人倫の形而上学』「第一部　法論の形而上学的定礎」「法論の第一部　私法」「第二編　外的ななにかを取得する仕方について」において「外的な私のもの・あなたのものの取得の区分」を「取得の仕方」という「形式」によって、「物権（Sachenrecht）」と「人格権（persönliches Recht）」、さらに「物的に人格的な権利（dinglich=persönliches Recht）」を区分し、当該第二編を順次これに沿って議論していく。このさい、「物的に人格的な権利」とは、「他の人格を物件として占有する権利」のことであり、「物的なあり方での人格権（auf dingliche Art persönliches Recht）」とも呼ばれ、「外的対象を物件として占有し、人格として使用する権利」だとされる。カントは、より具体的にはこの権利を「自由な本質存在の共同体という相関関係」をなす「家庭権（häusliches Recht）」（より詳細には「婚姻権」、「親権」、「家長権」）と考えており、「物権や人格権を超えている権利、つまりわれわれ独自の人格における人間性の権利」と捉えている。この場合の取得の仕方は、「専断的行い」でもたんなる「契約」でもなく「法律」によるとされるが、「人格権」としては「契約」の契機も含まれる。ヘーゲルのこの場での議論は、以上のようなカントの主張と齟齬をきたしているが、けだし、これは、ヘーゲルが「家族」を契約論的に構想しないことと関係するであろう。「家族」以外で「契約」に基づく「自由な本質存在の共同体」を考えると、それは市民社会的なものにかかわることになる。Vgl. „Die Metaphysik der Sitten", in: *Kants Werke*, Akademie Textausgabe, Bd. 6, Walter de Gruyter & Co., Berlin 1968, S. 260, 276. カント『人倫の形而上学』、前掲邦訳、八六、一〇八頁参照。

一七　「最古の遺言の方式は民会の介入によって成立し、この目的のために、年二回、おそらくは三月と五月の二四日に、大神官によって招集・司宰される民会（comitia calata）で作成された（testamentum comitiis calatis）。〔中略〕民会は大神官の意見を聴き、『汝市民よ、これを証せよ』（Quirites, testimonium perhibetote）というその要請に対して応答し、これによって遺言は成立し、したがって遺言（testimonium, testamentum）の語が作られたと説かれる。けれども、民会が証人の立場をとるに止まるにしても、かかる民会の介入が遺言の自由な作成に対して重大な制限となったことは疑われず、この遺言の方法によって相続人を指定することは、そのために特殊な根拠がある場合にだけ許されたと考えられる」。船田、前掲書、第四巻、二七二頁以下。

一八　（小）カトー（Cato, Uticensis, Marcus Porcius 前九五—前四六）は、前六二年、ローマの護民官に選ばれ、元老院側を中心とする共和制維持の立場を支持して、ポンペイウス（Pompeius Magnus, Gnaeus 前一〇六—前四八）、カエサル（Caesar, Gaius Julius 前一〇二—前四四）、クラッスス（Crassus, Marcus Licinius 前一一四—前五三、以上三名は、前六〇年以降三頭政治を形成）に対抗した。前五一年、執政職に就くことに失敗すると政界引退を決意したが、前四九年、カエサルとポンペイウスの内戦が勃発すると、共和制維持の一縷の望みがポンペイウスにあるとしてこれを支持した。ポンペイウスの敗北後アフリカ北岸のウティカに籠り、前四六年、タプソスの戦いにおいて共和派の決定的敗北の知らせを聞くと軍の撤退を命じ、カエサルによる恩赦の申し出を拒否してみずからは命を絶った。キケロ（Cicero, Marcus Tullius 前一〇六—前四三）は次のように言う。「あのカトーのことを、彼が現在の状況を見越して、それを防ぐために努力し、それを目にするよりはむしろ死を選んだということに触れずに誉め称えることができるだろうか」。「アッティクス宛書簡集Ⅱ」書簡二四〇、『キケロー選集』14、高橋英海・大芝芳弘訳、岩波書店、二〇〇一年、二二二頁。Cf. *The New Encyclopedia Britannica*, vol. 2, Chicago 1989, p. 959.

一九　原註5で主要に参照されているのは、次の箇所。「ゼノンは、プラトンと同じように、徳は、例えば思慮分別、勇気、節制、正義などのように、その違いに応じて多数あることを認め、それらは、不可分ではあるものの、異なるものとして互いに区別されるかのように見ている。だが、それらの一つ一つを定義する段になると、勇気とは、じっと耐えねばならぬ場面での思慮分別であると言い、節制とは、いずれを選ぶべきかという場面での思慮分別、またそれ本来の意味での思慮分別は、行動に移らねばならぬ場面での思慮分別、正義は、分配がなされねばならぬ場面での思慮分別であると言い、徳は一つのものであるが、対象との関わりでどういう状況にあるかに応じ、実際の活動の面で異なっているように思われているだけだ、と考えているのである」。プルタルコス「ストア派の自己矛盾について」、『モラリア』13（西洋古典叢書）、戸塚七郎訳、京都大学学術出版会、一九九七年、一三六頁以下。「もろもろの徳は、相互に伴い合うものであって、一つの徳を身につけている者は他のすべての徳をも身につけているのだと、彼ら（ストア派の人たち）は主張している。というのも、もろもろの徳には、理性によって洞察されたものが共通にそなわっているからである」。ディオゲネス・ラエルティオス『ギリシア哲学者列伝』中、加来彰俊訳、岩波文庫、一九八九年、三〇二頁。なお、アルニムの断片集については、次の邦訳を参照のこと。ゼノン他『初期ストア派断片集』1（西洋古典叢書）、中川純男訳、京都大学学術出版会、二〇〇〇年、Ⅰ巻断片一九九～二〇四、一四三～一四七頁、Ⅰ巻断片三七三～三七五、二三六頁以下。クリュシッポス『初期ストア派断片集』4（西洋古典叢書）、中川純男・山口義久訳、京都大学学術出版会、二〇〇五年、Ⅲ巻断片二五八～二五九、一五九～一六一頁。

二〇　原註7で参照されているのは、次の箇所。「『各構成員の身体と財産を、共同の力のすべてをあげて守り保護するような、結合の一形式を見出すこと。そうしてそれによって各人が、すべての人々と結びつきながら、しかも自分自身にしか服従せず、以前と同じように自由であること。』これこそ根本的な問題であり、社会契約がそれに解決を与える」。「もし社会契約から、その本質的でないものを取りのぞくと、それは次の言葉に帰着することがわかるだろう。『われわれの各々は、身体とすべての力を共同のものとして一般意志の最高の指導の下におく。そしてわれわれは各構成員を、全体の不可分の一部として、ひとまとめとして受けとるのだ』」。ルソー『社会契約論』第一編第六章、桑原武夫・前川貞次郎訳、岩波文庫、一九五四年、二九、三一頁。

二一　このような「犯罪者＝手段」観は、イルティングの指摘にしたがえば、フォイエルバッハが威嚇説を斥ける理由としたもの。フォイエルバッハ『実定的刑法の根本命題と根本概念の修正』（原註8参照）でこのことが議論されている由。なお、フォイエルバッハ自身の主張については、刑罰は、「権利侵害が犯されたため国家によって加えられる『あらかじめ刑法が脅迫していた感性的害悪』」だとされる。Vgl. *Ilting*, S. 301 f.

二二　Umstände の訳。グリムの辞典によると、これは、「概念を詳細に規定するメルクマール」のことで、「主要概念（hauptbegriff）」を取り巻くものが umstände だとされ、法律用語としておなじみだとされる（UMSTAND 2 b）。Vgl. *Grimm*, Bd. 23, Sp. 1167. こうした「主なものにともなう」含意を明白にするために、「附帯状況」とした。

二三　「人に傷害を加えた者は、それと同一の傷害を受けねばならない。骨折には骨折を、目には目を、歯には歯をもって人に与えたと同じ傷害を受けねばならない」。『旧約聖書』「レビ記」第二四章第一九〜二〇節。新共同訳による（以下同じ）。

二四　schuldig sein の訳。ヘーゲルは、本節の註解で述べるように、schuld sein（「原因者である」）と schuld haben（「責任がある」）とを厳しく区別する。グリムの辞典によると、形容詞の schuld は、「原因を形成する schuldig（schuldig, die ursache bildend）」の意味であり、schuld sein の形で用いられることによって、人格に言及する場合、「犯罪について schuldig（schuldig eines verbrechens）」という意味になるが、通常は、「不運なことなどの張本人（den urheber eines unglücks u. s. w.）」が誰なのかを示すために用いられる。このさい、当人の意志や知がないときでも、このことは通用する（SCHULD, adj. 2）。これに対し、schuld haben と用いられる場合の schuld は、グリムの辞典では名詞に分類され、原因や張本人を指摘するのみならず、それに対する「説明責任（verantwortlichkeit）」に言及するものとされる（SCHULD, f. 8）。Vgl. *Grimm*, Bd. 15, Sp. 1885, 1892.

二五　Moral の訳。グリムの辞典によると、フランス人は、道徳論（Sittenlehre）——つまり一六・一七世紀に教科書で好んで用いられた学問的表現では philosophia moralis——のことを、簡単に la morale（＝philosophie）としており、この言い方が一七世紀末にドイツに入ってきた。Vgl. *Grimm*, Bd. 12, Sp. 2526.

二六　「『では、板切れがただ一枚で、遭難者は二人、いずれも賢人であるとした場合、二人とも板を取ろうとすべきか、それとも、一方が他方に譲るべきか』。『もちろん譲るべきだが、その人自身のためか国家のために生きていることがより重要であるほうに譲らねばならない』。『この点でどちらも同等だとすればどうか』。『何一つ争いの生じることなく、あたかも籤かジャンケンで負けたほうが譲るように一方が他方に譲るだろう』」。キケロー「義務について」第三巻第二三節、高橋宏幸訳、『キケロー選集』9、岩波書店、一九九九年、三三〇頁。Vgl. *Ilting*, S. 306.

二七　原註11で参照されているのは、『実践理性批判』「第二編　純粋実践理性の弁証論」以下。カント「実践理性批判」、坂部恵・伊古田理訳、『カント全集』七、岩波書店、二〇〇〇年、二七九頁以下参照。

二八　Vertrauen の訳。グリムの辞典によると、その第一の意味は、「とくに安全や福祉に関して誰かに善いことを固く期待する（Erwartung）」というもので、その「期待度」は、「Hoffnung よりも高く、Zuversicht よりは弱い」とされる（VERTRAUEN IV 1）。Vgl. *Grimm*, Bd. 25, Sp. 1955.

二九　原註13で参照されている一部は、次の箇所。「いずれ死ぬのは、定ったこと、むろんですわ、たとえあなたのお布令がなくたって。また寿命の尽きる前に死ぬ、それさえ私にとっては得なことだと思えますわ。次から次へと、数え切れない不仕合せに、私みたいに、とっつかれて暮らすのならば、死んじまったほうが得だと、いえないわけがどこにあって。／ですから、こうして最期を遂げようと、私は、てんで、何の苦痛も感じませんわ。それより、もしも同じ母から生まれた者が死んだというのに、葬りもせず死骸をほっておかせるとしたら、そのほうがずっと辛いに違いありません」。ソポクレース『アンティゴネー』、呉茂一訳、岩波文庫、一九六一年、三四頁以下。「これらの律法はソフォクレスのアンティゴネに対しては、神々の書かれざる、また偽りなき義として妥当する。／この義の何時の日は、昨日今日のことにあらで　永久なるを／この義の生くるより顕れしかを　誰か知らん」ヘーゲル『精神の現象学』上巻、金子武蔵訳、岩波書店、二〇〇二年、四三九頁参照。

三〇　Notstaat の訳。グリムの辞典によると、これは「理性国家（vernunftstaat）の反対（自然国家（naturstaat）と対比）」とされ、シラーとフィヒテの用法が参照されている。グリムによれば、シラーは、『人間の美的教育について』（一七九五年）において、人間が「理性法則に従う以前に」「たんなる自然法則にしたがって」設立したものを Nothstaat と呼び、「道徳的人格」としての人間であれば、「Nothstaat に満足できない」としている、とされる。この場合、not は、「設立（einrichten）」のあり方にかかわる規定である。フィヒテについては、一七八六年の『自然法』論文が参照されている。フィヒテは、「われわれの Nothstaat におけるあらゆる災難の源泉は、唯一もっぱら、無秩序にあり、秩序を作り出すことが不可能であることにある」として、みずからが構想する秩序ある憲法体制（Constitution）と対比している。この Nothstaat においては、無職者が多く、犯人が見つからないとされる。この場合、not は、なんらかのかたちで無秩序に関わる規定だとみられる。Vgl. *Grimm*, Bd. 13, Sp. 952. Vgl. Friedrich Schiller, „Über die ästhetische Erziehung des Menschen", in: *Sämtliche Werke*, Bd. 5, Artemis & Winkler Vlg., Düsseldorf / Zürich 1992, S. 315. なお、石原達二は Notstaat を「必要の国」と訳す。シラー「人間の美的教育について」書簡第三、『美学芸術論集』、石原達二訳、冨山房百科文庫、一九七七年、九一頁参照。Vgl. J. G. Fichte, „Grundlage des Naturrechts nach Principien der Wissenschaftslehre, zweiter Theil oder Angewandtes Naturrecht" (Jena und Leipzig 1797), in: *Fichtes Werke*, hrsg. v. I. H. Fichte, Bd. 3, Walter de Gruyter, Berlin 1971, S. 302. 藤澤賢一郎は Nothstaat を「緊急国家」と訳す。フィヒテ「知識学の原理による自然法の基礎」、藤澤賢一郎訳、『フィヒテ全集』第六巻、哲書房、一九九五年、三五二頁参照。

　さて、not の大本の意味は、「摩擦や衝突によって急きたて（drängen）窮屈にする（beengen）」というところにあるが、その実際の使われ方によって多義を極める。グリムは、not の名詞的用法の意味を、次の三つに分類する。（一）「急きたてるもの、窮屈にするもの、阻むもの（das hemmende）、ならびに、急きたてられ、窮屈にされ、阻まれたものの（援助の必要な）状態」、（二）「いかなる選択の余地も排除する内外の強制（zwang）、そのことにより生じた事態、強制する誘因や原因、必然性、necessitas」、（三）「必要不可欠なもの、必需（nothdurft）、欲求及び欲求の状態」。Vgl. *Grimm*, Bd. 13, Sp. 905–914. これらの意味のうち、ヘーゲルのテキストにある強制国家（Zwangstaat）と並列が可能であるもの、また、先に紹介したシラーの捉え方とも接続するものであり、さらに、「フィヒテの国家は Notstaat である」（第一一九節註解、本書一七九頁）とのヘーゲルの言明を考え、フィヒテの考えに反してむしろ秩序に関係するものを選ぶことになる。すると当然ながら、（二二）ということになるであろう。つまり、Notstaat の not は、「必然」と訳すべきことになる。そして、これは、人倫的実体の「自由」との対比できわめて適合的であり、「自然国家」の「自然」とも一致する。

三一　「ラレス（Laren）」は、ローマ神話の下級神で、四つ角の神、家と家族の神、道路の神、海路の神、国家の神などがある。死者の霊としての Lar Familiaris を起源とする説と、四つの農場を合する四つ角の神を起源とする説がある。高津春繁『ギリシア・ローマ神話辞典』、岩波書店、一九六〇年、二九九頁参照。

三二　「フリア（Furie）」は、ギリシア神話でのエリーニュス（Ἐρινύς）のローマ名で、殺人に対してや自然の法に反する行為に対する復讐、罪の追及の女神。前掲書、七二頁参照。

三三　「クエーカー派（Quäker）」は、プロテスタントの一派であるフレンド派のあだ名。信者が神のことばを聞いたとき身を震わしたことからくるもの。創始者は、イギリスのジョージ・フォックス（George Fox 一六二四―九一）。精神的権威・信条に関し内的光や神の与える霊感に依拠する。役人への不敬、宣誓拒否、十分の一税支払い拒否、徴兵拒否など、反社会的であるとして迫害される。Cf. *The New Encyclopedia Britannica*, vol. 4, p. 911f., vol. 9, p. 838. ヴォルテール『哲学書簡――イギリス書簡』、林達夫訳、岩波文庫、一九五一年、七〜三二頁参照。

三四　原註14で参照されている箇所について。ソフォクレスの『アンティゴネー』では、オイディプスの娘アンティゴネーは、テーバイの王クレオンの息子ハイモンの婚約者だったが、兄のポリュネイケスがアルゴスのテーバイ攻撃でアルゴス側について戦死したため彼を葬った。それがクレオンの怒りを買い、アンティゴネーは、地下の岩室に生きながら埋められ、みずから死を選ぶ。ハイモンもその後を追った。「**クレオン**　そんなら、私は、自分でなしに、他人の意見で、この国を治めねばならないのか。**ハイモン**　だって、一人の人のものならば、国とはけしてもうせません。**クレオン**　だが、国というのは、その主権者に属するはずだ。**ハイモン**　では、お立派に一人きりで、砂漠の国でもお治めがいいでしょう。**クレオン**　こいつはどうやら、女の味方をするつもりだな。**ハイモン**　ええ、あなたが女ならね。だって、そもそも、あなたのためを計ってるのだから。**クレオン**　何を、この言いようもない不埒者め、父親にむかって争論するとは。**ハイモン**　いえ、あなたが正道を踏みはずのを、見かねるからです。**クレオン**　何を、私が自分の権威を守る、それが、どうして道に戻るか。**ハイモン**　道をお守りではありません。神々への務めを蹂躙なさるのですから」。ソポクレース、前掲訳書、五一頁。

三五　原註16で参照されているのは、次の箇所。「アダムは妻エバを知った。彼女は身ごもってカインを産み、『私は主によって男子を得た』と言った」。『旧約聖書』「創世記」第四章第一節。

三六　「ヘスティア（Hestia）」は、ギリシア神話の女神で、家の中心にある炉の女神とされ、家庭生活の女神として崇められる。高津、前掲書、二二九頁以下参照。

三七　原註17で参照されているのは、次の箇所。「法則に従う性共同体は婚姻（matrimonium）である。それは、性を異にする二人格が互いの性的特性を生涯にわたって互いに占有し合うための結合である」。カント『人倫の形而上学』、前掲訳書、一一〇頁。

三八　原註19で参照されているのは、次の箇所。「この人格に対する権利には、物件に対するような仕方も同時に伴っている。

その理由は、婚姻関係にある一方が逃げ出す、あるいは他の人の占有に入ることがあれば、他方はいつでも否応なしに、それを一つの物件と同じように、自分の支配力のもとに連れ戻す権限を認められている、ということにある」。前掲訳書、一一一頁。

三九　原註20で参照されているのは、次の箇所。婚姻関係は、「もっぱら一夫一婦制をとる、というのも、配偶者が多数であれば、自分を委ねる人格は、全面的に委ねる相手方の人格の一部を得るだけであり、したがって自分をたんなる物件にしてしまうからである」前掲訳書、一一一頁。「ヨーロッパのさまざまなところでなされている計算によれば、女児よりは男児の方が多く生れている。反対に、アジア及びアフリカについての報告によれば、そこでは女児の方が男児よりも多く生れている。それゆえ、ヨーロッパでは一夫一婦制の掟が、アジアおよびアフリカでは多妻制を認める掟が、風土と一定の関係をもっているわけである。〔中略〕しかし、私は、男女数の不均衡が多妻制や多夫制の掟を導入することを要求するほどにも大きくなっている国が多くあるとは思わない」。モンテスキュー『法の精神』中、野田良之他訳、岩波文庫、一九八九年、八五頁以下。

四〇　原註21で参照されているのは、次の箇所。「あなたは安息の年を七回、すなわち七年を七度数えなさい。七を七倍した年は四十九年である。その年の第七の月の十日の贖罪日に、雄羊の角笛を鳴り響かせる。あなたたちは国中に角笛を吹き鳴らして、この五十年目の年を聖別し、全住民に解放の宣言をする。それが、ヨベルの年である。あなたたちは、おのおのその先祖伝来の所有地に帰り、家族のもとに帰る。〔中略〕土地を売らねばならないときにも、土地を買い戻す権利を放棄してはならない。土地はわたしのものであり、あなたたちはわたしの土地に寄留し、滞在する者にすぎない。あなたたちの所有地においてはどこでも、土地を買い戻す権利を認めねばならない。〔中略〕その人は売ってからの年数を数え、次のヨベルの年までに残る年数に従って計算して、買った人に支払えば、自分の所有地の返却を受けることができる。しかし、買い戻す力がないならば、それはヨベルの年まで、買った人の手にあるが、ヨベルの年には手放されるので、その人は自分の所有地の返却を受けることができる」。『旧約聖書』「レビ記」第二五章第八～一〇節、第二三～二四節、第二七～二八節。

四一　原註22で参照されているのは、次の箇所。「現象界から抜け出すやいなや、その人の現象への権利は失われる。彼の所有物は、ふたたび原材料と同じになる。というのも、この所有物に付け加えられた形態の所有者は誰もいないことになるからである。人類全体が、どの死者に対しても合法的な相続人となるのである。なぜなら所有者を持たないすべてのものへの無制限の専用権を持つのは、人類全体だからである。実際に始めにそのものをわがものとする人が、合法的な所有者となるのである。〔中略〕『遺産を手に入れるためのこうした競争は、むだなのではなかろうか。このことから必ず生ずる争いや敵対関係を私は好まない』、市民となった時人々はこう語り合った。それからおそらく、このようにも話し合った。これからは誰もがもっとも身近なものを手に入れることにしよう、そうすれば自分も他の人も無駄足を踏まなくて済むことになる。誰もが、自分の父の家の中とその周りにあったものだけを貰うことにしよう。そうすることでその人は、自分の方からすべての他の死んだ同国人の財産への専用権を諦め、われわれの方は、このすでに決まっている所有物へのわれわれの専用権を諦めることになる」。フィヒテ「フランス革命についての大衆の判断を正すための寄与」、田村一郎訳、『フィヒテ全集』第二巻、哲書房、一九九七年、一七二頁以下。

四二　十二表法は、「或る者が無遺言に死亡し、同人に家内相続人がないときは、最近の宗族が家産を有すべし。宗族がないときは、氏族員が家産を有すべし」と規定するとされる。船田、前掲書、第四巻、三〇九頁参照。

四三　原註23で参照されているのは、次の箇所。「夜（のつとめで）遺産書にありついた連中で、そいつらを雲の上に運んでゆくのは今日び最高の出世の一番の道たる、恵まれたばあさんの玉門〔vesica〕とあってはな。（遺産も）十二分の一はプロクレーユスだが、（あとの）十二分の十一はギッローが取る。めいめい股間の寸法に従って相続人となるわけだ。」（ユウェナリス「第一諷刺詩」第三七〜四一行）。「もしそれほどの贈りものをして子供のない老人の遺言書の最初の蝋引版をまんまとせしめたのだったら、わたしはやつの手管の深謀を賞めてやる」（同「第四諷刺詩」第一八〜一九行）。「カトゥッルスなるお人には小さな三人の後継ぎがおられるのだ。こんなにもお子が少ない友人のために、病んで眼を閉じようとしている牝鶏を捧げるお人がいるかどうか待っていたいものだ。だが、牝鶏は価が高すぎる。（いや）うずらも一辺だって（子を持つ）父のために（供犠用に）殺されはしないだろう」（同「第十二諷刺詩」第九四〜九九行）。「そればかりか、ただ兵士にのみ、父親が生きているうちに遺言をする権利が与えられている。というのは、戦争の労苦から得た金銭は、父親が一切の支配権を持っている資産に含まれないことに決まっているからだ。それゆえ、軍旗と共にあり、軍陣の供与を得ているコラーヌス（なる者）の財産をば、その父親がもうよぼよぼなのに狙っているのだ」（同「第十六諷刺詩」第五一〜五六行）。ユウェナーリス『サトゥラェ——諷刺詩』、藤井昇訳、日中出版、一九九五年、一〇、六八、二六五、三二六頁。Cf. *Juvenal and Persius*, with an English translation by G. G. Ramsay, the LOEB classical library, No. 91, London 1979, p. 4-7, 58f., 242f., 304-307.「諷刺詩人のなかではとくにペルシウスが辛辣味にとみ、ユウェナリスよりも手きびしいほどである」。ヘーゲル『美学』第二巻の中（『ヘーゲル全集』一九b）、竹内敏雄訳、岩波書店、一九六八年、一二二一頁。

四四　「ウォーコニウス法（紀元前一六九年）の規定では、父系親族の財産の相続に女性を指名するのが制限されており、古典時代後期では完全に排除されていた」。*Ilting*, S. 315.

四五　原註24で参照されているのは、次の箇所。「子は人格であるということから、子は両親の所有物と見なされてはならないということが帰結する。そうは言っても、子は両親の私のもの・あなたのものに属する（なぜなら、子は物件のように両親に占有されており、他の人に占有されたなら、子の意志に反してでも自分たちのもとに連れ戻せるからである）。〔中略〕こうして明らかになるのは、物件的債権という権原が、物件と債権という権原とならんで必然的に法論に加えられなくてはならないということ、これまでの区分はしたがって完全ではなかったということである。なぜならば、家の一部である子についての両親の権利が問題になるなら、子が家出したときに、両親はたんに子の戻るべき義務を引き合いに出せるだけでなく、子を物件（逃げ出した家畜）のように占有し捕獲する権原をもっているからである」。カント、前掲訳書、一一五頁以下。

四六　原註25で参照されているのは、次の箇所。「今日では、われわれは三つの異なる、あるいは、相反する教育を受ける。父親の教育、教師の教育、世間の教育。この最後の教育で教えられることは、前の二つの教育による諸観念をすべて覆してしまう」。モンテスキュー、前掲訳書、上、九五頁。

四七　原註27で参照されているのは、次の箇所。「子は父の家に住み、あるいは、住むとみなされ、したがって、義理の息子は義理の母と、義理の父は義理の娘または妻の娘とともに住み、あるいは、住むとみなされるから、彼らの間の婚姻は自然の法律によって禁じられる」。前掲訳書、下、一〇二頁以下。

四八　原註28で参照されているのは、次の箇所。「もし私が多勢の子の母親だっても、あるいは夫が死んで、その亡骸が崩れていこうと、国の人たちに逆らってまで、こうした苦労を引き受ける気は出さないでしょう。そんならいったいどういう筋からこう言うのか、とお思いでしょうが、夫ならば、よしんば死んでしまったにしろ、また代りも見つけられます。また子供にしろ、その人の子をなくしたって、他の人から生みもできましょう。ところが両親ともに、二人ながらあの世へ去ってしまったうえは、もう兄弟というものは、一人だっても生れるはずがありませんもの」。ソポクレース、前掲訳書、六二頁以下。

四九　テキスト通り。イルティングはここをあえて「個別態（Einzelnheit）」と校訂しているが、これは不適切であろう。Vgl. *Ilting*, S. 108. けだし、本節では、家族が普遍態の原理で保たれていながら、この普遍態が形式的な普遍態として自立するという、二つの普遍態の関係が述べられているからである。

五〇　Vervielfältigung の訳。グリムの辞典によると、vervielfältigen には、（一）「数量的増加（zahlenmäszig vermehren）」、（二）「拡大・昂進（vergröszern, steigern）」、（三）「複雑化・多様化（complicieren, mannigfaltiger machen）」の意味が認められるが、文脈上最適なのは、このうち三である。Vgl. *Grimm*, Bd. 25, Sp. 2056.

五一　原註29で参照されているのは、次の箇所。ヘーゲル『哲学史』中巻ノ一（『ヘーゲル全集』一二）、真下信一訳、岩波書店、一九六一年、一七五～一七八頁参照。ディオゲネスは、「ぎりぎりの自然的必要事だけに終始し、彼と考え方を同じうせず彼のやり方をからかった他人をからかおうとした」。前掲訳書、一七六頁。また、ディオゲネス・ラエルティオス、前掲訳書、一二七～一七八頁参照。「人は無用な労苦ではなしに、自然にかなった労苦を選んで、幸福に生きるようにすべきであり、不幸な生を送るのは愚かさのせいなのである。というのは、快楽そのものに関しても、これを軽蔑することを前もって練習しておけば、そのことが最も快適なことになるからである」。前掲訳書、一六八頁以下。

五二　原註30で参照されている箇所には、たとえば、次のような詩句がある。「こうして『お嫁に行く』連中には大きな苦悶がつきまとう。というのは、お産ができず、従って子供を産んで亭主をひきとめるわけにゆかないからである。けれども、自然が（彼らの）心に、肉体に対するいかなる力をも与えないからいいのである」（ユウェナリス「第二諷刺詩」第一三七～一四〇行）藤井、前掲訳書、三四頁。「自分自身でないあらゆることを捨て去れ。大衆がもたらしたものを大衆に回収させよ。自分自身の家で生き、アクセサリーがいかに貧しいのかを認識せよ」（ペルシウス「第四諷刺詩」第五一～五二行）。Cf. *Juvenal and Persius, op. cit.*, p. 28f., 362f. ただし、ユウェナリスに関しては、男の同性愛をテーマとした第二諷刺詩を参照することが適切とは思われない。むしろ、第一〇諷刺詩に次のような参照すべき詩句がある。「それでもなにか求めることがあって、（ラーレスの）社に白い豚の臓物や腸詰の供犠を捧げて祈るとすれば、健全なる肉体に健全なる精神が宿るようにと希うべきである。

死への怖れを持たず、生命あるひとときを『自然』の恵みのうちに最後のものと考え、どんな労苦にも耐えられ、怒ることを知らず、何ものも求めず、ヘーラクレースの艱難辛苦をば、(贅沢もて鳴りしアッシリアの最後の王) サルダナパロスの性楽や夕食や羽毛蒲団より良しとする強き精神を求めたまえ。わたしが示したことは君は自分自身わが身に与えることができよう。まことに美徳を通じてのみ、平静なる人生の路は開けている。もし思慮が(われらに)あるなら、いかなる神意も要らないであろう。われらは(思慮がないからこそ)運命の女神よ、汝を女神とし、天に据えているのである)」(三五四〜三六六行)。藤井、前掲訳書、一三七頁。Cf. *op. cit.*, p. 218–221.

五三　原註32にもかかわらず、本文における内面と外面との「単純さ」についてふさわしいものとして、ヘーゲルは、アグリコラ (Agricola, Gnaeus Julius 四〇—九三) の人柄を想起させていると思われる。「名声といえば、誠実な人ですら、往々にして、これにあまくなるものであるが、アグリコラは、自分の優秀さを誇示することによって、あるいは、策を弄したりして、名声を求めたことはなかった。同僚との関係においては、競争心を遠ざけ、元首属吏に対しては、彼らとのいざこざから超然としていて、彼らに勝つことは名折れであり、彼らにかかずらって精神をすりへらすことは、けがらわしいと考えていた」。「アグリコラは、軍人としての威名を、(これは一般市民に反感を与えるので、) これ以外の美徳でもって、和らげようと考え、静寂と閑雅を心ゆくまで味わった。生活様式は控えめで、人との応対も愛想よく、外出のときは、一人かせいぜい二人の友人を伴うだけであった。それで、偉大な人々を、外見上の装飾だけで判断したがる一般の人々は、アグリコラを通りすがりに見たり、つくづくと観察したりしたあとで、どうしてあれほどの名声をあげられたのかと、不審に思ったほどである。従って、彼を本当に理解できた人は、僅かしかいなかった」。タキトゥス「アグリコラ」、『タキトゥス』(『世界古典文学全集』第二二巻)、国原吉之助訳、筑摩書房、一九六五年、三二七頁以下、三四六頁。『ゲルマーニア』において「タキトゥスは退廃したローマ人の目の前に、汚れなき野蛮人の精神と姿を示して、道徳的な警告を与えた」との理解には、疑問が呈されている。国原吉之助「解説」、前掲書、三八六頁参照。

五四　原註33で参照指示されているGesammelte Werke におけるルソーの著作は、一七五〇年のいわゆる『学問芸術論』。「もし外観が、つねに心情の映像であり、もし行儀のよいことが徳であり、もし格言が規範としてわれわれに役だち、もし真の哲学が哲学者の肩書と分つことのできないものであるのなら、われわれの人生はここちよいものとなることでしょう。しかし、これだけ多くの美点が、一つに集まることはきわめて稀であり、徳がこれほど華々しく現われることも、めったにありません」。「芸術がわれわれのもったいぶった態度を作りあげ、飾った言葉で話すことをわれわれの情念に教えるまでは、われわれの習俗は粗野ではありましたが、自然なものでした。そして態度の相違が、一目で性格の相違を示していました」。「おお　徳よ！　素朴な魂の崇高な学問よ！　お前を知るには多くの苦労と道具とが必要なのだろうか。お前の原則はすべて人の心の中に刻みこまれていはしないのか。お前の掟を学ぶには、自分自身の中にかえり、情念を静めて自己の良心の声に耳をかたむけるだけでは十分ではないのか。ここにこそ真の哲学がある」。ルソー『学問芸術論』、前川貞次郎訳、岩波文庫、一九六八年、一六頁、五四頁。ヴォルテールは、一七五五年八月三〇日付の書簡で、ルソーの『人間不平等起源論』とともに次のように言及している。「著作を読みますと、四足で歩きたくてたまらなくなります。しかしながら、私がその習慣を失って六十年以上も経ちますので、それを取り戻せないのが不幸であると感じています。ですから、この自然な歩き方を、あなたや私以上にそれにふさわしい人々にまかせます」。Cf. Voltaire, *Lettres choisies*, présentation, notes et index par Raymond Naves, Garnier, Paris 1963, p. 215. ヘーゲルは、『精神の現象学』で次のように言及する。「要求が普遍的個体性（時代）に向けられるとすると、この遠ざかれという要求が意味しうるのは、理性がせっかく到達した精神的に教養された意識を再び放棄すること、理性の諸契機の広げられた富を翻って自然的な心情の単一態のうちへと沈めこみ、「無垢」とも呼ばれている自然状態であるところの禽獣にほど近い粗野な状態へと逆戻りをすることではない」。ヘーゲル『精神の現象学』、前掲訳書、下巻、八三〇頁参照。

五五　原註34で参照されているのは、次の箇所。「アグリコラは、酋長の子弟に教養学課を学ばせ、資性に磨きをかけ、『ブリタンニアの人たちの才能は、ガッリアの人たちの熱意よりも高く評価する』とおだてたものである。その結果、いままでラテン語を拒否していた人まで、ローマの雄弁術を熱心に学び始めた。こんな風にして、ローマの服装すらも尊重されるようになり、市民服が流行した。そして次第に横道にそれだし、悪徳へと人を誘うもの、たとえば、逍遥柱廊、浴場、優雅な饗宴に耽った。これを、何も知らない原住民は、文明開化と呼んでいたが、じつは、奴隷化を示す一つの特色でしかなかった」。タキトゥス、前掲訳書、三三六頁。

五六　Allheit の訳。これは、カントの『純粋理性批判』において、カテゴリー表の Quantität における Einheit, Vielheit と並ぶ三複対で登場し、「総体性」と訳される。カント『純粋理性批判上』、有福孝岳訳、『カント全集』四、岩波書店、二〇〇一年、一五六頁参照。グリムの辞典によると、Allheit は、フランス語の totalité に同じとある。Vgl. *Grimm*, Bd. 1, Sp. 236.

五七　イルティングは、この箇所を Klassen（階級）と読んで、いかなる註もつけていないが、文脈不適合である。Vgl. *Ilting*, S. 115. 底本のごとく、Kaffees（コーヒー）と読むべきところなのであろう。なお、ヘーゲルは、コーヒーを好んだらしく、コーヒーとその代用品とを真偽の区別の隠喩として用いたり、ライプニッツのモナドをコーヒーの湯気に見立てたりしている。たとえば、『精神の現象学』の序論において、「教養形成の長い道のり」という本来のあり方の代わりに「神的なものの直接的啓示」や「健全なる人間悟性」が通用していることを、「コーヒー」の代わりに「チコリ」が重宝がられていることとして揶揄している。Vgl. *Werke*, Bd. 3, S. 63. また、ナポレオンの没落に際し、ニートハンマー宛書簡（一八一四年四月二九日付）のなかで、「その重大事件の後に必ずやってくる恵みの大河に由来して、すでにポットからコーヒーの褐色の小川がより美味しく精神豊かに流れ出ています」といい、「われわれは代用品をがぶ飲みすることから解放されます」としている。Vgl. *Briefe von und an Hegel*, Bd. 2, hrsg. v. J. Hoffmeister, Philosophische Bibliothek, Bd. 236, Felix Meiner, Hamburg 1953, S. 29. モナドに関わっては、『論理学』の「認識の理念」で言及される。「モナドの体系は、質料を魂のようなものにまで向上させる。この表象では、魂は、一般に質料の原子と同様の原子である。湯気となってコーヒーカップからたち昇る原子は、幸運な附帯状況があれば、魂にまで展開することができる」。*Werke*, Bd. 6, S. 494.

五八　Geschäftsmann の訳。グリムの辞典によると、「業務を指導するに適任で業務経験のある人」のこと。Vgl. *Grimm*, Bd. 5, Sp.

3828.

五九　Chimäre の訳。キマイラの原義は、頭はライオン、尾は蛇、胴は山羊となっているギリシア神話上の怪獣。高津、前掲書、一〇六頁参照。グリムの辞書によると、ドイツ語では Schimäre と綴り、「架空の怪物（fabelhaftes ungeheuer）、妄想の産物（hirngespinst）」の意味となる。Vgl. *Grimm*, Bd. 15, Sp. 154.

六〇　「ケレス（Ceres）」は、ローマの古い豊穣の女神で、ギリシアの穀物および大地の生産物の女神「デメーテル（Demeter）」と同一視されるに至って、ローマ古来の姿を失う。高津、前掲書、一二四、一六五頁以下参照。

六一　「トリプトレモス（Triptolemos）」は、エレウシスの王。デメーテルは、エレウシスでトリプトレモスの両親から受けた好意に報いて、彼に竜車を与え、麦の栽培を世界の人々に教えるべく旅立たせた。帰国後、エレウシスの王となる。前掲書、一七五頁参照。

六二　erleichtern の訳。グリムの辞典によると、levare, exonerare, leichter machen のこと。Vgl. *Grimm*, Bd. 3, Sp. 898. leichter machen で「巻き上げる」など「収奪」の意味がある。

六三　Gewerbe の訳。産業一般の含意をもつ一方、本節で「営業身分（Gewerbsstand）」が「工場主身分」、「商業身分」と対比されているように、産業とはいってもとくに「小生産」という限定した意味があることに注意しなければならない。

六四　原註38で参照されているのは、次の箇所。「ぼくの思うには、すぐれた人々の子供は、その役職の者たちがこれを受け取って囲い〔保育所〕へ運び、国の一隅に隔離されて住んでいる保母たちの手に委ねるだろう。他方、劣った者たちの子供や、また他方の者たちの子で欠陥児が生まれた場合には、これをしかるべき仕方で秘密のうちにかくし去ってしまうだろう」プラトン『国家』上、藤沢令夫訳、岩波文庫、一九七九年、三六九頁。

六五　原註39で参照されているのは、次の箇所。「『市場に関係した例のいろいろの問題、各人が市場でお互いに契約するさまざまの取引のことだとか、またお望みなら、手職人との契約のこと、暴言や暴行や訴訟の提起や裁判官の選任のことだとか、また市場なり港なりで必要かもしれない税金の取立てや支払に関することだとか、また一般に市場や都市や港に関する諸規定、あるいはその他これに類するいっさいのことなど——こういったことについて、われわれはあえて何らかの立法を行うべきだろうか？』『いいえ』と彼は言った、『立派ですぐれた人たちに、いちいち指図するには及ばないでしょう。そうしたことのうち、規定される必要のあるかぎりの法律の内容は、そのほとんどを、彼らはきっと容易に自分で見出すことでしょうからね』」前掲訳書、二七六頁。

六六　「市民係法務官がその就任の初めに発する永久告示は、国民に対する諸種の通達や命令または禁令を含むほかに、ことに訴訟掌理権者の告示として諸種の訴訟方式の指示を含む。〔中略〕法務官の告示はこれを発した法務官が在職中いかに職権を行使するかに関するものであり、したがって、その在職中だけ効力があり、後任者はまた全く新たな告示を発することができる。けれども、或る法務官がその告示に掲げた規定が便宜または有益と認められるときは、後任の法務官はこれをその告示に継承してさらに新たな自分の規定を加えるに止まったばかりでなく、秩序のある統一的な訴訟掌理の必要から、法務官は能う限りかかる継承に努め、これによって、すでにはやくから法務官の告示には伝統的部分（pars tralaticia）または伝統的告示（edictum tralaticium）が生じた。ただ、後任法務官は前任者の告示に拘束されることを要しないので、事情に応じて不適当となった前任者の規定は自由にこれを排除して、必要または適当な新たな規定を加えることができ、これによって、法務官の告示は確実にしかも社会情勢の変化に適応して法を発達させた」。船田、前掲書、第一巻、二〇〇頁以下。

六七　この場合、陪審員の側を指す。

六八　Reichsgericht の訳。これは、グリムの辞典によると、「帝国が設置した裁判所」のことで、神聖ローマ帝国では、「帝国最高法院（reichskammergericht）」と「帝国宮内法院（reichshofrath）」があった。Vgl. *Grimm*, Bd. 14, Sp. 600.

六九　原註43で参照されているのは、次の箇所。「りっぱに設立されたあらゆる警察の主要格律は、必然的に次のようなものである。いかなる市民も、必要となるときにはいつでも、すぐさまあれこれの特定の人格として承認されうるのでなければならない。いかなる市民も警察官に知られていないままでいられるようなことがあってはならない。これは次のような仕方でのみ達成できる。各人はいつでも、身分証明書を身につけていなければならない。それは自分のいちばん身近な行政府から発行され、そこに自分の人となり（Person）が正確に記載されているものである。そして、このことは身分の如何を問わない。人となりを単に言葉で記述したものにはいつまでもあいまいさがつきまとうので、重要でそれゆえそれなりに支払能力のある人物の場合には、記述のかわりにうまく描かれた肖像画が身分証明書に付けられてもよいだろう」。フィヒテ「知識学の原理による自然法の基礎」、前掲訳書、三四五頁。

七〇　公刊された『法の哲学要綱』（一八二〇年）においてここに対応する箇所（第二四七節註解）では、ヘーゲルは、「まったく賢明な神は、人の踏み入らぬ海から、地を分けた」（Deus abscidit / Prudens oceano dissociabili / Terras）とするホラティウス（Horatius Flaccus, Quintus　前六五—前八）の「頌歌第一編第三」を引用し、その見解が誤りだと批判する。Vgl. Hegel, *Werke*, Bd. 7, S. 391f. 藤野・赤沢訳、四七二頁参照。ホラティウスのこの頌歌は、全体として、「アテネに向けて出帆するヴェルギィリウス（Virgilius）の乗った船の安全を祈るとともに、人間の向こう見ずを痛罵する」ものとなっており、ヘーゲルが本文で指摘する「危険な賭けに関して古代の諷刺作家が行った非難」も、この頌歌におけるものと考えられる。Cf. *The Works of Horace, translated into English prose, as near as the propriety of the two languages will admit, together with the original latin, from the best editions*, by D. Watson, a new edition by W. Crakelt, in 2 vol., vol. 1, London MDCCXCII, p. 14-17. Vgl. *Ilting*, S. 326.

七一　Familienverein の訳。グリムの辞典によると、foedus（同盟）の意味。Vgl. *Grimm*, Bd. 3, Sp. 1309.

七二　内面（Innerlichkeit）と外面（Äußerlichkeit）が同一であるのは、ヘーゲルの『論理学』における現実態（Wirklichkeit）および概念（Begriff）の論理による。「現実態」論では、その冒頭で「絶対的なものは、内的なもの（Inneres）と外的なもの（Äußeres）との統一である」とされ、その末尾で「外面はその内面であり、その関係は絶対的に同一であることである」とされる。また、「概念」論では、「概念の内面と外面が同一であることは、概念の真理として現れる」とされる。Vgl, Hegel, *Werke*, Bd. 6, S. 200, 217, 401.

七三　アッティカにある多くの町や村を統合してアテナイを首都とする一国を形成した集住（シュノイキスモス）を実施した神話上の英雄テーセウス（Theseus）が想定されている。「アイゲウスの死後、テセウスは大きな驚嘆すべき仕事を思い立ち、アッティカに住んでいた人々を一つの町に集住させ、それまでは散在していて全部に共通の利益のために呼び集めることが困難であるばかりでなく時には互いに不和となって戦うこともあった人々を、一つの国家の一つの民衆とした。さて彼は部落ごとに氏族ごとにまわり歩いて説きつけた。平民や貧民は直ちに彼の訴えを受け容れたが、有力者たちには王のいない国制と民主政を約束し、自分はただ戦争の指揮者および法律の守護者になるだけで、他のことについてはすべての人に平等の関与を認めると約束した」。プルタルコス『プルタルコス英雄伝』上、村川堅太郎編、ちくま文庫、一九八七年、三三頁。ヘーゲルによるテーセウスへの言及は、早くに「キリスト教の実定性」において行われている。Vgl. Hegel, „Die Positivität der christlichen Religion（1795/1796）, Zusätze“, in: *Werke*, Bd. 1, S. 197.

七四　原文は mit dem Staat だが、イルティングでは in dem Staat。原書校訂者もその可能性があるとするので、これに従う。

七五　原註46で参照されているのは、次の箇所。「『そして、年長者のうちでも最もすぐれた人々が支配すべきことも?』『それは明らかです』」。プラトン、前掲訳書、二四五頁。「徳に関してはるかに優れた人々を見出すことは、特にその当時は人口の少ない国に住んでいたため、珍しいことであったが故に、以前は王政であったのであろう」。アリストテレス『政治学』、山本光雄訳、岩波文庫、一九六一年、一六七頁以下。

七六　原註47で参照されているのは、次の箇所。「それぞれの国家はみずからのうちに三つの権力を、つまり三様の形をとる普遍的に統合した意志を含んでいる（trias politica 政治的三位一体）。それらは、立法者という人格における支配権（主権）、（法律に従う）執政者という人格における執行権、そして裁判官という人格における（法律に従って各人のものを裁定する）裁判権である（potestas legislatoria, rectoria et iudiciaria 立法権、行政権、司法権）。この三権を実践理性の推論〔実践三段論法〕における三つの命題にたとえれば、国家の意志による法則を含む大前提、法律に従う手続きの命令、すなわち法則のもとに包摂する原理を含む小前提、そして当該の事例において何が合法なのかという法的宣言（判決）を含む結論ということになる」（第四五節）。「国家における三つの権力は、したがって第一に、三つの道徳的人格として互いに並列の関係にある（potestates coordinatae）。つまり、それぞれが他の二つを補って、国家体制を完全な状態にしている（complementum ad sufficientiam）。しかしまた第二に、互いに従属関係にある（subordinatae）。それぞれが他を助けるのだが、同時に他の機能を奪うことはできず、それぞれが独自の原理をもつ。つまり、それぞれが特殊な人格の資格で、しかし上位の人格の意志による制約のもとで命令するのである。第三に、この二つの関係が統合されて、どの臣民にもその権利が与えられる」（第四七節）。カント、前掲訳書、一五五、一五九頁。

七七　「マッセンバッハ（Massenbach, Christian Frh. von）」は、一七五八年四月一六日シュマルカルデン（Schmalkalden）に生まれ、一八二七年ポーランドのビアロコシュ（Bialokosz）に没した軍人、軍事理論家。シュトゥットガルトの士官学校で学んだ後、一七八二年プロイセン軍に入隊し、宿営参謀将校となり、後のフリードリッヒ・ヴィルヘルム二世に数学を教える。一七八七年オランダ出兵のさいに負傷したため、新たに設立された技術者学校で数学を教える。一七九五年のバーゼル和約の後、それまでの戦争の経過を分析し、改革提案をおこなう。ホーエンローエ侯の参謀本部員として一八〇六年のイェーナ会戦の敗北とプレンツラウの開城に対して責任を問われたことにより、数多くの論文でその正当化を図った。ナポレオンが打倒された後、野党の議会政治家として新たな活動領域を見出した。一八一七年に、宮廷の恥を暴露する覚書を公表すると、フリードリヒ・ウィルヘルム三世を金銭的に恐喝しようとして、十四年の城塞禁固刑に処せられる。一八二六年、恩赦され、所有する土地に引きこもる。Vgl. *Deutsche Biographische Enzyklopädie*, hrsg. v. W. Killy u. R. Vierhaus, Bd. 6, München 1997, S. 651.

七八 「皇帝権力」とは、ナポレオンの権力のこと。ナポレオンは、一七九九年、ブリュメール十八日のクーデタで第一執政となり事実上独裁権掌握、一八〇二年、憲法を改正して終身執政、一八〇四年、皇帝位に就任（一八一四年まで。一八一五年にいわゆる百日天下）。「国王権力」とは、一八一四年のブルボン王政への復古のこと。

七九 フランスにおける一七九一年憲法の停止的拒否権のこと。

八〇 原註48で参照されているのは、次の箇所。「理性的で合法的なあらゆる国家体制の基本法は、次のようになる。すなわち、裁判権（richterliche Gewalt）と狭義の行政権（ausübende Gewalt）――これらは不可分であるべきだが――を傘下に収めた執行権（executive Gewalt）と、それがいかに執行されるかを監督（Aufsicht）し評価する権利（この権利を私は最も広い意味での監督官権（Ephorat）と呼ぶことにしたい）とが分離されている」。「監督官は絶対に禁止的な権力を有する。それは、あれこれの特殊な法的決議の実行を禁止する権力ではない。というのも、これでは監督官は裁判官となってしまい、執行権は提訴不能ではなくなってしまうからである。むしろ、あらゆる訴訟手続きをその時点から廃棄したり、公権力をそのすべての部門にわたって全面的に停止したりする権力である。私はいっさいの法権力（Rechtsgewalt）のこの廃棄を、国権停止（Staatsinterdict）と呼ぶことにしたい」。フィヒテ、前掲訳書、一九四、二〇六頁以下。

八一 イルティングによると、総裁政府は、ナポレオンの援助の下にフルュクチドール十八日（一七九七年九月四日）のクーデタを成功裡におさめ、二人の穏健な総裁カルノー（Carnot, Lazare Nicolas Marguerite 一七五三―一八二三）とバルテルミ(Barthélemy, François, marquis de 一七四七―一八三〇）を放逐し、側近の協力者ともどもカイエンヌ（Cayenne フランス領ギアナにあって、一七九四年から一九三八年まで流刑地。一九四六年にフランスの海外県）に流刑に処したので（カルノーは逃亡、バルテルミは後に脱出）、ヘーゲルは、カルノーとバルテルミを、フィヒテの提起した監督官と同様の役割を果たしていると見ていることになる。Vgl. *Ilting*, S. 336.

八二 イルティングによると、スパルタ王アギス四世（Agis IV 前二四五―二四一在位）とクレオメネス三世（Kleomenes III 前二三五―二一九在位）は、抵当の廃止と土地の新規分配によって古いリュクルゴスの国制を取り戻そうとして、大土地占有者の利益を代弁する監督官との間で抗争状態に陥り、クレオメネスは、クーデタによって監督官を廃止した。Vgl. a. a. O.

八三 Ministerium の訳。これは、ツェドラーの辞典によると、「君主が有するすべての大臣や高官で、一国の政府の上位に置かれ合議体に集う者たちを呼びならわす」さいに用いられる。この意を汲んで、本書第一四三節での Ministerium と Ministerialkolleg（省庁合議体）、Minister（大臣）との関係の叙述に照らし、「内閣」と訳す。テキストではその複数形 Ministerien も用いられるが、訳を単数形と区別しない。Vgl. *Grosses vollständiges Universallexicon Aller Wissenschafften und Künste, welche bißhero durch menschlichen Verstand und Witz erfunden und verbessert worden*, Halle und Leipzig 1732, Bd. 21, Johann Heinrich Zedler, Sp. 380. なお、この書の参照にあたっては、Bayerische Staats Bibliothek, Digitale Bibliothek - Münchener Digitalisierungszentrum (MDZ) のウェブサイト（http://www.zedler-lexikon.de/ 二〇〇七年七月現在）を利用した。

八四　イルティングによると、「権利の章典」（一六八九年二月一三日）は、法律の執行を延期したり、法の適用除外を命令したりする国王の権利を廃棄したが、議会決議にたいする国王の拒否権を残した。ウィリアム三世（William III 一六五〇—一七〇二）は、一六九二年以降一六九六年まで四回にわたり拒否権を適用した。最後に拒否権を行使したのは、一七〇七年のアン女王（Anne 一六六五—一七一四）のときである。Vgl. *Ilting*, S. 336.

八五　原註50で参照されているのは、次の箇所。アリストテレス、前掲訳書、一三七〜一四一頁参照。

八六　原註51で参照されているのは、次の箇所。「君主政体や専制政体が維持または持続されるためには、誠実さはあまり必要でない。前者においては法律の力が、後者においては君公の常に振り上げられた腕が、万事を規制かつ抑制する。しかし、民衆国家においては、もう一つのバネが必要であり、それは『徳』である」。「君主政体は、たとえある一つのバネを欠いているとしても、もう一つの、『名誉』というバネをもっている」。「共和国においては徳が必要であり、君主国においては名誉が必要であるように、専制政体の国においては『恐怖』が必要である」。モンテスキュー、前掲訳書、上、七一、七九、八二頁。

八七　原註52で参照されているのは、次の箇所。「こうした徳がなくなると、野心がそれを受け入れることのできる心の中に入り込み、守銭奴根性が万人の中に入り込む。欲望は次々と対象を変える。人はかつて愛したものをもはや愛さず、法律によって自由であったのに、法律に反して自由であろうとする。〔中略〕昔は個々人の財産は公共の財源をなしていたが、当今では公共の財源が個々人の家産になっている。共和制は抜けがらであり、その力はもはや幾人かの公民の権力と万人の放恣とであるにすぎない」。前掲訳書、七三頁。

八八　原註53で参照されているのは、次の箇所。「貴族政体は、民主政がもたないある力をそれ自身においてもっている。ここでは、貴族は一つの団体を形成し、この団体は、その特典により、また、自分の固有の利益のために、人民を抑圧する。〔中略〕この団体にとって、他を抑圧することは容易だが、それと同じ程度に自分自身を抑圧することは困難である。〔中略〕このような団体は二つの仕方によってしか自制できない。一つは貴族をある点で人民と平等ならしめる偉大な徳によって。これによって偉大な共和国を形作ることができる。もう一つは、より小さなる徳、すなわち貴族を少なくとも彼ら自身の間では平等たらしめる一定の節度によって。これは彼らの保全に役立つ。／したがって、節度はこうした政体〔＝貴族政体〕の魂である。私がここで言う節度とは徳に基づくものであり、魂の無気力や怠惰から生ずるそれではない」。前掲訳書、七五頁以下。

八九　原註54で参照されているのは、次の箇所。「君主政体は、たとえある一つのバネを欠いているとしても、もう一つの、『名誉』というバネをもっている。すなわち、それぞれの人およびそれぞれの身分の先入見が私の述べた政治的徳の位置を占め、そして、いたるところでそれに代る。ここでは、名誉が最大の美挙を鼓吹することができるのであり、法律の力と結合して、徳そのものと同じように、この政体の目的へと人を導くことができる」。前掲訳書、七九頁。

九〇　原註55で参照されているのは、次の箇所。「共和国においては徳が必要であり、君主国においては名誉が必要であるように、専制政体の国においては『恐怖』が必要である」。「人民は法律によって裁かれ、大身は君公の勝手な考えによって裁かれねばならない。下位の臣民の首は安全で、大官（bacha）のそれは常に危険にさらされていなければならない」。前掲訳書、八三頁以下。

九一　たとえば、民衆煽動家クレオンの演説。「諸君はつねづね、話を目で眺め、事実を耳で聞くという悪癖をつちかってきた。口達者な連中が、かくかくの事件がやがて生じうると言えば、そのとおりかと思ってそれに目を奪われる。だが事が起こった後になっても、事実をおのれの目で見ても信じようとせず、器用な解説者の言葉にたよって耳から信じようとする。そして奇矯な論理でたぶらかされやすいことにかけては、諸君はまったく得がたいかもだ。とにかく一般の常識には従いたがらない。なんでも耳新しい説であればすぐその奴隷になる、だが尋常な通念にはまず軽蔑の念をいだく。そしてだれもかれも、雄弁家たらんことを熱望しているが、それも現実にはかなわぬ夢とあっては、われがちに名聴衆たらんと狂奔する。雄弁家のむこうを張って、ただ考えるだけなら弁者の後塵を拝するものかとばかり、弁者が鋭い点を突けばその言い終わるを待たず拍手喝采し、言われる前から先に察しをつけようと夢中になるが、提案から生じうる結果を予断することにかけては遅鈍そのものである。これはみな、諸君が生活から遊離して、いわばうわの空で何かをつかもうとし、現実の事態を着実に認識しようとしないからだ。ようするに、諸君は一国の存亡を議する人間というよりも、弁論術師を取り巻いている観衆のごとき態度で、美辞麗句にたわいもなく心を奪われているのだ」。ツゥキュディデス「戦史」巻三第三八節、久保正彰訳、『世界の名著5　ヘロドトス　トゥキュディデス』、中央公論社、一九八〇年、三八〇頁以下。

九二　「完成可能なもの（perfektibles）」については、ルソー『人間不平等起源論』における「自己を改善〔完成〕する能力（la faculté de se perfectionner）」を参照のこと。Cf. J.-J. Rousseau, “*Discours sur l'origine et les fondements de l'inégalité*”, in: Rousseau, Œuvres complètes, III, Paris 1964, p. 142. ルソー『人間不平等起源論』、本田喜代治・平岡昇訳、岩波文庫、一九七二年（改訳）、五三頁参照。レッシングの『人間の教育』では、Vollkommenheit を用いる。Vgl. Gotthold Ephraim Lessing, „Die Erziehung des Menschengeschlechts“, in: *Werke in sechs Bänden*, Bd. 6, hrsg. v. F. Fischer, Stauffacher, Zürich 1965, S. 76. 藤野・赤沢訳、五九五頁参照。

九三　「一般に民主制は小国に適し、貴族制は中位の国に適し、君主制は大国に適する」ルソー『社会契約論』第三篇第三章、前掲訳書、九五頁。Cf. Rousseau, “*Du contract social*”, in: *op. cit.*, p. 403f.

九四　紀元前四四年三月一五日、共和制支持派のブルトゥス（Brutus, Marcus Junius 前八五—前四二）らによりカエサルが暗殺される。キケロは暗殺者側を支持した。

九五　イルティングによると、ザクセン゠ワイマール大公領は、ゲーテの芸術保護者カール・アウグスト（Karl August 一七五七—一八二八）の支配下にあって、一八一六年五月五日の基本法によって出版の自由がはじめて導入されたただ一つのドイツ領邦であった。ここでは、一八一七年一〇月にドイツ学生同盟のヴァルトブルク祭が挙行され、ヘーゲルの助手カロヴェ（F. W. Carové 一七八九—一八五二）がこれに参加した。Vgl. *Ilting*, S. 339.

九六　Vogelflug の訳。グリムの辞典は、Vogel（鳥）に関し、「民衆は鳥に予見能力があると信じており、鳥は運命の告知者であり、鳥の飛び方（flug）も同様で、右に行くか左に行くかといったことが意味深長である」と説明する（VOGEL 6）。Vgl. *Grimm*, Bd. 26, Sp. 396 u. 407.

九七　Reichsstände の訳。グリムの辞典によると、帝国議会に議席と投票権をもつ君主、聖職者、領主、都市を一括して指示する。Vgl. *Grimm*, Bd. 14, Sp. 611. 歴史学では「帝国等族」と訳す。本書では、Stände を「議会」と訳すことに同調させて「帝国議会」と訳す。

九八　イルティングによると、フランスの王政復古から一八二〇年まで、穏健派と自由派が、ルイ十八世（Louis XVIII 一七五五―一八二四）の信任に保護されて政府を形成した。極右王党派は、一八一六年九月まで下院において圧倒的多数を占め、アルトワ伯のような王族の一員は政府を疑い深く観察した。Vgl. *Ilting*, S. 340.

九九　イルティングによると、ヘーゲルが物語る逸話は、ルイ十五世（Louis XV 一七一〇―七四）の宮廷における私事や秘話について記されている文学では話題になっていないとのこと。Vgl. *Ilting*, S. 341.

一〇〇　原註57で参照されているのは、次の箇所。「われわれは、こうして子供のときにも、青年のときにも、成人してからも、たえず試験を受けながら無傷のまま通過する者を、国家の支配者として、また守護者として任命し、その人の生前にも、また死後も埋葬の儀式やその他彼を記念する数々のものによる最高の贈物を与えて、これに名誉を授けなければならない。しかし他方、そうでない者は排除しなければならないのだ」。「哲学に手をそめようとする者は、苦労好きという点で偏跛であってはならない――半分だけ苦労好きで、あとの半分は苦労を避けようとするのではね」。プラトン、前掲訳書、上、二五〇頁、下、一五〇頁以下。

一〇一　mit … konkurrieren の訳。一般に、自動詞 konkurrieren は、「競争する」などと理解され、前置詞 mit は、人をともなうとき競争相手と理解されるが、当面の文脈の場合、これに流し込んで考えると意味不明となる。当面の文脈で考えておくべきことは、「内閣と枢密院」が「立法権」内部において、（一）何と競争するのか（競争相手）、（二）何をめぐって競争するのか（競争課題）である。（一）競争相手は、本書第一四七節註解および第一五三節註解で「枢密院や内閣」または「統治権」にとっての「ライバル（Konkurrenz）」が「議会」であるとされることから、明白に、「議会」と理解しなければならない。したがって、当面の mit der Kenntnis … の部分を競争相手と理解してはならない。（二）競争課題は、「統治権」と「議会」が「立法権」ですることが議論すること以外にない以上、議論で勝を制することである。以上を踏まえて、konkurrieren を「枢密院と内閣」が「議論の競い合いに加わる」ものとして理解できるように本文のごとく訳出した。

一〇二　国会は、ヘーゲルの本講義によれば、第一の農民身分である土地所有者を地盤とする上院（第一五二節）と、第二の営業身分を地盤とする下院（第一五三節）とに別れる。農民身分は、家族の立場として個別態であり（第八八節）、営業身分は、欲求のシステムの立場として特殊態である（第九〇節）。

一〇三　フランス革命によって最初にもたらされた一七九一年憲法のもとで立憲議会が次期の立法議会を組織するさい、一七九一年、ロベスピエール（Robespierre, Maximilien François Marie Isidore de 一七五八―九四）は、立憲議会の議員は立法議会の議員に選ばれる資格がないとする「自制法」を提案し可決をかちとった。ロベスピエールの意図したところは、共和主義から外れたところにいる多くの立憲議会の議員を排除することにあるとみられている。J・M・トムソン『ロベスピエールとフランス革命』、樋口謹一訳、岩波新書、一九五五年、三八頁以下参照。トムソンによれば、その結果、立法議会を構成した新人たちは、「前議員より若かったわけでも、めだって過激なわけでもなかったが、前議員が苦労して獲得した、公務やパリ的な考え方の経験をもたなかった」。そして、その後立法議会を主導するジロンド派は、「戦争を説き、戦争によって軍隊を手中に、国王を脚下において政権が獲得できると希望していた」とされる。前掲訳書、四三頁。

したがって、さしあたり、ヘーゲルが「次の立法議会で選ばれるべきでは[ない]」というのは、ロベスピエールの「自制法」と考えられるべきであろう。また、そう考えるなら、「革命で間違った路線」というのは、一七九二年四月二〇日にオーストリアに対し宣戦布告するに至る戦争政策となろう。

しかし、こう断ずるには、単純でないところがある。このさい「政権」をとったとされる「いかさま師やカプチン会修道士」が誰か、という問題が残るからである。ここで「いかさま師」とは、文脈上「役者」と「弁護士」だから、これらと「カプチン会修道士」が「政権」をとった事態がいつかと考えることになるが、著名な革命家のなかでその最大公約数的なところを想定すれば、モンターニュ派のそれということになる。すなわち、「役者」とは、俳優のコロー・デルボア（Collot d'Herbois, Jean-Marie 一七四九—九六）、「カプチン会修道士」とは、シャボー（Chabot, François 一七五九—九四）であろう。ただし、コロー・デルボアは国民公会議員、シャボーは立法議会および国民公会議員であるから、その共通項は、国民公会議員ということになる。モンターニュ派の著名な国民公会議員で「弁護士」は、ビヨー・ヴァレンヌ（Billaud-Varenne, Jean Nicolas 一七五六—一八一九）、クートン（Couthon, Georges 一七五五—九四）、ダントン（Danton, Georges Jacques 一七五九—九四）、ロベスピエールらである。このうち、シャボーとダントンは、友人同士で、ともにロベスピエールに処刑され、ロベスピエールとクートンは、テルミドール派になったコロー・デルボアとビヨー・ヴァレンヌに処刑される。ともあれ、「政権」を担った人物から考えると、とくにモンターニュ派の恐怖政治が「革命で間違った路線」だと指摘されているようにも読める。

もっとも、ジロンド派の戦争政策とモンターニュ派の恐怖政治は、両派を含むジャコバン派独裁のメダルの両面とみることもできるだろう。だとすれば、ヘーゲルは、戦争政策と恐怖政治の双方を「革命で間違った路線」と指摘していたことになる。

一〇四　本節でいう「民主制の原理が優越するものにならなければならない議院」は下院であり、「媒介のエレメント」は上院である。

一〇五　Qualität の訳。グリムの辞典によると、フランス語の qualité に応じて、「身分（stand）、名望（ansehen）、位階（rang）」の意味がある。Vgl. *Grimm*, Bd. 13, Sp. 2308.

一〇六　本書第一三二節およびその註解参照。

一〇七　ヘーゲルは、本講義と同時期の一八一七年一一月・一二月に公刊した「ヴュルテンベルク王国領邦議会の会議における討論」論文において、ヴァルデック伯爵（Graf Georg von Waldeck 一七八五—一八二六）に言及している。この会議では、国王が一七九一年のフランス憲法を擬した新憲法を提案したのに対して、ヴァルデック伯爵は、議会の課税権と常任委員会の設置を軸とする旧体制維持を求める論陣の中心となった。Vgl. Hegel, „Verhandlungen in der Versammlung der Landstände des Königreichs Württemberg im Jahr 1815 und 1816. XXXIII Abteilungen“, in: *Werke*, Bd. 4, S. 490, 494, 508, 511, 534, 538, 556. ヘーゲル『政治論文集』下、上妻精訳、岩波文庫、一九六七年、四二頁以下、四八頁以下、六六、六九、九八、一〇三、一二六頁参照。また、金子武蔵「解説」、前掲書、二九三～三二四頁参照。

一〇八　イルティングによると、イギリスの公訴においては、従来、当該表現が真実であるかどうかについて陪審員が判断してはならなかったが、これに対するカムデン伯爵（Camden, Charles Pratt, 1st Earl 一七一四―九四）の反対論を小ピット（Pitt, William, the Younger 一七五九―一八〇六）が取りあげ、一七九二年に「名誉毀損事件における陪審員の職務として疑惑を晴らすことを定める法令」が施行された。Vgl. *Ilting*, S. 346.

一〇九　「ミルティアデス（Miltiades 前五五〇頃―四八九）」は、前四九〇年、マラトンの戦いでペルシアに対してアテナイ軍を勝利に導いたアテナイの将軍。

一一〇　原書は、補足過多である。イルティングは、「衝突が生ずる」と補足する。Vgl. *Ilting*, S. 191.

一一一　原註58で参照されているのは、次の箇所。「永遠平和（国際法全体の究極目標）は実現不可能な理念ではある。しかし、これを目指す政治的原則は、つまり永遠平和への連続的接近に貢献するこうした国家の連合体を形成するという原則は、実現不可能ではない」。カント、前掲訳書、二〇二頁。

一一二　原註59で参照されているのは、次の箇所。「完全な市民的体制を達成するという問題は合法則的な対外的国家関係という問題に左右されるので、この後者の問題を別にして解決されうるものではない」。カント「世界市民的見地における普遍史の理念」、福田喜一郎訳、『カント全集』一四、岩波書店、二〇〇〇年、一二頁。

一一三　Gesittet の訳。グリムの辞典によると、「善き習俗をそなえた（gute sitten an sich habend）、善き習俗にかなっている」という意味がある（GESITTET 2）。これは、外面的に品行や人づきあいに関して言われることが多いが、掘り下げて道徳的・精神的な教養形成に関して言われることもあるとされる。Vgl. *Grimm*, Bd. 5, Sp. 4125.

一一四　「スヴァロフ（Souwarow, Pierre Alexis Wasiliowisch, comte. 一七二九―一八〇〇）」は、ロシアの元帥侯爵。本文中の戦争は、一七九四年、ポーランドの愛国者コシチューシコ（Kosciuszko, Tadeusz 一七四六―一八一七）がロシアの支配に対して民衆蜂起を指導してワルシャワを解放した後、マチェヨヴィツェ（Maciejowice）で敗北に至るもの。その結果、ロシアとプロイセン、オーストリアは、第三次のポーランド分割を行った。Vgl. *Ilting*, S. 351.

一一五　イルティングによると、プロイセンとオーストリアがライン左岸をフランスに割譲することで合意した後、一七九七年一二月、補償請求を協議するためにラシュタットで国際会議が開かれた。この会議が一七九九年四月に中断してフランスの使節が帰国する際、オーストリアの軽騎兵が彼らを殺害した。Vgl. *Ilting*, S. 351.

一一六　「世界審判は世界史である（Die Weltgeschichte ist das Weltgericht）」。Friedrich Schiller, „Resignation“, 1784, in: *Schillers Werke*, hrsg. v. L. Bellermann, kritisch durchgesehene u. erläuterte Ausgabe, Bd. 1, Leipzig / Wien 1895, S. 61. 本書の註によると、「„Weltgeschichte“ は述語であり、„Weltgericht“ は主語である。詳

細に規定されるべきは、歴史の概念ではなく、審判の概念である」。

一一七　ペルシア戦争においてギリシアの防衛線とされたテルモピュライでの戦闘（前四八〇年）では、ギリシア連合軍は、緒戦持ちこたえていたものの、臓腑占いで死の予言をされたことやペルシア軍の迂回戦術を知るに及んで解体した。しかし、レオニダス麾下のスパルタの重装兵三百（王の親衛隊）そのほかの兵は、その地に踏みとどまって全滅した。墓碑銘「かつてこの地に三百万の軍勢と戦いたる／ペロポネソスの四千の兵」「旅人よ、ラケダイモンびとに伝えてよ、ここに彼らが掟のままに、果てしわれらの眠りてあると」。ヘロドトス「歴史」巻七第二〇一～二二八節、松平千秋訳、『世界の名著5』、二六一～二七四頁参照。

一一八　イルティングによると、「四つの君主政体」とは、『旧約聖書』「ダニエル書」第二章第三一～四五節でいわれるもの。「王様、あなたはすべての王の王です。天の神はあなたに、国と権威と威力と威光を授け、人間も野の獣も空の鳥も、どこに住んでいようとみなあなたの手にゆだね、このすべてを治めさせられました。すなわち、あなたがその金の頭なのです。あなたのあとに他の国が興りますが、これはあなたに劣るもの。その次に興る第三の国は青銅で、全地を支配します。第四の国は鉄のように強い。鉄はすべてを打ち砕きますが、あらゆるものを破壊する鉄のように、この国は破壊を重ねます」。同、第二章第三六～四〇節。Vgl. *Ilting*, S. 352.

一一九　Gemütlichkeit の訳。グリムの辞典によると、「ゲミュートリッヒな本質・心情・関係など（gemütliches wesen, gemütliche gesinnung, auch verhältnisse u. a.）」の意。Vgl. *Grimm*, Bd. 5, Sp. 3333. ここで、gemütlich の多様な意味のうち世界史との関連で注目しなければならない用法は、敬虔派やヘルンフート派のサークルで用いられたものだろう。例えば、gemütliche christen といえば、その宗教が「心（gemüt）に基づき心に抱かれたもの」のことを指し、「同時代の正統信仰である悟性にかなったキリスト教」と対立するとされる（GEMÜTLICH 4 a）。このさい、「心」は、「悟性（Verstand）」との対比において、「感情（gefühl）」や「感覚（empfinden）」に制限される（GEMÜT 11）。Vgl. *Grimm*, Bd. 5, Sp. 3331, 3321.

一二〇　Darstellung の訳。本書第一五九節註解において、「世界史は、〔諸国民が特殊な原理をもつという〕このような性格が世界精神における諸契機をなしている様子を現すものである（Darstellung）」とされることと照応する。本書、二六八頁参照。

一二一　原註64で参照されているのは、次の箇所。フィヒテ「全知識学の基礎　聴講者のための手稿」、隈本忠敬訳、『フィヒテ全集』第四巻、哲書房、一九九七年、九〇～一〇二頁参照。

一二二　原註65で参照されているのは、次の箇所。「『〈正義〉には、われわれの主張では、一個人の正義もあるが、国家全体の正義というものもあるだろうね？』『ええ、たしかに』と彼は言った。『ところで、国家は一個人より大きいのではないかね？』『大きいです』と彼。『するとたぶん、より大きなもののなかにある〈正義〉のほうが、いっそう大きくて学びやすいということになろう』」。プラトン、前掲訳書、上、一三〇頁。

訳者あとがき

本書は、フェリックスマイナー社が一九八三年に刊行したゲオルグ・ヴィルヘルム・フリードリヒ・ヘーゲル『講義――筆記録・手稿選集』第一巻「自然法と国家学に関する講義――ハイデルベルク大学一八一七・一八年、P・ヴァネンマンによる筆記録（一八一八・一九年講義による補足を含む）」（以下、「底本」という）を基本的に全訳したものである。底本では、講義本体に先立って「G・W・F・ヘーゲル講義録の刊行にあたって――出版社序言」と、ヘーゲルアルヒーフの所長を長らく勤めたオットー・ペゲラーの解説論文である「序文」、そして「文献目録」が附されており、講義本体の後には「テキストの構成について」「原註」「人名索引」といった「附録」がつけられている。

本書では、ペゲラーによる「序文」がいわゆる解題・解説に相当するところから、邦訳書の慣行に従って講義本体をまず前面に提示し、底本においてそれに先立つ文書を「附録」に一括することとした。なお、この「附録」のうち、「ヘーゲルの法の哲学に関する文献案内」は底本当該頁をタイトルのみ邦訳してそのまま写真印刷したものであり、「テキストの構成について」は邦訳書の性格上所要事項の抄録とし、「原註」は本邦の一般的慣行にしたがって再編し、「人名索引」は、そのものとしては廃して、訳者の手によって一般的な「索引」に大幅に拡充させた。また、ペゲラーの「序文」については、底本では節・段落ともに一切見出しのないところであるが、利用の便を図って翻訳者の理解による見出しをつけた。

底本が翻刻したオリジナルの手稿であるヴァネンマンによる筆記録の来歴と形状については、ペゲラーの「序文」と「テキストの構成について」に詳しいので（とくに本書三一三頁以下、三四九頁以下参照）、ここでは贅言を繰り返すべきでもないが、その要点を摘記するならば、次のようであろう。この手稿は、ハイデルベルク大学の法学部学生であるヴァネンマンがヘーゲルの講義を聴講した内容を筆記した清書稿を製本したものである。これは、一九五〇年代に古書店でたまたま発掘され、一九八二年にはじめて一般に知られるようになったもので、現在、ドイツ文学アルヒーフ（シラー国立博物館）が所蔵している。ヴァネンマン自身の経歴や業績については詳らかではないが、一八一七・一八年講義に関するヘーゲルの弟子カローヴェの報告や、一八一八・一九年講義のホーマイヤーの筆記録との一致を評価するとき、この手稿は、ハイデルベルク大学での講義をほぼ完全な形で伝えているとみられるものである。

なお、底本に関しては、一九八五年に『ヘーゲル研究』誌（*Hegel-Studien*, Bd. 20）で、ジープ（Ludwig Siep）による書評が出されている。また、底本を含むヘーゲルの法哲学講義群に対して、一九九一年に同誌（Bd. 26）で、ヴァイサー゠ローマン（Elisabeth Weisser-Lohmann）による書評が出されている。ヴァネンマンのオリジナルの手稿に関しては、凡例で示したように、イルティングが一九八三年に別の翻刻を出版している。本邦では、尼寺義弘氏がこの手稿から直接に翻訳している（ヘーゲル『自然法および国家学に関する講義』、晃洋書房、二〇〇二年）。

＊

ヘーゲルが底本の講義をしたのは、フランスにおけるナポレオン没落、王政復古（一八一五年）が定まって後のことである。このとき、ヘーゲルは、一八一五・一六年のヴュルテンベルク王国における領邦議会の憲法討議を検討する機会に恵まれた（公刊は一八一七年九月）。フランス革命に淵源するこうした現実に接触しながら、ヘーゲルが哲学的法論に関する思索を深化させていったことは疑いないところだろう。とはいえ、この思索の成果は、一八一七年六月に出版した『エンチュクロペディー』第一版には間にあわなかった。ヘーゲルは、講義にあたってこれを教科書として指定せず、口述によるとしている（*Brief von und an Hegel*, Bd. 4, T. 1, hrsg. v. F. Nicolin, Hamburg 1977, S. 111）。この『エンチュクロペディー』で講義に対応する「客観的精神」論は、簡略すぎて講義のテキストとしては使い物にならない代物だったのである。

実際、同書では、「客観的精神」論が第四〇〇節から第四五二節までの五三節しかなく、緒論的議論一節、「法」に一四節、「道徳」に一四節、「人倫」に二三節あてられているにすぎない。それぞれの章の下位区分は標題としては立てられず、とくに家族論や市民社会論、国家論で求められる内部構造の議論はいっさい抜け落ちている。

このため、ヘーゲルは、この講義をまったくの自転車操業で乗り切るしかなかった。一八一七年一二月一一日付ニートハンマー宛の書簡において、ヘーゲルは次のように泣きを入れている。「私は今学期三つの講義をしていて、ほとんどすべての時間がこれに奪われています。私はまだ駆け出しの大学教授で、私が講述する学問をまったくもってほとんどはじめから作り上げなければならないのです」(A. a. O., Bd. 2, S. 169)。ここで「三つの講義」というのは、大学での講義二つと、スウェーデン王子グスタフに対する私的講義をさすが、大学での講義のもう一つは、「哲学史」であって、近代哲学を哲学入門として詳論するものであった。哲学史講義は、イェーナ大学でやった一八〇五・〇六年以来のものだったから、これも相当な勉強を必要としただろう。しかも、講義は毎日ある。「自然法と国家学」は午前一〇時から一一時で週六日、「哲学史」は午後三時から四時で週五日。ヘーゲルの泣きは、真実のものである。その自転車操業の軌跡がこの講義録なのである。

ともあれ、ヘーゲルは、その講義活動を通じて、いずれは法律家や公務員など普遍的身分ないし中間身分になっていく学生たちに対し、国家が活動する魂である自由の精神の真髄を正しくつかませようと願ったことと思われる。講義のところどころで、普遍的身分ないし中間身分に対して批判的に言及しているのは(本書二三九頁以下など)、たんなる外野からの攻撃に類するものではありえない。むしろ、そのようにして国家を背負っていくことになる学生たちに対して、まともな人材となるよう、心を砕いたことの現れととる必要がある。

講義は、平明であり、かつ生き生きと行われた。というのも、底本のドイツ文は、ヘーゲルが書き取らせた節本文の部分であっても比較的平易なものであるし、また冗談を飛ばして議論しているところなど(本書二〇五頁など)があるからである。本書によってその平明さ、生きのよさが伝わらないとするると、それはひとえに翻訳者の技量のなさによるもので申し訳なく思う。

*

本書の意義は、まずなによりも、ヘーゲルにとってはじめて体系だった哲学的法論が――その自転車操業的思索のなかで――一応の完成の域にまで持ち込まれる跡をわかりやすいかたちでたどることができることにある。

もっとも、こう言うことに抵抗を感じるむきもあるかもしれない。というのも、とくに、哲学的法論に相当する思索が、若きヘーゲルにおいてすでに『自然法論文』（一八〇二）や『人倫の体系』（一八〇二・〇三）、「一八〇五・〇六年の実在哲学」で相当程度内容的に充実し、かつ講義でも語られている以上、「はじめて体系だった」というのもいかがなものか、という主張もありうるからである。しかしながら、おそらく、『論理学』（一八一二・一六）を公表した後においては、少なくともその観点から哲学的法論を再把握する必要に迫られたであろう。こうした仕切り直し的な意味で「はじめて体系だった」という理解は正当だし、またその内容も、以前の著作をはるかに上回る水準にあると評価できると思われる。

当然ながら、ヘーゲルの哲学的法論は、この講義で完成しきったわけではない。『法の哲学要綱』（一八二〇）が一つのピークだと考えるならば、その間には、ベルリン大学において一八一八・一九年冬学期、一八一九・二〇年冬学期に同様の講義を行い、内容をさらに深めて展開していることはいうまでもない。ただ、本書の『法の哲学要綱』（一八二〇）との節対照表」を見ての通り、ピークにおいて論ずべきほとんどの要素の基本的なスケッチがこの講義においてなされている。まさに、こうした意味で、碩学ペゲラーが「序文」で指摘するように、この講義は、ヘーゲルの「原・法哲学」（Ur-Rechtphilosophie）を伝えているのである（本書三一二頁）。

このことは、ヘーゲルの思索の発展をたどるさいの哲学史的に専門的な資料的価値があるという意味にとどまらない。先に指摘したように、この講義は、ヘーゲルが学生たちに理解可能な形で国家に関するみずからの思索を伝えようとしたものである。ここで強調しておくべきは、ヘーゲルは、なにかアクロバット的な「哲学」的言語構築物を提示したわけではない、ということである。むしろ、本書によって、「法哲学」のコンパクトで平易な姿が容易に見通しうるものとなったと思われる。この点で、本書は、当時でもそうであったように、今日の学生たちにとっても、ヘーゲルの社会思想を概観するうえで最良の書となりえている。いやそれ以上に、今日、家族・市民社会・国家のありように心を痛めるすべての人びと――そしてそれらの業務に携わる政治家や法律家、公務員の諸君――にとっても、これらについて事柄を根本的に思索するきっかけを本書は与えてくれるはずである。けだし、ヘーゲルは、普遍的身分ないし中間身分たらんとする者にこの講義をしたからである。

このような一般的な意義のほかに、本書の特色として是非ともこの場で指摘しておきたいことが一、二ある。まず、その講義の組み立てとして、『法の哲学要綱』では「世界史」に区分されている事項が、それ以前の章節において本節となり、たんなる例解以上の位置づけでたち現れることがあることである。たとえば、典型的には、本講義「国家」論冒頭の第一二四節で、国家創設の事業などに言及しているが（本書一九一頁以下参照）、これは、『法の哲学要綱』では、「世界史」論に移される（たとえば第三五〇節）。このような取り扱いの変更は、論理構造の根本的なところに加えられたものなのか、あるいはそうでないのか、議論されるべきものである。

また、研究史的に重要なこととして、本書の内容が明らかにされることにより、イルティング・テーゼが成り立たなくなってしまったことがある。イルティング・テーゼとは、ヘーゲルが『法の哲学要綱』を公刊するさい、一八一九年九月に発せられたドイツ連邦大臣会議のカールスバート決議にしたがって、従来のリベラルな思想を撤回して、君主主義的な議論を展開したとするものである。しかし、君主に関する本書の議論は、『法の哲学要綱』の議論と基本的に一致している。この事実に照らせば、イルティングが想定していた転向という事態は検証できない。

底本を翻訳するにあたって、訳語の選択および訳文の構成にかかわって特別に留意した原則的な事項を明確にしておきたい。

まず、なによりも、訳語は、全編を通じてなるべく一貫しうるように選択することに努めた。もちろん、このことは、原語と訳語をすべて一対一対応で訳しえたということを意味しない。とはいえ、訳し分けが必要と思われる場合には、そこに一定の理由があると問い詰めて、この理由がはっきりするかぎりで訳し分けた。もっとも、このような方針を硬直的なものとみなし、むしろその場その場の小範囲の文脈を的確に捉えて柔軟に訳語を変えていく訳出のあり方もあるだろう。ただ、ヘーゲルの文章の場合、一語一語に論理的な意味づけ、位置づけが与えられていることが多く、その一貫性が透けて見えてこないと細部で意味不明になることが多い。小範囲で理解しえたと思えることも全体の脈絡では腑に落ちない、という事態を「弁証法」の名の下に合理化しないためには、まずは訳語の一貫性を——訳し分ける場合にもその一貫性を——確保することが重要と思えたのである。

このように訳語を一貫させるとはいっても、人称代名詞、指示代名詞などの指示詞についても同様に取り扱うと、小範囲ですら了解不能の訳文になってしまう。したがって、当然ながら、いずれであっても指示対象を明示するかたちで開いて訳すことになる。もっとも、一般的には、指示代名詞の場合、それを「こそあど」言葉で置き換えて訳しえたとみなされるのではなかろうか。しかし、概念が並び立っている文章のなかで、性も格もない日本語の「これ」「それ」は、ドイツ語とは比べものにならないほど指示力が弱い。日本語の場合、指示対象の候補が複数あるとき、文脈的整合性に照らして指示対象を理解していくわけだが、ヘーゲルの文章では、「弁証法」によって矛盾した事態が表現されているのではないか、という先入見が災いして、文脈的整合性を破壊した指示対象の理解でも容易に是認されかねないところがある。このような弊を避けるためには、基本的に指示詞はすべて開いて訳す、という態度で臨むしかない。この点、特段に訳者補足としては示さなかった。けだし、人称代名詞での取り扱いと区別する必要性を認めないからである。

もっとも、代名詞を開いて訳すといっても、ドイツ語の構文上の要請から必要となる代名詞を一律にすべて訳していくというのでは、日本語としてはきわめて煩瑣であり、それゆえにかえって意味をとりにくくしてしまう。したがって、同一の代名詞が繰り返される並列文などの場合には、代名詞の係り受けが不明にならないかぎりで、一つに代表させ適宜他を省略することにした。

構文に関わる事項でそれ以外にとくに留意したこととしては、ドイツ語における受動表現の訳し方がある。もとより、能動態、受動態の理解として、これらを動作主との関係での視点の違いとして捉え、いずれの表現をとっても――受動態において動作主が消失しうることを除けば――実質的な意味上の差異がないと考えることが肝要である。したがって、ドイツ語の受動表現に応じて日本語もそのように作り上げると、日常あまり用いることのない表現、あるいはまどろっこしい表現が生まれるときには、これを能動の表現に変えて日常化、平易化するように工夫をした。このことは、逆に、能動表現のほうが稀であるときには、これを受動表現に変えるという工夫にもつながった。

そのほか、日本語の係り受けの関係で遠くなったり入れ子になったりすることを回避するために、ドイツ語の語順によらず訳すというごくごく当然の工夫など、訳出技術上の細かな事項も多々あるが、この場ではその一々を報告するまでもないであろう。ただ、日本語作文については、本多勝一『日本語の作文技術』(朝日新聞社、一九八二年)、また翻訳の考え方としては、柳瀬尚紀『翻訳はいかにすべきか』(岩波新書、二〇〇〇年)、これらに大いに啓発を受けたことをここに記し、感謝しておきたい。

＊

「訳語を一貫させる」という原則を述べたものの、本書の表題にもかかわる中心的な語であるRechtについて訳し分けをせざるをえなかった。これについては、あえて訳註を附さなかったので、この場でその訳し方について説明しておきたい。

グリムの辞典は、名詞の Recht について、主観的概念と客観的意味、また法学的意味に区分して、詳細きわまる説明をしているが、その根本は、形容詞の recht の名詞化であることからきて、規則正しい関係（verhältnis）と、これから導き出される機能（leistung）およびこれに基礎づけられた要求（anspruch）、さらには社会秩序として標準的な規範（norm）を意味している（Vgl. *Grimm*, Bd. 14, Sp. 364 f.）。主観的概念としては、社会秩序のなかにある地位、その秩序が機能するさいに必要なもの、定められた秩序に基づく収入、地位にともなう資格や権限（さらには処分権や権力（gewalt））が指摘される。客観的意味としては、人倫的行為に対して人倫法則が与える規範や指示およびそれに適うもの、思考や観察、判断に適う正しいもの、秩序、正しくふさわしいあり方およびそれに適うものが挙げられる。そして、この客観的意味から法学的な意味が展開するとされる。

残念ながら、日本語にはこれらを総括して言い当てる適切な一語がない。そこで、Recht は、「正しいこと」を根本として、要求としては「権利」、規範としては「法」と訳すべきだということになる。

このさい、「権利」や「法」の一般に含意するところを『日本国語大辞典』第二版で確認しておきたい。まず、「権利」の意味は、「権力と利益」、「物事を自由に行なったり、他人に対して当然主張し要求することのできる資格」、「（英 right の訳語）自己のために一定の利益を主張したり、これを受けたりすることのできる法律上の力」（中国の洋学翻訳書から借用して幕末に定着した由）ということになる。他方、「法」の意味するところは、「事物の一定の秩序を支配するもの。物事の普遍的なありかた。のり。法則」、「ある特定の社会集団のなかで守られるべきとりきめ、おきて。きまり。さだめ。規則」、「国家の強制力を伴う社会規範。法律と同義に用いられるが法律より広義の概念」などということになる。なお、諸橋轍次氏は『大漢和辞典』で「法」について解字して、「平らかに正しく罪をしらべ、不直なる者を去る意を表す」とする。

こうした一般の含意に照らせば、先に示したRechtの訳し分けの方針は、おおむね妥当とみなされるだろう。ただ、一般の含意との関係で若干注意しておくべきことがある。

Rechtは、もちろん要求する当人の立場からすればなんらかの「利益」にかかわることであるとしても、本質的には「正しいこと」を要求するのであって、この点に日本語との決定的なニュアンス——というかむしろ本義——の違いがある、ということは留意すべきである。このことは、「利益」が「正しいこと」を必ずしも生み出すわけではない、ということを慮れば、おおよそ自明のことであろう。Rechtによって権力や富が手に入るとしても、それは「正しいこと」だからそうなのであって、「利益」を主張しえたからそうなのではない。しかしながら、日本語の「権利」という表現は、こうした事情を転倒させて、Rechtから「正しいこと」を減算する道を開いている。だから、常識的な人びとは、「権利ばかり主張する」人びとに眉を顰めることにもなるのだろう。こうした常識の筋に対しては、「権利」は、本質的に、「利益」ではなく「正しいこと」にかかわる、ということを強調しておきたい。その意味では、「権利」よりは「権理」としたほうがよいのであろうが、これとて、『日本国語大辞典』では同義であるし、当面の言語使用ではおそらく意思疎通の難しい表現といわざるをえないだろう。「権利」で甘んぜざるをえないゆえんである。

また、「法」は、先の参照からもいえることであるが、一般的にはなんらかの実定法として受け取られる言葉であって、「法律よりも広義の概念」と説かれても、日本語の環境では、「正しいこと」という法律の淵源にまで思いを致すことはなかなか難しい。こういわざるをえない点に留意すべきだろう。典型的には、「悪法も法だ」というかたちで実定法を追認し墨守する立場があるわけだが、Rechtの立場は、「悪法は法ではない」と主張しうる点で、とてつもなく「広義」なのである。ヘーゲルの場合、Rechtは、Gesetz（法律・法則）と明白すぎるほどに区別される。Gesetzには、そのように定めた（setzen）ものでしかない面がある。このかぎりでは、「正しいこと」に反することがありうるわけである。もちろん、ヘーゲル的には、Rechtは、その実体として自由であるから、そうした定めを撤廃することができるわけだが、一般的には必ずしも単純にそう思われないであろう。とくに「法」にまつわるこうした実定的な理解は、Rechtを「法」と訳すことがためらわれるゆえんである。ただし、「法」については、「平らかに正しく」という原義を忘れなければ、「権利」よりは「正しいこと」に通ずる面があるだろう。Rechtsphilosophieの訳を「権利の哲学」とするか「法の哲学」とするかで後者に軍配を上げざるをえないのは、「法」がいささかなりとも「正しさ」に通底する面があるからである。

さて、Rechtを日本語とするさいの以上のような錯綜を考慮して、近年、これを「法・権利」と並列させて訳すことが多く行われるようになってきているが、本書ではこれを採用しなかった。というのも、「法」と「権利」とでは、上述のごとく日本語の意味として相当の開きがあり、それをそのまま並列させると文意をかなり曖昧なものにしてしまうと判断したこと、しかも、実際的には、是非とも「法」と訳さなければならない場面は、「自然法」や「実定法」などにかかわるところや、「権利」と訳しては文意不明となるところなど、かなり限定されており、多くの場面では、「法」か「権利」かと問い詰められれば、「権利」を取る、という判断がきいたからである。

＊

そのほかにヘーゲルを理解するうえで重要ないくつかの語について、訳語に関する弁明をしておきたい。

まず、PolizeiとKorporationについて。これらは、意味をとった訳語を選択することを断念して、音写にとどめた。Polizeiは、そのコアの意味でいえば「警察」である。しかし、これは、厚生労働省のような職務も担う面があり、これを酌んで「福祉行政」と訳す（藤野・赤沢訳）のも一案になってくる。だが、そうしてしまうと、「警察」機能が表面上どこかに飛んでしまう。「ポリツァイ」という音写が、「警察」としての「ポリス」を連想させつつそれとは違った機能を含み込んでいると響きうるならば幸いである。Korporationは、今日的な「会社」というよりは、自立的な個人からなる職業上の「組合」である。だから、「職業団体」と訳す（藤野・赤沢訳）のは、かなり有力な考え方である。しかし、ヘーゲルのテキストでは別の語として「職業」や「団体」が多用されることを考えるとき、「職業団体」

がそれらと同じ平面にあって埋没し、特別の注意も惹かなくなることを懼れた。

aufheben について。これは、ヘーゲル哲学のとりわけ「弁証法」の理解で特別に重視されてきた言葉の一つであり、「止揚」とか「揚棄」とかと訳されてきた。ヘーゲル自身、『精神の現象学』でも『論理学』でも、その動作のさいにとりわけ「保存」がなされていることに注意を喚起している。このため、たとえば『大辞林』などで「止揚」という語は「ヘーゲル弁証法の根本概念。あるものをそのものとしては否定するが、契機として保存し、より高い段階で生かすこと。矛盾する諸要素を、対立と闘争の過程を通じて発展的に統一すること」と説かれることになる。しかし、aufheben ということでつねにこの意味を念頭におかなければならないのか、となると、必ずしもそうではないと考える。たとえば、「犯罪を Aufheben する」（第四七節、本書六二頁）というとき、「犯罪」を「止揚」してこれを「より高い段階で生かす」、「発展的に統一する」といったことまで含意しているとみなされるのだろうか。もしそうであるならば、国家は、自己を正当化するために、みずから「犯罪」を生み出してそれを処罰するというマッチポンプ的八百長を演じるものと捉えられかねない。もっとも、そうしたことをする実定的国家も存在しているのかもしれない。しかし、ヘーゲルの理解としては、そうではないだろう。むしろ、aufheben は、いずれの文脈においてもほとんど例外なく「廃棄」という意味で理解可能である。では、ヘーゲルが指摘する「保存」の含意はどう考えればよいのか。これは、「廃棄」物は、廃棄されたものとしてあるときには、まさに「廃棄」物として現存していることに注意しさえすればよいのだと思われる。われわれが「廃棄」物に悩まされるゆえんである。

an sich, für sich について。ヘーゲルにおいてこれらを「即自」「対自」と訳すことが一種の慣行となっているし、先の「止揚」と同様、一般に広く知られる言葉になってきていると評価することもできるのかもしれない。たとえば、『大辞林』では、「即自」について、「物の在り方が直接的で自足しており、無自覚で他者や否定の契機をもたないこと。ヘーゲル弁証法では、未だ対立の意識をもたない直接無媒介の状態とされ、この直接態が矛盾を生じ自と他の対立から反省を経て対自となり、さらに自他を止揚した即自かつ対自に至るとされる。これらは弁証法の正・反・合に対応している。」と説明されている。また、「対自」についても、「存在者が自己自身を対象化する自覚的在り方。ヘーゲル弁証法の一契機。」と説明される。だが、要するに、「即自」「対自」という語は、それだけで日本語としてみるときほとんどなにごとも伝えておらず、それらを理解しなければならないときには、「ヘーゲル弁証法」の真諦をつかんでいなければならない言葉だとされているわけである。したがって、ヘーゲルのテキストに向きあうとき、「即自」「対自」で語り始めると、たちまち解釈上の循環が発生してしまうことになる。しかも、ヘーゲルが an sich, für sich を用いるとき、「即自」「対自」の国語辞書的説明――それ自体疑問なしとしない説明だが、ヘーゲル研究者でもなければ一般にはこれを頼りに文意を理解しようとするのは当然である――で終始一貫しているかといえば、ほとんど絶望的なところがある。それゆえ、「即自」「対自」（そして「即かつ対自」も）という語は、原語単純置き換えの研究者用ジャーゴンとして取り扱う以外は、一般的に用いられるべき言葉ではないと思われる。本書では、ドイツ語としての日常的な意味に即して、an sich を「それ自体で」とし、für sich を「それだけで独立して」と訳した。

なお、以上で弁明した以外の訳語選択については、索引で原語を掲げているので、吟味を試みていただきたい。

＊

本書の翻訳の分担については、次の通りである。すなわち、「緒論」および「ベルリン大学一八一八・一九年冬学期講義による緒論」については徳増多加志、「抽象法」については原崎道彦、「道徳」および「人倫」の「家族」については平山茂樹、「人倫」の「市民社会」については髙柳良治、「人倫」の「国家」のうちその冒頭・「君主権」・「統治権」については神山伸弘、その「立法権」・「世界史」については滝口清榮があたり、オットー・ペゲラーによる「序文」などの「附録」については髙柳良治と滝口清榮があたった。「訳註」は、分担部分について共訳者から集約したものに加えて、神山が大幅に補充した。また、「『法の哲学要綱』（一八二〇）との節対照表」および「索引」は神山が作成した。

本書の訳業は、底本が出版されて間もない一九八七年から取り組まれた。その開始には、「ヘーゲル研究会」（現「日本ヘーゲル学会」）の創立（一九八六）に前後する当時の若手研究者たちの緊密な交流が原動力となった。『法の哲学』の研究では、すでにイルティングが編集した諸講義録の研究が必要となっていたが、それに新たに加わった底本の研究は、『法の哲学』の論理構造や歴史的ないし今日的意義を解明するために不可欠と痛感され、手垢に汚れた従来の『法の哲学』理解を刷新するために若手は奮い立ったのである。その最初期には、法政大学の富士セミナーハウスで合宿もして、訳語・訳文のあり方などを検討しあったものである。

当初から出版をめざして翻訳作業を進め、一九九三年には訳出分担者の原稿がほぼ出揃ってきたものの、実際は出版のあても展望もとくにあるわけではなかった。もっとも、訳稿が印刷に付しうるレベルで完成していたわけでもなかった。というのも、訳業として深刻なことに、手分け作業のなかで訳語の統一が思うにまかせない、文体が思いであるといった問題を抱え込んでいたからである。このことを解決するのに一つひとつ合議していくのでは、収斂する前に共訳者が息切れして空中分解する可能性が高い。そこで意を決して、一九九四年、訳語と文体の統一は、一人の作業で進めることに決めた。その任に当たったのが神山である。ただ、この方法は、当然ながら一人が全体を読み直し吟味するために、またそれを共訳者にフィードバックして意見を聴くために相当な時間をかけるものでもあるから、その作業の終了に至るまでは出版の可能性を保留させるものになってしまった。

こうした未定稿があることに気づかれ、かつ訳稿の一部を担当し監修に身を乗り出してくださったのが髙柳良治先生である。二〇〇〇年、髙柳先生は、法政大学出版局に企画を提案され、本書の出版がようやく軌道に乗るようになった。実に、髙柳先生抜きでは本書は陽の目を見ることがなかったと思われる。二〇〇一年末には、基本的な監修がほぼ終わっていたが、その結果を全体に及ぼして調整するのにさらに二年必要とした。二〇〇四年春にはようやく入稿を果たしたが、編集者の五味雅子さんに読んでいただいて原稿の難読部分を改善する作業や、索引を編成するなかでいま一度訳語の統一を点検する作業をしたために、実際に原稿が印刷に廻ったのは二〇〇六年春である。本書がへーゲル研究者以外の方にとっても読みやすくなっているとすれば、ひとえに、それは、五味雅子さんが原稿を丁寧に読んでくださって疑問箇所を提示してくださったことに積極的に応援した結果による。この場を借りて深く感謝申し上げます。なお、妻まち子には、索引事項の点検をしてくれたことに感謝します。

さて、出発点からすると、この講義の翻訳出版に、実に二〇年もかかってしまった。その遷延の主要な原因は、ひとえに神山の怠惰と無能にある。このことで監修者・共訳者の方々、そしてなによりも法政大学出版局の平川俊彦さんには、いくども待ちぼうけを食らわせ多大なご迷惑をおかけしたことをこの場を借りてお詫び申し上げるとともに、辛抱強く原稿を待ってくださった寛大なお心に衷心より感謝いたします。

本書の編集が大詰めを迎えた本年、髙柳良治先生は、國學院大學教授を定年退職された。本書がその記念となるべく出版できたことをうれしく思います。

二〇〇七年八月七日、立川

講義当時のへーゲルとほぼ同い年の神山伸弘記す

145	295, 297
c　立法権	c　立法権
146	298, 299
147	300, 301
148	302, 303
149	300, 309
150	304, 306, 310
151	312, 313
152	305, 306, 307
153	308, 311
154	314, 315
155	319
156	316
157	299
158	270, 318
B　外部国家法	II　対外主権
159	322, *346*, *349*
160	322, 323, 324, 325, 326
	B　外部国家法
161	331
162	330, 332, 333, 334
163	338, 339, 340

C　世界史	
164	340
	C　世界史
	342, 344, 345, 347
165	354
166	355
167	356
168	357
169	358
170	359, 360
緒論（補足）	緒論
1	3
2	4
3	5
4	6
5	7
6	10
7	11, 12, 13, 14, 15, 16, 21, 22, 23, 24, 25, 26, 27, 29, 30, 31, 33

索　引

凡　例

各項目は、見出し語、対応する原語、**節番号**の順に記す。

(1)　見出し語は、対応する原語にあてた本書の訳語である。

①　見出し語は五十音順に並べる。ただし、その枝項目は必ずしもこれに従わない。活用語は終止形に改める。

②　検索時に冒頭を省くのが便利な見出し語はそれを省いて並べ、［　］で示す。

③　枝項目の語句では、見出し語の全部または一部を～で省略することがある。一部を省略するときは、見出し語を/で区分する。

枝項目では、係り受けに着目して途中の語句を省略することがあり、それにともなって活用形を変えているものがある。

④　語句中の括弧（　）書きは、省略または言い換えを指示する。

⑤　対応する原語を掲げない部分、本書で代名詞で訳した部分、補足説明を指示する部分は、〔　〕で示す。

⑥　名詞化の「(である) こと」や「さ」、動詞化の「する」や「なる」、あるいは「性」や「態」の付加で訳し分けるものは、見出し語ではそれらを省略する。

⑦　「人」「者」「もの」「こと」、あるいは「性」「態」「化」「であること」で訳し分けるものは、いずれかを掲げて、それにアンダーラインを付す。

(2)　対応する原語は、ドイツ語の名詞または名詞相当語、ラテン語その他である。ただし、枝項目では必要なかぎりで掲げた。

①　名詞は、単数形で表記するが、複数形で特段の意味があるときは、それを掲げる。

②　形容詞や分詞を名詞化したものは、弱変化単数1格で表記する。

③　直前と同じ原語となるときは、等号（=）を用いて省略する。

④　枝項目の語句に対応する原語では、直前のものの全部または一部を～で省略することがある。一部を省略するときは、直前の原語を等号（=）で区分する。

⑤　見出し語に対して、複数の原語が対応するときは、原語をカンマ（,）で区切って示す。

(3)　節番号について

①　「ベルリン大学1818・19年冬学期講義による緒論」の節番号は、イタリックで示す。

②　2節連続する場合はf.を、3節連続する場合はff.を付加し、それ以上は途中をダッシュ（—）で省略する。

③　見出し語が対応する原語にあてられたものでないときは、節番号を拾っていない。

たとえば、「自由 Freiheit」は、第3節で拾っていないが、「freier Wille」にあてた「自由意志」の「自由」は、第3節にある。

ア
愛　Liebe　9, 70–73, 76, 78, 85ff., 122, 132, 140; 神の～　132; 真実の～　71; 人倫的な～　87; 母親の～　140; 夫婦～　76; プラトン的な～　76; 満たされていない～　unbefriedigte ～　76
愛顧　Gunst　106, 138, 140, 150
愛国/者　Patriot　132; ～心　Patriotismus　132, 141, 153
アイルランド人　Irländer　119
アカデミー　Akademie　158
アギス　Agis　133（→訳註82）
悪　Böse　2, 46, 59, 62, 67, 114, 119; 悪事 ＝ 110; 道徳的に悪い　62; 絶対的な～　67; 肯定的な～　67
　悪意　Bösartigkeit　118, mala fides　20; 悪業　Spitzbüberei　145; 悪趣味　Abgeschmacktheit　96; 悪徳　Laster　118, 137; 悪罵　Beschimpfung　155; 悪魔　Teufel　110
　［より］悪しきもの　Schlechtere　134
アクション　Aktion　133, 149
アグリコラ　Agricola　90
アダム　Adam　76
厚紙の箱　Pappschachtel　86
アテナイ　Athen　84, 90, 137, 167; ～の瓦解　Sturz ～s　137
兄　Bruder　87（→兄弟）
誤り（った）　Falsch　63, 71, 109, 134, 148
阿諛追従　Schmeichelei　140
アラビア　Arabien　48
現す、現れ（る）　Darstellung 43, 56, 137, 148, 159, 170（→訳註120）
アリストテレス　Aristoteles　130, 135
主　Meister　22, 61
案　Antrag　116
安全　Sicherheit　89, 105, 114, 135, 157, 162（→不確実性）; ～なかたちで王位継承する　157; 国民の～ 135; 市民社会の～ 114; 所有の（を）～　89, 114; 生命の～ 114
アンティゴネー　Antigone　70, 76, 87

イ
いいかげん　Oberflächlichkeit　134, 154
言い渡す〔判決を〕　Aussprechen　116; 言い渡し〔判決の〕　Ausspruch　116
委員　Mitglied　116, 145（→議員、判事、メンバー）; ～会　Kommission　151
家　Haus　37, 82, 85f., 119（→家政資金）
威嚇　Abschrecken　46, Abschreckung　46, 85; ～説　Abschreckungstheorie　46
いかさま師　Marktschreier　150
怒り　Zorn　56
イギリス　England　48, 56, 85, 101, 106, 115 f., 118, 120, 125, 133f., 136, 139, 141, 149 –152, 155, 157, *1*; ～人　Engländer　101, 104, 110, 129, 154, 159; ～の大法官　Lord-Kanzler　115
生きる（かす）　Leben　78（→生涯、人生、生活、生命）; 生きているもの　Lebende　*7*
畏敬の念　Ehrfurcht　140
意見　Meinung　151, 154
威厳　Majestät　67, 112
意向　Intention　20
移行　Übergang　14, 34, 64, 74ff., 86, 101, 112, 126, 135, 163（→所有の移転）, Übergehen　4, 35, 71, 99, 137
遺言　Testament　37, 115; ～のもくろみ　Projekt zu einem ～　115
　遺言/すること　Testieren　37; ～する者　Testator　37, 84; ～なき　ab intestato　37
遺産横領　Erbschleicherei　84
意志　Wille　1ff., 5–11, 13–21, 23ff., 27ff., 31–35, 37f., 40–50, 52–57, 59–62, 64–70, 73, 75f., 79f., 85f., 98, 107f., 110, 112, 114, 116, 122–125, 127, 129, 131f., 134f., 138ff., 142, 147ff., 160, 162, 170, *1–7*; 悪しき～　*7*; 客観的～　7, 41, 139, *7*; 共通の～　35; 現実的～　5; 個体的な～　129, 131f.; 自然的～　7, 17, 40, 60, *7*; 実体的～　75; 自由～　3, 6 f., 9ff., 14, 16f., 32, 42–46, 49, 61, 64, 66, 73, 85, 98, 107f., 122f., 127, *2*, *6f.*; 主観的～　41, 48f., 52 ff., 57, 69, 112, *7*; 人格的～　38; 神的な～　135, *1*; 絶対的な自由～　11; それ自体で存在する～　an sich seiender ～　7; それ自体でもそれだけで独立しても存在する～　an und für sich seiender ～　7, 41, 52, 60, 64, 125, *7*; それだけで独立

して存在する für sich seiender ～ 50, 52f., *5*; 道徳的な～ 44, 132; 特殊な～ 10, 32 f., 38, 40f., 46, 48ff., 59, 114, 124, 132, 140, 149, 162, *7*; 普遍的(な) ～ 10, 32–35, 38, 40f., 46, 48ff., 59f., 64f., 68 f., 122ff., 127, 129, 131f., 147f., 162, *7*; 善い～ 132 (→善意); 理性的な～ 8, 123, 131, 148, 170; 理論的～ 34
意志/関係 Willens=beziehung 26; ～規定 =bestimmung *7*; ～決定 =entscheidung 133; ～的所有物 =eigentum 135; ～の自由 =freiheit 135
意志する Wollen 56, 69ff., 77, 132, 139f., 162, 170, *7*; ～者 Wollende 9
維持 Erhalten 167, Erhaltung 75, 83f., 89, 104, 132, 141, 150, 160, 162 (→手に入れる)
維持するもの Erhaltende 100
意識 Bewußtsein 1, 15, 19, 29, 31, 54ff., 59, 67, 70f., 73, 75, 78, 86, 94f., 103, 106f., 110, 115f., 118, 122, 132, 134–137, 142, 145, 154, 158, 160, 164, 166f., 169, *1ff.*, *7*; ～の立場 15, 54, 75; 国民の～ 137, 145; 自由の(だという)～ 1, 29, 106, 116, 122, 135, 145; 同一であることの(という、を)～ 31, 94, 95
遺失者 Verlierende 125
医者 Arzt 61, 118; 医療 Medizin 118
移住 Auswandern 159, Auswanderung 120; ～者 Auswandernde 120
イスラム教 Mohammedanismus 166
依存 Abhängigkeit 70, 86, 93, 102, 104, 120, 122, 135, 153 (→自主独立)
イタリア Italien 125, 134
いたわり Schonen 164
一時的なもの Momentane 103, Temporäre 36
一面/性 Einseitigkeit 69, *7*; ～的な人 Einseitige 89, *7*
一様さ Gleichförmigkeit 101
一体化 Vereinigung 9, 16, 72, 122, 132, 160
逸脱〔本質的な規定からの〕 Abweichen 77
一致 Übereinstimmung 58, 134, 7, Gemeinsamkeit 153 (→共有)
一夫一婦制 Monogamie 80
偽りの宣誓 Meineid 110 (→宣誓)
意図 Absicht 46, 51, 61f., 107
田舎 Land 118 (→国、土地、領邦)
イニシアチブ〔法律に対する〕 Initiative 149
委任 Mandat 37, mandatum 37
命 Existenz 21 (→現実存在)
意のまま Gewalt 25, 75 (→権、権力、暴力)
違法なもの Widerrechtliche 56
戒め Gebot 13, 86, 166
意味 Bedeutung 23, 62, 77, 113, 152, *7*; ～あい Bedeutendheit 136
妹 Schwester 87
遺留分 Pflichtteil 84
威力 Macht 33, 40, 42, 55f., 66, 76f., 106, 112, 116, 126, 128, 133, 135, 140, 146, 160ff., 164, *5f.*; 絶対的な～ 66, 126; 普遍的な～ 126; 偶然的なものの～ 140 現実態の～ 160; 国家(という)～ 128, 160, 162; 国民の～ 133; 仕組みの～ 140; 実体がもつ～ 66; 自由意志がもつ～ 66; 普遍的なものの～ 164 (→精神、類)
威力ある姿 Mächtigkeit 76
威力のあるもの Mächtige 77
衣類 Kleidung 93, 103
入れ代わり(る) Wechsel 101, 103, 109, 116, Wechseln 140
[議]院 Kammer 151ff.
慇懃な態度 Höflichkeit 96 (→礼儀作法)
インド Indien 80, 166; ～人 Inder 106, 135, 166, *3*
陰謀 Komplott 114

ウ

ヴァルデック伯爵 Graf Waldeck 154
ヴィーラントの小説 Wielandscher Roman 76
ウェストファリア講和条約 Westfälische Friede 146
ウォーコニウス法 Lex Voconia 84
後ろ盾 Stützpunkt 69, 154
内 Innere 136, 162 (→国内、内面的なもの)
内側のもの Inwendige 6

美しさ　Schönheit　76, 167（→美）
自惚れ　Eitelkeit　70, 91, 96, 140, 143（→空疎）
生まれ　Geburt　106, 135, 138, 144f., 166, natus　159; 産まれた者　Erzeugte　75
海　See　160（→風）
生み出すこと(出し)　Hervorbringen　111, 132, Hervorbringung　7; 産みの苦しみ　Geburtsschmerz　169; 産む　Erzeugen　75, 80; 産むこと　Erzeugung　78; 産む者　Erzeugende　75
売れ行き　Absatz　104, 120; 売りさばき　Absetzung　104; 売り手　Verkäufer　120
運河　Kanal　120
運動　Bewegen　119, Bewegung　69, 101, 130, *7*; ～していないもの　Unbewegte　65
運命　Schicksal　70, 102, 116, 138, 164

エ

永遠　Ewige　170, Ewigkeit　24
営業　Gewerbe　71f., 104, 118, 120f., 142, 150, 152（→訳註63);〔～が〕行き詰る ～ ins Stocken　118
営業/者　Gewerbs=mann　104; ～生活　=leben　120; ～部門　=zweig　118, 120; ～身分　=stand　104, 120
栄光　Glanz　133, 138
永小作権　Erbpacht　25
永続的なもの　Bleibende　81, 114
鋭敏さ　Feinheit　152
英雄　Heros　43, 124, 134f.
エヴァ　Eva　76
エウメニデス　Eumenide　48
エゴイズム　Egoismus　132, 135
餌をやること〔動物に〕　Füttern　21
餌食〔他国民の〕　Beute　162
エジプト　Ägypten　158, 164; ～人　Ägypter　106, 110
エトルリア族　Etruskerstamm　168
エネルギー　Energie　87
エフォロイ〔最高監督官〕　Ephor　133（→監督官）
選ぶ人　Wählende　116（→選挙する人）
エレメント　Element　3, 34, 53, 61, 68, 71, 77, 136, 148, 151f., 156, 167, *1*（→訳註1）
エレメント的(のよう)なもの　Elementarische　103, 148
演劇　Schauspiel　104（→光景）
援助　Helfen　107
演説　Vortrag　151; ～者　Redende　154, Redner　155
煙突〔掃除に子供を雇う〕　Schornstein　85

オ

オイディプス　Ödip　55
王位　Thron　138; ～継承　=erbfolge（→継承）
王家　Dynastie　33, 157; 王子　Prinz　151; 王女　Prinzessin　151; 王室費　Zivilliste　157
狼〔に囲まれる〕　Wolf　63
大きさ　Größe　84, 121, 136, 146（→重大さ）; より大きいもの　Größere 42
お気に入りの者〔君主の〕　Lieblinge　140
行い　Tat　46, 54ff., 59, 68, 107, 111, 150, 164, Tun　33, 85, 107, 119, 158
怒りっぽさ〔父の〕　Heftigkeit　86
お世辞　Kompliment　96
夫　Mann　63, 76f., 79f., 82ff., 87（→男、人）
音　Ton　34, 99
男　Mann　55, 77, 80, 151（→夫、人）
大人　Erwachsene　95
思い込み　Meinen　150, Meinung　8, 37, 76, 80, 94, 99, 107, 138, 150
思い出　Erinnerung　28
想いをはせること〔神に〕　Hindenken　71
重荷　Last　105, 140, 153, 157; 最も～となること　Lästigste　149
重み　Gewicht　116, 151（→勢力）
オランダ　Holland　155
折りあいをつける〔善と生命の〕　Ausgleichung　7
オリエント的なもの　Orientalische　59, 167（→東洋）
愚かなこと　Törichte　7; 愚か者　Blödsinnige　56, 118
恩赦　Begnadigung　46, 56, 139; ～権　Begnadigungsrecht　116
おんな　Frauensperson　80; 女　Weib　76f.,

80, 84, 163
隠密のもの〔秘密警察〕 Verborgene 119

カ
我意 Eigenwille 170
害悪 Übel 2, 145
カイエンヌ Cayenne 133
絵画〔の利用〕 Gemälde 25
外界 Außenwelt 75
海外貿易 Seehandel 136
外化表現 Äußerung 17, 27, 30, 45（→発言）
海岸 Meeresstrand 21
会議 Sitzung 154, Versammlung 149ff., 154, 156
階級 Klasse 84, 104, 113, 116, 120, 125, 152, 158, 162; 抽象的な～ 104
街区 Viertel 121
海港 Seehafen 20
外国 Ausland 120
改悛 Buße 113, Büßung 113
階層 Stockwerk 146
海賊版 Nachdruck 120
買い手 Käufer 120
快適さ Bequemlichkeit 93
飼い慣らす Bezähmen 21
介入 Einmischen 164
概念 Begriff 2ff., 7, 9－12, 15, 20, 24, 29, 31, 43–47, 49, 53ff., 58, 65, 68f., 71, 73, 75, 77, 80, 83, 90, 97, 103, 106, 109, 111, 114, 116f., 123, 125, 129–135, 137, 139f., 146–149, 154, 156, 164, *2f.*, *5ff.*; ～自身の現れ 137; 意志の～ *3*, *6*; 国家の～ 129, 131;「原因者である」という～ ～von ›schuld sein‹ 54（→訳註24）; 行為の～ 10; 事柄の～ 46, 106, 147; 自我そのものの～ 4; 時間の～ 24; 自己意識的な～ 146; 自己意識という真なる～ 146; ～が自分の実在というものから分離すること 7; 主観的な～ 68f.; 純粋な～ 4, 7, *7*; 自由意志の～ 46; 自由な～ 69; 自由の～ 9, 10, 29, 68, *2*;「完全な所有」という～ 83;〈人格そのもの〉の～ 12; 絶対的な自由意志の～ 11; 善と悪の～ 2; ～とその対象ないし内容との対立 *7*; 抽象的な～ 11; 内閣の～ 156; ～と内容との一致 *7*; 犯罪の～ 45;〈一つのもの〉の～ 31; ～の標識 *2*; 普遍的～ 58, 75; ～を補足する Komplement des ～s 75; ポリツァイの～ 117; 無限な～ 49; 理性的に～把握する 154; 立法権の～ 149（→権利、定在、法律）
概念/規定 Begriffs=bestimmung 106, 139; ～契機 =moment 131; ～的に必然的なもの =notwendige 147; ～統一 =einheit 133; ～把握 Begreifen 158
外皮〔古い〕 Schale 134
外面 Äußerlichkeit 10, 13, 15–20, 25, 28, 30, 37, 41f., 44, 53, 55f., 98, 110, 123, 132, *2*, *7*; ～的であること Äußerlichsein 18, 41
外面/的なもの Äußere 14, 17, 30, 41, 46, 56, 83, 110, 138, 167, *5*, Äußerliche 15ff., 25, 30, 38, 42, 46, 53, 70f., 98, 114, 123, 128; ～でない Nichtäußerlichkeit 53
下院 Unterhaus 149
カエサル Caesar 8, 136
価格 Preis 26, 37, 120
鏡〔神の〕 Spiegel 6
格言 Spruch 132（→判決）
学者 Gelehrte 120, 137
確証 Versicherung 110（→断言、宣言）
確信 Gewißheit 44, 64, 66ff., 110, 129, 138, 157, 167; 最終的な～ 138; 主観的な～ 167; 純粋な（自己）～ 64, 66ff.; 単純な～ 66; 内面的に（な）～ 44, 66, 68
核心 Hauptsache 21, 46, 56, 103f., 119, 135, 145, 148, 155; 最も～となるもの Hauptsächlichste 156
獲得 Ergreifung 19f., Ergreifen 23, 84
革命 Revolution 125, 134, 146, 150; フランス～ Französische ～ 26, 29, 33;〔～の〕間違った路線 Irrwege 150;〔～の〕誘因 Veranlassung 26
学問 Wissenschaft 3, 8, 77, 90, 92, 105, 120, 137, 158, 170, *3*, *6f.*
格率 Maxime 53f., 56, 62, 154
家系 Familie 139（→家族）
加工形成（をする） Formieren 21, 103, For-

mierung　19–23, 91, specificatio　19
過失　culpa　10
貸主　Verleiher　37
仮象　Schein　125, 140, 145, 151, *7*; 〜すること　Scheinen　9, 114
過剰　Überfluß　96, 98, 100, 103f., 136
家臣　Untertan　105, 116（→臣民）
カースト　Kaste　106, 166; 〜の隔壁　Scheidewand der 〜n　106
カーストの区分　Kasten=einteilung　166, =unterschied　106
風〔海の上に吹く〕　Wind　160
家政資金　Haushaltungsgeld　140
河川　Fluß　20
家族　Familie　26, 48, 69, 71–75, 77f., 81–89, 103f., 119f., 122, 140, 145, 150, 152ff., 163, *7*（→家系）〜の解体　Auflösung der 〜　74, 86f.; 〔〜の〕権能　Ermächtigung der 〜　83; 〔〜から〕出て行く　Hinausgehen　74（→超え出る）; 〔〜から〕出て行く者　Getretene　86
家族/関係　Familien=verhältnis　37, 73f., 86, 122; 〜の結びつき　=verbinung　71; 〜構成員　=glied　72, 83, 86f.; 〜財産　=gut　82f.; 〜資産　=vermögen　83ff.; 〜所有　=eigentum　83ff.; 〜生活　=leben　71, 73, 76, 160; 〜の意志　=wille 74; 〜の気遣い　=sorge　85; 〜のプライバシー　=geheimnis　155; 〜の息子　=sohn　166; 〜メンバー　=mitglieder　84; 〜連合　=verein　122（→訳註71）
塊　Masse　130（→相続財産、大群衆）
価値　Wert　1, 12, 37, 47, 56, 86, 96, 103f., 111, 113f., 119, 132, 138, 156（→無価値）; リアルな〜　reeller 〜　156; 純粋な〜　37; 抽象的〜　104; 道徳的〜　86; 内面的〜　114; 無限の〜　37, 132
家畜　Vieh　21, 61
家長　Familien=haupt　26; 〜たる父親　=vater　148（→家父長）
閣下〔有罪判決を受けた〕　Lord　151
学校　Schule　86
合唱隊〔コロス〕　Chor　43
活動　Tätigkeit　12, 22, 25, 54, 59, 65, 68–72, 77, 79, 82, 86, 90f., 99ff., 104, 106f., 111, 113, 116, 120f., 123f., 129f., 132, 141f., 144, 147, 151, 156, *5*, *7*（→自己〜, 不〜）; 現実的な〜　156; 公共〜　öffentliche 〜　72; 純粋な〜　124; 絶対的〜　12; 抽象的な〜　68; 直接的な〜　86; 特定の〜　bestimmte 〜　22; 本質的〜　91; 有機的な〜　130
活動するもの　Betätigende　77
活発〔営業生活〕　Regheit　120; 〔悟性〕　Regsamkeit　109
過程　Prozeß　75, 126, 164（→審理）
家庭裁判所　Familiengericht　79
カトー　Cato　43（→訳註18）
家内相続人　sui heredes　84
カナン　Kanaan　83
金　Geld　107（→貨幣）
可能性　Möglichkeit　5, 22, 30, 44f., 63, 98, 104, 114f., 118, 136, 138, 144, 155, 163, *5*; 空虚な〜　115, 150; 疎遠な〜　114 f.; たんなる〜　5, *5*; 普遍的な〜　118; 〜態　potentia　*2*
過半数〔議会の〕　Hälfte　133
家父長　Patriarch　166（→家長）
家父長制的なあり方　Patriarchalische　88
カプチン会修道士　Kapuziner　150（→訳註103）
貨幣　Geld　37, 104, 157（→金）; 〜品位　Münzfuß　37
可変性〔外面的な定在の〕　Veränderlichkeit　83
神　Gott　8f., 19, 68, 71, 124, 134f., 139, 148, 166f., 169, *1*, *4*, *6*（→神性、神的なもの）; 神に対する畏敬の念　Gottesfurcht　158
絡みあい　Verflechtung　92, 110, 135
狩人　Jäger　21
華麗　Pracht　138, 140
ガレー船　Galeere　119
考える　Gedanke　18（→思想）
感覚　Empfindung　15, 63, 77, 85, 87, 102, 122, 147, *3*
管轄〔特殊な官庁の〕　Kompetenz　146
関係　Relation　37, Beziehung　12–18, 20, 24, 31, 34, 39, 41, 44, 50, 52, 57, 59, 62, 65, 67f., 70f., 85, 91, 94, 99, 104, 114, 116,

119f., 123, 125f., 130f., 132, 162; 外面的な～ 17, 20, 24, 94; 肯定的な～ 41, 70; 実体的な～ 24; 自由な～ 70; 純粋な～ 12, 67; 多方面にわたる～ vielseitige ～ 162; 直接的な～ 16; 適法な～ 24; 否定的～ 59, 68, 130; 普遍的～ 99, 119; 無限に～ 44, 65, 123
関係/する Beziehen 12; 諸～ Verhältnisse (pl.) 132, 151, 159 (→相関～)
監獄 Zuchthaus 30
監視 Aufsicht 119, 154
感受性 Sensibilität 131
鑑賞 Anschauen 25 (→直観)
干渉 Eingriff 143, 151
感情 Gefühl 8, 26, 45, 48, 56, 58, 70f., 75f., 86f., 99, 107, 115, 118, 120, 136, 153, 158, *2*; 愛の～ 86; 依存しているという～ 86; 一般的な～ allgemeines ～ 8; 恐ろしい～ 115; 欠陥という～ 75; 空無であるという～ 71; 自己意識的～ 153; 宗教的な～ 71; 主観的な～ 48; 自立している～ 107, 118; 人倫的な～ 87; 正確な～ 86, 107;〔絶対的な本質の〕～ 158; 同一性の～ 75; 統一の～ 75; 内面態の～ 56; 否定的なものの～ 70, 75; 不正の～ 70, 118; 普遍的な自己意識の～ 76; 保護されているという～ 120; 没落の～ 76; 無力の～ 136 (→欲求)
官職 Staatsamt 147, 152
関心 Interesse 86 (→利害関心)
感ずること Fühlen 73, 76, 170
完成/している Vervollkommnen 104; ～者 Vollender 46; ～すること Vollendung 101; ～能力 Perfektibilität 126
関税 Zoll 20
間接事実 Indiz 155
感染 Ansteckung 159
寛大さ Liberalität 113, 119
官庁 Behärde 78f., 116, 142, 147, 153; 上級～ Oberbehörde 145
観点 Gesichtspunkt 8, 47, 56, 90, 143f., 149
カント Kant 65, 79, 85, 131, 162; ～哲学 65
監督 Beaufsichtigung 119f., 145; ～官 Ephorat; 133 (→エフォロイ)
観念 Idealität 64, 160
観念/的なもの Ideelle 15, 19, 25; ～論 Idealismus 9
官能の悦び Wollust 140
願望 Wunsch 63, 84, 146, 149, 160, 170
元本 Kapital 37 (→資本)
関与 Anteil 118, 129, 132, 135f., 147ff., 158, Teilnahme 98, 102, 118, 144, 152, 155 (→参加)
寛容 Großmut 111
管理 Verwaltung 82f., 141, 143, 146; ～部局 =116, 149; ～者 Verwalter 116, 142; ～の権利 Verwaltungsrecht 141
慣例 Tradition 143 (→引渡し)

キ

起案 Vorbereiten 140, Vorbereitung 151
議案 Entwurf 133
議員 Mitglied 147, 149f., 152, 154, 156 (→委員、判事、メンバー)
［次第に］消えて行くこと Verglimmen 68
記憶 Gedächtnis 99
機会 Gelegenheit 102, 144, 158
機械 Maschine 101, 120; ～装置 Maschinerie 101
機械的なもの Mechanische 104
議会 Parlament 120, 133, 139, 149, 151, Stände (pl.) 138, 147f., 149f., 153f., 157; ～演説 Parlaments=rede 155; ～決議 =beschluß 133; ～議員 Stände=mitglied 152, 154; ～体制 =verfassung 149
議会的なもの Ständische 147
機関 Organ 109, 115
危機 Gefahr 63, 143, 149, 160, 163 (→危険)
危急 Not 63f., 103, 107, 163 (→必要); ～権 Notrecht 63
喜劇 Komödie 76
キケロ Cicero 136
危険 Gefahr 83, 120, 124, 144, 162 (→危機), Gefährliche 62, 160; ～性 Gefährlichkeit 114
起源 Ursprung〔法の〕 1;〔欲求の〕98;〔家族の〕 Ursprünglichkeit 87

機構　Institut　*1*;〔～の〕不均衡　Mißverhältnis　*1*
気候　Klima　136
兆し　Zeichen　77, 137, 163（→標識）
議事運営　Anordnung　151（→指図）
岸辺　Ufer　20
希少性〔価値について〕　Seltenheit　37
絆　Band　12, 67, 78, 80, 83ff., 141, 168
犠牲　Aufopferung　41, 96, 160, Opfer　152; ～に捧げられた動物　Opfertier　138
奇跡　Wunder　139
帰責　Zurechnung　54, 56
季節　Jahreszeit　103
偽善　Heuchelei　67ff.
基礎　Grund　72（→根拠、理由）, Grundlage　2, 33, 69, 71, 73, 80, 84, 92, 95, 129, 134, 138, 161, 165, 167, *3*
偽造〔契約書の〕　Verfälschung　115
規則　Regel　109, 149
貴族　Adel　83, 105f., 120, 145, 148, 152, Adelige　121, 135, 152, Edelmann　116, Aristokrat　135, 167; ～制　Aristokratie　133, 135, 140, 142, 165, 168; ～制的なもの　Aristokratismus　167
北アメリカ　Nordamerika　48, 136
期待　Vertrauen　68, 116, 169（→訳註28）
寄託物　depositum　37; ～の保管　Aufbewahrung eines ～s　37
喫煙　Tabakrauchen　95
気遣い　Sorge　72, 81, 83, 95, 105, 120, 135, 141, 152（→配慮）, Sorgen　107, 133; あらかじめの～　Vorsorge　92, 103, 120
規定　Bestimmung　7, 9, 10, 13, 16, 18, 20, 24, 26f., 33, 35, 37, 45, 47, 56, 66–70, 75–78, 87, 89, 99, 107, 109 f., 121, 129, 132ff., 139, 142, 145, 152, 156–159, *1f.*, *6f.*（→使命）; 意識の～　56; 堅固な～　56, 152; 最終的な～　13; 具体的な～　89; 権利の(を)～　145, 157; 肯定的な～　33; 個別的な～　134; 自己意識の～　69; 実体的な～　70; 主体の～　67; 存在し必然的な～　7; 政治的な～　152; 絶対的～　16, 20; 特殊な～　121; 特種な～　37; 内面的な有機的～　129; 部分的な～　2; 普遍的～　109; 本質的な～　77f.; 明文の～　ausdrückliche ～　158; 理性的で外面的な～　26; 量的な～　37, 47（→人間）
　規定/する　Bestimmen　9, 66f., 132; ～するもの　Bestimmende　130, 135; ～された者　Bestimmte　12, 47, 120, 159, *4*; ～されないもの　Unbestimmte　116, *4*, *7*（→際限ないもの）; ～態　Bestimmtheit　4f., 22, 50, 52f., 57, 66, 107, 121, 148, *4*
キニク学派　Kyniker　90, 156
機能　Funktion　70, 100, 116, 148
技能　Geschicklichkeit　22, 30, 37, 61, 83, 98, 101f., 104, 107, 113, 118, 121, 132, 142, 145, 149, 150; 個々の～　einzelne ～　101; 主観的な～　98; 特殊な～　30, 37, 101, 132, 142; 特定の～　bestimmte ～　121
規範　Norm　27, 115
気分〔つかの間の〕　Stimmung　151
希望〔神性に還帰する〕　Hoffnung　169
基本的要素　Grundelement　92（→エレメント）
義務　Pflicht　8, 13, 37, 59–62, 64, 66ff., 70, 76, 78, 81, 83, 85, 100, 107, 119, 122, 129, 132f., 140f., 145, 152f., 160, *7*; 客観的な～　66f.; 公務員がもつ～　145; 国家の～　133; 衝突する～　kollidierende ～　66; 人倫的な～　83; 絶対的な～　64, 85, 122; 抽象的な～　64; 適法な～　62; 道徳的な～　61f.; 特殊な～　132; 特定の～　bestimmte ～　67, 107; 普遍的な～　66
規約　Satzung　1, *1*
客観　Objekt　10; ～性　Objektivität　7, 54, 59, 68, 110, 140, *2*, *7*
　客観的なもの　Objektive　9, 41, 46, 69, 91, 110, 116, 138ff., 144, 158, *2f.*, *7*; 最も～　Objektivste　110
究極目的　Endzweck　59, 64f., 77, 130, *7*（→目的）
宮廷　Hof　138, 140; 宮殿　Palast　138
急迫　Drängen　119
窮乏　Dürftigkeit　120
給与　Gehalt　153; 給料　Sold　37
教育　Erziehung　53, 74, 85f., 95, 99, 140, 158
共感〔他者に対する〕　Sympathie　76

狂気　Wahnsinn　56; 〜にとらわれた人　Wahnsinnige　56
協業　Zusammenarbeiten　91
境遇　Stand　2, 12, 43, 166, *2*（→立場、発言権、身分）
［学校］教師　Lehrer　86, 105, 144; 家庭〜　Erzieher　85f.
享受　Genuß　25, 37, 58, 60, 90, 95, 97f., 100, 120f., 125, 130, 157（→悦び）
供述　Aussage　110
狂信　Fanatismus　71
強靭さ〔国制と統治権の〕　Konsistenz　138
矯正　Besserung　46, 85, 113
強制　Zwang　1. 41, 43-46, 70, 80, 99, 123f., *1*; 〜権　Zwangs=recht 44, 128; 〜国家　=staat　71; 〜する　Zwingen　44; 〜する者　Zwingende　43
競争　Konkurrenz　104, 120（→ライバル）; 〜心　Wetteifer　96
兄弟　Bruder　87（→兄）; 〜姉妹　Geschwister　87（→妹）
共通性　Gemeinschaft　141
共同/精神　Gemeingeist　129, 132, 142; 〜的なもの　Gemeinsame　81, 85, 121, 141; 〜体　gemeines Wesen　86（→本質）
脅迫　Drohen, Drohung　46
恐怖　Furcht　1, 46, 71, 134f., *1*, Schrecken　135
業務　Geschäft　104, 120f., 129f., 132f., 140, 143f., 151f., 155-158, *7*; 国家の〜　132, 144; 個々の〜　einzelne 〜　143; 特殊な〜　132f., 143, 157; 普遍的意志の〜　132; 普遍的な〜　129f., 143f., 156（→普遍的なもの）
　業務/遂行　Geschäfts=führung　150; 〜領域　=sphäre　130
共有　Gemeinsamkeit　83f.（→一致）
教養(形成)　Bildung　8, 21f., 70, 80, 86, 90f., 96, 98f., 108, 110, 115, 132, 134-137, 144 f., 152, 154f., 158, 163; 公共的な〜　öffentliche 〜　155, 158; 国制の〜　134; 国家全体の〜　8; 悟性や言葉の〜　99; 最高の〜　91, 137; 主観的な〜　110; 主体の〜　70; 真の〜　86; 心胸の〜　86; 政治的な〜　152; 精神的な〜　91, 136; 知性の〜　86; 特定の〜　bestimmte 〜　158; 普遍的な〜　145
教養形成/された人　Gebildete　99, 134, 156; 〜されていない人　Ungebildete　99; 〜の手段　Bildungsmittel　154
狭量さ〔亡命者の〕　Kleinsinnigkeit　134
協力する　Mitwirkung　102, 157
共和制　Republik　8, 37, 84, 104, 132, 135f.（→フランス共和国）
許可　Erlaubnis　13; 〜されていること　Erlaubt　13
漁業　Fischerei　20, 103; 漁労　Fischfang　21
極　Extrem　10, 91, 137, 140, 168, 170, Pol　87; 極端　Extrem　157, 158
居住者　Bewohner　120
拒否(権)　Veto　133, 151; 〜の態度　Hinterfuß　140
ギリシア　Griechenland　137; 〜人　Grieche　71, 84, 121, 132, 135f.
キリスト　Christus　90; 〜教　Christentum　26, 59; 〜者　Christ　71
規律　Zucht　85f.
気力　Mut　150
着るもの　Kleid　118
ギロチン　Guillotine　113
議論　Diskussion　80, Diskutieren　151
際だったもの〔精神〕　Hervorgehobene　123
金庫　Kasse　162f.
均衡　Gleichgewicht　117, 120
銀行　Bank　37; 〜券　=zettel　37
僅差〔可否の〕　kleine Mehrzahl　151
禁止　Verbot　13
近親相姦　Blutschande　80
緊張　Spannung　133, 151
勤勉　Fleiß　107
勤務　Dienst　30, 37, 104, 144（→奉仕）
近隣　Gegend　113（→地方）
禁令　Interdikt　133

ク

空間　Raum　127, *3*
空気　Luft　20, 25
空虚体　Leerheit　*3*
偶然　Zufall　17, 81, 127, 151; 〜性　Zufälligkeit　17, 38, 48f., 63, 70, 78, 80, 83f.,

87, 90, 92, 95, 98, 100, 102ff., 106f., 110, 113, 117ff., 121, 129f., 138ff., 148, 150f., 159, 161ff., *7*; 生まれや自然という～ 106; 外面的自然の～ 102; 外面的な～ 117; 最高の～ 139; 自然と幸運による～ 90; 自然的な～ 106; 主観的な～ 102, 106; 必要が～ 107
偶然的なもの Zufällige 17, 46, 56, 63, 77, 98, 107, 112, 118f., 120, 132, 138, 140, 144, 147f., 164
空疎 Eitelkeit 67f.（→自惚れ）
空想 Phantasie *7*
空無 Nichtigkeit 46f., 64, 71, 111, 119, 133, 160; ～であるもの Nichtige 46, 67, 164
偶有態 Akzidens, 36, 41, 49, 90, 164, Akzidentalität 166
クエーカー派の人 Quäker 71, 90, 136, 156（→訳註32）
愚行 Torheit 136
苦情 Beschwerden（pl.）157
具体/性 Konkretion 101; ～的なもの Konkrete 21, 25, 66, 71, 90, *5*; 最も～的なもの Konkreteste *7*
苦痛 Schmerz 55, 70, 169, *7*
国 Land 48, 101, 104, 113, 118ff., 125, 162, 169, *1*（→田舎、土地、領邦）, Nation 20, 104, 120, 136, 138（→同胞）, Reich 2, 77, 98f., 158, 165-168, 170（→帝国）; ～の名誉 Nationalehre 136
区分 Abteilung 151f., Einteilung 25, 35f., 121, 131, 135
区別 Unterschied 4, 7, 9ff., 19, 34, 45, 47, 57, 61, 68f., 71, 77, 86, 102, 106, 110, 114 f., 120, 131, 135f., 143, 151f., 157, 166, *1*, *4*, *7*（→自己～）; ～項 = 130; ～されたもの Unterschiedene 7, *4*, *7*; ～すること Unterscheiden 11, 130, 132; ～する（立て）; Unterscheidung 1, 22, 25, 93, 109, 130, 132
組合わせ Kombination 110, 118
暮らし Auskommen 140
繰り返し Wiederholung 95, 114
苦しんでいる者 Leidende 70
グループ Kreis 70, 141f., 145（→範囲）
クレオメネス Kleomenes 133（→訳註82）
クレオン Kreon 76
苦労 Mühe 37, 110, 120
君侯 Fürsten（pl.） 33, 135, 140, 146, 158, 166
軍使 Parlamentär 163
君主 Fürst 25, 33, 106, 116, 134, 138, 140, 145f., 149, 154, 157, 166, 170, Monarch 90, 116, 135, 137-140, 149, 157, 165 f.; ～制 Monarchie 33, 116, 135, 137, 140f., 165, 170; ～権 Fürsten=gewalt 140; ～の愛顧 =gunst 140
軍人身分 Militärstand 132（→身分）
軍隊 Armee 132f., 150, 160
訓令 Instruktion 149

ケ

経営関係 Betriebsamkeitsverhältnis 72
計画 Plan 62, 140, 145, 150
契機 Moment 5, 9f., 17, 26ff., 46, 49, 51, 56, 58-60, 64-70, 73, 75-80, 83, 85, 87, 89f., 92, 96, 99, 102ff., 107f., 110, 114, 116, 118, 120, 122, 124, 129-141, 146-150, 152, 158ff., 164, 167f., 170, *2*-*5*, *7*; 一時的な～ vorübergehendes ～ 135; 最高の～ 160, 164; 最終的な～ 138; 重要な～ 136; 主観的な～ 108; 人倫的な～ 83, 87; 絶対的な～ 79; 抽象的な～ *7*; 道徳的な～ 73, 85, *7*; 必然的な～ 49, 59, 69, 90, 107, 110, 122, 140, 167; 必要な～ 149; ひねくれた～ schiefes ～ 114; 弁証法的な～ 64; 本質的な～ 27, 46, 49, 56, 59f., 67, 70, 73, 80, 85, 107f., 116, 124, 140, 147; 最も精神的な～ 139; 有用な～ 107
経験 Erfahrung 77; ～的なもの Empirische 27, 47, 56
敬虔 Frömmigkeit 71
傾向 Neigung 7, 76, 102, 170, *2*, *7*
警察/官 Polizei=beamte 119; ～のスパイ = spion 119; ～の手下 =bediente 119
形式 Form 7, 9, 14ff., 21, 25, 27, 37, 46, 48, 52f., 56f., 60, 68, 71, 77, 85, 91, 98f., 100, 102-104, 110-113, 115f., 121ff., 125, 131f., 134, 137, 141, 149, 157, 168, *1f.*, *7*; 威厳

ある～　112; 重荷の～　157; 矛盾が解消された～　112; 外面的なものの～　53; 活動の～　77; 機械的な～　104; 教養形成された普遍的～　99; 教養形成の～　134; 合議制の～　116; 公課の～　157; 国制の形成という～　134; 最高の～　137; 恣意の～　102; 私的所有の～　125; 宗教的なものの～　85; 主観的な～　68, *2*; 単純な～　111; 抽象的～　9; 直接態の～　15f.; 否定的なものという～　71; 復讐の～　111; 不変性の～　134; 無限な～　*7*; 理性的な～　*2*（→普遍態、普遍的なもの、本質、欲求）
形式/主義　Formalismus　8, 109, *7*; ～儀礼 Formalität 110, 152; ～的なもの　Formelle 91, 134, 138f., *7*
刑事裁判　Strafgerichtsbarkeit　119
芸術　Kunst　37, 77, 137, 158, 167; ～がもつ可塑的なもの　Plastische der ～　77
芸術/生活　Kunst=Leben　158; ～作品 =werk　46; ～産物　=produkt　104; ～家 Künstler　137
継承〔君主・王位の〕 Nachfolge　138, Sukzession　157（→王位継承）
系図書　Stammbuch　152
軽率さ〔決断の〕 Übereilung　151
形態　Gestalt　7, 30, 73, 94, 98, 121, 134, 149, 166, 168, *1*, *7*; ～化　Gestaltung　166
傾倒　Zuneigung　76
刑の判決　Strafurteil　116（→言い渡す）
刑罰　Strafe　1, 46ff., 56, 112ff., 116; ～規定 Strafbestimmung　114
軽犯罪　Vergehen　56, 113f.
軽蔑〔他国民の権利への〕 Verachtung　164
刑法理論　Strafrechtstheorie　46
契約　Vertrag　8, 13f., 24f., 32-38, 46, 52, 71, 79, 83, 89, 110, 115, 134, 139, 159, 162; ～関係　Vertragsverhältnis 139; ～者　Kontrahierende　162; ～書; Kontrakt　115, 120; ～当事者　Paziszierende　33
毛織物　wollenes Tuch　104
外科医　Chirurg　163
激怒〔犯罪に関し〕 Wut　56
激励する〔共同精神に関し〕 Zusprechen　129
血縁/関係　Bluts=verwandtschaft　86f.; ～者 =verwandte　87
結果　Wirkung　49, 110, 154（→働き）
欠陥　Mangel　52f., 75, 91, 135, *7*（→欠如する、欠乏）
決議　Beschließen　131（→決心）, Beschluß 116, 149（→決心）
結合　Verknüpfung　132
結婚　Ehe　71, 76, 78ff., 83, 87; ～の解消 Auflösung der ～　80（→離婚）
結婚/禁止　Ehe=verbot　80; ～関係　=verhältnis　79; ～裁判所　=gericht　79; ～相手　Gatte　76, 79（→夫婦）
欠如する　Mangel　115（→欠陥、欠乏）
決心　Beschließen　4, 139, 167, *4*, Beschluß *7*（→決議）
結託〔高い身分の〕 Verschwörung　116
決断　Entschließen　4f., Entschluß　151, Entschließung　131, 151; ～力　Entschlossenheit　150
決定　Entscheidung　1, 20, 40, 62f., 109, 115f., 138f., 140, 145f., 151; 形式的な～　138, 145; 最終～　138
決定　Entscheiden　115, 131, 138, 151; 最終的な～　131; ～するもの　Entscheidende 131
決定論者　Determinist　*3*
欠点　Fehler　116, 132f., 142
血統　Stamm　135（→元手）; ～の違い　Stammesverschiedenheit　135
決闘　Zweikampf　48
欠乏　Mangel　118, 120, 154（→欠陥、欠如する）
結論　Resultat　68, 116, *3*（→成果、なりゆき）
下僕　Knecht　120, 167
ゲルマン諸部族　germanischen　Völkerschaften (pl.)　169
ケレス　Ceres　103（→訳註60）
権　Gewalt　109, 131, 133ff., 138ff., 144, 146-149, 156f.（→意のまま、権力、暴力）; 王権　königliche ～　133, 135; 君主～ fürstliche ～　131, 134, 138ff., 144, 149, 156f., monarchische 140; 裁判権; richtende ～　109（→裁判）; 執行権　exekutive ～

131, 135, 146; 司法権 richterliche ～ 131; 立法権 gesetzgebende ～ 131, 138, 140, 146f., 149
［厳格］権 strenges Recht 8, 44, 115, *7*（→訳註2）
権威 Autorität 1, 79f., 134, 139, 142, 145, 154, *1*
原因 Ursache 46, 49, 110, 130, 134, 162, 164
見解 Ansicht 33, 35, 40, 43, 47, 67, 79, 114, 116, 136, 138, 147, 151, 153f., 162
限界 Grenze 1, 52, 80, 98, 104, 119, 120
権限 Berechtigung 144f.
顕現 Manifestation 97, 170
堅固/さ Festigkeit 83, 121, 159; 最も～なもの Festeste 163
健康 Gesundheit 118（→健全さ）
現在 Gegenwart 103, 110, 123
原子 Atom 9, 121; ～論 Atomistik 121
現実化 Verwirklichung 1, 55, 66
現実/的なもの Wirkliche 28, 68; ～のありよう Wirklichsein 76
現実存在 Existenz 1, 2, 8, 15, 46f., 49, 53, 64, 69, 71, 75f., 89f., 103, 108, 111, 113, 115, 121, 125, 132, 136, 144f., 151, 153, 155, *2*, *7*（→命）; ～するもの Existierende 75
現実態 Wirklichkeit 1, 2, 10, 29, 40f., 45-49, 55, 58, 69, 71, 75f., 107, 117f., 123f., 129f., 133, 138, 146, 156, 158ff., 162, 164, 170, *1*, *5*, *7*, actu 2; 外面的～ 1; 権利を～のものとする 118; 自然的な～ 75; 実体の～ 71; 自由の～ 118; 真実の～ 71; 人倫的精神の～ 123; 生命ある～ 130; 直接的な～ 49, 129; 展開された理性の～ 170; 特殊な～ 58; 媒介された～ 123; 普遍的な～ 69; 普遍的な実体の～ 69（→精神）
元首 Regent 33, 56, 122, 135, 138ff., 149, 155; ～権 Regenten=gewalt 140; ～行為 =handlung 140
憲章［フランスの］ Charte 134
現象 Erscheinen 160, Erscheinung 25, 27, 30, 33, 35, 37, 55f., 99, 113, 122, 126, 164, *2*（→出現）
原状回復 Wiederherstellung, Restitution 46; ～する Wiederherstellen 67
現世的なもの Irdische 170
健全さ Gesundheit 162（→健康）
原則 Grundsatz 26, 53, 84, 116, 162, *7*
現存 Vorhandensein 37
現代 unsere Zeit 79, 125, 134, 141, 144f., 147, 155-158, 170（→最近、時代）
憲法 Konstitution 133f., 144, 148, 163（→体質）; ～典 Verfassungsgesetz 131, 166
賢明さ Klugheit 138, 140; ～の根拠 Klugheitsgrund 139
権利 Recht 8, 13, 15, 17, 20f., 24f., 29f., 33, 35, 37-41, 44ff., 48f., 51, 56, 59, 61-64, 66, 69, 72f., 79f., 83-86, 89f., 92, 98, 103, 106-121, 124f., 128f., 132f., 135f., 141f., 144ff., 149, 151-170, *1f.*, *7*（→正しいこと、法）; 生きる～ 118, *7*; 遺言する～ 84; ～の概念 114; 家族の～ 83; 堅固な～ 144; 強制する～ 124; 空虚な～ 25; 拒否の～ 151; ～の形式主義 109, *7*; 形式的～ 108, 117, 168, *7*; ～の形式的なもの *7*; ～の行使 112; 現実的な～ 132; 肯定［積極］的な～ 118; 個々人の（がもつ）～ 69, 89, 92, 119, 153, *7*; 個人の～ 158; 国民の～の意識 145; 諸国民の～ 162ff.; 国家の～ 124f., *7*; 諸国家の～ 161f.; 最高の～ 124, *7*; 裁判権とポリツァイ権のつかさどる～ 72; ～についての自己意識 146; 実体がもつ～ 69; 実体的～ 69; 実定的な～ 159; 市民の～ 115; 社会的な～ 37; 自由処分する～ 83f.; 純粋な～ 64; 将校の地位に就く～ 106; ［将校の地位を］入手する～ ～ der Erlangung 125; 侵害された～ 112;〈人格そのもの〉の（という）～ 168, *7*; 人格的な～ 35, 167; 神的な～ 124f.; 真の～ 115; ～という正式なもの 170; 正式の～ 169; 政治的～ 135; 神聖なる～ 157; 生命の～ 118; 世界精神の～ 164; 絶対的～ 17, 69, 124f., 159, 164; 選挙する～ 153; 選挙の～ 153; 相続の～ 84; ～を疎遠にすること 116; 代表の～ 149; 抽象的（な）～ 17,

21, 117, *7*; ～の知識　116; 直接的～　13; 哲学的な～　20; 特殊な～　62, 79, 83; 特殊な自治体の～　153; 特定の～　bestimmtes ～　84; ～が認識できること（ようにする）　110, 115; 発展的に形成された～　116; 被告人の～　116; 否定〔消極〕的な～　118; 普遍的な～　111, 113, 116, 159, 162; ～の法廷　115; 両親がもつ～　85（→規定、現実態、定在、利害関心、理性）
権利/根拠　Rechts=grund　39; ～上の争い　=streit　20, 38f., 145（→紛争）; ～侵害　=verletzung　92; ～能力　=fähigkeit　38f., 62; ～の概念　=begriff　111, 146; ～の悟性　=verstand　109; ～の法典　=gesetz-buch　109; ～の法律　=gesetz　109, 166; ～の領域　=sphäre　117; ～をもたないもの　Rechtlose　15, 17（→無法状態）
原理　Prinzip　3, 13, 26, 31, 45f., 59, 62, 67f., 71, 86, 88, 90, 101, 109, 113, 120f., 132, 134-138, 141, 149, 151, 159, 162, 164, 167-170, *2*; 意志の～　45, 135; インドの～　169; オリエントの～　90; 貴族制の～　135; キリスト教の～　90; キリスト教の宗教の～　132; 君主制の～　135, 149; 君主の～　138; 刑罰の～　46, 113; 原子論の～　121; 功績の～　86; 国民精神の～　134; 最高の～　164; 自然的運動の～　101; 自然的な～　135, 169; 自然的に人倫的な～　168; 自然法の～　*2*; 実体的な直観の～　168; 自立するという～　162; 人格的自由の～　168; 人格的な権利の～　167; 真理という～　170; 精神という内面的なものの～　165; 〈精神の神に向かうようなもの〉の～　135; 制限された～　164; 絶対的な～　68; 単純な～　109; 抽象法の～　13; 地理学的な～　geographisches ～　136; 内面という～　169; 特殊態の～　135; 特殊化という～　137; 特殊な～　159, 164; 特殊な国民精神の～　164; 特殊な国民の～　164; 独立存在の～　167; 人間学的な～　anthropologisches ～　159; 普遍態の～　88; 普遍的な～　62, 134, 138; 法の～　31, *2*; 北方の～　169; 民主制の～　135, 141, 151, 168; 理性的な意志の～　170; 労働の～　135
原料　rohes Material　104
権力　Gewalt　85, 116, 119, 121, 125f., 128, 130-135, 138, 140, 143, 145, 148f., 156, *1*（→意のまま、権、暴力）; 議会の～　149; 決定～　dezisive ～　140; 最高～　133; 自立的な～　133; 精神的で物理的な～　geistige und physische ～　135; 生得の～　135; 政府公務員の～　145; 絶対的な～　131; 疎遠な～　116; 対外的な～　äußere ～　133; ～が自主独立しているあり方　133; 普遍的な～　130. 133
権力濫用　Mißbrauch　149

コ

［わが］子　Kind　76, 84-87, 166
子供　Kind　56. 63, 74ff., 78, 83-87, 95, 107, 158, 163f., *2*, *6*; ～を産むこと　Kinder=erzeugen　80, =zeugung　80
故意　Vorsatz　56, 61（→犯意）
公安委員会　Wohlfahrtsausschuß　133
好意　Gutmeinen　150
行為　Handeln　53f., 59, 68, 91, 116, 132, Handlung　8, 10, 13, 20, 27, 29, 41, 46, 48, 51-56, 59, 61f., 67f., 79, 99, 110f., 113 f., 116, 119, 132, 135, 137, 139f., 146, 149, 153f., 156f., *7*; 悪質な～　bösartige ～　56; 悪しき～　46; 一時的な～; vorübergehende ～　119; 外面的な～　20, 29, 79 客観的～　61; 偶然的な～　119; 空無である～　46, 56; 形式的～　51; 肯定的（な）～　8, 13, 67, 111; 個々の～　einzelne ～　99; 自由な～　113; 政治的～　153; 専制的～　146; 定在している～　46; 適法な～　13, 62, 119; 否定的な～　46; 不正～　62; 物的に存在すべき～　dinglich seinsollende ～　110; 劣悪な～　46
行為/者　Handelnde　67; ～のしかた　Handlungsweise　46, 143
合意　Übereinkunft　33ff., 38;〔～の標識としての〕握手　Druck der Hände　34
幸運　Glück　90, 116, 130, 150, 160
公課　Auflage　120, 146, 157, 167

公開　Öffentlichkeit　116, 153ff.（→公表）
後悔　Reue　*3*;　～に打ちひしがれる　Zerknirschung　170
交換　Tausch　33, 37, 47, 100, 104, 108, 167; ～契約　Tauschvertrag　36f.; ～手段　Tauschmittel　104
合議/体　Kollegium　116, 143
　合議制のもの　Kollegialische　143
公共の福祉　Gemeinwohl　135, 149
光景　Bild　101（→像），Schauspiel　149（→演劇）
後継者　Nachfolger　142
攻撃　Angriff　162
高潔さ　Edelmut　63
耕作　Bebauung　21; ～者　Bauenden　104
行使　Ausübung　41, 112, 117（→果たす）
講師〔ヘーゲル〕　Dozent　25
公衆　Publikum　154f.
絞首刑　Hängen　113
工場　Fabrik　101, 104, 120; ～主　Fabrikant　104, 120; ～主身分　Fabrikantenstand　104; ～都市　Fabrik=stadt　85; ～労働　=arbeit　101, 104, 120; ～労働者　=arbeiter　101, 104
公職　Amt　37, 105, 116, 119, 125, 150, 153f.; 公共的な～　öffentliches ～　116; 役所の～　150
　公職/上の義務　Amtspflicht　105, 144; ～精神　Amtsgeist　156
構成員　Glied　83, 88, 107, 121, 125, 166; 家族～　83; 国家の～　125
　構成分肢　Glied　15, 68, 70, 97, 121, 130, 138, 142, 147, 149, 155; 国家の～　149; 国家権力の～　147; 全体の～　138, 142, 155; 必要不可欠な～　155
功績　Verdienst　86, 107, 140, 156; ～のなさ　=losigkeit　152
拘束　Verbindlichkeit　25, 162
強奪　Raub　46, 114; ～者　Räuber　168
耕地　Acker　25, 103
肯定　Affirmation　46, 5; ～態　Positivität　70, 119, 169
　肯定的なもの　Positive　13, 56, 67, 70（→実定的なもの）
皇帝　Kaiser　33, 133; ～直属貴族だった者　Standesherr　125
行動　Wirksamkeit　104f., 130, 144（→実効性）
購買　emptio　37, Kauf　37
荒廃させる　Ruinierung　146（→廃墟、破産）
交尾　Begattung　76（→受粉）
公表　Öffentlichkeit　78, *1*（→公開）
幸福　Glückseligkeit　10, 60, 65, *7*（→不幸）
興奮（させる）　Erregung　99, 149
衡平　Billigkeit　115
公平　Gerechtigkeit　116（→正義）
公法〔ローマ法の〕　juris publici　37
公僕　Staatsdiener　144
傲慢　Eigendünkel　62, 70, 140, 154
高慢さ　Hochmut　140, 152, 153
功名心　Ruhmsucht　135
公民　Staatsbürger　37, 86, 136
公務員　Beamte　37, 119, 138, 140, 142–146, 153, 155ff.; ～身分　Beamtenstand　145; 下級～　Unterbeamte　145; 上級～　Oberbeamte　141f., 145
拷問　Folter　110
超え出る　Hinausgehen　54, 90, 93（→出て行く）
国王　König　116, 133ff., 140, 149, 166, *1*
国外追放　Landesverweisung　113
国際法　Völkerrecht　20f., 162f.
国制　Verfassung　43, 83, 92, 105, 127, 130–141, 144, 146, 148f., 153, 155ff., 159ff., 167f., *1*; 家父長制的な～　135; 議会に基づく～　149; 教養形成された～　138; 共和制的な～　133, 156; 堅固な～　161; 高貴な～　edle ～　127; 古代の～　alte ～　135; 自分自身を維持する～　160; ～が首尾一貫していること　konsequente ～　155; ～の全面的転覆　134; 適当な～　taugliche ～　136; 適法な～　92; 整った～　geordnete ～　146; 侵害の許されない～　134; 普遍的な～　133　古いリュクルゴスの～　133; 民主制の～　141; 理性的な～　134, 140, *1*; ～が若返る　134; 劣悪な～　134
　国制の形成　Verfassungsbildung　134
告訴　Anklage　48, 110f.（→弾劾）; ～する人　Ankläger　48, 110

獄卒　Gerichtsscherge　113
国内　Inland　120, Innere　106（→内、内面的なもの）
告発　Beschuldigung　155
克服すること〔対立を〕　Überwindung　89
国民　Volk　1, 8, 29, 33, 37, 42, 48, 56, 68f., 71, 80, 83f., 87f., 90, 92, 101, 103ff., 113, 115f., 120, 123ff., 127, 129, 133-139, 145-148, 150ff., 154ff., 158-170, *7*（→民衆、民族）; イギリス～　154; 異質な～　heterogenes ～　136; イスラエル～　169; 一般～　gemeines ～　116; より威力のある～　160; 教養形成された～　48, 115; 教養形成されていない～　48, 161; 指導的～　führendes ～　165; 支配的な～　164; 相互に承認しあう　sich gegenseitig anerkennendes ～　163; 自立的な～　160; 征服された～　besiegtes ～　42; 世界史的な～　welthistorisches ～　165; 大群衆としての～　massenhaftes ～　135; ドイツ～　154; 動揺する～　unstetes ～　135; 特殊な～　71, 164; 分散して生活していた～　zerstreut lebendes ～　134; 文明化した～　zivilisiertes ～　21, 161, 163; 未開の～　37, 56, 84, 138, 161; 善き習俗をそなえた～　gesittetes ～　163（→訳註113）; 劣悪な～　127; ローマ～　164
国民/間の条約　Völkervertrag　120; ～精神　Volks=geist 134, 164f., 167f.; ～代表　=repräsentant 153; ～的徳　=tugend 154; ～の愛顧　=gunst　117
国務　Staatsdienst　144, 150; ～専門官　Geschäftsmann　99（→訳註58）
穀物栽培　Getreidebau　25
個々人　Einzelne　33, 38, 40, 46, 48f., 62, 69, 71f., 81, 89f., 92, 98, 101f., 104f., 107ff., 113f., 116-122, 124f., 129, 132, 134ff., 138, 141, 148, 150, 153f., 157f., 160, 162, 168, *1*（→個別的なもの、個別の者）
個人　Individuum　8, 10, 38, 43, 45, 48, 57-60, 69ff., 79, 85, 90, 94f., 100ff., 104-107, 116, 120, 124f., 127, 129f., 132, 135-138, 141, 144, 149f., 155, 158ff., 162ff., 166-169, *1*（→個体）
心地よさ　Angenehme　77, 96
心　Gemüt　64, 77, 103, 169; 心に基づく関係　Gemütlichkeit　170（→訳註119）
故人　Verstorbene　37, 84
悟性　Verstand　20, 35, 45, 99, 109f., 140, 148, 158; ～国家　Verstandesstaat　89
個体　Individuum　72, 126, 132, 138, 161, *6*（→個人）; ～性　Individualität　7, 43, 59, 107, 123, 126, 129, 137f., 148f., 159f., 167f.
個体的なもの　Individuelle　72
古代　ältere Zeit　134（→時代）; ～人　Alte　48, 132, 138
国家　Staat　1, 2, 8, 10, 16, 25f., 33, 37, 40, 43, 46, 48, 56, 62ff., 71f., 76-80, 83ff., 89ff., 98f., 102, 105ff., 111, 114, 116, 118-133, 135-138, 140-146, 148-163, 164, 167f., 170, *1f.*, *7*; より威力のある～　160; 規則に制御された～　geregelter ～　135; 教養形成された～　141, 156; 共和制に反する～　unrepublikanischer ～　43; 近代～　moderner ～　84; 現実的な～　163, 170; 現代～　unserer ～　136, 145; 最近の～　neuerer ～　90; 小(さな)～　136, 144, 153, 156, 160; 自立した～　160, 162; 人倫的な～　64, 79, 89; 戦争を行っている～　Krieg führender ～　163; 専制～　116, 140; よく組織された～　gut eingerichteter ～　150, 157; 大(きな)～　136, 141, 144, 155f.; 特殊な～　142; 特定の～　bestimmter ～　159; よく整った　gutgeordneter ～　157; 発展的に教養形成された～　ausgebildeter ～　56; 被害を蒙る～　beleidigter ～　162; フィヒテの～　Fichtescher ～　119; 普遍的な～　8, 33; プラトンの～　107; 純粋に民主制的な～　129; 昔の～　älterer ～　105; 善い～　*7*; ローマ～　106, 136
国家/関係　Staats=verhältnis　33; ～行政　=verwaltung; 149, 154（→管理）; ～経済　=wirtschaft　92; ～経済学　=ökonomie　92; ～形式　=form　134; ～権力　=gewalt 121, 138, 140, 147, 149, 151; ～公務員　=beamte　37, 62, 139, 143ff., 150; ～資産　=vermögen　140, 150, 152; ～重要事項　=angelegenheit　151, 155; ～諸規定

=bestimmungen（pl.） *2*; 〜生活 =leben 158; 〜体制 =verfassung 72, 79, 129, 166, *1*; 国家的権利 =recht 125; 〜法 =recht 8, 33, 126, 159; 〜の有機組織 =organisation 147; 〜的統一 =einheit 159, 169; 〜の官庁 =behörde 144; 〜の幸せ =wohl 149f.; 〜の仕組み =einrichtung 140; 『国家』篇〔プラトンの〕 Republik 109, *7*
国会 Ständeversammlung 145, 147–157
国庫財産 Staatsschatz 135
事柄 Sache 35, 45ff., 63, 70, 83f., 98f., 104, 106f., 109f., 116, 119, 133ff., 139f., 147, 149, 151f., 154, 156, 162（→事件、物件、問題）
孤独〔自我の〕 Einsamkeit 5
言葉 Sprache 34, 69, 98f., 145
事を起こすもとになること Sich-zu-tun-machen 61
粉屋 Müller 116
好み Belieben 17, 33, 78f., 83, 85, 113, 116, 134, 170
コーヒー Kaffee 97
個別/化 Vereinzelung 17; 〜態 Einzelheit 1, 4, 7, 15, 26, 33, 50, 52, 56, 64, 69, 71, 75, 77, 80, 88, 91, 93, 99, 108, 113, 126, 136f., 138, 148f., 164, 168, *5*（→細目）; 〜的権利 jura singulorum 125
個別/的なもの Einzelne 12, 15f., 50, 76, 99, 114, 121, 125, 131f., 134, 146, 149, *7*（→個々人）; 〜の者 = 8, 11ff., 17, 26, 32, 41, 56, 60, 132, 135, 138, 143, *7*（→個々人）
困る Schwierigkeit 145（→困難、難癖）
固有/性 Eigentümlichkeit 170; 〜のもの Eigentümliche 68, 120, 145
雇用契約 locatio operarum, Lohnvertrag 37
コーラン Koran 166
御料地 Domäne 25, 138, 157
コルポラツィオン Korporation 121, 125, 128, 132, 141f., 144f., 148f., 152f., 156, 162;〔〜の〕威信 Ansehen 121;〔〜の〕衰退 Verfall 121
殺された者 Getötete 46; 殺すこと Töten 20
根拠 Grund 46, 56, 70f., 76f., 80, 83ff., 87, 91, 99, 109, 111, 132, 134, 138–141, 146f., 153, 166, *2*, *7*（→基礎、理由）; 〜づけ Begründung 139, 155
混合 Mischung 142, Vermischung 1, 100, 159, *1*
混同 Vermischung 139f.
コントロール Kontrolle 116, 149, 157
困難 Schwere 155, Schwierigkeit 17, 47, 143（→困る、難癖）
根本/概念 Grund=begriff 8, 29 〜規定 =bestimmung 8; 〜資質 =qualität 152（→質）; 〜的害悪 =übel 133; 〜的関係 =verhältnis 85; 〜的見地 =anschauung 166; 〜原理 Urprinzip 166

サ

差異 Differenz 10, 75, 90, 122, 169
最近 neuere Zeit 71, 116, 125, 132, 138, 141, 145, 153, 157f.（→現代、時代）
債権者 Gläubiger 8, 63
際限ないもの Unbestimmte 104（→規定されないもの）
在郷軍 Landwehr 160
最高司令官 Feldherr 135, 138
最高のこと Höchste 75, 163f., *7*
財産 Gut 29, 63, 74, 81, 83f., 113, 125, 157（→土地財産）
祭司 Priester 29, 90, 135, 138, 166; 〜長 Oberpriester 166
最終的なもの〔君主〕 Letzte 138
最初のもの Erste 90（→第一人者、第一のもの）
財政 Finanz 120, 146
再生産 Reproduktion 130f.
罪責 Schuld 103, *3*（→責任）; 〜のない Unschuld 103
最善の者 Beste 138, 140, 154
才能 Talent 37, 140, 147, 149, 161, 163
栽培/する Kultur 21（→文化）; 〜品目 Bauartikel 104
裁判 Gericht 48, 56, 80, 109ff., 115–119, 153; 〜官 = 144; 〜所 = 151, 163（→審判）
裁判官 Richter 29, 40, 45f., 48, 56, 61, 85,

109f., 115f., 135, 139, 153, 155
裁判/権　Gerichtsbarkeit　72, 125, 152; ～制度　Gerichtsverfassung　115f.
裁判/長　Präsident　116（→統領）; ～費用　Sportel　116, 152
債務者　Schuldner　8
細目　Einzelheit　115
材料　Material　104, 120, 124
サヴィニー　Savigny　27
先立つもの〔国制が〕　Vorausgehende　146
策略　List　119
指図　Anordnung　92, 162（→議事運営）
錯覚　Täuschung　*3*
殺人　Mord　45, 47, 113
査定　Schätzung　115; ～しえない価値　Unschätzbare　113
サトラップ　Satrap　135
裁くこと　Richten　109
サビヌス派　Sabinianer　20
サラリー　Besoldung　105, 145, 153
参加　Teilnahme　153（→関与）
産業　Industrie　120, 167; ～部門　=zweig　120
斬首　Köpfen　113
参審員　Schöffe　116
産物　Produkt　20, 30, 37, 89, 101, 104, 120（→所産）

シ
死　Tod　37, 61, 76, 83f., 87, 168; 死刑　=114, Todesstrafe　46, 113; ～執行人　Nachrichter　113
幸せ　Wohl　10, 51, 57-65, 85, 89f., 92, 115, 117, 121f., 138, 141, 150, 156; ～であること　Wohlsein　58, 162
恣意　Willkür　7, 10, 17, 29, 32-35, 38, 40f., 44, 49, 56, 58, 71, 76, 79, 83, 85f., 90f., 98, 102, 106-109, 113, 116, 120, 124, 129, 132-135, 137-140, 143ff., 148, 158f., 162, 168ff., *2*, *7*; 偶然的な～　132; 君主の～　140; 肯定的な～　33; 自然的な～　38; 自由な～　108; 主観的な～　40, 107; 自立的な～　38　人格的な～　38, 116; 抽象的な～　139, 168; 特殊な～　34, 76, 140, 169; 内面的な～　98; 未開な～　170; 理性を欠いた～　vernunftlose　～　168
恣意/的なもの　Willkürliche　71, 148; ～性　Willkürlichkeit　110
ジェームズ二世　Jakob II　139
自我　Ich　3ff., 7, 9, 12, 15, 52, 68ff., 123, 137, 158, *3f.*, *6f.*
資格　Befähigung　144, 147, 150, 152
時間　Zeit　24, 27, 30, 37, 79, 81, 99, 101, 127（→時節、時代、時）; ～が長くかかる　Langwährende　143; ～の差　Zeitunterschied　45; ～を越えたもの　Zeitlose　27
志願兵　Freiwillige　160
資金　Fond　118
市区　Demos　104, 167
詩句　Wort　164（→単語）
仕組み　Einrichtung　116, 140, 143, 149f., 157f., 162; ～の改善　Verbesserungen von ～en 162
刺激　Reiz　95, 102; ～反応性　Irritabilität　126, 131
私権　Privatrecht　8, 33, 125
試験　Prüfung　144
事件　Fall　109, 115, Vorfall　163, Sache　112（→事柄、物件、問題）; 諸～　Fakta (pl.)　133
自己　Selbst　9, 138, 169, *7*
自己意識　Selbstbewußtsein　2, 46, 52, 64, 66-70, 73, 76f., 94, 123f., 129, 132, 134ff., 138, 146ff., 154, 164, 167-170, *3*, *6f.*（→意識）; 自分の内へと押し戻された～　169; オリエント的な形式へと追い込まれてしまった～　168; 思考する～　*7*; 現実的な～　124; 国民の～　136; ～の個体性　123; 個別的な～　123f.; 固有の～　132; ～の自己関係　Beziehung eines ～s auf sich　94; 思想の～　77; 実在的な～　129; 自由の～　154; ～の自由　170; ～が自分と絶対的に統一している　absolute Einheit des ～ mit sich　*7*; 純粋な～　66; 他の～　124; ～の内面　170; ～の独立存在　168; 万人の～　129, 147; 普遍的な～　76, 124; ～の本質　70, 123; 本質的な～　73; 無限の～　68（→概念、

感情、権利、段階、展開、無限態)
思考　Denken　3, 53, 71, 158, *3*; 純粋な～　*3*; 直接的な～　71; 普遍的な～　158
思考/する者　Denkende　113; ～のあり方　Denkweise　115
事項　Ding　71, 110, 116, 119, 134 (→物); 誤った～　134; 市民的な～〔民事〕　71
時効　praescriptio　27, Verjährung　27f.; ～時間　Verjährungszeit　27
自己活動　Selbsttätigkeit　147 (→活動)
自己完結する　in sich Geschlossene　112
自己規定　Selbstbestimmen　66, 167; 決心する～　aus sich beschließendes ～　167; 絶対的に～すること　66
自己規定　Selbstbestimmung　1, 5, 7, 46, 52 f., 57, 62, 66f., 86, 107, 129 (→規定); 自由な～　1; 絶対的な～　46, 67; 特殊な～　52f.; 無限な～　5, 57
自己/区別　Sich=unterscheiden; 130; ～分割　=teilen　130; ～提案　Selbst=vorschlagen　149; ～保存　=erhaltung; 100; ～目的　=zweck; 107; ～利益欲　=sucht 89; ～補充　=ergänzen　116, Sichselbstergänzen　116
自国民　Inländer　120
仕事　Beschäftigung　99
資産　Vermögen　83f., 152, 167 (→能力); ～能力　=　90, 98, 102–105, 117f., 121, 141, 144f., 150, 153 (→訳註12); 依存しない(左右されない)～能力　150; 共同的な～能力　144; 堅固な～　152; 普遍的(で永続的)な～能力　98, 117f.
資産能力/の状況　Vermögens=umstand　107; ～の自主独立　=unabhängigkeit 105
持参金　Mitgift　84
市参事会員　Magistrat, Stadtmagistrat　141
事実　Faktum　109, 155, Tatsache　*3*; ～構成要件　Tatbestand　116, 155
自主管理　Selbstverwaltung　153 (→自治)
支出　Ausgaben　138, 157
自主独立　Unabhängigkeit　42, 105, 116, 133, 144, 149, 152, 160 (依存); 国民が～　160; 国家の～　160; 裁判官の～　116; 全体が～　160 (→権力)
市場　Markt　104
私人　Private　33, 125, Privatmann　46
システム　System　83, 89, 92, 98f., 102f., 107, 117, 121, 127f., 135, 137, 140, 146, 153; 家父長制的でオリエント的な～　135; 完備した～　vollständiges ～　137; 共同的な～　89; 公課の～　146; 職業身分の～　92; 全体の生計という～　98; 媒介の～　107; 普遍的で永続的な資産能力の～　98; 普遍的な～　102; 有機的な～　140; 民主制的な～　135 (→欲求、労働)
姿勢　Stellung　110, 136, 140, 147f. (→地位); 君主の～　140; 国家の～　148; 敵対的な～　147
施設　Anstalt　84, 107, 120, 141, 158, 163
使節　Gesandte　163; ～殺害　Gesandtenmord　163
時節　Zeit　103 (→時間、時代、時)
自然　Natur　2ff., 14f., 17, 43, 46, 52, 65, 67, 69f., 75ff., 85ff., 90f., 93, 97f., 100, 102ff., 106, 118, 123f., 126, 128, 130, 135, 138ff., 156ff., 160, 165, 169f., *2, 6* (→本性); ～のエレメント　156; エレメント的～　103; 外部的な～　160; ～という外面　15; 外面という～　98; 外面的な～　2, 102, 104, 138; ～の境遇　43; ～の強制　43; 主観的な～　2, *2*; 道徳的な～　85; 人間の～　2, 46, 67, *2*; 非有機的～　97, 118; 有機的な～　126; 有限な～　52
〈自然のあり方〉　Natürlichkeit　59f., 72, 75, 86, 90, 95, 98, 122f., 139
自然/依存　Natur=abhängigkeit　102; ～エレメント　=element　166f.; ～規定態　=bestimmtheit　159; ～契機　=moment　162; ～個体　=individuum　162; ～国家　=staat　135; ～状態　=stand　*2*, =zustand　2, 90f., 124, 159, 161, *2*; ～性格　=charakter　159; ～生活　=leben　167; ～産物　=produkt　100, 103f.; ～的全体　=ganze　166; ～的側面　=seite　165; ～必然態　=notwendigkeit　98; ～物　=ding　97; ～法　=recht　1, 2, 29, 44, 80, *1f.*; ～本質　=wesen　*2*; ～目的　=zweck　*7*; ～欲求　=bedürfnis　90, 94, 100
自然/的なもの　Natürliche　75, 98, 121, 159, *2*; ～的に神的なもの　Natürlichgött-

liche 139
慈善家 Wohltätige 107
思想 Gedanke 1, 2, 7, 53, 64, 71, 75ff., 91, 96, 99, 113, 129, 146, 162 (→考える); ～の拡張 Ausbreitung des ～ns 71; 普遍的な～ 53, 64, 91; 善意の～ wohlmeinender ～ 162
氏族構成員 Gentile 84
自尊心 Stolz 121
事態 Lage 70, 118, 151 (→立場)
時代 Zeit 86, 90, 110, 121, 135, 146, 164 (→時間、時節、時、現代、最近、昔、古代); ～精神 =geist 86, 126, 164
自治 Selbstverwaltung 141, 153 (→自主管理)
自治体 Gemeinheit 153, Gemeinde 116, 118, 141f., 153, 155; ～構成員 =glied 142; ～資産 =vermögen 141, 153
質入れ Versatz 37
質 Qualität 20, 25, 37, 47, 97, *7* (→職位)
質的なもの Qualitative 45, 113f.
失業 Arbeitslosigkeit 118
実現 Realisation 8, 10, 14, 34, Realisierung 17, 46, 51, 59, 64, 120, *1*, *7*
執行 Exekution 135, Vollzug 119; ～すること Vollstreckung 164
実効性 Wirksamkeit 155 (→行動)
実在(のもの、するもの) Realität 7, 10ff., 15, 27, 31, 35, 53f., 57, 64, 69, 71, 77, 118, 122, 124, 129, 135, 158, *7*
実施 Durchführen 145
執政 Konsul 133
実践/的なもの Praktische 149; ～的に in praxi 150
実体 Substanz 33, 36, 41, 65f., 69-72, 75, 94, 108, 114, 122f., 127-130, 132, 134, 146, 160, 167, 169, *3*, *7*; オリエントの現実にある～ 169; 人倫的～ 69, 71f., 122, 160; 精神的な～ 130; 直接的な～ 75, 129; 普遍的な～ 65, 69f., 129, 146
〈実体のあり方〉 Substantialität 68ff., 73ff., 122, 167, 168; オリエント的な～ 167; 自然的な～ 168; 自由な～ 68; 精神的な～ 168; 単純な～ 122; 直接的な～ 73, 122; 普遍的な～ 74
実体的なもの Substantielle 49, 69, 77, 89, 111, 129
知ったかぶり Besserwissen 70
実定的なもの Positive 56, *1* (→肯定的なもの)
嫉妬 Eifersucht 162
実務 Praxis 56, 109
質料 Materie 19, 25, 33, 49, 77, 98, 129
実力者 Baron 121
実例 Beispiel 99, 140, 142, 151
私的/資産 Privat=vermögen 138; ～使用 =gebrauch 119; ～所有(物) =eigentum 26, 119, 125, 150, 157; ～所有者 =eigentümer 25, 83, 138; ～人格 =person 71, 86, 91, 155, 163, 168; ～生活 =leben 162; ～な側面 =seite; 154; ～品行 =betragen 154
指導 Leitung 120; ～者 Anführer 169
シトワイアン Citoyen 72, 89
支配 Herrschaft 25, 83, 85, 135, 168; ～者 Herrscher 166; ～権力 =gewalt 148
支配的なもの Herrschende 167
自白 Geständnis, Selbstgeständnis 110
支払い Bezahlung 8
私腹を肥やす Bereicherung 144
紙幣 Papiergeld 104
司法 Rechtspflege 108ff., 112, 115-118, 120, 139, 153, 155; ～権 Justiz 118
資本 Kapital 98, 118, 152 (→元本)
市民 Bürger 33, 37, 72, 89, 91f., 110, 115f., 119ff., 132, 134ff., 141f., 144f., 148ff., 152 ff., 159f., 162, 167; 下層の～ niederer ～ 135; ～間の反目; Zwist unter den ～n 134; 教養形成された～ 116; 自由な～ 167; 能動的な～ aktiver ～ 153
市民/官庁 Bürger=behörde 142f.; ～軍 =militär 121; ～権 =recht 152; ～当局 =obrigkeit 153 (→役所); ～身分 =stand 138; ～集団 Bürgerschaft 142, 145, 147, 153; ～階級 Bürgerliche 152; ～仲間 Mitbürger 46, 116, 155
市民社会 bürgerliche Gesellschaft 72, 83, 86, 88f., 92, 107, 111, 113f., 118, 121ff., 125, 135ff., 152f., 163
使命 Bestimmung 69f., 76f., 156, *6* (→規

定）
社会　Gesellschaft　1, 2, 43, 98, 113, 118（→市民社会）；～契約　Contrat social　134
借地料　Gült　157
尺度　Maßstab　8, 37, 104, *7*
釈明　Rechenschaft　116, 157
酌量減軽　Milderung　56；～の事由　Milderungsgrund　56
社交/辞令　gesellschaftliche Unterhaltung　96；～性　Geselligkeit　*2*
奢侈　Luxus　98
捨象　Abstraktion　156, *3*（→抽象）
借款　Anleihe　37
自由　Freiheit　1, 2, 8ff., 12-16, 21, 24, 29-32, 43-46, 56, 62-65, 67-71, 73, 80, 83, 85f., 88, 92, 102f., 106f., 115f., 118, 120, 122-125, 127-132, 135ff., 144ff., 151, 154, 158, 163, 166ff., 170, *1ff.*, *6f.*（→不自由）；～の観点　144；形式的～　92；現実的な～　*1*；自己意識的な～　*7*；自然的～　*2*；自然となった～　69；実体的～　73, 124；市民的～　120；主観的～　10, *7*；人格的～　45；真実の～　2；政治的～　120；絶対的な～　67, *6*；抽象的な～　10, 13, *7*；ドイツ的～　146；普遍的な～　29, 129f. 132, 137
自由/概念　Freiheits=begriff　*7*；～精神　=geist　*7*
自由/なもの　Freie　8, 15, 31, 43, 52, 68, 77, 124, 138, 161, 169, *6f.*；～化　Frei=werden　26；～国家　=staat　136
自由でないもの　Unfreie　15
自由処分　Disposition　37, 82ff., 152；～権　Dispositionsrecht　83
州　Provinz　141f., 163, 166
シュヴァーベン同盟　Schwäbischer　Bund　121
習慣　Gewohnheit　22, 95, 101, 114；～から離れること　Entwöhnung　116
週給　Wochenlohn　101
宗教　Religion　29, 71, 90, 103, 110, 118, 130, 132, 135, 158f., 163, 166, 168, 170, *7*；～的であること　Religiosität　71
宗教的なもの　Religiöse　71, 79, 85, 110
従軍牧師　Feldprediger　163
集合体　Aggregat　69
重婚　Bigamie　80
私有財産　Privatgut　138
従者　Satellit　135；従臣　Vasall　134, 146
集住　Zusammenwohnen　104（→同居）
収縮　Kontraktion　*4*
習熟　Übung　22, 101
終身制　Inamovibilität　144
習俗　Sitte　56, 69, 80, 113, 123, 127, 135, 159, 163, 170, *7*；～概念　Sittenbegriff　47
従属的なもの　Untergeordnete　15, *7*
重大さ（な）　Größe　45, 140（→大きさ）
修道院　Kloster　158
習得　Erwerb, Erwerbung　22（→取得）
収入　Einkommen　151, Einkünfte　157
就任　Antritt　109；～すること　Eintritt　144
従物　accessio　20, accessorium　25；〔～の〕果実　Frucht　20
十分の一税　Zehnt　157
住民数　Population　120
重要　Wichtigkeit　113ff., 136, 154
重要/なもの　Wichtige　135；［最］～事　Wichtigste　151；～でないこと　Unbedeutendheit　138
重要事項　Angelegenheit　118, 138, 140-143, 146, 149, 151f., 154, 158
主観性　Subjektivität　40, 46f., 52f., 59, 64, 66, 68f., 71, 76f., 90, 99, 102, 108, 110, 112, 115, 131, 133, 137, 139f., 156f., *7*；～の観点　90；最終の～　140；純粋な～　66；単純な～　133；抽象的な～　68；直接的な～　108；特殊な～　64, 71, 76, 90
主観的なもの　Subjektive　9, 46, 49, 52, 54, 66, 69, 110f., 116, 119, 131, 138f., 150, *2f.*, *7*
授業　Unterricht　158
祝祭〔国民の〕　Fest　167
熟練　Fertigkeit　22
守護　Bewachung　157；～神　Palladium　146
手工業/者　Handwerker　8, 63, 101, 104；～労働者　Handarbeiter　120
手工具　Handwerkszeug　63, 103
主人　Herr　18, 26, 29, 37
種族　Rasse　87

主体　Subjekt　10, 46, 50–53, 56–62, 64–67, 69ff., 76, 101, 110, 113, 129, 131f., 137, 139, 140, 144, 151; 隔離された〜　abgesondertes 〜　76; 個体的な〜　50, 137; 個別の　60, 69, 101, 144; 自由な〜　69; 人倫的な〜　69; 生命ある現実的な〜　132; 適当な〜　taugliches 〜　140; 特殊な〜　57; 名誉を剝奪された〜　113
受胎するもの　Empfangende　77
手段　Mittel　20f., 46, 61, 89ff., 93, 97f., 100–105, 107f., 110, 114, 117f., 120, 146, 151, 157, 163; 最適の〜　passendstes 〜　97; 調製済みの〜　bereitetes 〜　104; 適切な〜　passendes 〜　93; 特種な〜　100f.; 普遍的な〜　104
主張　Behauptung　148, *1*, Anspruch　38, 125（→要求）; 〜したこと　Behauptete　140
首長　Oberhaupt　122, 125, 166
出現　Erscheinung　137, 168（→現象）
述語　Prädikat　16, 21, 39, 45, 132
出来(する)　Hervorgehen　108, 130
出版/の自由　Preßfreiheit　136, 145, 155; 〜物　Presse　155
出費　Unkosten　37
首都　Hauptstadt　118, 163
取得　Erwerb　21, 79, 81, 83f., 89, 144, 150, Erwerbung　33, 58（→習得）; 〜時効　Ersitzung , usucapio　27; 〜方法　Erwerbsweise　120
主物　principale　25
受粉　Begattung　76（→交尾）
主要/教義　Haupt=dogma　166; 〜契機　=moment　56, 78, 86, 104, 116, 122, 135, 144, 147, 149, 156; 〜原理　=prinzip　80; 〜側面　=seite　148; 〜部分　=teil　145; 〜な画期　=epoche　103; 〜な区別　=unterschied　36f.（→区別）; 〜な性格　=charakter　152; 〜な(に)保証(するもの)　=garantie　140, 144f.; 〜な要求　=forderung　156; 〜な利用法　=benutzung　25; 〜目的　=zweck　89, 103
狩猟　Jagd　20f., 55, 103
受領〔物件の〕　Annehmen　33
純化　Reinigung　166
純粋な状態　Reinheit　66, *3*
準備　Bereitschaft　120（→調製）, Vorberaitung　151
使用　Gebrauch　20f., 25, 28, 30, 37, 41, 79, 97, 119f.
消化　Verdauung　100
生涯　Leben　105（→生きる、人生、生活、生命）
商業　Handel　104, 118, 120, 133, 150, 152, 157; 〜身分　Handelsstand　104, 120
証言　Zeugnis　110
条件　Bedingung　1, 18, 25, 41, 46, 54, 107, 110, 118, 128, 135, 144, 150f., 153
将校の地位　Offiziersstelle　106, 125, 150
上告審　Revisionsinstanz　116
賞賛〔人間の自然の〕　Ruhm　67
常識　gesunder Menschenverstand　154
少数派　Minorität　156
小説の主人公　Romanheld　76
状態　Zustand　1f., 8, 43, 47, 56, 63, 70, 72, 98, 105, 115, 133, 154, 160, 163; 外面的な〜　70; 革命〜　154; 強制の〜　43; 緊張〜　133; 国家の抱える〜　154; 社会〜　1f., 98, 105; 直接的な〜　72; 常ならぬ〜　56; 同胞の〜　47; 〜として無法状態　63, 163
使用貸借　commodatum　37
承諾する　Bewilligung　36, 157
省庁合議体　Ministerialkolleg　143
譲渡　Entäußerung　139, Veräußerlichkeit　152; Veräußerung　30, 37; 〜できないもの　Unveräußerliche　29, 42
衝動　Trieb　2f., 7, 46, 58, 60, 75f., 86, 90, 95 ff., 132, 149, *2*, *7*（→発条）; 国家の〜　149; 自然的〜　76; 模倣の(する)〜　95, 97; 理念の〜　*7*
小都市　Städtchen　121
衝突　Kollision　8, 20f., 38, 56, 58, 61f., 83, 143, 159; 〜した場合　Kollisionsfall 115
承認　Anerkennung　78f., 83, 110, Anerkennen　31, 35, 37, 41, 49, 70, 103, 110, 114, 124, 161（→認定）; 〜を求める闘争　124; 相互〜　gegenseitiges 〜　31, 37, 124, 161
　承認され(てい)ること　Anerkannt=sein　40f., 49, 52, 113, 160, =werden　124; 〜できるもの　Anerkennbare　148

商人　Handelsmann　104, 152, Kaufmann 120, 136; 〜身分　Kaufmannsstand　152（→身分）
証人　Zeuge　110
常任制〔参審員の〕 Ständigkeit　116
情熱　Leidenschaft　76, 78, 80, 105, 140, 170
消費/者　Konsument　120; 〜貸借　mutuum 37
証明　Beweis　80, 144, *3*（→立証）, Erweis 144, Erweisung　152
消耗する　Aufreiben　100
条約　Traktat　162; 〜を守るべきだ　Haltensollen der 〜e　162
上流身分の者　Große　125, 135, 146
職　Brot　116（→パン）, Stelle　129, 140, 143ff., 149f., 153, 156; 上級職　obere 〜 143; 審議職　beratende 〜　140; 大臣の職　ministerielle 〜　156; 役職　obrigkeitliche 〜　153
職位　Qualität　152（→質、訳註105）
職業　Beruf　116
職権　Amts=befugnis　145; 〜行為　=handlung　145
職人　Handwerksmann　120
植民　Kolonisation　120; 〜地　Kolonie　120
食料　Nahrung　21
女系親族　Cognat　84
助言　Rat　107（→評議）
諸侯団　Fürstenkollegium　151
所産　Produkt　46, 49, 75, 122f., 132, 134（→産物）
所持　Detention　20, 24
女子　Mädchen　76, 80; 女性　Weibliche　75
所属国民　Angehörige　162（→親族）
処罰　Bestrafung　46, 56, 85, 113f.
所有　dominium　26; 〜（物）Eigentum　13 f., 18, 20f., 24-38, 41, 45, 58, 63, 73f., 79, 81-84, 89, 92, 98, 103, 114, 119ff., 125, 132, 141f., 152, 160, 166f., *7*; 〜の移転 Übergang von 〜　84（→移行）; 完全な〜 volles 〜　25, 36, 83; 完璧な〜　vollkommenes 〜　35; 〜の強固化　Befestigung des 〜s　83; 共同体の〜　83; 共同の〜 82, 119; 恒常的な〜　ständiges 〜　152; 実在的な〜　26; 自由な〜（地）　26, 83; 直接的な〜　142; 特種な〜　37; 特殊な〜　82f. 132, 141; 普遍的な〜　119; 法律にしたがった〜　gesetzmäßiges 〜 103
　所有/の意志　animus tenendi　20f.; 〜能力 Eigentumsfähigkeit　29, 30, 45; 管理的〜 dominium directum　25（→訳註13）; 利用的〜　dominium utile　25
　所有者　dominus　25, Eigentümer　20, 24, 37, 54; 管理的〜　dominus directus　25
所領　Landgut　84
シラー　Schiller　164
自立　Selbständigkeit　9, 15f., 19, 21, 42, 56, 86, 88, 97, 107, 116, 118, 120, 122, 136, 160-164, *7*; 国民の（が）〜　160, 164 (pl.); 自由に〜　120; 内面（内部）的に〜 56, 136
　自立的なもの　Selbständige　21, 65, 88f., 159, *2*（→非自立的なもの）
知る　Wissen　56, 70f., 73, 77, 94, 110, 119, 123, 129, 158, *7*（→知）; 主観的に〜　56, 70, 94; 〜ものでありかつ知られたもの Wissendes und Gewußtes　129
印　Siegel　142
指令　Verordnung　107
臣下　Untergebene　135
侵害　Verletzung　14, 45-48, 56, 63, 67, 70, 113f., 162; 外面的〜　56; 偶然的な〜 70; 抽象的な〜　45; 普遍的な〜　46, 114; 無限な（に）〜　63
　侵害/された人　Verletzte　45, 48, 111f.; 〜者　Verletzer　46
人格　Person　12f., 15ff., 20, 25f., 28f., 31ff., 35, 49f., 56, 60, 71ff., 78ff., 82f., 85f., 88f., 107-111, 124, 138, 140, 155, *7*（→人）; 具体的な〜　111; 現実的でない〜　28; 公的〜　öffentliche 〜　72, 111; 個々の〜　einzelne 〜　*7*; 自由な〜　15, *7*; 単純な〜　140; 適法な〜　82, 89, 108; 特殊な〜　140; 普遍的な〜　85, 110
　人格権　Personenrecht　14（→訳註7）
　〈人格そのもの〉 Personalität　39, 45, 49, Persönlichkeit　10, 12ff., 17f., 21, 26, 29ff., 37f., 41, 45, 73, 76, 79f., 86, 111, 114, 124, 135, 138, 140, 143, 166, 168, *7*; 君主の〜

140; 自由な～ 86; 純粋な～ 13; 抽象的な～ 14; 直接的な～ 14, 76, 79f.; 特殊な～ 76; 奴隷の～ 45; 無限な～ 37; 理性的な～ 86
人格的なもの Persönliche 138, 154（→非人格的なもの）
審議 Beratung 120, 131, 138ff., 145, 151
信義 Treue 169（→不実さ）
審(級) Instanz 116, 151; ～が連続すること Instanzenfolge 116
心胸 Herz 86, 135
神経 Nerv 106; ～質なところ Gereiztheit 147
神権政治 Theokratie 135, 166
真剣なもの Ernste 130
信仰 Glauben 71, 158, Glaube 1, 103, 138, *1*, *7*
進行 Progreß 109; 無限～ 48, 65
人口 Bevölkerung 120; ～過剰 Übervölkerung 120
真実 Wahrheit 110（→真理）
真実のところ Wahrhafte 134, *5*
心情 Gesinnung 10, 13, 51, 53, 56, 61f., 69f., 71, 73, 78ff., 85, 107, 112, 115f., 118f., 123, 129f., 132, 135, 149, 153, 160（→訳注3）; 国法に適った～ staatsrechtliche ～ 153; 好みの～ 123; 自由な～ 153; 主観的な～ 70; 人倫的な～ 70, 107; より強い～ 135; 適法な～ 149; 道徳的な～ 62; 内面的な～ 78; 否定的な～ 70; 不快で敵意を含んだ～ 80; 普遍的な～ 78, 130; 本質的な～ 69
信心 Andacht 71
人心 Gemüter（pl.） 46
信ずる人 Glaubende 116
神性 Gottheit 11, 139, 166, 168, Göttlichkeit 139, 169（→神、神的なもの）
人生 Leben 110（→生きる、生涯、生活、生命）; ～の浮沈 Lebenswechsel 119
神聖/でないもの Unheilige 8, 135; ～なるもの Heilige 146, *7*; ～物 res sacrae 28
親戚 Verwandte 80, 84, 134
親族 Angehörige 48（→所属国民）; ～法 Familienrecht 69
身体 Körper 15ff., 20, 22, 34, 41, 45, 93, 130, 168（→部局、物体）
神託 Orakel 134, 138f., 167; ～の言葉 Orakelspruch 135
死んだもの Tote 5
神的なもの Göttliche 71, 134f., 166（→神、神的なもの）
進展 Fortgang 11, 101, 134
神殿 Tempel 138, 158
親等 Grad der Verwandtschaft 84（→程度、度、部位）
真なるもの Wahre 46, 62, 69ff., 90, 110, 134, 146
信念 Überzeugung 116
侵犯 Beeinträchtigung 162
審判 Gericht 164（→裁判、裁判官、裁判所）
神秘的なこと Mysteriöse 140, Mystische 158
人物 Charakter 133（→性格）
新聞雑誌 Blatt 155
親密さ Innigkeit 80
臣民 Untertan 56, 116, 120, 135, 138, 152, 158, 162（→家臣）
信用 Kredit 37
信頼 Zutrauen 1, 29, 37, 78, 86, 89, 95, 110, 116, 122, 133, 138, 140, 147, 150, 156, *1*
審理 Prozeß 116（→過程）, Untersuchung 116, 157
真理 Wahrheit 69, 73, 76, 90, 158, 170, *3*, *5*, *7*（→真実）
心理学 Psychologie 46
人倫 Sittlichkeit 10, 16, 29, 51, 68ff., 73, 76, 89f., 107, 122, 156, 163f., 167, *7*
人倫的なもの Sittliche 69, 75f., 79f., 92, 107, 156
人類 Menschengeschlecht 77, 162
神話的なもの Mythische 135

ス

推定すること〔dolus と〕 Präsumieren 61
スヴァロフ Souwarow 163（→訳註114）
枢密/院 Staatsrat 140, 147, 149; ～評議員 Staatsräte（pl.） 149
優れたもの Vortreffliche 147

進め方　Gang　76, 103, 116, 143ff.
ストア派　Stoiker　45
スパルタ　Sparta　133（→ラケダイモン）; ～人　Spartaner　164（→ラケダイモン人）
スピノザ　Spinoza　68
鋭い感性　Scharfsinn　110, 113

セ

性　Geschlecht　77-80; 性関係　Geschlechts=verhältnis　78; 性器　=teil　79; 性差　=differenz　75; 性の結びつき　=verbindung　75f., 78
成果　Resultat　75（→結論、なりゆき）
性格　Charakter　12, 70, 77, 81, 86, 93f., 100, 107, 116, 144, 146, 153, 159, 167f.（→人物）
正確さ〔事実の〕　Richtigkeit　155
生活　Leben　43, 71f., 89, 103, 109, 116, 119, 121, 135, 143, 145, 148, 150, 152, 157f., 160, 163f., 166, 170, *7*（→生きる、生涯、人生、生命）; 公共～　öffentliches ～　71 f., 109, 119; 市民～　bürgerliches ～　119, 121, 143, 145, 148, 150, 152, 157, 160, 163, 166; 政治的～　135, 152; 通常の～　gemeines ～　*7*; 奴隷～　43; 普遍的な～　72; 流浪～　103
　生活/環境　Verhältnis　116（→相関関係）; ～の維持　Lebens=unterhalt　118; ～のしかた　=art　100; ～様式　=weise 120; ～費　Unterhalt　113, 151
請願　Petition　157
正義　Gerechtigkeit　48, 85f., 112f., 115, 117, 119f., *7*（→公平、ディケ）; 刑罰的～　strafende ～　117
性急さ〔決断の〕　Raschheit　151
請求書〔貴族階級への〕　Rechnung　125
税金　Taxe　84
生計　Subsistenz　83, 89, 103f., 113, 118, 120, 132
制限　Beschränkung　3, 7, 26, 30, 64, 71, 75, 79, 107, *4*, *7*, Einschränkung　119, Schranke　30, 52, 109, 143, *5*, *6f.*; ～あるもの　Beschränktheit　59, 64, 68
　制限されたもの　Beschränkte　36, *5*
製作/物　Werk　46, 101, 104, 130, 167, *2*（→著作）; ～者　Werker　104; ～所　Werkstätte　104
生産　Produzierung　37; ～（物）　Produktion　7, 30, 104, 120（→産物）; ～活動　Produzieren　37, 103
静止　Ruhe　65, 103, 130（→平穏）; ～したもの　Ruhende　25
政治　Politik　120; ～家　Staatsmann　154, 156
　政治的なもの　Politische　159
正式な/手続き　Formalie　110, 115f.; ～組織　Formalwesen　115
　正式なもの　Förmlichkeit　110, 115, 170
性質　Eigenschaft　17, 75f., 97, 107, 132, 150, 152
誠実さ　Rechtschaffenheit　90, 107, 135, 140, 144
成熟〔決断の〕　Reife　151
聖書　Bibel　76
性状　Beschaffenheit　26, 37, 113, 136
聖職者　Geistliche　148; ～たち　Geistlichkeit　170
精神　Geist　2, 7f., 11, 19, 22, 29, 34, 46, 53f., 56, 58, 65, 67, 69ff., 73, 75, 85f., 90, 98f., 110, 116, 121, 123, 126, 129f., 134, 136f., 146, 148, 153, 158ff., 163-167, 169, *1ff.*, *7*; ～の（が）意識（されること）　71, 134; ～の威力　164; ～の運動　69; ～の完成能力　126; 客観的～　2, *7*; 共同の～　gemeiner ～　167; 具体的～　8, *7*; ～が継続的に教養形成される　Fortbildung des ～es　146; 継続的に教養形成する～　sich fortbildender ～　146; 現実的な（である）～　71; 原子論という～　121; ～の現実存在　*7*; より高次の～　*7*; 国民の～　8, 134; 個体的～　167; 国家の～　8; 個別の者の～　8; 実体的な～　71; 自由な～　*3*; 自由の～　8; ～の自由　70; 純粋な～　8; 純然たる～　gediegener ～　129; 商人的～　kaufmännischer ～　110; 真の～　130; 人倫的な～　123, 158, *7*; ～の生命　129; 制限されない～　164; ～が政治的に不活動で鈍感になる　politische Untätigkeit und Dumpfheit des ～es　116; 絶対的な～　71, 130, 158, 164; ～の

絶対的なヒポコンデリー　absolute Hypochondrie des ～es　67; ～の絶対的理念　164;　それ自体でもそれだけで独立しても存在する～　an und für sich seiender ～　164; ～がもつ諸力　58; ～の直接的な現実態　129;　～の直接的な〈実体のあり方〉 73; ～の展開　58; ～という統一　71;　～という内面的なもの　165;　～の(を)発展的な(に)形成　146; 普遍的な～　71, 126, 129f., 137, 163f., *7*;『フランス革命の～』 29;　～が未開であること　56; 野蛮の～　121（→権利、原理、精神、世界、定在、満足、欲求）
精神/的なもの　Geistige　136;〈～の神に向かうようなもの〉Geistiggöttliche　135
成績　Würdigkeit　86
生徒　Lehrling　53
制度　Institution　83, 146, 163, *2*; ～として設立されていること; Konstituiertsein　142; ～を設立すること　Konstituierung　153
正当/化できること　Rechtfertigung　159;　～な原権　justus titulus　29
生得/的なもの　Angeborene　145;　～の権利　Geburtsrecht　138
青年　Jugend　116, 162
政府　Regierung　33, 120, 130, 134f., 141, 143-151, 153, 155ff., 159, 166; イギリス～　159; 世俗の～　weltliche ～　166
政府/官庁　Regierungs=behörde　143f., 151, 154, 157; ～公務員　=beamte　144f.; ～重要事項　=angelegenheit　146, 155, 157; ～提案　=vorschlag　151; ～評議会　Regimentsrat　140
征服　Eroberung　135; ～者　Eroberer　88
生物　Lebewesen　2
生命　Leben　20f., 45f., 58, 63, 67-71, 75ff., 85, 87, 90, 103, 113f., 118, 126, 129f., 134, 158, 160f., 168, *3*, *7*（→生きる、生涯、人生、生活); 自然な～　69; 実体的な～　69, 72, 77; 人倫的な～　69, 71, 134, 168; 直接的な～　77;　動物的～　animalisches ～　90; 内面的な～　161; 非有機的な～　58; 古い～　altes ～　69; 有機的な～　58, 70, 129
生命/あるもの　Lebendige　15, 53, 69, 71, 75, 97, 102f., 130, *5*; ～の危険　Lebensgefahr 63; ～体　Lebendigkeit　75, 103, 127, *7*;　～をもたないもの　Unlebendigkeit　156; ～を吹きこむもの　Belebende　128
姓名　Name　78（→名前、名称、名目）
誓約　Anheischigmachung　35
勢力　Gewicht　149（→重み）
政令　Kabinettsbefehlen　157
世界　Welt　8, 17, 59, 64f., 158, 163, 166f., 169f., *7*（→世間）; ～の意志　8; 観念的な～　170; ～の究極目的　59, 64f.; ～の苦痛　169; 差異、分裂の～　169; 人倫の～　167; ～の普遍的な精神　8, 163; ～の成立　Entstehung der ～　166; 外の～　64; ローマ的～　169
世界/観　Welt=anschauung　165f.; ～形態　=gestalt　169; ～史　=geschichte　159, 164f.; ～審判　=gericht　164; ～精神　=geist　126, 159, 163-166, 168f., *7*
責任　Responsabilität　116, Schuldigkeit　133（→罪責、説明責任、負債）
責務　Verpflichtung　169
世間　Welt　86f.（→世界）
世襲/財産　Stammgut　83; ～制　Erblichkeit　152
世代　Generation　158
摂政/職　Regentschaft　140; ～の宮　Prinzregent　140
接触　Berührung　68, 72
絶対的なもの　Absolute　10, 60, 158, 163
節度　Mäßigung　135
窃盗　Diebstahl　45-48, 56, 114
説明責任　Verantwortlichkeit　116, 132, 140, 145（→責任）
絶滅　Vernichtung　163（→無に帰せしめる); ～戦　bellum internecivum　163
拙劣さ　Ungeschicklichkeit　1, 140
善(なるもの)　Gute　2, 10, 46, 51, 53, 56, 64-69, 73, 123, 146f., 149, 154, 167, 170, *7*; 絶対的に善　69; 内面的な善　68; 普遍的な善　65, 68; 善の理念　10, 65, 67, *7*
善意　bona fides　20, 29,　guter Wille　37; 善人　guter Mensch　62
全員一致　Unanimität　116

選挙　Wahl　138f., 142, 153, 157, 169, Wählen　153; 選任　Wahl　140（→選択）
選挙/権　Wahl＝recht　153, *1*; 〜国　=reich 138f.; 〜する人　Wählende　153（→選ぶ人）; 〜人　Wähler　149, 153; 選出された者　Gewählte　139
宣言　Erklärung　21, 34, Versicherung　151（→確証、断言）
全権　Allgewalt　146
漸次の寄洲　alluvio　20
僭主制　Tyrannei　135
宣誓　Eid　110（→偽りの宣誓）
専制　Despotie　135f.; 〜君主　Despot　116, 135; 〜政治　Despotismus　109, 116, 129, 132, 137, 146, 165, *1*
占星術　Stern　139
先祖　Voreltern（pl.）29, 134, Vorfahr　113, 116
戦争　Krieg　126, 132, 148, 160-163（→ペロポネソス戦争、ポーランド戦争）; 〜による先占　occupatio bellica　20
全体　Ganzheit　30, Ganze　1, 15, 25, 63, 69f., 77, 81, 83, 85f., 90, 98, 102, 116ff., 121, 127, 129-138, 140-145, 148f., 152f., 155ff., 160, 162, 166ff., 170, *7*; 〜の解体　Auflösung des 〜n　168; 確立した〜　feststehendes 〜　116; 〜を強固化　Befestigung des 〜n　121; 共同的な〜　116; 具体的な〜　90; 形式的な〜　134; 首尾一貫した〜　konsequentes 〜　155; 人倫的な〜　83, 90; 閉じられた〜　geschlossenes 〜　138; 本質的で内面的な〜　83; 有機的な〜　15, 127
選択　Wahl　37, 97, 102, 115, 121, 137f.（→選挙）
前提　Voraussetzung　155
選帝侯　Kurfürst　151
戦闘　Schlacht　67
浅薄さ　Hohlheit　133
賤民　Pöbel　113, 118, 150, 154
占有（物）　Besitz　13f., 16ff., 20ff., 24-29, 33-37, 39, 81, 84, 98, 103, 114, 116, 118, 125, 150, 152, 160; 永続的な〜　81, 103; 具体的〜　25; 存続している〜　35; 適法な〜　24f.
占有/獲得　=ergreifen　22, 38, =ergreifung 18-21, 23; 〜して持つ　=habung　20; 〜取得　=nahme　19, 52, =nehmen　17, 103, =nehmung　58; 〜所有物　=eigentum 20; 〜すること　Besitzen　84; 〜者　Besitzer　25, 29, 37
専有　Zueignen　19; 〜権　Zueignungsrecht 19

ソ

像　Bild　170（→光景）
総員　Gesamtheit　138; 総括　=　17, 146
相関概念　correlatum　*7*, Korrelata　153
相関関係　Verhältnis　8, 14f., 18, 20, 27, 30-33, 37f., 45, 49, 67, 71f., 76-80, 82-87, 89, 99f., 105ff., 110, 113f., 116, 119, 121f., 124, 136, 139f., 144ff., 159, 161ff., 166, 169f., *7*（→諸関係、生活環境、振舞う、割合、割が合う）; 一時的な〜　temporäres 〜　146; 外面的な〜　30; 外面的な市民〜　72; 家父長制的な〜　166; 感性的な〜　sinnliches 〜　76; 機械的な〜　100; 客観的な〜　67; 空間的な〜　121; 偶然的な〜　114; 具体的な〜　14, 151; 堅固な〜　83; 先取りされた〜　antizipiertes 〜　18; 最もはかない最も下品な〜　zeitlichstes und gemeinstes 〜　170; 自然的な〜　76f.; 実体的な〜　76, 78; 質的および量的な〜　45; 主観的な〜　144; 神的な〜　78; 真の〜　83; 人倫的な〜　79f. 89; 精神的な〜　76; 直接的な〜　49, 84; 適法な〜　82; 敵対的な〜　162; 特種の〜　80; 吐き気を催させる〜　ekliges 〜　84; 夫婦の〜　87; 普遍的な〜　76, 99; 平和的な〜　162; 暴力の〜　20; 本質的な〜　106, 110; 友情のこもった　freundschaftliches 〜　67
相互/外在　Außereinandersein　*2*; 〜扶助　mutuum adjutorium　78
捜査　Ausforschen　119
操作　Manipulation, Manipulieren　101
総裁/憲法　Direktorialkonstitution　133; 〜政府　Direktorium　133, 140
喪失　Verlust　90（→損失）
創設　Stiften　86, Stiftung　125; 〜者　Stifter

124, 168
想像 Einbildung 77, 99, *7*
相続 Erbschaft 37, 84, 104, 167; ～人 Erbe 84; ～財産の分配 Erb=teilung 84; ～分 =teil 84; ～法 =recht 84; ～財産 Masse 84（→塊、大群衆）
総体 Totalität 30, 36, 46, 52, 63, 68, 75, 94, 127, 133, 137, *4f.*; 人倫的～ 127; 絶対的な～ 75; 単純な～ 63
総体性 Allheit 93, 114（→訳註56）
贈与 Schenkung 33, 37, Verschenken 169, Verschenkung 37; ～契約 Schenkungsvertrag 37
疎遠(になること) Entfremdung 79f., 145, 169; ～にすること Entfremden 116
疎遠/なもの Fremde 9, 94, 119, 145, *1*; ～さ Fremd=heit 100; ～な存在 =sein 87
促進 Begünstigung 157; ～手段 Beförderungsmittel 120
ソクラテス Sokrates 167, *7*
損なう Kosten 62, 141（→費用）
素材 Stoff 84, 104, 109（→題材）
素質 Anlage 102, *7*
訴訟手続 Rechtsgang 115f.
租税 Abgabe 20, 105, 120, 125, 138, 146, 152
祖先 Stammvater 121
訴追 Verfolgung 111; ～官 fiscal accusateur public 111
側近グループ Umgebung 140
祖父 Großvater 144
粗暴に振舞う〔公務員に関して〕 Roheit 145（→未開）
それ自体でもそれだけで独立しても存在するもの Anundfürsichseiende 111
ソロン Solon 134
損害補償 Schadenersatz 47
尊敬 Respekt 127, 140
存在 Sein 9, 11f., 15, 18, 22, 44, 47, 52, 68 ff., 75, 124, 129f., 164, *7*（→非存在）; 肯定的な～ 15; 自然的な～ 124; 他者に対する～ ～ für (ein) Anderes 18, *7*; 〈他者に対する～〉 Sein-für-Anderes 132; 抽象的な～ 11, 44, 47, *7*; 直接的な～ 12, 124, *7*; 普遍的な～ 47
存在するもの Seiende 12, 75
損失 Verlust 70, 114f.（→喪失）
存続 Bestehen 25, 68, 89, 110, 114, 117, 136, 141, 160
損耗 Abnutzen 100, Abnutzung 21, 100
村落 Dorf 149, *1*

タ
第一/人者 Erste 140; ～のもの = 37, 138（→最初のもの）
対外関係 Auswärtige 136
大学 Universität 144, 156, 158; ～への〔任用〕強制 Universitätszwang 144
代議士 Deputierte 153, 155
大群衆 Masse 127, 129, 135, 140, 148（→塊、相続財産）, Massenhafte 129, 132, 137, 148
題材 Stoff 26（→素材）
体質 Konstitution 61（→憲法）
太守 Vizekönig 166
対象 Gegenstand 1, 6, 9, 20, 22f., 25, 33, 36 f., 44, 54f., 64f., 71, 76, 79, 85, 87, 99ff., 117, 120, 132, 141, 146, 151, 155, 158ff., 163, *6f.*; 異質な～ heterogener ～ 1; 感性的な～ sinnlicher ～ 99; 具体的な～ 85; 恣意的な～ 33; 重要な～ 151; 絶対的な～ 65, 158; 前提となる～ 54; 特殊な～ 33; 本質的な～ 146; 劣悪な～ *7*
大臣 Minister 99, 140, 143, 149, 154f., 157
体制 Verfassung 92（→国制）
怠惰 Faulheit 118
代表 Abgeordnete 143, Repräsentant 139, Repräsentation 149
大砲 Kanone 20
貸与 Verleihen 37
太陽 Sonne 127, 166; ～系 Sonnensystem 127
対立 Gegensatz *7*, 57, 60, 65, 75, 87, 89f., 110, 156, 165, 167f., *7*, Entgegen=setzung 80, 159, 168; ～する =gesetzte 46, 71, 75; ～すること =setzen 75, Gegenüberstehende 7, *7*
高み Höhe 67; 高いもの Hohe 76

高めること　Erheben　131, Erhebung　71, 107
耕す　Bearbeiten　21
宝物〔普遍的な〕　Schatz　138
タキトゥス　Tacitus　90
他在　Anderssein　9, 47, 75
出し惜しむ〔公課を〕　Knicker　157
他者　Andere　31, 75, 122（→存在）
多神教　Polytheismus　135
多数　Mehrheit　116, 151; ～(性、ある状態) Vielheit　31, 80, 88, 102, 135, 168f.; ～派 Majorität 149, 151, 156
闘いとったもの　Errungene　134
正しいこと　Recht　2, 8, 53, 58, 62, 105, 139, 159, 163（→権利、法、不正）; 道徳的に～　8
正しくなりきること　Rechtsein　107
立場　Lage　152（→事態）, Stand　122, 163（→境遇、発言権、身分）
立場　Standpunkt　8, 15, 41, 49, 51, 54, 64 f., 67–70, 73, 75, 80, 90ff., 119, 121, 140, 159, *7*; 下位にある～　untergeordneter ～　73; より高次の～　75; 最高の～　67f.; 自然的～　80; 真理の～　69, *7*; それ自体でもそれだけで独立しても存在する意志の～　*7*; 大臣の～　140; 当為の～　119; 道徳的～　41, 51, 64f.; 道徳の～　49; 動物の～　90; 反省という～　121; 低い～　niederer ～　8; 本質的な～　92; 有限態の～　15（→意識）
種を蒔く　Säen　21
魂　Seele　10, 65, 68, 76, *3*; 美しい魂たち; schöne ～n　68; 魂の美しさ　76
賜物　Gabe　103
多面/体　Vielfachheit　20; ～的なもの　Vielfache　25
多様/体　Mannigfaltigkeit　20; ～なもの Mannigfaltige　25
タリオ〔同害報復〕　Talion　47
戯れ　Spiel　69
単一　Einheit　135（→統一）
段階　Stufe　8, 10, 56, 71, 89, 107, 114, 119, 126, 132, 134, 136, 164f., *7*; 意識の～　164; 家族の対立の～　89; 教養形成の〈この〉～　132; 自己意識の～　134, 136; 刺激反応性の～　126; 時代精神の～　164; 道徳の～　107; 反省の～　*7*; 必要不可欠なものという～　119; 歴史的～　136; 歴史の～　126
弾劾　Anklage　157（→告訴）
探究すること〔価値を〕　Erforschung　156
男系親族　Agnat　84
団結〔国家の〕　Zusammenhalten　135
断言　Versicherung　148（→確証、宣言）
単語　Wort　76, 99（→詩句）
探索〔犯罪者の〕　Forschen　119
男子　Knabe　80; 男性　Männliche　75
単純なもの　Einfache　164
端緒　Anfang　3, 76, 95, 135, 166, 169, *7*
断絶する〔王家が〕　Aussterben　157
団体　Korps　132（→立法府）; ～精神　esprit de corps　132
担当官　Referent　116
断念　Verzicht　40, 62, 144, 152
弾力性〔自由の〕　Elastizität　46

チ

知　Wissen　7, 15, 44, 71, 76, 94, 123f., 129, 134, 138, 158, 165, 170（→知る）; 現実的な～　170; 自分(自身)についての～　～ von sich　7, 15, 44; 純粋な～　7; 直接～　71, 76; 理性的な～　170
地位　Stellung　63, 67, 152f.（→姿勢）; ～欲 Stellensucht　156
地域　Distrikt　120, 142
地役権　Servitut　25f., 125（→訳註15）
違い　Verschiedenheit　37, 77, 95, 116, 121, 136, 151f., 167
知覚　Wahrnehmung　95; ～すること　Wahrnehmen　15
力　Kraft　12, 30, 37, 77, 90, 95, 101, 138, 153, 159, 162; 力がない　Kraftlose　132; 力強さ; Kräftigkeit　87
地球　Erde　17, 97, 118, 127, *7*
蓄積　Anhäufung　104
知識　Kenntnis　40, 56, 98, 101, 109, 116, 140, 149f., 154f.
恥辱　Schande　80, 113; 最も～に満ちたこと Schändlichste　160
知性　Intelligenz　7, 30, 55, 69, 76, 86, 90,

110, 145, 170, *7*; ～的であること Intellektualität 166; ～的なもの Intellektuelle 34, 158
地代 Rente 25
父親 Vater 55, 76, 85f., 144, 166
秩序 Ordnung 148, 150
地盤 Boden 2, 83, 129, 134, 146, 156, *2*; 地面 = 21, 93, 103, 120
地方 Gegend 104（→近隣）
注意 Beachtung 110, Notiz 86, 158; 怠らない～ Aufmerksamkeit 145; ～を向けること Hinweisung 144
中央/合議体 Zentralkollegium 143; ～政府 Staatsregierung 148
鋳貨 Metallgeld 104
中間 Mitte 137, 141（→中心）; ～身分 Mittelstand 134, 140, 145, 170
中国 China 104
抽象(体、概念、作用) Abstraktion 3, 37, 56, 63, 101, 104, 134, 138, 148, 170, *7*（→捨象）; 極度の～ letzte ～ 63, 101; 最終的な～ letzte ～ 138; 絶対的～ 3; 未展開のままの～ 170
抽象的/なもの Abstrakte 10, 46, 116; ～ではないもの nichts Abstraktes 25; ～に in abstracto 46, 114; ～に普遍的なもの Abstraktallgemeine 77
中傷 Verleumdung 155
中心 Mitte 138（→中間）; ～点 Mittelpunkt 138, 143, 160, 168, Zentralpunkt 143
中隊 Kompanie 121
躊躇〔行いの〕 Bedenken 70
長 Chef 169, Haupt 82f.
懲役 Gefängnis 47; ～刑 Gefängnisstrafe 47
超越/する Überhebung 110; ～しているもの Erhabensein 90
超王党派 Ultraroyalist 140
長子相続権 Majoratsrecht 83
調製 Bereitung 100f.（→準備）; 調製する側 Bereitende 104
調達 Anschaffung 103
調停 Vermittlung 116（→媒介）; ～官 Schiedsrichteramt 116; ～者 Schiedsrichter 40
頂点 Spitze 33, 130–133, 137–140, 143, 147, 157, 164, 167f., 170; 国民の～ 147; 国家の～ 140; 最高の～ 33, 137, 143; 最終的な～ 131, 133, 138f., 157; 全体の～ 143; 単純な～ 133
調和 Harmonie *7*（→不調和）
直接/態 Unmittelbarkeit 12, 15f., 49, 54, 68, 72, 74f., 86, 117f., 135, 138f., 166, 170, *7*
直接的なもの Unmittelbare 90, 113, 135
勅令 Ordonnanz 136, 157
著作 Werk 125（→製作物）
著述家 Autor 155
直観 Anschauen 11, 70f., 73, 135, 170, *3*（→鑑賞）, Anschauung 7, 68, 70f., 76f., 135, 138, 149, 158, 166, 168, *3*, *6f*.; 一般的な～ allgemeine ～ 138; 具体的な～ 149; 現実の～ 158;〈自然の神に向かうような〉～ natürlichgöttliche ～ 135; 実在というものの～ 77; 実体的な～ 168; 宗教的な～ 71; 純粋な～ 68; 神的なものの～ 135; 魂の美しさの～ 76; 統一の～ 158; 本質的な～ 158; 本質(を)の～ 158
治療薬〔国会が〕 Heilmittel 154
賃貸 conductio, locatio, Vermieten, Vermietung 37; ～料 Miete, Mietzins 37
沈着冷静さ〔大臣の〕 Geistesgegenwart 149

ツ

通商交渉 Handelstraktat 120
通用/させること Geltendmachen 137; ～する Gelten 46, 49, 67, 86, 96; ～するもの Gültige 109; ～性(すること) Gültigkeit 1, 110, 116
作られたもの〔国制が〕 Gemachte 134
〈つながり〉 Zusammenhang 1, 20, 85, 89, 107, 111, 117, 122, 132, 140, 145, 153, 160, 164, *1*; 愛の～ 85, 122; 外面的な～ 20; 国家という～ *1*; 自然的な～ 122; 自然的で偶然的な～ 20; 政治的な～ 153, 160; 全体の～ 1; 普遍的な～ 89, 117; 必然態の～ 122; 必然的な～ 107
妻 Frau 63, 77f., 80, 82ff.

［より］強い人　Stärkere　135; 強さ　Stärke　116, 135f., 161
ツンフト　Zunft　104, 121, 141f.

テ

提案　Vorschlag　116, 133, 149, 156（→自己～、政府～、法律の～）
定員オーバー　Überbesetzung　104
［シノペの］ディオゲネス　Diogenes von Sinope　90
ディケ（正義）　Dike　48
帝国　Kaisertum　121, Reich　33, 135f.（→国）; ～議会　Reichs=stände　140, 157（→訳註96）; ～最高裁判所　=gericht　116（→訳註68）; ～直属都市　=stadt　160
定在　Dasein　4, 7, 9ff., 15, 18, 20, 27, 29, 31, 34f., 41-47, 49, 51-54, 58f., 61, 63-66, 68 f., 72, 74ff., 78, 83, 92, 95, 99, 103, 105, 107, 110f., 113, 115, 122ff., 132, 137, 156, 159, 161f., 164, *4*, *6f.*; 意志の～　20, 44, 61, 64, *7*; 概念の直接的な～　132; 外面的な～　15, 18, 31, 45f., 49, 63, 74, 83, 122f.; 観念的な～　34, 64; 現実的な～　123; 権利の～　49, 92, 110, 115; より高次の～　124; 肯定的な～　46; 個々人の～　113, *7*; 自然的な～　124; 実践的な～　34; 実体的な～　53; 自由なものの～　161; 自由の～　63f., 69, 132, 7; 主体の～　132; 所有の～　27, 31; 自立的な～　7; 真実の～　wahrhaftes　～　35; 人倫的な～　7; 精神の～　99; 絶対的な概念の～　7; 対象側の～　54; 知性的な～　49; 直接的な～　11, 69, 123, 132, *7*; 適法な～　49, 65; 道徳が～　107; 特殊な～　63, 78, *7*; 物理的～　physisches　～　42; 普遍的な～　34, 64; 本質的な～　31, 35; 無制限の～　64; 目の前にある～　vorliegendes ～　54; 理念の～　*7*; 理論的な～　34（→人間）
　定在するもの　Daseiende　58
停止［時効の］　Verhinderung　27（→防止）
ティタン　Titan　167
程度　Grad　56, 90, 132（→親等、度、部位）, Maß　30
抵当　Pfand　37; ～関係　=verhältnis　37
定立/されたもの　Gesetzte　75, 134; ～されていること　Gesetztsein　31; ～すること　Setzen　4, 34, 67, *4f.*, *7*
低廉化　Wohlfeilheit　120
手形法　Wechselrecht　120
敵　Feind　110, 119, 140, 146
　敵対/する　Feindseligkeit　162; ～者　opponent　151
出来事［国民が］　Begebenheit　123
適任であること　Tauglichkeit　121, 149
適法/性　Rechtlichkeit　61, 67, 107, 150, 156
　適法的なこと　Rechtliche　48, 62
適用　Anwendung　20, 54, 97, 110, 115f., 131, 138
テセウス　Theseus　134
哲学　Philosophie　3, 65, 68f., 97, 138, *3*, *6f.*
手続き　Akt　110, 134, 138
手に入れる［所有を］　Erhaltung　26（→維持）
テルモピュライ　Thermopylen　164
〈点〉　Punkt　133, 138
展開　Entwicklung　58, 75, 109, 126, 134, 136, 164, 168, 170, *6f.*; 権利の法律の～　109; 国民精神の～　134; 自己意識の～　164; 自由概念の～　*7*; 民主制の～　168; 理念の～　*7*（→精神）
　展開段階［世界史の］　Entwicklungsstufe　164
転覆［国制の］　Umsturz　134, 136
天賦の才　Genie　37
天分　Naturtalent　161
展望［政府諸部門の］　Übersicht　143, 149
デンマーク人　Däne　20

ト

投網［市民に対する］　Netz　145
ドイツ　Deutschland　105, 116, 120f., 125, 133ff., 144, 146, 148, 151, 155, 160; ～人　Deutsche　90, 146
トイレ［ナプキンを渡す］　Abtritt　140
当為　Sollen　49, 65, 68, 119, 159f., 162f., *7*
同意　Einwilligung　33, 36f., 79f., Konsens　140, Verwilligung　157
統一　Einheit　5, 6, 9f., 66, 68, 71ff., 75f., 78, 80, 86, 88f., 94, 114, 122, 125, 127, 129ff.,

133, 135f., 138f., 143, 146, 156, 158, 160, 163, 167ff., *3, 5, 7*（→単一）；王権的〜 königliche 〜 135; 固有に現実存在する外部的〜 133; 家族の〜 89; 感覚する〜 empfindende 〜 72f.; 感受性と刺激反応性の〜 131; 現実的な〜 133, 138; 個体的な〜 133; 国家の〜 138; 最終的な〜 138; 自然的な〜 86; 実体的な〜 68, 76, 78, 86, 88, 130, 167; 主観的な〜 133; 主観的なものと客観的なものとの〜 9, *7*; 純然たる〜 gediegene 〜 130; 人倫的な〜 168; 絶対的(に)〜 10, 68, *7*; 全体の〜 133, 156; 善と良心の〜 66; 内部的〜 133; 内面的な〜 76; 内面的なものと外面的なものとの〜 5; 否定的な〜 76, 139, 160; 表象された〜 94; 表象の〜 94; 普遍的意志と特殊な意志の〜 114; 普遍的〜 125; 理想的な〜 idealische 〜 167（→感情、自己意識、精神、直観）
統一点〔ロベスピエール〕 Einheitspunkt 133
同一化〔意志の〕 Identifizierung 34
同一態 Identität 5, 9f., 22, 31, 37, 44, 68, 70, 73, 75, 94f., 122f., 130, 167, *7*; 意志が〜 73; 現実的な〜 73, 75; 自由と〜 *7*; 純然と〜 gediegene 〜 122; 人倫的に〜 167; 精神的な〜 70; 絶対的に〜 9; 単純な〜 5; 知の〜 94; 抽象的に〜 9; 直接的に〜 44（→意識、感情）
同一のもの Identische 9, *5, 7*
同一判決 similiter judicata 109
統轄者 Vorsteher 107, 142, *1*
投機 Spekulation 120
動機〔悪しき行為の〕 Motiv 46
トゥキュディデス Thukydides 135
同業/者 Genosse 142, 153; 〜組合 Genossenschaft 153, 157, 169;〔〜組合の〕非組合員 Nichtmitglied 153
同居していること Zusammenwohnen 87（→集住）
道具 Werkzeug 8, 100f., 104, 113
憧憬 Sehnsucht 68, 123
洞察 Einsicht 1, 8, 40, 48, 76, 109, 116, 138, 144, 146, 154; 最善のものの〜 138; 裁判官の〜 109; 哲学的に〜 8; より善きものの〜 146; 理性的〜 1
当事者 Partei 34, 40, 111, 115f.（→党派）, Teil 20, 33, 37, 82（→部分、分け前）
同情 Mitleid 70, 102, 110f., 115, 164
闘争 Kampf 106, 117, 124f., 128, 133ff., 138, 168, 170, *1*; 恐ろしい〜 135; 公然たる〜 offenbarer 〜 134; 国民の〜 125; 絶えざる〜 beständiger 〜 106; 必然的な〜 133（→承認）
統治/委員会 Regierungs=kommission 147; 〜権 =gewalt 131, 133, 135, 138, 140f., 143, 146f., 149f., 153, 157; 〜行為 =handlung 139f., 157; 〜組織 =wesen 149; 〜の権利 =recht 141; 〜者 Regierende 135f.; 〜癖 Regiersucht 141
同等/性 Gleichheit 37, 47, 94ff., 111, 113f., *5*（→平等）; 〜でない(状態) Ungleichheit 90, 95, 118（→不平等）; 〜のもの Gleiche 121, 168
道徳 Moralität 8, 10, 13, 40, 44, 49f., 60, 69, 107, 110, 116, 127, 138, *7*
道徳的なもの Moralische 61, 113, 129（→不道徳なもの）; 〜的な観点 8, 47
道徳哲学 Moral 62, 133, 156, 160, 167（→訳註25）
党派 Partei 133, 149, 156（→当事者）
投票(権) Stimme 116, 149, 151; 〜数 Stimmenanzahl 151
動物 Tier 16, 20f., 55f., 76, 78, 90, 93, 100, 103, 130, 135, *7*; 〜性のもの Animalismus 100
同胞 Nation 47, 129, 146, 159, 163（→国）
同盟 Bund 121, 162, Bündnis 121
東洋 Morgenland 163; 〜的なもの Morgenländische 169（→オリエント）
動揺 Unruhe 46, 99, 132, 157, *1*
統領 Präsident 143（→裁判長）
同僚 Kollege 140
道路 Straße 120
討論 Debatte 154; 〜する Mitsprechen 155
遠ざかる(ける) Entfernung 70, 136, 145; [より]遠ざけられたもの Entferntere 69

時　Zeit　37, 77（→時間、時節、時代）
朱鷺鶴　Ibis　110
徳　Tugend　45, 70, 107, 132, 135, 140, 150, 156, 167; 徳論　Tugendlehre　10
特殊/化　Besonderung　7, 22, 30, 32, 68, 71, 75, 96, 131f., 137f., *7*; ～態　Besonderheit　30, 32f., 37f., 41, 43, 45, 50, 58-65, 67f., 70f., 75ff., 79, 90f., 93, 95ff., 99, 107, 110f., 118, 121, 124f., 128, 132, 135, 137f., 140f., 143f., 148f., 156, 159f., 170, *7*
特殊なもの　Besondere　7, 12, 25, 38f., 46, 50, 56, 58, 60-67, 70f., 75, 83, 89ff., 96, 107, 121, 125, 131f., 135, 137f., 141, 152, 160, 164, *4*
特種化　Spezifikation　97, Spezifizierung　98
特典　Vorrecht　106, 146
独立して存続すること　Fürsichbestehen　160
独立存在　Fürsichsein　11, 31, 48, 52, 66, 76, 108, 137, 159f., 163, 167f.
都市　Stadt　104, 118, 120f., 135, 141, 148f., *1*; ～団　Städtekollegium　151; ～貴族　Patrizier　106, 121, 168
年の市　Jahrmarkt　120
土台　Basis　71, 114, 121, 136
土地　Erdboden　93, Land　157（→田舎、国、領邦）; ～財産　Gut　103, 120, 152, 157（→財産）; ～資産　Grund=vermögen 152; ～所有　=besitz　153, =eigentum　152; Güter=besitz　105, 152; ～所有者　=besitzer　106, 152
特許状　Karte　104
特権　Privileg　104f., 125, 132, 138, 148f., 152, *1*
富　Reichtum　84, 90, 98f., 104, 138, 152, 167
鳥　Vogel　136; 鳥占い　=　139, Vogelflug 138（→訳註96）
取り押さえる　Bemächtigung　24, 100, Bemächtigen　98
取り替える〔生命を〕　Umtausch　113
トリプトレモス　Triptolemos　103（→訳註61）
努力　Streben　68
トルコ　Türkei　135; ～人　Türke　135
奴隷　Sklave　29, 45, 85, 120, 163, *7*; ～制　Sklaverei　8, 45, 132, 167
貪欲　Habsucht　135

ナ

内縁関係　Konkubinat　78
内閣　Ministerium　133, 138, 140, 143, 145, 147, 149, 154ff.（→訳註83）
内臓〔動物の〕　Eingeweide　138
内面　Innerlichkeit　16, 53, 56, 67, 123, 138, 169f.
内面的なもの　Innere　18, 30, 36, 45f., 52, 75, 123, 138, 158, 163, 165, 167, 169, *2*（→内、国内）, Innerliche　30, 53, 97, *5*
内容　Inhalt　1, 3f., 6f., 9f., 13, 30, 45f., 52, 57, 59-64, 91, 94, 107f., 113, 132, 134, 139f., *2*, *4*, *7*; 意志された～　gewollter ～ *7*; 偶然的な～　*7*; 所与の～　gegebener ～　*7*; 制限された～　94; 絶対的な～ 9f.; 直接的に現存する～　3; 特殊な～ 9, 13, 57, 61, 64; 普遍的～　1; 本質的な～　108; 有限な～　94
慰め〔宗教の〕　Trost　118
なにか　Etwas　9（→ひとかどの人物）
名前　Name　69, 98, 120, 125, 138, 152（→姓名、名称、名目）
なりゆき　Resultat　80（→結論、成果）
難癖　Schwierigkeit　76（→困る、困難）
軟弱さ〔私的生活の〕　Weichlichkeit　162

ニ

憎しみ　Haß　67, 140, 151, 153
肉体　Leib　45
似姿〔私の〕　Abbild　53
担い手〔世界の意志・精神の〕　Träger　8, 164
入植者　Kolonist　120
人間　Mensch　2, 8, 10-13, 15ff., 19, 21, 24, 26, 42, 45f., 54ff., 58f., 61ff., 67, 70f., 75, 79, 86, 90f., 93f., 97-104, 106f., 110, 112-116, 118, 120ff., 132, 135f., 140, 155, 158, 166, 169, *2*, *4-7*（→人、善人）; ～の意志 46; ～の意識　56; ～が依存　102; ～の価値　12; ～の活動　101; ～の規定〔使命〕 *6*; ～の教育　99; 教養形成された～　56; 教養形成されていない～ 110; ～の幸福　10; ～の恣意　102; ～の

四肢　Gliedmaßes eines ～en　79; ～の幸せ　10; ～の自然状態　Naturzustand der ～en　2; 自然的な～　15; ～の自由　63, *2*; ～の心情　10; ～の生命　58; ～の定在　63; ～の特殊態　107; ～の発明　103; ～の不幸　70; ～の摩滅　Abstumpfung der ～en　101; 無邪気な～　unbefangener ～　115; ～の〈理性あるもの〉　56; ～の労働; 101（→自然、欲求）
人間性　Menschlichkeit　110
認識　Erkennung　170, Erkennen　70, 104, 110, 158; ～すること　Erkenntnis　111; ～できる　Erkennbarkeit　20, 110, 115, Erkennbare　67
認定　Anerkennen　155（→承認）
任命　Ernennung　139, 144

ヌ
抜け目なさ　Pfiffigkeit　152
盗み　Stehlen　56; ～に遭った者　Bestohlener　48
ヌマ　Numa　168

ネ
根　Wurzel　75, 116, 122, 154, *2*, *7*; 内面的な根　122
猫　Katze　110
妬み　Neid　63, 67, 135, 140
熱意　Eifer　110, 140

ノ
ノヴァーリス　Novalis　68
農業　Ackerbau　21, 103, 136
農奴　Leibeigene　120
農夫　Bauer　21, 103, 120, 140, 148（→百姓）; ～の土地財産　Bauern=gut　120; ～身分　=stand 104（→身分）
農民　Ackerbauer　21, 103, 120, 136（→百姓）
能力　Fähigkeit　37, 83, Vermögen　22（→資産、資産能力）

ハ
媒介　Vermittlung　16, 31, 33, 41, 49, 54, 59, 64f., 89f., 92, 94f., 98, 100, 103f., 107f., 129f.（→調停）; 主観性との～　64; 主観性と客観態の～　59; 純粋な～　49; 調製済みの手段を～　～ der bereiteten Mittel　104; 直接的な～　54; ～がもつ必然的な〈つながり〉　107; 普遍的～　104; 欲求とその満足を～　92; 労働や手段を普遍的に交換するという～　108（→システム）
廃棄　Aufheben　43, 46-49, 52, 76, 111, *7*, Aufhebung　48, 113; ～されたもの　Aufgehobene　15; ～されること　Aufgehobenwerden　113
廃墟〔パルミラやペルセポリス〕　Ruine　164（→荒廃させる、破産）
配偶者　Ehegatte　79f.; ～を遺棄すること　Verlassen des ～n　79（→見捨てること）; ～同士が不仲　Zwiste zwischen ～n　80
肺結核　Schwindsucht　68
買収　Bestechung　149
賠償　Ersatz　46
陪審/員　Geschworene　116, 155; ～裁判　Geschworenengericht　116, 153, 155
配属〔普遍的な業務への〕　Zuteilung　129
配分〔国の〕　Austeilung　169
配慮　Besorgung　121, 141f.（→気遣い）; ～されない状態　Unbesorgtheit　118
墓　Grab　28
拍手喝采　Akklamation　138
暴露〔プライバシーの〕　Aufdecken　155
破産　Ruin　83, 137（→荒廃させる、廃墟）
恥じ入らせること　Beschämen　113; 恥じ入ること　Beschämung　113; 恥じらい　Schamhaftigkeit　87
辱めるもの　Entwürdigung　76
畑　Feld　20f., 25f.（→領野）
果たす　Ausübung　152（→行使）
働き　Wirkung　116, 161（→結果）; ～（かけること）　Wirken　13, 77, 140; ～かけの範囲　Wirkungs=kreis　60, 77; ～方　=weise　157
破綻〔国家の〕　Zerrüttung　156
発議　Vorbringen　151
発見〔犯罪・犯人の〕　Entdeckung　110, 119
発言　äußerung　155（→外化表現）; ～権　Stand　104（→境遇、立場、身分）

閥族　Fraktion　163
発展的な（に）形成（する）　Ausbildung　22, 105, 109, 146, 168
発明　Erfindung　77, 103, 113
発条　Triebfeder　156（→衝動）
母親　Mutter　84, 86, 140
派閥　Faktion　138, 140
破滅　Verderben　84, 167
パルミラ　Palmyra　164
破廉恥〔役所・公務員の〕　Schmutzigkeit　153
パン　Brot　120（→職），Wecken　34; 〜が得られなくなる人　außer Brot Gekommene　120
範囲　Bezirk　27（→領地），Kreis　93f., 104（→グループ），Umfang　20, 23, 47, 56, 138, 161
犯意　dolus　10, 56, 61（→故意）; 間接的〜　dolus indirectus　61
反映　Widerschein　158; 〜像　Reflex　141
繁栄する　Gedeihen　120
判決　Rechtsprechen　109, 152, Richterspruch　48, Spruch　110（→格言），Urteil　115f.（→判断）
犯罪　Verbrechen　45-48, 52, 56, 61, 110f., 113f., 116f., 119, 166; 〜を犯す　Begehen der 〜　119; 〜を改悛する　113; 外面的な〜　46; 〜の可能性　114; 〜の危険性　114; 〜に対する帰責　56; 〜が空無　46, 111; 〜の繰り返し　114; 現実的な〜　47; 最大の〜　größtes 〜　166; 〜の質的性状　113; 〜の所産　46; 〜の（に対する）処罰　56, 113; 絶対的な〜　45; 〜の訴追と処罰　Verfolgung und Ahndung des 〜s 111; 〜の（を）廃棄　47f., 111, 113; 〜を発見すること　110; 〜の否定　47; 〜の法性決定　Qualifikation des 〜s 116; 〜の内面的なもの　46; 〜が認識できること　110; 〜の報い　113
犯罪者　Verbrecher　30, 46, 48, 56, 110-114, 116f., 119, 139, 155, *7*; 〜に対する恩赦　139; 〜の矯正　46; 〜の行為　46; 〜の自白　110; 〜の主体　46; 〜を承認すること　110; 〜が寄せる信頼　116; 〜を知る　119; 〜の捜査　119; 〜を逮捕する　119; 〜の敵　119; 〜の法律　46; 〜の利害関心　116; 〜の良心のやましさ　böses Gewissen des 〜s　46
ハンザ同盟　Hanse　121, 133
判事　Mitglied　116（→委員、議員、メンバー）
繁殖〔類の〕　Fortpflanzung　78
反省　Reflexion　3, 10, 57, 60, 62, 69f., 93, 103f., 107, 113ff., 121, 131, 137f., 158, 166, 3, 7; 自己内〜　〜 in sich　57, 69, 131, 137, 158 166; 自我の自分自身への純粋な〜　reine 〜 des Ich in sich selbst 〜　3, *3*; 特殊な〜　69; 無限の〜　57
反省/されたもの　Reflektierte　69; 〜的な相関関係　Reflexionsverhältnis　88
反対　Opposition　147, 149, 151; 〜根拠　Gegengrund　109, 138; 〜する（のもの）　Gegenteil　102, 162; 〜派　Opposition　156
判断　Urteil　39, 45, 53, 59, 107, 132, 144, 154f., 162（→判決）; 重みのある〜　154; 正確な〜　154; 正式な〜　144; 劣悪な〜　155; 否定的な〜　39; 無限〜　45
パンテオン　Pantheon　168
犯人　Täter　61, 119
販売　venditio, Verkauf　37
反発　Repulsion　31

ヒ

美　Schöne　46, 170（→美しさ）
悲哀〔国民の没落に関し〕　Trauer　164
ヒエラルヒー　Hierarchie　166
比較　Vergleichung　1, 37, 47, 62; 〜する　Vergleichende　37
彼岸（のもの）　Jenseits　71, 123, 166, 169, *1*; 〜を仰ぐ　Schauen nach（dem）〜　166
被疑者　Beschuldigte　110
引渡し　Tradition　37（→慣例）
悲劇　Tragödie　76, 87, 164
否決する　Verneinung　151
被告　Beklagte　116; 〜人　Angeklagte　116
悲惨な状態　Elend　101, 104, 118
非自立的なもの　Unselbständige　2, 65（→自立的なもの）
非人格的なもの　Unpersönliche　15f.（→人格的なもの）

非存在　Nichtsein　9（→存在）
被治者　Regierte　136
必需品　Requisit　154
必然性　Notwendigkeit　9, 10, 31ff., 40f., 43, 70, 90, 92, 98f., 102, 122f., 127–130, 132, 140, 147, 167, *2*, *7*; 職業身分という～ 102; 没意識的な～　bewußtlose ～　122; 外面的な～　98, 128; 直接的な～　98; 内部的な～　128; 内面的な～　32, 130; 普遍的な～　140
　必然的なもの　Notwendige　2, 10, 49, 70, 87, 134, 143, 162（→必要不可欠なもの）
必然国家　Notstaat　71, 89f., 117, 119, 122, 128（→訳註30）
ピット　Pitt　149, 155
必要　Not　27, 89f., 92, 98ff., 105, 107, 122, 152（→危急）; ～条件　Erfordernis　28, 149
　必要不可欠なもの　Notwendige　119, 132（→必然的なもの）
否定　Negation　44, 46f., 52, 137, *4f.*
　否定態　Negativität　3f., 7, 9. 11f., 31, 46, 64, 68, 70f., 76, 86, 108, 122ff., 130, 160, *5*; 絶対的～　3f., 9, 11f.; 無限な～　7
　否定的なもの　Negative　31, 46f., 52, 64f., 67, 70f., 75f., *7*
人　Mann　109, 116, 119, 136, 140, 144, 149（→男、夫）, Mensch　104（→人間）, Person　101, 110, 115, 147, 158（→人格）
ひとかどの人物　Etwas　107（→なにか）
〈一つのもの〉　Eins　31, 138
非難　Tadel　120, 146, 155
誹謗中傷　Libellieren　149
非本質的なもの　Unwesentliche　35, 70（→本質的なもの）
秘密　Geheimnis　103
罷免〔評議員の〕　Entlassung　140
百姓　Landmann　103（→農夫、農民）
日雇い労務者　Tagelöhner　153
ビヤホール　Wirtshaus　150
非有機的なもの　Unorganische　75, *7*（→有機的なもの）
費用　Kosten（pl.）　116, 118（→損なう）
病院の管理人　Spitalverwalter　118
評価　Beurteilung　45, 110, 115
評議（機関）　Rat　135, 149, 156（→助言）; ～員　Räte（pl.）　132, 140, 143f.
表現　Ausdruck　2, 34, 62, 99, 155
標識　Zeichen　23, 34, *2*（→兆し）; ～づけ　Bezeichnung　19f., 23
表象　Vorstellung　2, 19, 23, 45f., 54f., 76, 86, 94ff., 98f., 101, 107f., 124, 135, 140, 147, 158, 162, 166, 170; 誤った～　2; 客観的な～　19; 普遍的な～　158
　表象する　Vorstellen　99
漂着物権　Strandrecht　20（→訳註9）
平等　Gleichheit　17, 63, 71, 84（→同等性、不平等）
病人　Kranke　118
病癖　Sucht　93, 96, 104, 148, 152
平信徒　Laie　29
ピラミッド　Pyramide　138
卑劣さ　Niederträchtigkeit　140
広がり（げる）　Ausdehnung　20, 57, 102, 136
ピン　Stecknadel　101
品位　Würde　119; ～の高いもの　honesta　37
品行　Betragen　163
貧困　Armut　118
品性　Güte　140
品目〔課税対象の〕　Artikel　146
敏腕さ〔大臣の〕　Gewandtheit　140

フ

部位　Grad　20（→親等、程度、度）
フィクション　Fiktion　2
フィヒテ　Fichte　19, 29, 35, 84, 119, 133, *6*; ～哲学　68; ～の国家　Fichtescher Staat　119
諷刺詩　Satire　84; ～人　Satiriker　98, 120
風習　Gebräuche（pl.）　135, 166
風土　Himmelsstrich　136
夫婦　Eheleute（pl.）　83, Gatten（pl.）　80, 83（→結婚相手）; ～共同財産制　Gütergemeinschaft　83; ～財産契約　Ehepakt　83
フォイエルバッハ　Feuerbach　46
不快さ　Unbequemlichkeit　93（→快適さ）
　不快なこと　Widrige　119
不確実性　Unsicherheit　27, 152（→安全）
不可侵のもの〔国制が〕　Unantastbare　146

不活動　Untätige　70, Untätigkeit　116（→活動）
不完全/性　Unvollkommenheit　20; ～なもの　Unvollkommene　65
不器用〔国民が〕　Plumpe　148
部局　Körper　133（→身体、物体）; 立法～　gesetzgebender ～　133（→権）
複婚制　Polygamie　80
複雑化　Vervielfältigen　93, Vervielfältigung　90, 93f., 97-100, 104, 116（→訳註50）; 無限に～　93（→法律、欲求）
復讐　Rache　46, 48, 56, 67, 111f.; ～心　Rachsucht　56, 170
服従　Gehorsam　86; ～すること　Gehorchen　86
服務規程　Reglement　119
不幸　Unglück　2, 70, 83, 104, 110, 166, 168f.（→幸福）; ～な人　Unglückliche　110
布告　Dekret　151; ～すること　Dekretierung　151
負債　Schuldigkeit　25, 54（→責任）
ふさわしいもの　Gemäße　2, 67
不死　Unsterblichkeit　65
不実　Untreue　70, 80（→信義）
不自由　Unfreiheit　2（→自由）
負傷　Verwundung　61; ～した人　Verwundete　61
無精〔自治体の扶養と〕　Trägheit　118
侮辱　Beleidigung　162f.; ～された　Beleidigtsein　85
不信感〔事柄への〕　Mißtrauen　156
不正（正しくないこと）　Unrecht　2, 8, 20, 43, 45f., 52, 63, 70, 114ff., 118f., 139, 164, *1f.*（→正しいこと）
武装させること　Bewaffnung　160
附帯状況　Umstand　47, 54ff., 61, 70, 81, 102, 104, 106f., 110, 115f., 163（→訳註22）; いろいろな（多くの）～　vieler ～　47, 110; 外面的な～　54, 61, 104, 107, 110; 規定するほうの～　54; 偶然的な～　70, 110; 個々の～　einzelner ～　81, 115; 自然的な～　70, 106; 条件となる～　54; 対象側の～　56; 多様な～　47; 否定的な～　70
不調和　Disharmonie　157, 159（→調和）
物件　jura in re　26, Sache　15-21, 23-29, 33, 35-41, 44, 49, 79, 83, 85, 104, 115（→事柄、事件、問題）
物体　Körper　21（→身体、部局）
不適切な事態〔相続での〕　Inkonvenienz　84
不道徳なもの　Unmoralische　164（→道徳）
腐敗　Verdorbenheit　90, 119, 140
不平等　Ungleichheit　17, 63, 80, 84, 95, 102, 149（→同等でない、平等）; ～なもの　Ungleiche　63
部分　Teil　15f., 20, 29, 37, 83, 93, 117f., 135, 141, 150, 152, 160, 163, *3*（→当事者、分け前）
部分/的なもの　Partikulare　125, 128; ～性　Partikularität　80, 93
不変性　Unveränderlichkeit　134
普遍態　Allgemeinheit　1, 3, 5, 17, 26f., 33, 37f., 45, 48, 50, 53, 56, 59f., 62, 64, 68f., 75-78, 83, 88-96, 98f., 103f., 107f., 111, 113f., 122ff., 128-132, 136ff., 140, 149, 156, 163, 168, 170, *3ff.*, *7*; 意志の～　64, 129; ～の意志　48; 外面の～　17; 完全な～　vollkommene ～　93; 教養形成の～　108; ～の形式　27, 91, 111, 113, 122f., 131f.; 形式的な～　88, 90; 国制と法律という～　138; 思想という～　64; それ自体でもそれだけで独立しても存在する～　an und für sich seiende ～　163; 実体的な～　90; 自由な～　77; 純粋な～　5; ～の侵害　114; 真実の～　～*7*; ～が自立している　88; ～という性格　94; それだけで独立して存在する～　für sich seiende ～　113; 抽象的な～　77, 89, 114, 168; 直接的な～　93; ～を通用させること　137; 内面的な～　76, 103, 114, 163; ～の反省　60; 理性という～　1;〔類の〕内在的～　immanente ～　75（→原理、目的、欲求、利害関心）
普遍的なもの　Allgemeine　20, 22, 24f., 27, 30ff., 38f., 45f., 51ff., 56, 58, 60-66, 68-72, 75ff., 79, 81, 83, 89, 91f., 95, 99, 102-105, 107, 109, 117-123, 125ff., 129, 131ff., 135, 137f., 140f., 143, 146-149, 152f., 156-160, 162, 164, 167. 170, *1f.*, *5*, *7*; 意志の～　38, 45, 162, *3*; ～の業務　132; ～の個体

的な意志　129; 客観的に～　52; ～の形式　141; 行為の～　56; 国家の～　146, 148; 事柄の～　99; ～の幸せ　122; それ自体でもそれだけで独立しても～　an und für sich ～s 164; それ自体でもそれだけで独立しても存在する～　an und für sich seiendes ～s 122, 131; 社会状態の～　105; 自由で～　65; 主観的に～　95; 実体や法律という～を知りかつ承認すること　70; ～の侵害　46; ～の制限　143; 絶対的に～　167; ～を損なう　141; ～の知識　149; 抽象的に～　77; ～を適用する　131; 特殊なものがもつ～　131; ～の骨折り　Bemühung des ～n　120; 本質という～　45, *1*; みずからを知る～　76, 123; それ自身明白に～　sich selbst klares ～s 131; 理性的で～　79, 148（→利害関心）
不満足〔子供の〕　Unbefriedigtsein　86（→満足）
部門　Zweig　121, 133, 135, 143f., 149, 157
[最も]富裕な者　Reichste　104, 138, 167
プラトン　Plato　109, 130, 144, 167, *7*; ～の国家　Platonischer Staat　107
プラハ　Praga　163
フランス　Frankreich　25, 79f., 104, 106, 116, 120, 125, 134, 150ff., 154f., 157; ～共和国　161（→共和制、革命）
　フランス人　Franzose　133
フリア　Furie　71（→訳註32）
振替銀行　Girobank　37
フリードリヒ二世　Friedrich II.　116
ブルジョワ　Bourgeois　72, 89, 121
ブルトゥス　Brutus　8, 136
振舞い　Verfahren　157, Verhältnis　149（→相関関係）; ～方　Verfahrungsart　116
プロイセン国家　Preußischer〔Staat〕　106
プロクルス派　Proculeianer　20
不和〔結婚における〕　Veruneinigung　78
文化　Kultur　127（→栽培する）
分化する〔市民生活が〕　Sonderung　148
分割　Teilung　17, 84, 101, 130, 132f., 151（→自己～）; ～されたもの　Geteilte　98; ～されている　Geteiltsein　20; ～できない　Unteilbarkeit　120; ～して統治せよ　divide et impera　132
分散　Auseinandergehen　10, 90, 122, 137; ～したもの　Auseinandersein　168
分肢組織(化)　Gegliederung　71, 129, 137, 141, 148, 153, 170, Gliederung　102, 130; ～化されていないもの　Ungegliederte　129
紛争　Streit　20, 116, 151, 162
分配　Verteilung　17, 121
分離　Trennung　87f., 122, 146, *7*; 分立　=　131
分裂　Entzweien　75, Entzweiung　169, *7*

ヘ
平穏　Ruhe　63, 160（→静止）
兵士　Soldat　37
平時　Friedenszeit　143
平民　Plebejer　106, 168; ～層　Plebs　135
平和　Frieden　126, 146, 148, 161ff.; 永遠～　ewiger ～　162
　平和状態　Friedenszustand　161
ペスタロッチ　Pestalozzi　86
ヘスティア　Hestia　77（→訳註36）
ベッカーリア　Beccaria　46
ヘラクレス　Herkules　93
ペルシア人　Perser　166
ペルシウス　Persius　90
ペルセポリス　Persepolis　164
ペロポネソス戦争　Peloponnesischer Krieg　132（→戦争）
変化　Veränderung　8, 14, 46, 54, 100; 変革　=　134, 146; 変更　=　1
勉学　Studium　116
弁護/士　Advokat 116, 150; ～人　Verteidiger　116（→防衛する者）
弁証法　Dialektik　64f., 3
　弁証法的なもの　Dialektische　5

ホ
法　Recht　1ff., 8, 10, 13f., 20, 26f., 31, 45ff., 69, 79, 84f., 110, 115f., 124, 139, 147, *1f.*, *7*（→権利、正しいこと）; 刑法　peinliches ～　45, 47; 現実的な法　1; 法の源泉　Quelle des ～s　*1*; 実定法　1, 8, 20, 27, *1*; 真実の法　2, 8; 抽象法　8, 10, 13

f., 44, 124; 哲学的な法　8; ドイツの法　110; 普遍的な法　62; 理性的な法　1; ローマ法　Römisches ～　26, 116; 古代ローマ法　84
法規定　Rechts=bestimmung　1; 法システム　=system　*2*; 法体制　=verfassung　92, *1*; 法的戒め　=gebot　13; 法的関係　=verhältnis 74, 78, 109; 法的効力　=kräftigkeit 110; 法の原理　=prinzip 109; 法論　=lehre　2, 27
防衛　Verteidigung　114; ～システム　Defensivsystem　160; ～する者　Verteidiger　145（→弁護人）
放火　Brand, Brandstiftung　61
忘我　Selbstvergessenheit　70
放棄　Aufgeben　33, 76; ～された物　res abjecta　18
封建/貴族　Feudal=adel　145; ～君主制　=monarchie　135; ～組織　=wesen　125; ～的関係　=verhältnis　33, 169; ～的権利　=recht　152; ～的国制　=verfassung　26, 170; ～制　Feudalismus　26
奉公人　Bediente　153
報告　Bericht　145; ～書　Etat　145
方策　Maßregel　84, 140, 149, 154
奉仕　Dienst　85, 169（→勤務）, Dienstleistung　1
防止〔犯罪の〕　Verhinderung　119（→停止）
報酬　Belohnung　37, 119, 169
放縦〔共和制における〕　Zügellosigkeit　135
包摂　Subsumtion　38ff., 49, 54, 79, 109, 111, 131
膨張　Expansion　*4*
法廷　Gerichtshof　56, 115, 139
法典　Gesetzbuch　109, 115
封土　Lehen　25f.; ～関係　Lehensverhältnis　125
報復　Wiedervergeltung　47, 111ff.
放牧　Weiden　21; ～地　Weide　25
法務官　Prätor　84, 109
亡命者　Emigrant　125, 134
法律　Gesetz　8, 20, 45f., 56, 63, 66, 69ff., 80, 84, 104, 109-112, 114ff., 123, 129, 131, 133, 135-138, 140, 146f., 149f., 155, 157, 160, 167, *1*, *7*（→立法、律法）; ～の概念　111; 形式的な～　115; ～が継続的に形成される　Fortbildung der ～e　146; ～の実定的なもの　*1*; ～を承認すること　70, 114; ～の侵害者　46; 絶対的な～　46; ～の提案　149; ～の自己提案　149; ～の適用　131; ～の洞察と知識　109; 特殊な～　138; ～の認識　70; ～の不完全性　20; ～が複雑化する　116; 普遍的な～　109; ～の保護　135; ～の利害関心　115（→犯罪者、普遍態、普遍的なもの）
法律/家　Rechtsgelehrte　115f.; ～行為　actus　110, 113, 116; ～にかなうもの　Gesetzlichkeit　150; ～の諸規定　Gesetzes=bestimmungen（pl.）　109; ～の提案　=vorschlag　149; 基本的～　Grundgesetz　135; 主たる～行為　Hauptactus　110
暴力　Gewalt　1, 20, 41f., 70, 112, 124, 159, 163, 168（→意のまま、権、権力）
補完するもの〔議会を〕　Ergänzung　155
保護　Schutz　72, 89, 92, 120, 135, 144f., 158; 個々人の～　72; 所有の(を、が)～　89, 92, 120; 臣民～　158（→法律）
母国　Mutterland　120
補償　Entschädigung　25f., 125
保証　Garantie　8, 79, 116, 132, 136, 140, 144 f., 148ff., 153, 159, Bürgschaft, Verbürgung　37; ～者　Garant　79
保障　Sicherung　83, 89
ポスト　Posten　155
ポセイドン　Poseidon　167
没概念〔「ある」という〕　Begrifflose　164
ホッブズ　Hobbes　*2*
没落　Untergang　76f., 84, 120, 126, 164
ボナパルト　Bonaparte　133
保有地移転料　laudemium　25, 125（→訳註14）
ポーランド　Polen　120, 135; ～人　Pole　163; ～戦争　polnischer Krieg　163（→戦争）
ポリツァイ　Polizei　92, 104, 116f., 119f.; ～権　Polizeigewalt　72
捕虜　Gefangene　163
惚れ込み　Verliebtsein　76; 惚れ込んだ者たち　Verliebten（pl.）　76

ボローニャ　Bologna　116
本質　Wesen　2, 4, 8, 11, 15, 22, 26, 32f., 45f., 58, 68, 70f., 73, 79, 84, 90, 97, 105, 110, 112f., 123f., 129, 132, 135, 141, 145, 158, 160, 166, *1f.*（→共同体）; 知性的で意志する〜　58; 神の〜　8; 〜の形式　112; 具体的な〜　141; 契約の〜　32; 現実的な〜　160; 国家の〜　158; 国家という有機組織の〜　105; 最高の〜　110, 135; 自由な〜　11, 15, 26, 70; 自由の〜　129; 神的な〜　135; 庶民的な〜　populäres 〜　145; 精神の〜　2, 22, *2*; 絶対的〜　11; 超人間的な〜　übermenschliches 〜　135; 適法な〜　110; 普遍的な〜　113, 124; 理性的な〜　46（→感情、自己意識、直観、普遍的なもの、理念）
　本質/的なもの　Wesentliche　8, 25, 35, 76, 83, 99, 111, 114, 118, 143, 145f., 149（→非本質的なもの）; 〜的なあり方　Wesentlichkeit 20; 〜のあり方　Wesenheit　110
本性　Natur　20, 29, 47, 76, 83, 113, 146, 152, 159, *7*（→自然）; 行為の〜　20; 事柄の〜　47, 83, 152; 質的な〜　20, 113; 物の〜　20
翻訳すること　Übersetzen 52f., Übersetzung 52
凡庸　Mittelmäßigkeit　154

マ
貧しい人　Arme　90, 107, 118
マッセンバッハ　Massenbach　132, 154（→訳註77）
マニュファクチュア労働　Manufakturarbeiten 101
満足(する)　Befriedigung　60, 76, 81, 89, 91 ff., 95-98, 100, 103f., 118, 120, 152, 158, *7*（→不満足）; 自惚れを〜させる　96; 家族の〜　152; 耕作者の〜　104; 衝動を(の)〜(させること)　60, 76; 情熱を〜させる　76; 精神の最高の〜　158; 欲求を〜させる　89, 91, 104, 118, 120; みずからを知る理性の〜　158（→媒介）
マンチェスター　Manchester　*1*

ミ
未開　Rohe　170, Roheit　56, 91（→粗暴に振舞う）
味方　Freund　140（→友人）
水〔腐敗〕　Wasser　160
みずからを生み出すはたらき　Sichselbsthervorbringen　130
[最も]身近な人〔幸せに関し〕　Nächste　60
見積もり〔害の〕　Berechnung　119
[職業]身分　Stand　68, 92, 102-107, 113, 115-118, 120f., 125, 132f., 141-145, 148-152, 156, 158, 166（→境遇、立場、発言権）; 実体的〜　103, 113, 115, 138; 直接的〜　103, 152; 農業〜　ackerbauender 〜　103f., 120, 152; 農民の〜　120; 第一の〜　erster 〜　152; 形式的〜　103; 反省の〜　104, 115; 第二の〜　153; 普遍的〜　103ff., 144, 152; 第三〜〔市民身分としての〕　125; 第三の〜　104; 勇気の〜　160; 知性の〜　170
身分/証明書　Paß　119; 〜相応の名誉　Standes=ehre　107, 121, 135; 〜を同じくする人　=genosse　142
身も心も捧げるもの〔妻〕　Hingebende　77
雅び〔お世辞・社交辞令〕　Urbanität　96
未来　Zukunft　103, 123
ミルティアデス　Miltiades　156（→訳註109）
民会〔ローマの〕　comitiis　37
民事/占有者　Zivil=besitzer　54; 〜訴訟　=streit　45; 〜罰　=strafe　46
民衆　Volk　37, 43, 146, 167（→国民、民族）; まだ国家のかたちをなしていない〜　noch nicht im Staat befindliches 〜　43; アテナイの〜　167
　民衆役人　Volksobrigkeit　141
民主制　Demokratie　135ff., 141, 165, 167f.
　民主制的なもの　Demokratische　135
民族〔ユダヤ〕　Volk　88, 169（→国民、民衆）

ム
〈無〉　Nichts　133
　無に帰せしめる　Vernichtung　47, 120（→絶滅）

無価値　Unwert　86（→価値）
無関心（な態度）　Gleichgültigkeit　120, 124, 137, 153, 155, 161
無規定態　Unbestimmtheit　3, 71, 99, *3f.*
報い　Vergelten　113, Vergeltung　112
無限態　Unendlichkeit　3, 4, 45, 52, 57, 68, 70, 98, 109, 111, 135, 137, 170; 意志の～　70; 自己意識のもつ～　52, 135; 自己内反省した絶対的～　absolute in sich reflektierte ～　57; 自由な自我という～　137; 純粋な思考のなす絶対的な抽象体という～　3;〈人格そのもの〉という～　45, 111; 内面的な～　68（→欲求）
　無限なもの　Unendliche　38, 42, 45, 63, 109, 114, 166, *4*（→進行）
無邪気さ〔実体的身分の〕　Unbefangenheit　113
無主物　res nullius　17f., 20, 27, 37, 84; ～は最初の占取者に委ねられる　res nullius cedit primo occupanti　17
矛盾　Widerspruch　7, 8, 10, 37, 43, 48f., 51f., 58, 75, 95, 99, 112, 128, 138, 140, 146, 151, 169, *3*, *7*; ～の解消　Auflösung des ～s　10, 52, *3*
　矛盾するもの　Widersprechende　12, 37
息子　Sohn　76, 86, 129, 140, 166
結びつき　Verbindung　20, 75, 78ff., 125, 135, 159; 結びつけられたもの　Verbundene　132
娘　Tochter　84, 86
鞭打ちの刑　Ausstäupen　113
無頓着〔名誉への〕　Unempfindlichkeit　155
無法状態　Rechtlosigkeit　63, 163（→権利をもたないもの）
無力　Ohnmacht　125, 136

メ
名称　Name　2（→姓名、名前、名目）
迷信　Aberglaube　85, 110, 168, *7*
明晰さ　Klarheit　66, 68
酩酊　Trunkenheit　56
明白なもの〔精神が〕　Deutliche　123
名目　Name　136（→姓名、名前、名称）
名誉　Ehre　45, 55f., 87, 104f., 106, 110, 113, 121, 132, 135, 140, 148, 155, 157, 160, 162; ～毀損　Injurie　155; ～欲　Ehrgeiz　135, 156
　名誉／剥奪　Infamierung　113; ～を剥奪された者　Infamierte　113
命令　Befehl　119, 129, Befehlen　129, 131
メカニズム　Mechanik　101, Mechanismus　113
目立ちたがる〔衝動〕　Auszeichnung　97
メッセニア人　Messenier　163
女々しいもの　Weibische　46
免税　Steuerfreiheit　125
メンバー　Mitglied　83, 132, 143, 153（→委員、議員、判事）

モ
儲け〔裁判費用〕　Profit　152
もうける〔子供を〕　Zeugen　80
妄想の産物　Chimäre　102（→訳註59）
目的　Zweck　7ff., 13, 15f., 21f., 28, 51, 53-67, 69-72, 76, 78ff., 84ff., 89-92, 97, 99, 101, 104f., 107f., 110, 116-123, 125, 128f., 132, 135, 138, 140ff., 146, 152, 156ff., 160, 162, *4f.*, *7*（→究極～、自己～、自然～、主要～）; 意志の～　59, *7*; 一体化の～　72; 外面へと定立された～　55; 学問の～　8; 客観的～　51; 教育の～　86; 金銭的な～　pekuniärer ～　116; 刑罰的正義の～　117; 現実的な～　5; 行為の～　55, 59; 国民の自主独立を～　160; 個々人の～　89; 個人の～　57; 国家の～　128; コルポラツィオンの～　132; 最高の～　78; 最終的な～　13; 裁判官の～　116; 恣意の～　138; 自己利益欲という～　89; それ自体でもそれだけで独立しても～　an und für sich ～　89; 実体的な～　16; 市民社会の～　118; 従属的な～　92; 主観的～　51, 110, 116; 主体の～　56; 純粋な～　105; 性の結びつきの～　76; 処罰の～　85; 絶対的な～　15, 78, 122f.; 他者の幸せという～　61; 道徳的な～　60-63, 85; 道徳の諸～　60; 特殊態の（という）～　135, 140; ～の特殊態　61, 64, 135; 特殊な（諸）～　9, 13, 51, 60, 63, 65ff., 78, 91, 105, 121f., 125, 128, 132, 138, 142; 特定の～　bestimmter

〜　99; 万人の〜　129; 必然国家の(諸)〜　89, 128; 普遍態の〜　90; 普遍的な(諸)〜　77, 105, 141, 152; ポリツァイの〜　117; 本質的な〜　59ff., 80, 104 f., 122　無限な〜　90; 善い〜　146; 有徳な〜　tugendhafter 〜　107; 労働の〜　105（→欲求）
目的に合致すること　Zweckmäßigkeit　21
目標　Ziel　13, 90, 107, 135, 156, *7*
モーザー　Moser　125
モーセ　Moses　134
持ち主　Inhaber　25
縺れあい(う)　Verwicklung　70, 102, 118
元手　Stamm　83（→血統）
物　Ding　15ff., 20f., 25, 29, 34, 70f., 86, 90, 94, 97-100, 104, 124, 138（→事項）; 外面的な〜　15, 17, 20, 97; 個別的な〜　17; 自然的な〜　90, 97, 100, 124; 譲渡もできず時効にもかからない〜　29; 直接的な〜　16; 特殊な〜　25; 普遍的な〜　20, 25
模倣　Nachahmung　95, 97
モンテスキュー　Montesquieu　86f., 135, 167

ヤ

やくざ言葉のごとき隠語〔公務員の〕　Rotwelsch　145
役者〔国会議員の〕　Komödiant　150
役所　Obrigkeit　71, 78, 142f., 145, 153
約定　Stipulation　34f., 37; 〜されたこと　Stipulierte　35
約束　Versprechen　35
役得〔公務員の〕　Emolument　37
[お]役目　Charge　140
野生(の人)　Wilde　99, 103, 170
野党　Oppositionspartei　140
野蛮　Barbarei　121, 170

ユ

ユウェナリス　Juvenal　84, 90
有害性〔特殊態の原理の〕　Schädlichkeit　135
勇気　Tapferkeit　120, 160
有機/組織　Organisation　105, 119, 127, 130, 138, 141, 143, 145, 148, *2*; 〜体　Organismus　123, 126, 130f.
有機的なもの　Organische　21, 75, 123, 130
有限/化　Verendlichung　71; 〜態　Endlichkeit　4, 7, 11f., 15, 54, 97, 166, *7*
有限なもの　Endliche　7, 12, 109, *4*
有罪の判決を下す　Verurteilung　110
勇士　Held　156; 〜の家柄　Heldengeschlecht　135
友人　Freund　46, 116（→味方）
優勢(なもの)　Übermacht　42, 145
優先権　Vorzug　115, 152
有能さ〔特殊な領域での〕　Tüchtigkeit　70
遊牧民　Nomade　21
有用　Nutzen　120
有用なもの　Nützlichkeit　97
幽霊の存在　Gespensterwesen　110
歪める〔両性のあり方を〕　Verbildung　77
輸出税　Ausgangszoll　120
ゆすりたかり〔公務員の〕　Prellerei　153
譲り渡す　Überlassen　79, Überlassung　37
ユダヤ/人　Jude　83, 135, 159; 〜人以外　Nichtjude　159; 〜民族　88, 169
輸入　Einfuhr　120
ユピテル　Jupiter　167
赦し　Verzeihung　113

ヨ

要求　Anspruch　20, 63（→主張), Forderung　29, 99, 110, 115f., 120, 140, 149, 161, *7*
要請　Postulat　65
[より]善きもの　Bessere　134, 138, 146
抑圧　Druck　120, 145, Unterdrückung　1, 145f., 169
欲望　Begierde　3, 7, 81, *2*, *7*
余計なもの　Überflüssige　79, 133, 150
ヨーゼフ二世　Joseph II　146, 162
欲求　Bedürfnis　1ff., 15, 17, 25, 33, 37, 49, 58, 70, 77, 81, 83, 85, 89-95, 97-100, 102-105, 107ff., 111, 117f., 120-123, 126, 128, 137, 144, 152f., 158; 新しい〜　104; 永続的な取得の〜　81; 家族の〜　81; 〜の感情　99; 〜という偶然態　92; 具体的な〜　93; 〜の形式　91; 交換する〜　104; 〜を交換　104; 諸国の〜　〜 der Nationen　104, 120; 〜のシステム　92,

102, 117, 121, 128, 153; ～の満足のシステム　103; 自然的な～　2, 15, 58, 77, 93, 98; 実体的な～　77; 自発的な～　sich selbst gegebenes ～　95; ～のための(諸)手段　93, 98; ～とそれを満たす手段の普遍的な〈つながり〉　117; 瞬間的な～　augenblickliches ～　98; 所有の～　103; 精神的な～　58; 精神の～　58; 想像上の～　eingebildetes ～　98; 他者の～　99, 104; 他の人びとの～　152; 他のすべての人の～　103; 単純な～　93, 98; ～の違い　95; より抽象的な～　93; 調製する側の～　104; ～が(の)特種化　97f.; 特殊な～　58, 92, 95, 120, 122; 人間の～　93; 媒介された～　104; ～の範囲　94; 反対の～　umgekehrtes ～　37; 万人の～　117; 最も必然的な～　120; ～という必要　98; ～の複雑化　90, 93, 97f., 100, 104; 普遍態へと超え出ていこうとする～　90; ～の分解　Zerlegung des ～ses 93; ～の保障　89; ～が無限態　98; ～の目的　108, 122（→媒介、満足）
与党　Ministerialpartei　149
予備役　Reserve　160
ヨベルの年　Jubeljahr　83
甦り〔他者における〕　Wiederaufleben　76
悦び　Genuß　138（→享受）
ヨーロッパ　Europa　136
世論　allgemeine Meinung　140, öffentliche Meinung　134, 154f.
［比較的に］弱い人　Schwächere　135

ラ

ライオンの毛皮〔ヘラクレスの〕　Löwenhaut 93
雷神〔ユピテル〕　Donnerer　167
ライバル　Konkurrenz　147, 153（→競争）
烙印の刑　Brandmarken　113
ラケダイモン　Lakedämon　84（→スパルタ）; ～人　Lakedämonier　163（→スパルタ人）
ラシュタット　Rastatt　163
ラレス　Laren　71, 77（→訳註31）

リ

利益　Gewinn　104, 106, 118, 120, 152f.; ～追求　Gewinnsucht　150, 152; ～を上げる者　Gewinnende　125
利害関心　Interesse　40, 59, 70, 72, 76ff., 83, 99, 111, 115–122, 125, 132, 135–150, 152 f., 156f., 160, 168（→関心）; 永続的な現在的～　121; 共通の～　142, 149; 共同的な～　121, 125, 136, 141; ～の権利 153; 工場主の～　120; 国制の～　83; 個々人の～　148; 諸個人の～　132; 国家の～　76, 156; 国家と市民生活の～ 150; 公共的な～　öffentliches ～　168; 自分に関係する～　auf sich beziehendes ～ 140; 最高の～　147; 市民の～　145; 法律にかなうものであるという～　～ der Gesetzlichkeit 150; 主観的な～　119; ～の主観性　77; 純粋な～　132; 商業の～ 120; 職業身分の～　148f., 156; ～を総括する　Gesamtheit der ～n 146; 政治的な～　83, 137; ～を対立させること 120; 直接的な～　142; 統一的な～　136; 特殊態の(もつ)～　77, 156; ～の(という)特殊態　111, 149, 156; 特殊な～　40, 72, 99, 111, 116, 122, 138f., 141ff., 148ff., 156; 普遍態の(もつ)～　149, 156; 普遍的な～　77, 122, 149, 156; 普遍的なものが抱く～　156; 本質的な～　121; 名誉欲という～　156（→犯罪者、法律）
履行〔支払い義務の〕　Leistung　34f., 37, 110, 125
利己心　Eigennutz　81, 132
離婚　Ehe scheiden　80, *7*（→結婚）
リシュリュー卿　Kardinal Richelieu　146
理性　Vernunft　1, 20, 30, 100, 102, 110, 123, 125, 148, 158, 170, *1*, *2*; ～の意志　*1*; ～の権利　125; ～の実現　*1*; ～の神殿 158（→現実態、普遍態、満足）
　理性/規定　Vernunft=bestimmung　1; ～的国制　=verfassung　*1*; ～法　=recht　*1*
　理性/的なもの　Vernünftige　46, 56, 69, 76 f., 87, 100, 107, 121ff., 127, 133f., 136, 138, 140, 146ff., 158, *5*, *7*; 最も～的なもの(こと)　Vernünftigste　95, *1*; ～的に神的なもの　Vernünftiggöttliche　139; 〈～あるもの〉　Vernünftigkeit　56, 76f., 80, 87, 93, 95, 100, 110, 127, 134f., 138,

140, 148, 159, 170; より～的なもの Vernünftigere 138
理想 Ideal 71, 109, *1*; ～的もの Ideale 77
立証 Beweis 48, 110, 115（→証明）
立法 Geben der Gesetze 138, 147, Gesetzgebung 134, 146, 148, Gesetzgeben 109（→権）; ～者 Gesetzgeber 1, 104, 135; ～府 legislatives Korps 150
律法 Gesetz 166, *1*（→法律）
利得 Vorteil 67, 83, 85, 120, 140, 153
理念 Idee 1, 2, 9ff., 33, 46, 58, 65ff., 69, 75, 90, 123f., 126, 134, 164, *2*, *5ff.*; 意志の～ *7*; ～の仮象 *7*; 神の～ 124; ～の強化 Erstarkung der ～ 90; 国家の～ 124; ～の実現 *7*; 自由の～ 2; 真実の～ 66; 人倫的～ 90; 絶対的～ *7*; ～の絶対的な力 90; 知性的で意志する本質の～ 58; 抽象的～ 66（→衝動、精神、善、定在、展開）
理由 Grund 87, 116, 120, 149, 164（→基礎、根拠）
流行 Mode 95, 104
流通 Zirkulation 104
利用 Benutzen 28; ～（法） Benutzung 20f., 25f., 37, 100
量 Quantität 47, 101, 104, 136; 量規定 Quantitätsbestimmung 37
　量的なこと Quantitative 47, 114
領主/裁判権 Patrimonial=gerichtsbarkeit 152; ～裁判を行う領主 =gerichtsherr 152
　領主地代 Dominikalrente 25
猟獣 Wild 55
両親 Eltern（pl.） 29, 76, 80, 85f., 158
良心 Gewissen 10, 29, 46, 51, 62, 64, 66f., 123, 133, 137ff., *2*, *7*; 具体的な～ konkretes ～ 66; 形式的な～ *7*; 真実の～ 66; 普遍的な～ 66; ～のやましさ böses ～ 46; 善い～ 67
両性 Geschlechter（pl.） 75ff., 80
領地 Bezirk 83（→範囲）
領邦 Land 33, 144, 160（→田舎、国、土地）; ～議会 Landstände（pl.） 148, 154 f.; ～大学 Landesuniversität 144
領野 Feld 95, 109（→畑）
料理 Speise 100
理論 Theorie 46
　理論的 Theoretische 99
隣人 Nachbar 61
輪廻 Seelenwanderung 166

ル
類 Gattung 15, 73, 75f., 78, 126, 164f., *6*; ～の威力 76, *6*; ～の過程 126; ～の繁殖 78（→普遍態）
ルイ十五世 Ludwig XV. 140; ルイ十八世 Ludwig XVIII. 134
ルソー Rousseau 46, 90, 134
流浪する Schweifende 103; あちこちの流浪 Herumschweifen 103

レ
礼儀作法 Höflichkeit 166（→慇懃な態度）
冷酷さ〔現代の悲劇の〕 Kalte 87
歴史 Geschichte 26, 69, 103, 126, 133-136, 140, 158f., 164f., 168f.; イスラエルの～ 169; 国民の～ 159; 他のすべての国民の～ 165; 実用的な～ pragmatische ～ 164; 所有の自由化の～ ～ des Freiwerdens des Eigentums 26
　歴史的なもの Geschichtliche 134（→段階）
レーベルク Rehberg 29
連鎖 Kette 89, 155, 〔復讐の〕 Progression 112（→進行）

ロ
労苦 Arbeit 130
労働 Arbeit 24, 30, 37, 79, 83, 85, 89, 91, 93, 100-106, 108, 116, 118, 120f., 132, 135, 143; ～のシステム 83; 精神的ないし肉体的な～ geistige oder körperliche ～ 79; 抽象的な～ 104; 直接的な～ direkte ～ 105; ～の特殊態 79; 普遍的な～ 106, 132; ～の分割 101（→原理、媒介）
　労働 Arbeiten 86, 99, 101, 103f., 118; ～嫌い Arbeitsscheu 118; ～者 Arbeiter 101, 104
浪費家 Verschwender 83
ロベスピエール Robespierre 133

ローマ　Rom　8, 90, 135
ロンドン　London　56, 119

ワ
ワイマール公国　Herzogtum Weimar　136
ワイン　Wein　98; 〜産地　=land　98
和解　Vergleich　116, Versöhnung　112, 135, 170, *7*
わがまま〔君主の〕 Eigensinn　140
若者　Jüngling　135
分け前〔市民社会の〕 Teil　83（→当事者、部分）
和合　Einigkeit　71, 79, 87; 〜させる者　Einigende　134
割合　Verhältnis　80; 割が合う　=　114（→相関関係）

原　註

1.　フィヒテの『フランス革命についての大衆の判断を正すための寄与、第一巻、フランス革命の正当性を判定するために』（[Johann Gottlieb Fichte,] *Beitrag zur Berichtigung der Urtheile des Publikums über die französische Revolution, Erster Theil, Zur Beurtheilung ihrer Rechtmäßigkeit*, ohne Ort 1793, S. 135 f.）を見よ。〔以下、『フランス革命論』と略し、頁数のみ記す。なお、邦訳は、田村一郎訳、『フィヒテ全集』第2巻、哲書房、1997年、165頁による。〕フィヒテは、このような言い方がもちろん比喩として理解されることを望んでいる。「たとえ厳密に哲学的にではないにしても、比喩的になら次のように言ってもよかろう。『原素材の所有者は、神である』」（Vgl. S. 136）。Vgl. J. G. Fichte, *Gesamtausgabe der Bayerischen Akademie der Wissenschaften*, hrsg. v. Reinhard Lauth und Hans Jacob bzw. Reinhard Lauth und Hans Gliwitzky, Abt. 1, Stuttgart-Bad Cannstatt 1964ff., Bd. 1, S. 268f.〔以下、Fichte, *Gesamtausgbe* と略す。〕

2.　サヴィニーの『占有論論文』（Friedrich Karl von Savigny, *Abhandlung der Lehre vom Besitz*, Gießen 1803.）が想定されている。第2版は『占有の権利』（*Das Recht des Besitzes*, Gießen 1806.）というタイトルで出版される。

3.　ヘーゲルは、フィヒテが『フランス革命論』（S. 132ff.）で、アウグスト・ウィルヘルム・レーベルクの『フランスでその革命に関し出版されたきわめていかがわしい諸論文についての批判的報道ならびにフランス革命研究』（August Wilhelm Rehberg, *Untersuchungen über die Französische Revolution nebst kritischen Nachrichten von den merkwürdigsten Schriften welche darüber in Frankreich erschienen sind*, Erster Theil, Hannover und Osnabrück 1793.）に対して行った批判に言及している。Vgl. Fichte, *Gesamtausgabe*, Bd. 1, S. 267ff. フィヒテによれば、レーベルクは、「人間は、自然法からすれば、生産にあたって形式を与える質料に対して、いかなる法的要求も証明することができない。自然法によれば、たとえば、誰もが土地の所有者たりえないので、人間は、このような権利を国家から受け取る」というテーゼを主張した。これに対して、フィヒテは反論して、「所有権の源泉は国家にではなく人間の理性的本性そのものにある」〔フィヒテ、前掲訳書、170頁による〕とした。しかしながら、レーベルクは、「私の身体に対する攻撃が私の自由と抵触しない」などと主張していない。むしろ、フィヒテがこうしたことをレーベルクになすりつけたのである。

4.　筆記録は、関係するフィヒテの言明を不適切に再現している。フィヒテの『フランス革命論』（S. 123–125）を見よ。Vgl. Fichte, *Gesamtausgabe*, Bd. 1, 263f.「したがって私の側で約束を守ってみても、その人もそうすべきという何の権利も得ることはできない。どちらに向かうかわからない他人の自由な意志が、私にこうした権利を与えたり与え続けてくれることによってだけである」〔フィヒテ、前掲訳書、158頁による〕。こうしたフィヒテの言明は、道徳性と適法性とのあいだの区別に関する議論と関連する。道徳の最高の裁判官のみが、他者の真なる意図を認識する。私には、このような洞察が許されていない。他者の意図が、現象の世界において宣言されてはじめて、その意図は誰にでも認識できるものとなる。他者が履行しないならば、私の履行は、再び私のものとならないどころか、つねに私のものでありつづけるのである。なぜなら、一般にその契約が成り立っていないからである。他者は、履行によってのみ、私のものを自分の所有として受領することができる。

5.　プルタルコス「ストア派の自己矛盾について」（Plutarch, *De stoicorum repugnantiis, in: Plutarchi Chaeronensis omnium, quae exstant, operum Tomus Secundus continens Moralia Gulielmo Xylandro interprete*, Francofurti 1599, p. 1034（*Plutarch's Moralia* in 17 vol, vol. 13, part II, with an English translation by Harold Cherniss, Cambridge（Mass.）, London 1976, p. 425））、ヨハネス・ストバイオス「道徳撰文集」第２巻第７章（Ioannes Stobaios, *Eclogae ethicae, in: Ioannis Stobaei Eclogarum physicarum et ethicarum libri duo*, ad Codd. Mss. fidem suppleti et castigati, annotatione et versione latina instructi ab Arn. Herm. Ludov. Heeren, Gottingae 1792–1801, II, S. 36, 110（Ioannes Stobaeus, *Anthologium, Rec. Curtius Wachsmuth et Otto Hense*, 5 Bde., Berlin 1884–1923, Neudruck 1958, Bd. 2, S. 38, 62f.））、ディオゲネス・ラエルティオス『哲学において著名な人たちの生涯、学説、および警句について、十巻』第７巻第１章（第125節）（*Diogenis Laertii de vitis, dogmatibus et apophthegmatibus clarorum philosophorum libri decem graece et latine*, Lipsiae MDCCLIX, S. 472 f.〔以下、頁数のみ記す。〕）を参照のこと。今日では、以上まとめて、*Stoicorum Veterum Fragmenta collegit Ioannes ab Arnim*, III vol, Lipsiae 1903–05, vol. I, p. 49f.（Frg. 199–204）; vol. I, p. 85f.（Frg. 373–375）; vol. III, p. 48–51; 62（Frg. 258–259）を参照のこと。

6.　ベッカーリア『犯罪と刑罰』（Cesare Beccaria, *Dei delitti e delle pene*, Livorno 1764.）第16章を参照のこと。「さてしかし、誰が彼の生命をうばう「権利」を他の人々に与えたいなどと思っただろうか？」〔ベッカーリア『犯罪と刑罰』、風早八十二・風早二葉訳、岩波文庫、1959年（改版）、90頁による〕。

7.　ルソー『政治的権利の原理』のとくに第１編第６章（Rousseau, *Principes du droit politique*, Amsterdam MDCCLXII, p. 26ff.）を参照のこと。Cf. Rousseau, *Du contract social; ou, principes du droit politique*, in: Rousseau, *Œuvres complètes*, III, Paris 1964, p. 360ff.

8.　フォイエルバッハの一般予防論は、彼の『実定的刑法の根本命題と根本概念の修正』（Paul Johann Anselm Ritter von Feuerbach, *Revision der Grundsätze und Grundbegriffe des positiven peinlichen Rechts*, Erster Theil, Erfurt 1800, insbesondere S. XIX-XXX; S. 49–108.）で詳述されている。

9.　報復権（Ius talionis）のことが考えられている。

10.　フォイエルバッハ『ドイツで通用する一般刑法の教科書』（Feuerbach, *Lehrbuch des gemeinen in Deutschland geltenden Peinlichen Rechts*, Giesen 1801, S. 75f.）を参照のこと。「§96. 帰責を免除する個々の状態に属するのは、［……］　一、どのようなものでも落ち度のない心の状態である。これは、行いの可罰性の意識を［……］不可能にする。このうち無罪となるのは、(1)幼年期の自然状態、(2)幼年期の反自然状態、（通常は）聾唖で生まれた者、まったく幼児的な老齢者の場合、(3)心の病気、すなわち半狂乱や狂気、［……］(4)落ち度のない極度の酩酊、(5)極度に荒れ狂う正当な激情、(6)罪なき眠り、(7)落ち度のない錯誤もしくは無知、これは、一般に刑法の定在、あるいはそれへの行いの包摂の観点による」。

11.　ヘーゲルは、カントの『実践理性批判』（Kant, *Critik der praktischen Vernunft*. Riga 1788.）における要請論を揶揄している。Vgl. *Kant's gesammelte Schriften*, hrsg. v. der Königlich Preußischen Akademie der Wissenschaften, Berlin 1900ff., Bd. 5, S. 107ff.〔以下、Kant, *Schriften* と略す。〕

12.　フィヒテの『全知識学の基礎』（Fichte, *Grundlage der gesammten Wissenschaftslehre*, Leipzig 1794.）を参照のこと。Vgl. Fichte, *Gesammtausgabe*, Bd. 2, S. 173ff.

13.　おそらく、ヘーゲルは、ここでソフォクレスの『アンティゴネー』の文章（第

450〜470行）に言及している。Vgl. Sophokles, *Tragödien*, hrsg. u. mit einem Nachwort versehen von Wolfgang Schadewaldt, Zürich u. Stuttgart 1968, S. 84f. ヘーゲルは、他の関連で『精神の現象学』において、このところを参照する。Vgl. Georg Wilhelm Friedrich Hegel, *Gesammelte Werke*, in Verbindung mit der Deutschen Forschungsgemeinschaft hrsg. v. der Rheinisch-Westfälischen Akademie der Wissenschaften, Hamburg 1968ff., Bd. 9, S. 236, 509.〔以下、Hegel, *Gesammelte Werke* と略す。〕

14. ヘーゲルは、おそらくここで、クレオンとハイモンの間の対話に言及している。ソフォクレス『アンティゴネー』（第726行以下、S. 94f.）を参照のこと。

15. ここでは、暗示が一般的であるが、とくにヴィーラント〔Wieland, Christoph Martin 1733–1813〕の次の著作を考えなければならない。『夢想に対する自然の勝利、あるいはドン・シルヴィオ・フォン・ロサルバの冒険』（*Der Sieg der Natur über die Schwärmerey, oder die Abenteuer des Don Silvio von Rosalva,* Ulm 1764.）、『アーガトン物語』（*Geschichte des Agathon*, Frankfurt a. M. u. Leipzig 1766–67.）、『哲学者ペレグリヌス・プロテウス秘話』（*Geheime Geschichte des philosophischen Peregrinus Proteus*, Weimar 1788–89.）。

16. 『旧約聖書』「創世記」第４章第１節。

17. ヘーゲルは、ここでカントの『法論』第24節（Kant, *Metaphysische Anfangsgründe der Rechtslehre von Immanuel Kant*, Königsberg 1797, [Erster Teil der Metaphysik der Sitten.], S. 107.〔以下、頁数のみ記す。〕）に言及している。Vgl. Kant, *Schriften*, Bd. 6, S. 277f.

18. ヘーゲルは、ここで、一部分まったく言葉に忠実な引用をして、カントの『法論』第25節（S. 108f.）に言及している。「一方の性が他方の性器を自然的に使用することは享受であり、そのために一方は他方に身を委ねる。この作用において、一人の人間は自分を物件にしてしまうが、それは自分自身の人格における人間性の権利に反する。それは、次のような唯一の条件のもとでだけ可能である。それはすなわち、一方の人格が他方の人格によってあたかも物件のように取得されながら、この他方を反対にまた一方が取得する、ということである。というのも、このようにして、取得される方は自分自身を取り戻し、自分を再び人格とするからである。人間が身体の一部を取得することは、［中略］とりもなおさず人格全体を取得することである」〔カント『人論の形而上学』、樽井正義・池尾恭一訳、『カント全集』第11巻、岩波書店、2002年、110頁以下の訳による〕。Vgl. a. a. O., S. 278.

19. カントの『法論』第25節（S. 108）を参照のこと。Vgl. a. a. O.

20. おそらく、ヘーゲルは、カントの『法論』第26節（S. 109f.）に言及している。Vgl. a. a O., S. 278f. もしかしたら、ヘーゲルはモンテスキューの『法の精神』第16篇第４章（Montesquieu, *De l'esprit des lois*, *Œuvres de Monsieur de Montesquieu*, nouvelle édition, revue, corrigée & considérablement augmentée par l'auteur, tome premier（les XXI premiers livres de l'esprit des lois), tome second（les X derniers livres de l'esprit des lois), Londres, MDCCLVII, p. 352f.〔以下、頁数のみ記す。〕）についても考えているかもしれない。Cf. Montesquieu, *Œuvres complètes*, tome II, 1951, [p. 255–995: De l'esprit des lois.], p. 511.

21. 「ヨベルの年（Jubeljahr）」（本来は、ヘブライ語の jobel、すなわち「ラッパ」からくる Jobeljahr。ルターの場合は、Halljahr）とそれと結びついた風習については、『旧約聖書』「レビ記」第25章第８〜34節を参照のこと。

22. フィヒテ『フランス革命論』（S. 147ff.）を参照のこと。Vgl. Fichte, *Gesammtausgabe*, Bd. 1, S. 274f. さらに、フィヒテ『知識学の諸原理による自然法の基礎、第２巻、応用自然法』（Fichte, *Grundlage des Naturrechts nach Principien der Wissenschaftslehre, Zweiter Theil oder*

angewandtes Naturrecht, Iena und Leipzig 1797, S. 92ff.〔以下、頁数のみ記す。〕）を見よ。Vgl. Fichte, *Gesamtausgabe*, Bd. 4, S. 57.

23. これについては、ユウェナリス〔Juvenalis, Decimus Junius 50頃—130頃〕の『諷刺詩』（*Satiren*）第一諷刺詩第37～41行、第四諷刺詩第18～19行、第十二諷刺詩第94行以下、第十六諷刺詩第54～56行を参照のこと。ヘーゲルは、『美学に関する講義』でも、一般的な指示の形式でのみユウェナリスやペルシウス〔Persius Flaccus, Aulus 34—62〕を取り上げる。Vgl. *Georg Wilhelm Friedrich Hegel's Werke*, Vollständige Ausgabe durch einen Verein von Freunden des Verewigten, 18 Bde., Berlin 1832ff., Bd. 10, Abt. 2, S. 118.〔以下、Hegel, *Werke* と略す。〕

24. カントの『法論』第29節（S. 115）を参照のこと。Vgl. Kant, a. a. O., S. 282.

25. モンテスキュー『法の精神』第4篇第4章（p. 45）を参照のこと。Cf. Montesquieu, *op. cit.*, p. 266.

26. ペスタロッチを批判してそれに対する解釈を変更するこのように非常に一般的に考えられた指示をすることで、ヘーゲルは、おそらく、ペスタロッチ『リーンハルトとゲルトルート』（Pestalozzi, *Lienhard und Gertrud*, 4 Bde., Basel 1781-89.）、『ゲルトルートは我が子にどう教えるか』（Ders., *Wie Gertrud ihre Kinder lehrt*, Bern und Zürich 1801.）に言及している。しかし、ペスタロッチが設立した幼稚園や教育施設、とくにイーヴェルドン（Yverdon）における彼の実践的な活動にヘーゲルが言及している可能性もある。

27. モンテスキュー『法の精神』第26篇第14章（p. 142ff.）を参照のこと。Cf. Montesquieu, *op. cit.*, p. 763ff.

28. ソフォクレス『アンティゴネー』（第905～911行）を参照のこと。Vgl. Sophokles, *Tragödien*, S. 100f.

29. シノペのディオゲネスとその後のキニク派についてのヘーゲルの叙述については、『哲学史講義』（*Vorlesungen über die Geschichte der Philosophie*, in: Hegel, *Werke,* Bd. 14, S. 164-169; insbesondere S. 164.）を参照のこと。また、ディオゲネス・ラエルティオス『哲学者の［…］生涯［…］について、十巻』第6巻第1～7章（第13～97節）（S. 345-395）も参照のこと。アンティステネス〔Antisthenes 前455頃—360頃〕については、テンネマンの『哲学史』（Tennemann, *Geschichte der Philosophie*, Leipzig 1798ff., Bd. 2, S. 87ff.）を参照のこと。

30. たとえば、ユウェナリスの第二諷刺詩とペルシウスの第四諷刺詩を参照のこと。

31. 註29参照。

32. ここでは、タキトゥスが『ゲルマーニア（De Germania）』や『ユーリウス・アグリコラの生涯と性格（De vita et moribus Iulii Agricolae）』でおこなった北の諸国民についての叙述が考えられている。次を見よ。*Cornelii Taciti libri qui supersunt, quartum recognovit Carolus Halm*, tomi II fasc. II, Germaniam, Agricolam, Dialogum de oratoribus continens, Lipsiae MCMVII, S. 220ff. bzw. S. 245ff.

33. ここでは、おそらく、ルソーの『山からの手紙』（Rousseau, *Lettres écrites de la montagne*, Amsterdam 1764.）のことが考えられている。この手紙は、ヴォルテールと論争を引き起こし、ヴォルテールが『公民の感覚』（Voltaire, *Sentiment des citoyens.*）を無署名出版するきっかけとなった。ヘーゲルは、ここと同様の観点で、ルソーとヴォルテールのあいだの論争を『精神の現象学』で指摘している。Vgl. Hegel, *Gesammelte Werke*, Bd. 9, S. 285, 511.

34. ヘーゲルは、ここで、「ドイツ人」と言っているが、明らかに、舅がブリタニアで行なったことについてのタキトゥスの叙述を考えている。Vgl. *De vita et moribus Iulii Agricolae*, §21.

35.　プラトンの『国家』(Politeia) が考えられている。

36.　ユウェナリスとペルシウスが考えられている。Vgl. Hegel, *Werke*, Bd. 10, Abt. 2, S. 118.

37.　この解説については、アダム・スミスの『国富論』(Adam Smith, *An Inquiry into the Nature and Causes of the Wealth of Nations*, Bd. 1, Basel 1791, p. 7–9.) を参照のこと。「それゆえ、一例として、きわめて零細なものではあるが、その分業がひじょうにしばしば人々の注意をひいた一製造業、つまりピン製造業者の職業をとってみるばあい、この仕事(分業はこれを一つの独立の職業にした)のための教育もうけず、またそこで使用される機械類(その発明をひきおこしたのもおそらく同じ分業であろう)の使用法も知らない一職人は、最大限に精をだしても、おそらく一日に一本のピンをつくることさえまずできないであろうし、二十本をつくることなどはもちろんできないであろう。ところが、この仕事が現在営まれている方法によると、全作業が一つの独自の職業であるばかりではなく、それはいくつもの部門に分割されており、しかもその諸部門の大部分もまた同じように独自の職業なのである。[中略] 一本のピンをつくるというこの重要な仕事は、約十八の別個の作業に分割されているのであって、いくつかの製造場では、そのすべてが別個の手でおこなわれている、といっても、他の製造場では、同一人がときにはそのなかの二、三のものをおこなうばあいもあるであろう。わたしは、この種の小製造場を見たことがある。そこでは、十人しか雇用されておらず、またその結果、かれらのうちのある者は二、三の別個の作業をおこなっていた。かれらはきわめて貧乏で、したがってまた必要な機械類もむしろ不完全なものしかあてがわれていなかったけれども、精だしてやりさえすれば、みなで一日に約十二ポンドのピンをつくることができたのである。一ポンドのピンといえば、中型のものにして四千本以上になる。それゆえ、これらの十人は、みなで一日に四万八千本以上のピンを製造できたわけである。したがって各人は、四万八千本のピンの十分の一、つまり一日に四千八百本のピンをつくれたと考えてさしつかえない。けれども、もしかれらのすべてが個々別々に独立して働き、またそのだれもがこの独自の仕事のための教育をうけていなかったなら、かれらのおのおのは、一日に二十本はおろか、おそらく一本のピンさえつくれなかったであろうことはたしかであり、ことばをかえていえば、かれらのおのおのは、そのさまざまの作業の適当な分割や結合の結果として現在おこなえるものの二百四十分の一はおろか、おそらくその四千八百分の一さえなしえなかったであろうことはたしかなのである。」〔アダム・スミス『諸国民の富』I、大内兵衛・松川七郎訳、岩波書店、1969年、第1編第1章、69頁以下の訳による〕。

38.　ヘーゲルは、プラトンの『国家』(460b-d) に言及している。

39.　プラトン『国家』(425c-e) が考えられている。

40.　本書62頁以下(第47節)を見よ。

41.　ヘーゲルは、ここで、粉屋アーノルドの訴訟を暗示している。アーノルドの水車小屋は、未払いの永小作権があるため、封建領主によって競売にかけられた。これに抗議するアーノルドの訴えは、幾度も棄却された。アーノルドは、水車小屋の上流にある鯉の池が水を奪っていることを盾にとり、国王に頼って、最終的に自分に有利な決定をしてもらった。国王は、担当の王室裁判所判事を懲役に処した。『国事及び学事に関する勅許ベルリン新聞』(*Königl. privilegierten Berlinischen Zeitung von Staats- und gelehrten Sachen*, 14. 12. 1779.) に印刷された、国王の前での交渉の記録を参照のこと。また、『フリードリヒ大王の言葉』(*Gespräche Friedrichs des Großen*, hrsg. v. F. v. Oppeln-Bronikowski u. G. B. Volz, Berlin 1924, S. 190–193.) も参照のこと。

42.　本書169頁（第116節）を見よ。

43.　フィヒテ『知識学の諸原理による自然法の基礎、第２巻、応用自然法』（S. 146 ff.）を参照のこと。Vgl. Fichte, *Gesamtausgabe*, Bd. 4, S. 87ff.

44.　『一般新聞』（*Allgemeine Zeitung*, Jg. 1816, Nr. 295（21. Oktober）, S. 1177）を参照のこと。「イギリス連合王国（10月９日付ロンドン新聞より）……警察幹部であるブルークとペルハム、プロワーは、事情を知らないアイルランド人日雇い労働者三人を貨幣の偽造に加わるよう教唆し、それを密告して犯人引渡し報奨金を得ようとしたが、昨晩、貨幣の偽造のかどで法廷により死刑を言い渡された。この犯罪は、反逆罪に等しいと評価されるので、この警察幹部らは、刑場まで引き回される。三人のアイルランド人は、摂政皇太子により今朝方すでに恩赦されている」。

45.　モーザー『新ドイツ国法』（Johann Jacob Moser, *Neues Teutsches Staatsrecht*, 23 Bde., Stuttgart, Frankfurt, Leipzig 1766–1782.）を参照のこと。

46.　ヘーゲルは、プラトンの『国家』（412c）とアリストテレス『政治学』〔第３巻第15章〕（*Politik*, 1286a38-b11）に言及している。

47.　カント『法論』第45～49節（S. 164–173）を参照のこと。Vgl. Kant, *Schriften*, Bd. 6, S. 313–318.

48.　フィヒテ『知識学の諸原理による自然法の基礎』第16節（Fichte, *Grundlage des Naturrechts nach Principien der Wissenschaftslehre*, Iena und Leipzig 1796, S. 192f, 207–213）を参照のこと。Vgl. Fichte, *Gesamtausgabe*, S. 440, 448–452.

49.　註７参照。

50.　アリストテレス『政治学』第３巻第７章（1279a-b）を参照のこと。アリストテレスは、国家で支配しうるのは、一人であるか、数人であるか、多数であるかだと説明する。それらが、普遍的な最善のために支配権を行使するなら、国家形態は、王制、貴族制、国制（Politie）となるが、みずからの利益のために行使するなら、僭主制、寡頭制、民主制となる。

51.　モンテスキュー『法の精神』第３篇第３章（p. 26ff.）、第６章（p. 33）、第９章（p. 35f.）を参照のこと。Cf. Montesquieu, *op. cit.*, p. 251ff., 256f., 258f.

52.　モンテスキュー『法の精神』第３篇第３章（p. 26ff.）を参照のこと。Cf. *op. cit.*, p. 252.

53.　モンテスキュー『法の精神』第３篇第４章（p. 29f.）を参照のこと。Cf. *op. cit.*, p. 254.

54.　モンテスキュー『法の精神』第３篇第６章（p. 33）を参照のこと。Cf. *op. cit.*, p. 256f.

55.　モンテスキュー『法の精神』第３篇第９章（p. 35f.）を参照のこと。Cf. *op. cit.*, p. 259f.

56.　本書235頁以下（第144節）を見よ。

57.　プラトン『国家』（とくに412b-414b, 535a-536d）を見よ。

58.　ヘーゲルは、論文「永遠平和のために。イマヌエル・カントの哲学的構想」（*Zum ewigen Frieden, Ein philosophischer Entwurf von Immanuel Kant*, Königsberg 1795.）に言及している。Vgl. Kant, *Schriften*, Bd. 8, S. 341–386.『ベルリン月刊誌』のなかにあるカントの論説「理論においては正しいかもしれないが実践にとっては間違っているという決り文句について」（Kant, Das mag in der Theorie richtig sein, taugt aber nicht für die Praxis, in: *Berlinische Monatsschrift*, 1793, XXII, S. 201–284.）で、カント自身は、サン・ピエールの論文「永遠平

和の構想」(Abbé de St. Pierre, *Projet de paix perpetuelle*, Utrecht 1713.) を参照しているし、このテーマに関連するルソーの論述「サン・ピエール師の永遠平和の構想の抜粋」(Rousseau, *Extrait du projet de paix perpetuelle de M. l'Abbé de St. Pierre*, 1761) を諸国家の一般的な平和状態のプランの先駆者として参照している。Vgl. Kant, *Schriften*, Bd. 8, S. 312f. カントは、『人倫の形而上学』において、国際法の検討にあたり(第61節)、この問題に立ち返っている。『法論』(S. 226ff.) を参照のこと。Vgl. Kant, *Schriften*, Bd. 6, S. 350f.

59. ヘーゲルは、ここで、サン・ピエールとルソーが検討したような「普遍的な国際国家のための提案」(前註参照) に対してカントが論説「決り文句について」において展開した論争を想起しているかもしれない。カントは、一面では、こうした構想が実践的に実施不可能であることに言及しているが、他面では、この構想の理論的な妥当性に固執している。最初は1784年に『ベルリン月刊誌』で出版された「世界市民的見地における普遍史の構想」(Kant, Idee zu einer allgemeinen Geschichte in weltbürgerlicher Absicht, in: *Berlinische Monatsschrift*, 1784, IV, S. 385–411.) という小論で、カントは、人類に対するみずからの歴史哲学的草稿の枠内でこの思想を取り扱っている。この論述の「第七命題」で、カントは、人類の歴史的目標を、「国際連盟」の設立のうちに認識している。国際連盟は、「完全な市民的国制」を貫徹するための前提を形成する。Vgl. Kant, *Schriften*, Bd. 8, S. 24–26.

60. シラー『諦念。ある空想』(Friedrich Shiller, *Resignation, Eine Phantasie*, Zeile 95, in: *Thalia*, 1786.). Vgl. *Schillers Werke*, Nationalausgabe, Erster Band, Gedichte... 1776–1799, hrsg. v. Julius Petersen † und Friedrich Beißner, Weimar 1943, S. 168.

61. 前註参照。

62. 註51を見よ。

63. ホッブズ『市民論』(Hobbes, *De Cive*) 第1章第13節。Vgl. *Thomae Hobbes Malmesburiensis Opera Philosophica quae Latine scripsit*, ed. G. Molesworth, 1839–45, vol. II, p. 166.

64. ヨハン・ゴットリープ・フィヒテ『全知識学の基礎――聴講者への手稿』(Johann Gottlieb Fichte, *Grundlage der gesammten Wissenschaftslehre, Handschrift für seine Zuhörer*, Leipzig 1794, S. 1–17) 第1章を想起させる。Vgl. Fichte, *Gesamtausgabe*, Bd. 2, S. 255–264.

65. プラトン『国家』(368e-369a)。

ヘーゲルの法の哲学に関する文献案内

文献目録

Steinhauer, Kurt: Hegel. Bibliographie. Materialien zur Geschichte der internationalen Hegel-Rezeption und zur Philosophie-Geschichte. München, New York, London, Paris 1980.

Gründer, Karlfried: Bibliographie zur politischen Theorie Hegels. In: Ritter, Joachim: Hegel und die französische Revolution. Köln, Opladen 1957. (Arbeitsgemeinschaft für Forschung des Landes Nordrhein-Westfalen. 63.) 81–112. Fortgef. v. *Hans-Martin Saß: Bibliographie concernant l'influence exercée par la théorie politique de Hegel au XIXe siècle.* In: Ritter, Joachim: Hegel et la révolution française. Paris 1970. 89–139.

Marino, Luigi; Villa, Gianstefano: Bibliografia hegeliana 1966–1976. (Filosofia del diritto, della politica e della storia.) In: Rivista di Filosofia. 68 (1977), 269–327.

ヘーゲルの書籍

Hegel, Georg Wilhelm Friedrich: Naturrecht und Staatswissenschaft im Grundrisse. Grundlinien der Philosophie des Rechts. Berlin 1821. [Erschien bereits 1820.]

Hegel, Georg Wilhelm Friedrich: Vorlesungen über Rechtsphilosophie 1818–1831. Edition und Kommentar in sechs Bänden von Karl-Heinz Ilting. Bd I Stuttgart-Bad Cannstatt 1973; Bde II–IV Stuttgart-Bad Cannstatt 1974.

Hegel, Georg Wilhelm Friedrich: Grundlinien der Philosophie des Rechts oder Naturrecht und Staatswissenschaft im Grundrisse. Nach der Ausgabe von Eduard Gans hrsg. und mit einem Anhang versehen v. Hermann Klenner. Berlin 1981. [Mit Bibliographie.]

Hegel, Georg Friedrich Wilhelm (sic): Philosophie des Rechts. Die Vorlesung von 1819/20 in einer Nachschrift. Hrsg. v. Dieter Henrich. Frankfurt am Main 1983.

二次文献

Göschel, Carl Friedrich: Zerstreute Blätter aus den Hand- und Hülfsacten eines Juristen. Wissenschaftliches und Geschichtliches aus der Theorie und Praxis, oder aus der Lehre und dem Leben des Rechts. Theil 1–3. Erfurt 1832–37.

Gans, Eduard: Naturrecht und Universalrechtsgeschichte. Hrsg. v. Manfred Riedel. Stuttgart 1981. (Deutscher Idealismus. Philosophie und Wir-

kungsgeschichte in Quellen und Studien. Bd 2.) [Vorlesung 1832/33 in Berlin; Nachschrift von Immanuel Hegel.]

Schubarth, Karl Ernst: Über die Unvereinbarkeit der Hegelschen Staatslehre mit dem obersten Lebens- und Entwicklungs-Princip des preußischen Staates. Breslau 1839.

Marx, Karl: Aus der Kritik der Hegelschen Rechtsphilosophie. In: Karl Marx – Friedrich Engels: Werke. Bd 1. Berlin 1961. 201–333. [Geschrieben im Sommer 1843. Zum ersten Male in deutscher Sprache nach dem Originalmanuskript vom Marx-Engels-Institut, Moskau, 1927 veröffentlicht.]

–: *Zur Kritik der Hegelschen Rechtsphilosophie.* In: Karl Marx – Friedrich Engels: Werke. Bd 1. Berlin 1961. 378–391. [Geschrieben Ende 1843 – Januar 1844. »Deutsch-Französische Jahrbücher«, 1844.]

Kahle, Carl Moritz: Darstellung und Kritik der Hegelschen Rechtsphilosophie. Berlin 1845.

Haym, Rudolf: Hegel und seine Zeit. Vorlesungen über Entstehung und Entwicklung, Wesen und Wert der Hegelschen Philosophie. Berlin, Leipzig 1857. 2. Aufl. hrsg. v. Hans Rosenberg. Leipzig 1927.

Köstlin, Karl: Hegel in philosophischer, politischer und nationaler Beziehung für das deutsche Volk. Tübingen 1870.

Rosenkranz, Karl: Hegel als deutscher Nationalphilosoph. Leipzig 1870. 148–163.

Rosenzweig, Franz: Hegel und der Staat. 2 Bde. München, Berlin 1920. Neudruck Aalen 1962.

Heller, Hermann: Hegel und der nationale Machtstaatsgedanke in Deutschland. Ein Beitrag zur politischen Geistesgeschichte. Leipzig, Berlin 1921. Neudruck Aalen 1963.

Meinecke, Friedrich: Die Idee der Staatsräson in der neueren Geschichte. München 1924. 3. Aufl. 1963.

–: *Hegel und die Anfänge des deutschen Machtstaatsgedankens im 19. Jahrhundert.* In: Zeitschrift für Politik. 13 (1924), 197–213.

Larenz, Karl: Hegels Zurechnungslehre und der Begriff der objektiven Zurechnung. Ein Beitrag zur Rechtsphilosophie des kritischen Idealismus und zur Lehre der »juristischen Kausalität«. Leipzig 1927.

von Trott zu Solz, Adam: Hegels Staatsphilosophie und das internationale Recht. Göttingen 1932. Neudruck Göttingen 1967.

Flechtheim, Ossip K.: Hegels Strafrechtstheorie. Brünn 1936. 2. Aufl. Berlin 1975.

Löwith, Karl: Von Hegel zu Nietzsche. Der revolutionäre Bruch im Denken des neunzehnten Jahrhunderts, Marx und Kierkegaard. Zürich, New York 1941. 2. Aufl. Stuttgart 1950.

Marcuse, Herbert: Reason and revolution. Hegel and the rise of social theory. London 1941, New York 1954; deutsch: *Vernunft und Revolution.* Hegel und die Entstehung der Gesellschaftstheorie. Neuwied 1962.

Hyppolite, Jean: Introduction à la philosophie de l'histoire de Hegel. Paris 1948.

Weil, Eric: Hegel et l'état. Paris 1950.

Popper, Karl Raimund: The open society and its enemies. Vol. II: *The high tide of prophecy: Hegel, Marx, and the aftermath.* London 1957[3]; deutsch: *Die offene Gesellschaft und ihre Feinde. II. Falsche Propheten. Hegel, Marx und die Folgen.* München 1975[4].

Piontkowski, Andrej Andreevič: Hegels Lehre über Staat und Recht und seine Strafrechtstheorie. (Aus dem Russ. übers.) Berlin 1960.

Fleischmann, Eugène: La philosophie politique de Hegel sous forme d'un commentaire des fondements de la philosophie du droit. Paris 1964.

Pelczynski, Zbigniev Andrzej: [Einleitung zu:] *Hegel's political writings.* Translated by T. M. Knox with an introductory essay by Z. A. Pelczynski. Oxford 1964.

Müller, Friedrich: Korporation und Assoziation. Eine Problemgeschichte der Vereinigungsfreiheit im deutschen Vormärz. Berlin 1965. (Schriften zum öffentlichen Recht. 21.)

Fulda, Hans-Friedrich: Das Recht der Philosophie in Hegels Philosophie des Rechts. Frankfurt am Main 1968.

Hočevar, Rolf Konrad: Stände und Repräsentation beim jungen Hegel. Ein Beitrag zu seiner Staats- und Gesellschaftslehre sowie zur Theorie der Repräsentation. München 1968.

Reyburn, Hugh Adam: The ethical theory of Hegel. A study of the philosophy of right. New York 1968.

Bourgeois, Bernard: La pensée politique de Hegel. Paris 1969.

Riedel, Manfred: Studien zu Hegels Rechtsphilosophie. Frankfurt am Main 1969. Erw. Neuausg. Stuttgart 1982.

Ritter, Joachim: Metaphysik und Politik. Studien zu Aristoteles und Hegel. Frankfurt am Main 1969.

Kaufmann, Walter (Hrsg.): Hegel's political philosophy. New York 1970.

Marcic, René: Hegel und das Rechtsdenken im deutschen Sprachraum. Salzburg 1970.

Riedel, Manfred: Bürgerliche Gesellschaft und Staat. Grundproblem und Struktur der Hegelschen Rechtsphilosophie. Neuwied, Berlin 1970.

Pelczynski, Zbigniev Andrzej (Hrsg.): Hegel's political philosophy. Problems and perspectives. A collection of new essays. Cambridge 1971.

Hočevar, Rolf Konrad: Hegel und der preußische Staat. Ein Kommentar zur Rechtsphilosophie von 1821. München 1973.

Scheit, Herbert: Geist und Gemeinde. Zum Verhältnis von Religion und Politik bei Hegel. München, Salzburg 1973.

Kainz, Howard P.: Hegel's philosophy of right, with Marx's commentary: A handbook for students. The Hague 1974.

Bodei, Remo; Racinaro, Roberto; Barale, Massimo: Hegel e l'economia politica. A cura di S. Veca. Milano 1975.

Nicolin, Friedhelm: Hegel über konstitutionelle Monarchie. Ein Splitter aus der ersten Rechtsphilosophie-Vorlesung. In: Hegel-Studien. 10 (1975), 79–86.

Riedel, Manfred (Hrsg.): Materialien zu Hegels Rechtsphilosophie. 2 Bde. Frankfurt am Main 1975.
Ahrweiler, Georg: Hegels Gesellschaftslehre. Darmstadt, Neuwied 1976. (Marburger Beiträge zur Philosophie und Gesellschaftstheorie. 3.)
Avineri, Shlomo: Hegels Theorie des modernen Staates. Frankfurt am Main 1976.
von Martin, Alfred: Macht als Problem. Hegel und seine politische Wirkung. Wiesbaden 1976.
Rothe, Klaus: Selbstsein und bürgerliche Gesellschaft. Hegels Theorie der konkreten Freiheit. Bonn 1976.
Angehrn, Emil: Freiheit und System bei Hegel. Berlin, New York 1977.
Baum, Manfred; Meist, Kurt Rainer: Recht – Politik – Geschichte. In: Pöggeler, Otto (Hrsg.): Hegel. Einführung in seine Philosophie. Freiburg, München 1977. 106–126.
Baum, Manfred: Gemeinwohl und allgemeiner Wille in Hegels Rechtsphilosophie. In: Archiv für Geschichte der Philosophie. 60 (1978), 175–198.
Böning, Peter: Die Lehre vom Unrechtsbewußtsein in der Rechtsphilosophie Hegels. Frankfurt am Main 1978. (Frankfurter kriminalwissenschaftliche Studien. Bd 1.)
Kelly, George Armstrong: Hegel's retreat from Eleusis. Studies in political thought. Princeton 1978.
Cullen, Bernard: Hegel's social and political thought: An introduction. Dublin 1979.
Jaeschke, Walter: Staat aus christlichem Prinzip und christlicher Staat. Zur Ambivalenz der Berufung auf das Christentum in der Rechtsphilosophie Hegels und der Restauration. In: Der Staat. 18 (1979), 349–374.
Meist, Kurt Rainer: Altenstein und Gans. Eine frühe politische Option für Hegels Rechtsphilosophie. In: Hegel-Studien. 14 (1979), 39–72.
Ottmann, Henning: Hegels Rechtsphilosophie und das Problem der Akkommodation. Zu Iltings Hegelkritik und seiner Edition der Hegelschen Vorlesungen über Rechtsphilosophie. In: Zeitschrift für philosophische Forschung. 33 (1979), 227–243.
Planty-Bonjour, Guy (Hrsg.): Hegel et la philosophie du droit. Travaux du Centre de Recherche et de Documentation sur Hegel et sur Marx publiés sous la direction de Guy Planty-Bonjour. Paris 1979.
Schild, Wolfgang: Die Aktualität des Hegelschen Strafbegriffs. In: Philosophische Elemente der Tradition des politischen Denkens. Hrsg. v. Erich Heintel. Wien, München 1979. (Überlieferung und Aufgabe. 17.) 199–233.
Siep, Ludwig: Anerkennung als Prinzip der praktischen Philosophie. Untersuchungen zu Hegels Jenaer Philosophie des Geistes. Freiburg, München 1979. (Praktische Philosophie. 11.)
Taylor, Charles: Hegel and modern society. Cambridge, London, New York, Melbourne 1979.
Lucas, Hans-Christian; Rameil, Udo: Furcht vor der Zensur? Zur Entstehungs-

und Druckgeschichte von Hegels Grundlinien der Philosophie des Rechts. In: Hegel-Studien. 15 (1980), 63–93.
Verene, Donald Phillip (Hrsg.): Hegel's social and political thought. The philosophy of objective spirit. New Jersey 1980.
Beyer, Wilhelm Raimund: Hegel – Der Triumph des neuen Rechts. Hamburg 1981.
Peperzak, Ad: Filosofie en Politiek. Een Kommentaar op het Voorwoord van Hegels Rechtsfilosofie. Baarn 1981.
Rameil, Udo: Sittliches Sein und Subjektivität. Zur Genese des Begriffs der Sittlichkeit in Hegels Rechtsphilosophie. In: Hegel-Studien. 16 (1981), 123–162.
Henrich, Dieter; Horstmann, Rolf-Peter (Hrsg.): Hegels Philosophie des Rechts. Die Theorie der Rechtsformen und ihre Logik. Stuttgart 1982. (Veröffentlichungen der Internationalen Hegel-Vereinigung. 11.)

『法の哲学要綱』(1820)との節対照表

(数字は節番号を表す。当該章節等に属さないものはイタリックで示す。)

本講義	『法の哲学要綱』
緒論	緒論
1	1, 3
2	4
3	2, 5
4	6
5	7
6	10
7	11, 14, 22, 23, 24, 25
8	29
9	30
10	33
第1章　抽象法	第1章　抽象法
11	34
12	35
13	36, 37, 38
14	40
第1節　占有と所有	第1節　所有
15	42, 43
16	41
17	47, 49
18	51
19	52
	A　占有取得
	54
20	55
21	56
22	57
23	58
24	*45*
	B　物件の使用
25	59, 61, 62
26	46, 60
27	64
28	64
	C　所有の譲渡
29	65, 66
30	67
	所有から契約への移行
31	71
	第2節　契約
32	72
第2節　契約	
33	74, 75
34	77, 78
35	79
36	76
37	80
第3節　不正	
38	81
	第3節　不正
	A　無邪気な不正
39	84, 85
40	86, 103
	B　詐欺
	C　強制と犯罪
41	90
42	91
43	92, 93
44	94
45	95, 96

46	97, 98, 99, 100
47	101
48	102, 103
	権利から道徳への移行
49	104
第２章　道徳	第２章　道徳
50	105
51	114
第１節　行為と心情	
52	110, 111, 112, 113
53	109
54	108
	第１節　故意と責任
	115
55	117, 118
56	118
第２節　特殊な目的, 幸せと意図	第２節　意図と幸せ
57	121
58	123
59	122, 124
60	125
61	119
62	126
63	127
64	128
第３節　善と良心	第３節　善と良心
65	129, 135
66	136, 138
67	139, 140
	道徳から人倫への移行
68	141
第３章　人倫	第３章　人倫
69	142
70	152, 153
71	146, 147

72	157
第１節　家族	第１節　家族
73	158
74	160
A　概念上の相関関係としての家族	A　婚姻
75	161, *173*
76	162, 163
77	165, 166
78	164
79	163
80	167, 168, *176*
B　家族の所有と財産	B　家族の資産
81	170
82	171
83	172
	C　子供の教育と家族の解体
84	178
C　子供の教育と家族の解体	
85	174, 239
86	175
87	*168*
	家族から市民社会への移行
88	181
第２節　市民社会	第２節　市民社会
89	183
90	185, 186
91	187
92	188
A　欲求のシステム, 国家経済学	A　欲求のシステム
	a　欲求と満足のしかた
93	190

94	194
95	192
96	193
97	191
98	195, *199*
	b　労働のしかた
99	197
100	
101	198
	c　資産能力
102	200
103	202, 203
104	204
105	205
106	206
107	207
108	208
B　司法	B　司法
	a　法律としての法
	b　法律の定在
109	216
110	217
	c　裁判
111	219
112	220
113	*218*
114	*218*
115	223
116	224, 228
C　ポリツァイ	C　ポリツァイとコルポラツィオン
117	230
	a　ポリツァイ
118	237, 238, 241
119	232, 234
120	*69*, 235, 236, 246, 247, 248
	b　コルポラツィオン
121	251, 252, 253
第 3 節　国家	
122	256
	第 3 節　国家
123	257
124	258, *350*
125	258
126	259
A　内部国家法	A　内部国家法
127	260, 265, 266, 267
128	261
129	262, 263, 264, 268
130	269, 270
	I　それだけで独立した内部国制
131	273
132	*264*, *268*
133	272
134	273, 274
135	273
136	274, *346*
137	273
a　君主権	a　君主権
138	275, 279, 280, 281
139	282, 283, 284, 286
140	283, 284
b　統治権	b　統治権
141	287
142	288
143	289, 290
144	291, 292, 293, 294

自然法と国家学講義
——ハイデルベルク大学 1817・18年

2007年11月30日　　初版第1刷発行

著　者　G.W.F. ヘーゲル
監訳者　髙柳良治
訳　者　神山伸弘／滝口清榮／徳増多加志／原崎道彦／平山茂樹
発行所　財団法人　法政大学出版局
〒102-0073 東京都千代田区九段北 3-2-7
電話 03(5214)5540／振替 00160-6-95814
製版・印刷／三和印刷
製本／誠製本

Printed in Japan

ISBN 978-4-588-15051-7

監訳者

髙柳良治（たかやなぎ りょうじ）
1935年生，國學院大學名誉教授，ドイツ社会思想史．著書：『ヘーゲル社会理論の射程』（御茶の水書房），論文：「ヘーゲルにおける国家と経済──身分論の展開」（『ヘーゲルの国家論』，理想社），共訳：プリッダート『経済学者ヘーゲル』（御茶の水書房）他

訳者

神山伸弘（かみやま のぶひろ）
1959年生，跡見学園女子大学文学部教授，哲学．論文：「ヘーゲル『法の哲学』における「国家の論理」──国家を動かす〈自由な意志〉の〈論理〉と〈恣意〉の〈教養形成〉的役割」（『ヘーゲルの国家論』，理想社）他

滝口清榮（たきぐち きよえい）
1952年生，法政大学・専修大学・駒沢大学非常勤講師，哲学・思想史．著書：『ヘーゲル「法（権利）の哲学」──形成と展開』（御茶の水書房），論文：「ヘーゲル法哲学の基本構想──公と私の脱構築」（『思想』935号）他

徳増多加志（とくます たかし）
1956年生，鎌倉女子大学教授，ドイツ観念論・ヘーゲル哲学．共著：『行為論の展開』（南窓社），論文：「ヘーゲル論理学における『無限者』の概念とイデアリスムスの原理」（『哲学』第40号）他

原崎道彦（はらさき みちひこ）
1959年生，高知大学教育学部教授，ドイツ観念論・快楽をテーマとした哲学．著書：『ヘーゲル「精神現象学」試論──埋もれた体系構想』（未來社）他

平山茂樹（ひらやま しげき）
1960年生，明治大学非常勤講師，哲学．論文：「ヘーゲルの家族観」（『飯塚信雄教授古稀記念論集』），「ヘーゲルの道徳的行為論」（『ICU比較文化』第16号）他